대념처경 주석서

❸

BBS 불교방송 불교강좌

대념처경 주석서 ❸

심념처 · 법념처

묘원

행복한 숲

Namo tassa bhagavato arahato sammā sambuddhassa.

나모 따사 바가와또 아라하또 삼마삼붓다싸.

존귀한 분, 공양 받아 마땅한 분, 바른 깨달음을 성취하신 부처님께 귀의합니다.

마음을 알아차림[心念處]

법을 알아차림[法念處]

마음을 알아차림[心念處]
—한국 명상원의 심념처

마음을 알아차림[心念處]
—한국 명상원의 심념처

모든 일에는 자신과 상대가 있습니다. 이 상대는 자신이 되기도 하고, 남이 되기도 하고, 세상이 되기도 합니다. 자신이 상대가 될 때는 아는 마음이 일하는 마음을 상대합니다. 이처럼 모든 일은 상대가 있어서 조건에 따라 일이 될 수도 있고, 안 될 수도 있습니다.

내가 나를 마음대로 할 수가 없으며, 내가 남을 마음대로 할 수가 없으며, 내가 세상을 마음대로 할 수가 없습니다. 나는 나의 욕망이 있으며, 남과 세상도 각각의 욕망이 있기 때문입니다. 내가 원하는 것이 오직 나의 욕망에 의한 것일 때는 일이 성사될 수 없다는 것을 아는 것이 지혜입니다. 그러므로 모든 것들이 저마다의 특성을 가지고 일어나고 사라지는 것이라고 알아야 하겠습니다.

◆◆◆◆◆◆

오늘은 망상이 나타났을 때 알아차리는 방법을 말씀드리겠습니다.

좌선은 움직이지 않고 앉아서 몸과 마음을 대상으로 알아차리는 수행입니다. 그러나 움직이지 않기 때문에 나타나는 대상이 매우 많습니다. 망상, 통증, 졸음, 가려움 등등이 있는데 그중의 하나가 망상입니다. 조용히 앉아서 수행을 하려면 제일 먼저 나타나는 것이 망상입니다. 이러한 망상 때문에 대상을 겨냥하기가 어렵고 집중을 할 수가 없습니다. 망상은 깨어서 대상을 알아차리지 못하고 생각을 하는 것입니다. 그래서 좌선을 하려면 누구에게나 망상이 나타나서 수행을 방해합니다.

위빠사나 수행은 현재 여기에 있는 실재하는 몸과 마음을 대상으로 알아차리지만, 망상을 하는 것은 이러한 알아차림이 없이 생각에 빠지는 것입니다. 망상은 좌선 중에만 나타나는 것이 아니고 경행을 할 때나 일상의 알아차림을 할 때도 언제나 나타나는 단골손님입니다. 심지어 잠을 잘 때도 나타는 것이 망상입니다. 잠을 자기 전에 하는 생각이나 잠을 자면서 꾸는 꿈도 망상의 일종입니다.

알아차림을 놓치고 마음이 달아나면 과거나 미래로 가서 좋아하거나 싫어하거나 또는 부질없는 생각을 합니다. 사실 이런 현상은 평생을 두고 계속됩니다. 그래서 자신이 사는 전 생애가 망상으로 가득 채워졌다고 해도 과언이 아닙니다. 한 인간이 태어나서 죽을 때까지 실재하는 현재를 알아차리는 시간은 그리 많지 않습니다. 그러므로 한 인생을 살 때 현재를 알아차리는 진실한 시간은 극히 적습니다. 하지만 누구도 자신이 평생 망상만으로 보내는지 모르고 삽니다.

위빠사나 수행을 하려고 대상을 알아차릴 때 비로소 망상 속에서 산다는 것을 실감할 수 있습니다. 마음이 원하는 대상에 머물지 않고 자꾸 달아나서 이 생각, 저 생각을 하기 때문에 비로소 망상을 하는지를 알 수 있는 것입니다. 수행을 할 때 대상을 알아차리고 싶어도 끊임없이 일어나는 망상 때문에 알아차릴 수가 없다는 사실을 통해서 망상이 얼마나 자신을 지배하고 있는지 알 수 있는 것입니다.

수행자 여러분들이 지금까지 무슨 일을 할 때 그 대상에 집중할 수 없었던 많은 일들을 경험했을 것입니다. 그간 잠 못 이루는 많은 날들이 있었을 것입니다. 그간 무수한 후회와 두려움 속에서 살아야 했습니다. 사실 이것이 모두 망상입니다.

그렇다고 해서 이러한 망상이 모두 잘못된 것은 아닙니다. 망상이란 무슨 일을 할 때 그 일에 집중하지 못하고 다른 것을 생각하는 것이라서 시기가 적절하지 않은 생각일 뿐입니다.

그러므로 좌선 중에 망상을 하면 '지금 할 일은 좌선이므로 다음에 이 생각을 하자'는 알아차림이 필요합니다. 망상을 하지 말라고 해서 무조건 모든 생각을 삼가는 것을 말하지는 않습니다. 그래서 망상을 하면 '지금 이 생각은 이익이 없는 것이므로 생각할 필요가 없다'라고 판단할 필요가 있습니다.

생각도 어리석은 생각이 있고, 지혜가 있는 생각이 있습니다. 제가 처음에 위빠사나 수행을 배울 때 끊임없이 떠오르는 생각 때문에 수행을 할 수가 없다고 스승님께 말씀드렸습니다. 그러자 스승님께서는 그것이 망상이니 알아차려야 한다고 말씀하셨습니다. 그리고 어느 날 수행을 하다가 매우 중요한 현안을 생각하게 되었습니다. 이때 '망상', '망상' 하고 명칭을 붙여서 알아차렸습니다. 그런 뒤에 바로 의문이 생겼습니다. 이때 떠오른 생각은 매우 필요한 계획이었기 때문에 그냥 망상이라고 치부하기에는 아쉬움이 있었던 것입니다. 그래서 다소는 조금 억울했습니다. 그런 뒤에 다시 '계획함', '계획함' 하고 계획하고 있는 것을 다시 알아차렸습니다. 그랬더니 마음이 조금 편안해졌습니다.

그러고 나서 안 것이 망상이란 해야 할 일을 하지 않고 다른 생각을 하는 것이라고 알았습니다. 망상을 무조건 배척할 것은 아닙니다. 망상은 단지 때에 맞지 않는 생각일 뿐입니다. 그러므로 망상은 없애야 할 대상이 아니고 알아차려야 할 대상입니다. 망상은 워낙 오랫동안 하고 살아온 것이라서 그 힘이 큽니다. 그러므로 수행자는 망상이 많다고 불평을 해서는 안 됩니다. 틈만 있으면 하는 것이 망상이기 때문입니다. 끝없이 계속되는 망상을 없애려고 해서는 영원히 없앨 수 없습니다. 오직 망상하는 것을 계속해서 알아차리는 것만이 망상으로부터 벗어나는 유일한 길입니다.

그래서 망상을 하지 말아야 한다는 것의 뜻은 지금 할일을 하자는 것입니다. 바로 그 할일이란 지금 여기에서 바른 마음가짐을 가지고 하고자 하는 일을 하는 것입니다. 그러므로 망상은 범부의 마음가짐이고, 알아차림은 성자의 마음가짐입니다.

망상 속에서 살면 할일을 하지 않고 다른 생각 속에 빠져서 사는 것이라서 비생산적입니다. 알아차림은 할일을 하면서 깨어서 사는 것이라서 생산적인 것입니다. 그래서 망상은 들떠서 사는 것이고, 알아차림은 고요함을 가지고 사는 것입니다.

망상을 한 번 해서 한 번 알아차리는 것과 망상을 열 번 해서 열 번 알아차리는 것이 서로 다릅니다. 망상을 한 것을 한 번 알아차리면 한 번 알아차리는 힘을 키운 것입니다. 그러나 망상한 것을 열 번 알아차리면 열 번 알아차리는 힘을 키운 것입니다. 그래서 망상을 하지 않으려 하지 말고, 망상한 것을 알아차리는 것이 바른 수행입니다. 오히려 망상한 것을 알아차려서 알아차리는 힘으로 삼을 수가 있다는 것을 알아야 하겠습니다. 그러므로 망상이 찾아오는 것을 괴로워할 것 없습니다.

망상은 대상에 정확하게 알아차림을 겨냥하지 않아서 마음이 달아나는 것이므로 대상에 마음을 정확하게 보내는 노력이 필요합니다. 대상과 알아차림과 아는 마음이 정확하게 일치되고, 이 일치가 지속되면 망상이 일어나지 않습니다. 그래서 망상이 많을 때는 마음을 대상에 보내는 알아차림이 강화되어야 합니다. 이때 노력이 필요합니다.

그리고 이러한 노력과 함께 대상에 마음을 기울이는 지혜가 있어야 합니다. 이러한 지혜가 팔정도의 정사유입니다. 지혜가 있는 수행자는 불필요한 것들에 마음을 두지 않습니다. 그래서 언제나 필요한 것을 취합니다. 그러면 망상이 적어집니다.

망상을 제어하기 위해서는 대상을 알아차리는 것이 재미가 있어야 합니다. 그래서 항상 대상의 변화를 주목해야 하겠습니다. 알아차릴 대상이 항상 같은 것이라고 생각하면 싫증이 나서 흥미를 잃게 되면 마음이 바로 달아납니다. 그러므로 알아차리는 대상이 매 순간 같은 것이 아니라는 것을 알기 위해서 언제나 대상의 변화를 주목해야 합니다.

수행자가 처음에 수행을 하면 자신이 망상을 하는 줄을 모릅니다. 그러다 수행을 계속하면 조금 망상을 하는 줄 압니다. 그리고 수행을 계속할수록 온통 망상을 한다는 사실을 발견합니다. 그래서 망상을 한다는 사실을 아는 것도 수행을 하는 힘이 생겨서 아는 것입니다.

그러므로 망상을 할 때 먼저 망상을 한다는 사실을 알아차려야 합니다. 그렇지 않으면 계속해서 망상을 하며 지냅니다. 오직 유일하게 알아차림만이 망상하는 것을 끊을 수 있습니다. 알아차림을 기억이라고 하는 이유는 망상하는 것을 대상으로 기억해서 알아차려야 하는 것을 말합니다.

대상을 정확하게 겨냥하면 망상을 하지 않지만 누구나 대상을 정확하게 겨냥하기가 어렵습니다. 그리고 겨냥한 대상을 지속적으로 알아차리기는 더 어렵습니다. 그래서 수행은 망상과 함께 간다는 것을 전제하지 않으면 안 됩니다. 망상은 없애야 할 대상이 아니고, 알아차릴 대상이라고 말씀드린 것은 이것이 법이라는 사실입니다. 망상도 실재하는 현상의 하나이기 때문에 법입니다. 그래서 알아차리면 끝입니다. 그러므로 망상이 일어난 것에 대해서 문제 삼지 말아야 합니다. 나타난 모든 대상은 나타날 만해서 나타난 것이므로 단지 알아차리는 것으로 그쳐야 하겠습니다.

망상은 현재의 마음가짐을 측정하는 중요한 바로미터의 역할도 합니다. 어떤 특정한 망상이 거듭되면 사실 그 일을 집착하고 있는 것입니다. 그래서 같은 생각이 거듭될 때는 그 일을 집착하고 있다는 것을 알 수가 있습니다. 그렇지 않고 줄거리도 없는 여러 가지 생각들로 가득 차 있다면 그때는 마음이 들떠 있는 상태임을 알 수 있습니다. 그래서 망상하는 것을 알아차린 뒤에 '지금 마음이 들떠 있구나' 하고 알아차려야 합니다.

사실 망상은 좋아서 합니다. 싫어하는 일도 좋아서 자꾸 생각하는 것입니다. 누구나 좋은 것만 생각하지 않습니다. 오히려 싫어하는 것을 더 많이 생각할 수 있습니다. 누군가를 계속해서 미워하는 것은 사실 미워하는 것을 좋아서 계속하는 것입니다. 그러므로 망상은 집착으로 인해 생기는 것입니다. 그래서 망상하는 마음을 알아차리면 망상은 좋아서 하고 있다는 것을 알아 망상의 실체를 파악할 수가 있습니다.

수행을 할 때 망상을 하게 되면 먼저 망상하는 것을 알아차려야 합니다. 그런 다음에 망상하는 마음을 알아차려야 합니다. 망상은 마음이 하므로 망상하는 마음을 알아차리는 것이 필요합니다. 그렇지 않으면 계속해서 망상을 하기 마련입니다. 망상은 마음이 합니다. 망상하는 마음을 알아차리는 것은 망상하는 그 마음을 대상으로 알아차리는 것이기 때문에 망상하는 마음의 실재에 접근하는 것입니다. 그래서 망상하는 마음이 더 분명하게 단절됩니다. 이렇게 망상하는 마음을 알아차리면 때로는 망상을 하는 원인을 알 수도 있습니다. 이것이 지혜에 속하는 것입니다.

일반적으로 망상하는 마음을 알아차렸을 때 있는 마음이 사라지고, 알아차리는 마음이 새로 일어났기 때문에 아무 마음도 없습니다. 그러나 예외적인 경우에 망상을 한 마음의 원인을 알 수가 있기도 합니다. 가령 미워하는 마음을 알아차리면 미워하는 것을 집착한다는 사실을 알 수도 있습니다. 이것은 마음을 알아차려서 얻은 지혜입니다. 집착하기 때문에 미워한다는 사실을 알면 집착하는 마음이 적어지거나 나중에는 사라질 것입니다. 집착하는 마음을 알아차렸을 때는 어리석어서 집착을 한다는 사실을 알 수도 있습니다. 어리석은 마음을 알아차렸을 때는 어리석음이 근본원인이라는 것을 알 수도 있습니다. 이것이 마음을 알아차렸기 때문에 원인을 알게 되는 지혜입니다.

이런 지혜가 나면 확실히 망상으로부터 자유로울 수 있습니다. 그래서 망상을 그냥 알아차려서 얻는 결과와 망상하는 마음을 알아차려서 얻는 결과는 다릅니다.

이렇게 망상하는 마음을 알아차린 뒤에 망상하는 마음이 사라진 것을 다시 알아차리는 것이 좋습니다. 망상하는 마음을 알아차리는 것과 연계해서 망상하는 마음이 사라진 것을 알아차리기 위해서는 역시 마음을 한 번 더 새로 내야 합니다. 망상하는 마음이 사라진 것을 알아차리는 것은 소멸을 알아차리는 것으로 수행의 발전을 위해서 반드시 필요한 것입니다. 수행이 발전하면 언젠가는 일어나고 사라지는 것이 무상이라는 것을 알게 됩니다. 그리고 그다음 단계로 일어난 것은 반드시 사라진다는 소멸의 지혜를 아는 단계가 옵니다. 그러므로 대상을 알아차릴 때 사라진 것을 아는 것은 소멸을 보는 것입니다. 그래서 사라진 것을 알아차리는 것은 소멸을 아는 지혜가 생기도록 하는 것입니다.

　마음을 알아차리기가 어려우면 가슴의 느낌을 보십시오. 마음의 상태에 따라서 가슴에서 항상 느낌이 일어납니다. 욕망과 성냄이 있을 때는 가슴에 격렬한 느낌이 일어나며, 무지할 때는 덤덤한 느낌이 있습니다. 그러나 알아차림이 있는 평온한 마음일 때는 고요한 느낌이 있습니다.

　지난 시간에 이어서 계속 망상에 대해서 말씀드리겠습니다.

　망상이 일어난 것을 알고 다시 소멸한 것을 알아차리면, 망상한 것을 알아차린 1차적 알아차림이 있은 뒤에 망상하는 마음을 알아차린 2차적 알아차림이 있는 것입니다. 여기에 다시 망상하는 마음이 사라진 것을 아는 3차적 알아차림이 있으면 망상을 하는 힘이 점차 약화됩니다. 이렇게 알아차리는 과정에서 망상의 힘은 약화되고 다시 나타날 가능성이 점점 적어집니다.

　망상을 알아차려서 사라졌다고 해도 사실 순간적인 소멸입니다. 이렇게 알아차림을 지속하면 일시적으로 소멸됩니다. 이러한 일시적 소멸이 거듭되면 지혜가 나서 완전한 소멸로 가까이 갑니다. 그래서 거듭거듭 알아차려야 하고, 알아차림을 지속해야 합니다. 그러나 망상하는 마음이 사라지는 현상을 보기는 어렵습니다. 그래서 이때는 단지 현재 망상하는 마음이 없다는 것을 알아차리는 것으로 대치가 되어야 합니다.

마음은 빠르게 일어나고 사라지기 때문에 사라지는 것을 알아차리도록 꼬리를 남기면서 사라지지 않습니다. 그래서 망상하는 마음이 사라진 것을 알아차리는 것은 망상하는 마음이 없다는 사실을 확인하는 것입니다. 그러므로 망상하는 마음이 없는 것을 아는 것이 망상하는 마음이 사라진 것을 아는 것입니다.

망상하는 마음이 사라진 것을 안 뒤에 다음 단계는 가슴으로 가서 느낌을 알아차려야 합니다. 망상하는 마음은 빠르게 사라지고 그 마음이 남긴 느낌은 항상 가슴에 남아 있습니다. 그래서 가슴이 두근거린다거나 콩닥거리는 느낌을 대상으로 알아차려야 합니다. 망상의 종류에 따라서 느낌이 다릅니다. 어떤 때는 강한 느낌이 있을 것이고, 어떤 때는 약한 느낌이 있을 수도 있습니다. 이때 어떤 느낌이 있거나 없애려고 알아차려서는 안 됩니다. 단지 거기에 느낌이 있어서 알아차려야 합니다. 그래야 알아차린 목적을 성취할 수 있습니다.

망상하는 마음이 사라진 것은 마치 물에 작은 돌을 던졌을 때 돌이 물에 가라앉는 것과 같습니다. 그러나 돌이 물의 표면에 닿았을 때 파문이 일어납니다. 돌은 가라앉아도 돌이 남긴 파문을 지켜보는 것처럼 망상하는 마음이 사라지면 망상하는 마음이 남긴 흔적을 가슴에서 느낌으로 알아차리는 것입니다. 가슴에서 망상한 마음이 남긴 느낌을 알아차릴 수 있는 것은 알아차림을 지속할 수 있어서 좋고, 마음과 느낌을 함께 알아차릴 수 있어서 좋습니다. 그리고 가장 중요한 것은 원인과 결과를 아는 지혜가 나기 때문에 좋습니다.

어떤 마음이 일어날 때마다 가슴에 느낌이 있는 것을 알아차리면 마음을 원인으로 느낌이 일어난다고 아는 지혜가 생깁니다. 그래서 자신에게 일어난 느낌은 우연히 일어난 것이 아니고, 몸과 마음이라는 감각기관에 의해서 일어나는 것을 압니다. 그렇게 되면 이 느낌이 나의 느낌이 아니고 감각기관이 느끼는 것이고, 이것은 조건에 의해서 일어나는 것을 아는 것입니다.

가령 어떤 일이나 어떤 사람으로 인해서 평생을 괴로움을 안고 살아야 하는 경우가 있다고 가정해 보겠습니다. 이 일로 평생 자신을 자책하거나 후회하고 또는 그리워하면서 삽니다. 하지만 좋거나 싫은 일들이 모두 괴롭기는 마찬가지입니다. 이미 그 일은 사라졌지만 그 일을 기억하여 항상 현재로 가져와서 고통을 겪는 것이 우리들의 실상입니다. 그래서 진실은 실재하는 것에 있고, 그 실재하는 것은 현재에 있다고 하는 것입니다.

과거나 미래는 실재하는 것이 아닙니다. 그것들은 이미 지나갔으며, 아직 오지 않은 것들입니다. 오직 현재만이 실재하는 것입니다. 이러한 실재 속에서만 지혜가 납니다. 그래서 과거나 미래로 갈 것이 아니고, 가슴에서 실재하는 느낌을 알아차려야 합니다. 그 순간을 경험한 몸과 마음은 그 순간에 사라졌지만, 단지 기억 속에 있는 것을 현재로 가져와서 재현한다는 것은 분명하게 어리석은 일입니다.

그러나 누구나 이렇게 살아왔기 때문에 이것을 알아도 이 힘으로부터 벗어나기 어렵습니다. 그래서 우리가 사는 것이 과보로 사는 것이지 자기가 사는 것이 아니라고 말하기도 합니다. 그러므로 어떤 마음이 일어나서 사라진 뒤에 가슴의 느낌을 지속적으로 알아차리면 차츰 그런 마음을 갖지 않게 됩니다. 왜냐하면 가슴의 느낌이 싫기 때문입니다. 누구나 괴롭지 않기를 바라는데 그 방법을 몰라서 괴로움으로부터 벗어나지 못합니다. 그러나 마음을 알아차린 뒤에 가슴의 느낌을 계속 알아차렸을 때 두근거리고 콩닥거리고 감당하기 벅찬 느낌을 알아차리게 되면 그 느낌으로부터 벗어나고 싶은 마음이 일어날 것입니다. 그래서 자연스럽게 괴로운 그런 생각을 하지 않게 됩니다. 이것이 바로 수행의 지혜입니다.

그렇기 때문에 가슴의 느낌은 없애려고 해서는 안 됩니다. 없애려고 해도 없어지지 않지만 그냥 있는 그대로의 느낌을 지켜보면 이런 이익이 생깁니다. 수행자는 어떤 괴로움이나 피하려고 해서는 안 됩니다. 피하려고 하면 괴로움이 더 커지지만, 있는 그대로 지켜보면 하나의 알아차릴 대상일 뿐입니다. 괴로움이 알아차릴 대상이 되면 그 순간에 괴로움이 사라집니다. 그래서 수행자는 바보처럼 단순하게 계속해서 알아차려야 합니다. 그렇지 않고서는 괴로움이란 거대한 힘에 항상 압도되고 말 것입니다.

앞선 마음으로 인해 생긴 가슴의 느낌은 거친 느낌이 있고, 중간 느낌이 있고, 미세한 느낌이 있습니다. 망상의 종류에 따라서 가슴의 느낌도 모두 다릅니다. 그러므로 어떤 느낌이 되었거나 그냥 있는 그대로 계속해서 알아차려야 합니다. 잠시 느낌을 알아차리고 그만두어서는 안 됩니다. 느낌을 없애기 위해서 알아차리는 것이 아니고 단지 느낌이 있기 때문에 알아차려야 합니다. 이렇게 대상에 반응하지 않는 마음을 가질 때라야 비로소 고요함을 얻습니다.

수행자가 망상을 한 뒤에 망상한 마음을 빨리 알아차리면 가슴에서 일어난 느낌이 크지 않습니다. 그러나 얼마간 망상을 한 뒤에 가슴의 느낌을 알아차릴 때는 느낌이 강합니다. 이때 대상에 일정 부분 반응했기 때문인 것입니다. 이럴 때는 거친 느낌을 알아차려야 하며, 반응이 크지 않을 때는 미세한 느낌을 알아차리거나 덤덤한 느낌을 알아차리면 됩니다. 만약 느낌이 없을 때는 덤덤한 느낌을 알아차려야 하며, 없는 느낌을 찾아서는 안 됩니다.

수행자는 단지 있는 느낌을 알아차려야 합니다. 느낌은 특별한 것이 아닙니다. 그냥 있는 그대로의 상태의 느낌을 느껴야 합니다. 가슴에 답답한 느낌이 있을 때는 사실 무거운 느낌이 있는 것입니다. 이때 답답한 것은 마음입니다. 갑갑하거나 답답한 마음이 있을 때는 가슴에 무거운 느낌이 있습니다. 기분이 좋을 때도 가슴을 지켜보면 가벼운 느낌이 있을 것입니다. 이때 가벼운 느낌도 무거운 느낌과 똑같이 알아차려야 할 대상입니다. 그래서 괴로울 때는 가슴에서 콩닥거리거나 무거운 느낌을 알아차려야 하며, 즐거울 때도 가슴에서 가벼운 느낌을 알아차려야 합니다.

가슴은 느낌의 보고寶庫입니다. 여러 가지 형태의 느낌이 있을 뿐만 아니라 맥박이 있고 호흡도 함께 있습니다. 그러나 느낌을 알아차리기 위해서 반드시 가슴을 겨냥하지 않아도 됩니다. 가슴은 단지 느낌이 강한 곳이라서 주목하는 것입니다. 수행자에 따라 머리에서 강한 느낌이 일어날 경우에는 머리를 대상으로 알아차려도 됩니다.

가슴에 강한 느낌과 호흡과 맥박이 함께 있을 때는 강한 것을 대상으로 알아차려야 합니다. 어떤 경우에는 호흡과 함께 격렬한 느낌이 함께 있을 수도 있습니다. 이때는 호흡을 알아차리면서 느낌을 함께 알아차려야 합니다. 사실은 호흡도 느낌입니다. 느낌이 차츰 미세해지면 맥박이 드러나기도 합니다. 그러면 이때는 맥박을 대상으로 알아차려야 합니다. 거친 느낌보다는 맥박이 미세하여 고요할 때 맥박이 나타납니다. 맥박은 가슴에만 있는 것이 아니고 전신에 있음으로 맥박을 알아차릴 때는 꼭 가슴이 아니어도 좋습니다.

사실 위빠사나 수행에서 반드시 대상이 있어야 하지만 어떤 대상인가는 그렇게 중요하지 않습니다. 꼭 어느 대상이어야 된다는 것은 다른 수행에서 말하는 것이고, 위빠사나 수행에서는 몸과 마음에서 일어나는 어느 대상이나 알아차리면 됩니다. 왜냐하면 알아차림과 함께 알아차림을 지속하는 것이 중요하기 때문입니다. 그러므로 어느 대상이나 알아차려서 알아차림을 지속하는 것이 필요합니다. 이와 같은 방법 외에 망상을 알아차리는 다른 하나의 방법이 있습니다.

망상이 지나쳐서 도저히 알아차림으로 제어가 되지 않을 때는 알아차릴 대상을 망상하는 마음에 고정합니다. 그래서 망상을 할 때 먼저 망상하는 것을 알아차린 뒤에 망상하는 마음을 계속해서 대상으로 알아차립니다. 이때는 망상을 하지 않더라도 계속해서 어떤 망상이 일어나는지를 지켜보는 것입니다. 이것은 여섯 가지 감각기관의 문 중에서 의문意門에 마음을 고정하는 것입니다. 이처럼 마음의 문에 알아차리는 마음을 고정하여 어떤 생각이 일어날 때마다 알아차리는 방법이 있습니다.

이것은 마치 닭이 구멍에서 나오는 먹이를 지켜보다가 나올 때마다 정확하게 부리로 쪼는 것과 같습니다. 그래서 망상하는 것을 계속 지켜보고 있다가 망상이 일어날 때마다 알아차리는 것입니다. 그러면 망상이 계속해서 일어나지 않습니다.

누구나 망상 없이는 수행을 할 수가 없습니다. 그래서 망상을 동반자로 삼아 알아차려야 합니다. 어느 땐가 집중의 힘이 커지면 망상이 없는 고요함 속에서 수행을 할 수가 있습니다. 그때까지는 망상이 수행의 반려자입니다. 어떤 경우에는 망상을 했기 때문에 오히려 알아차림을 시작할 수도 있습니다.

이러한 방법 외에 예외적인 방법이 있습니다. 어떤 경우에 가슴에 느낌이 강하게 나타날 때가 있을 것입니다. 이때는 즉시 가슴의 느낌을 먼저 알아차립니다. 그러면 어떤 마음으로 인해 가슴의 느낌이 일어나는지 그 마음을 알아차릴 수가 있습니다. 그런 뒤에 다시 가슴으로 가서 느낌을 알아차립니다.

이 방법은 앞서 말씀드린 마음을 알아차린 뒤에 가슴으로 가서 느낌을 알아차리는 방법이 아니고, 먼저 가슴의 느낌을 알아차리는 것부터 시작합니다. 왜냐하면 이미 강한 느낌이 나타났기 때문입니다. 이 방법은 역으로 느낌을 알아차려서 느낌을 일어나게 한 마음을 알아차리는 것입니다. 이렇게 하면 원인과 결과를 아는 중요한 지혜를 얻습니다.

망상이 일어났을 때 알아차리는 방법을 요약하면 다음과 같습니다.

첫째, 망상이 일어난 것을 알아차리기.
둘째, 망상한 마음을 알아차리기.
셋째, 망상하는 마음이 사라지는 것을 알아차리기.
넷째, 가슴이나 머리에서 느낌을 알아차리기.
다섯째, 맥박이나 호흡을 알아차리기.

그리고 망상을 알아차리는 다른 방법을 요약하면 다음과 같습니다.

첫째, 망상이 일어난 것을 알아차리기.
둘째, 망상하는 마음에 계속해서 알아차리는 마음을 고정하기.

그리고 다음으로 예외적인 방법은 다음과 같습니다.

첫째, 가슴의 느낌을 알아차리기.
둘째, 가슴에 느낌을 일으키게 한 그 마음을 알아차리기.
셋째, 다시 가슴의 느낌을 알아차리기.

이렇게 망상을 알아차리는 여러 가지 방법이 있습니다. 지금까지 망상이 일어날 때 어떻게 알아차릴 것인가에 관해서 말씀을 드렸습니다. 이렇게 알아차리면 위빠사나 수행의 신수심법을 고루 수행하는 결과가 됩니다. 또 이러한 과정을 거쳐서 알아차리면 바른 알아차림을 할 수가 있으며, 알아차림을 지속하는 데 도움이 됩니다. 이러한 방법을 기준으로 수행자가 얼마든지 응용할 수 있을 것입니다.

마음을 알아차린다는 것은 일하는 마음을 알아차려서 좋거나 싫은 반응이 일어나지 않도록 하는 데 일차적인 목적이 있습니다. 반응을 했다는 것은 이미 업을 생성한 것입니다. 그래서 일으킨 원인에 대한 과보를 받아야 합니다.

다음으로 유신견을 제거하기 위해서 반드시 마음을 알아차려야 합니다. 그러므로 수행자 여러분들이 마음을 알아차려서 그 마음이 나의 마음이 아니라는 무아의 지혜를 얻기를 간곡히 부탁드립니다.

진리를 모르는 세계에서는 진리의 소리가 파묻혀서 들리지 않습니다. 오히려 바른 것이 잘못된 것이라고 핍박을 받습니다. 정의롭지 못한 세상에서는 바른 것이 고독하기 마련입니다. 그러므로 자신의 번뇌를 해결하려고 누군가로부터 인정받기를 원해서는 안 됩니다. 자신의 괴로움은 남과는 무관한 것입니다.

자신의 문제는 오직 스스로 해결할 수밖에 없습니다. 그러기 위해서는 자신의 마음에 선한 불씨를 꺼뜨리지 말고 세상의 일에 초연해야 합니다. 세상의 일은 세상의 힘으로 굴러가고, 자신의 일은 자신의 힘으로 가게 해야 합니다.

◈◈◈◈◈

오늘은 좌선 중에 통증이 나타났을 때 알아차리는 방법을 말씀드리겠습니다.

한국 명상원에서는 좌선을 할 때 처음에 수행자들에게 들려주는 구절이 두 가지가 있습니다. 그것은 '수행을 하다 죽지 않는다'와 '수행은 잘 안 되는 것이다'입니다.

이상 두 가지 중에 첫 번째 '수행하다 죽지 않는다'라는 말은 수행 중에 생기는 장애를 극복하기 위한 것입니다. 자신의 몸과 마음에서 생기는 여러 가지 현상에 대해서 두려움을 가져서는 수행을 계속하지 못합니다. 작은 통증이 나타나도 무슨 병에 걸린 것이 아닌가 하고 생각해서는 안 됩니다. 두려움을 갖거나 불길한 상상까지 하면 의심이 생기고 들뜬 마음으로 인해 바른 법을 보지 못합니다.

그러므로 죽지 않는다는 신념이 없으면 바른 수행을 하기가 어렵습니다. 이 구절은 의구심에 가득 찬 마음에 믿음을 주는 말입니다. 사실 수행을 하면서 죽는 것처럼 더 큰 선업은 없습니다. 죽을 때의 마음이 다음 생을 결정하는 재생연결식으로 전해지므로 알아차리면서 죽는 것보다 더 필요한 것은 없습니다. 그러므로 수행을 할 때 나타나는 모든 현상을 전부 알아차릴 대상으로 삼아야 합니다. 그것이 무엇이 되었거나 그것들은 모두 대상입니다.

다음으로 두 번째 '수행은 잘 안 되는 것이다'라는 말은 수행을 잘하려는 탐욕이 일어나지 않도록 하는 것입니다. 누구나 더 좋아지기 위해서 수행을 하지만 좋아지려고 하면 진정으로 원하는 것을 얻을 수 없습니다.

위빠사나 수행은 바라지 않고 없애려고 하지 않는 전혀 해보지 않은 새로운 방법을 시도하는 것입니다. 그래서 처음에는 수행이 잘 안 되는 것이 당연합니다. 누구나 수행을 잘하려고만 합니다. 수행이 잘 안 되는 것을 당연한 것으로 받아들이지 않습니다. 그렇기 때문에 수행이 더 안 되는 것임을 알아야 합니다. 수행이 잘 안 되는 것을 받아들이는 것에서부터 탐욕이 아닌 관용을 배워야 합니다.

좌선을 하면 움직이지 않기 때문에 통증이 나타나기 마련입니다. 몸에는 풍대가 있어서 끊임없이 진동하기 때문에 이 진동을 인위적으로 멈춘다는 것은 자연히 통증을 유발하는 것입니다. 그래서 통증은 움직이지 않아서 생긴 매우 자연스러운 현상입니다. 그러므로 나타날 만한 손님이 찾아온 것입니다. 그래서 통증을 없애려고 하지 말고 있는 그대로 알아차려야 합니다.

어떤 의미에서는 걷는 것보다 움직이지 않고 앉아 있는 것이 더 적극적인 수행방법이기도 합니다. 몸은 잠시도 가만히 있지 못하고 진동하는 것인데 몸의 움직임을 인위적으로 억제해서 고요함을 얻으려고 하면 필연적으로 고통이 따르기 마련입니다. 그래서 좌선은 움직이지 않아서 생긴 현상이 나타났을 때 어떻게 반응하는가를 지켜보는 수행입니다. 그러므로 좌선 중에 나타나는 현상은 나타나도록 되어 있는 대상이 나타나는 것임을 알아야 하겠습니다. 그래서 불청객이 온 것이 아니고 와야 할 손님이 온 것으로 알아야 합니다.

이렇게 나타난 대상은 와서 보라고 나타난 것입니다. 통증은 여기에 이런 현상이 있으니 와서 보기를 요청하고 있습니다. 와서 보라고 나타난 대상은 가서 보아주어야 합니다. 이것이 자연스러운 순리입니다. 무엇인가 다른 목적을 가지고 바라면서 보거나, 없애려고 보지 않고 그냥 그것이 있는 것을 알아차려야 합니다. 어린아이가 칭얼거릴 때는 다 이유가 있듯이 와서 보라고 나타난 대상도 다 이유가 있어서 나타난 것입니다. 그러므로 이것이 모두 알아차릴 대상이라서 바로 '법'인 것입니다.

좌선을 할 때 자세가 나쁘면 통증이 생깁니다. 좌선을 시작할 때 바른 자세를 알아차리고 해야 할 뿐만 아니라 좌선 중에도 이따금씩 자세가 바른가, 몸에 힘이 들어가 있지 않은가를 살펴봐야 합니다. 그리고 좌선이 끝나고서도 자세가 바른가, 몸에 힘이 들어가지 않았나를 살펴봐야 합니다. 좌선이 끝나고 자세를 알아차리는 것은 자기가 모르는 습관적인 자세를 알기 위해서 필요합니다. 좌선을 하면서 누구나 습관적인 자세를 가질 수가 있습니다. 그러면 나쁜 자세로 인해서 통증이 생기거나 병이 생길 수도 있습니다.

좌선을 시작할 때 온몸에 힘을 빼고 난 뒤에 자세가 바른가를 살피고 수행을 시작해야 합니다. 처음에 눈을 지그시 감습니다. 졸음이 오기 전까지는 눈을 뜨지 말고 마음으로 대상을 지켜봐야 합니다. 눈을 뜨면 눈으로 모양으로 보게 될 뿐만 아니라 집중을 하기가 어렵습니다.

온몸에 긴장을 풀고 턱은 약간 당깁니다. 턱을 들면 목이 아파서 통증이 생깁니다. 허리는 바르게 폅니다. 너무 곧게 펴면 긴장하므로 부드럽게 폅니다. 손은 주먹을 쥐지 말고 무릎 위에 힘을 빼고 올려놓습니다.

다리는 반가부좌나 결가부좌가 가능하면 하되 다리가 저리면 두 발을 포개지 않고 가지런히 놓는 평좌를 하는 것이 좋습니다. 양쪽 무릎이 들린 수행자는 무릎이 들린 곳에 방석으로 받쳐주는 것이 좋습니다. 무릎이 많이 들려 있으면 가랑이의 통증이 심해져서 수행을 하기가 어려울 수도 있습니다. 좌선 중에 자신의 신체적 특성에 따라 소도구를 사용해도 좋습니다. 무릎을 받쳐주어도 가랑이의 통증이 계속될 때는 손수건을 접어서 꽁지 뼈를 받쳐주고 앉으면 됩니다.

바닥에는 방석을 깔되 엉덩이가 닿는 부분을 너무 높여서는 안 됩니다. 방석을 절반 접어서 엉덩이를 받치는 정도가 좋습니다. 엉덩이가 닿는 부분을 너무 높이면 허리에 결정적인 무리가 갑니다. 그래서 매우 좋지 않습니다. 경험이 많은 수행자는 방석을 받치지 않고 그냥 바닥에 앉아서 수행을 할 수도 있습니다. 견딜 수만 있다면 딱딱한 바닥에서 좌선을 하는 것도 상관이 없습니다.

만약 수행자의 허리가 좋지 않으면 벽에 기대어도 됩니다. 바닥에 앉기가 어려우면 의자에 앉아도 됩니다. 무릎이 아프면 다리를 뻗고 앉아도 됩니다. 단지 몸이 닿는 부분이 많으면 긴장이 풀려서 졸음이 오는 것을 알아차릴 필요가 있습니다. 한국인들은 바닥에 앉은 것이 불편이 없지만 서양인들은 바닥에 앉아 보지 못해서 좌선을 할 때 상당한 고통을 겪습니다. 이런 경우에는 말을 탄 자세의 의자를 만들어서 앉기도 합니다. 그러므로 바닥에 불편 없이 앉을 수 있다는 것을 감사하게 생각해야 합니다. 진실한 수행자는 어떤 상태에서나 수행을 할 수 있다는 사실에 감사하면서 수행을 합니다.

좌선을 할 때의 자세는 너무 힘을 빼도 좋지 않고, 너무 힘을 주어도 좋지 않습니다. 너무 힘을 빼면 자세가 무너져서 허리가 굽어지거나 목이 굽어집니다. 그러므로 약간의 일정한 긴장이 필요합니다. 또 너무 바르게 하려고 힘을 주면 몸이 경직되어서 통증이 생기며 집중이 되지 않습니다. 그러므로 자세는 현악기의 줄을 조율하듯이 적절한 힘을 주어서 긴장을 유지해야 합니다.

좌선을 하는 시간에도 주의가 필요합니다. 위빠사나 수행은 아침에 눈을 떠서 저녁에 잠자리에 들 때까지 모든 행위를 알아차리는 수행입니다. 그래서 행주좌와를 두루 하는 수행이라서 한 가지 수행만 집중하지 않습니다.

일반적으로 명상원에서는 한 시간 좌선에 한 시간 경행을 기준으로 합니다. 그러므로 좌선을 지나치게 오래해서는 안 됩니다. 몸이 만들어지고 집중이 필요한 경우에 두세 시간을 하는 경우도 있습니다. 이런 때는 이렇게 앉을 필요가 있어서 하는 것이므로 그렇지 않은 경우에는 너무 오래 앉아 있어서는 안 됩니다. 왜냐하면 오래 앉아 있는 것으로 수행을 잘하려고 집착해서는 안 됩니다. 오래 앉아 있는 것으로 수행을 과시해서는 안 됩니다.

수행을 시작하면 얼마 동안 몸을 만드는 과정이 필요합니다. 일정 기간 동안 통증을 이겨내면 차츰 앉아 있는 것이 괴롭지 않을 때가 옵니다. 그래서 얼마간은 통증의 고통을 견뎌내야 합니다. 통증은 인내를 시험할 수 있는 좋은 대상입니다. 그러나 무조건 통증을 참을 필요는 없습니다. 너무 고통스러울 때는 천천히 알아차리면서 자세를 바꾸면 통증은 이내 사라집니다. 이때 통증은 움직이지 않아서 생긴 현상이라는 자각이 필요합니다. 그렇다고 조금만 아파도 자세를 바꾸어서는 안 됩니다.

아픔을 알아차릴 수 있는 만큼 알아차린 뒤에 그래도 더 이상 견딜 수 없을 때 자세를 바꾸어야 합니다. 어떤 스승은 한 시간 좌선에 두 번 이상은 자세를 바꾸지 말 것을 권하기도 합니다. 한번 자세를 바꾸기 시작하면 자꾸 바꾸기 때문입니다.

수행자가 자세를 바꿀 때는 탐욕, 성냄, 어리석음으로 바꿉니다. 먼저 통증으로 인해서 화를 내고, 다음에 바꾸려고 하는 강한 욕망을 일으키고 그리고 계속 자세를 바꾸는 것이 바로 어리석음입니다. 이때의 탐욕, 성냄, 어리석음은 미세한 번뇌에 속하므로 수행자가 자세를 바꾸는 것 하나에 세 가지 번뇌가 있는지 알지 못합니다. 그러나 알아차리면서 자세를 바꾸면 번뇌로 바꾸는 것이 아니고 수행을 하면서 바꾸는 것입니다. 이처럼 알아차림 하나에 번뇌가 지혜로 바뀝니다.

통증은 아픈 증세를 말하는 것입니다. 그래서 통증은 아팠을 때의 명칭이므로 관념에 속합니다. 통증의 실재는 통증이 아니고 찌르고, 당기고, 쑤시고, 화끈거리는 등등의 느낌입니다. 통증이 일어났을 때는 이런 아픔을 상징하는 통증이란 명칭을 알아차릴 것이 아니고 실재하는 느낌을 알아차려야 합니다.

통증은 관념적인 것으로 부정적인 선입관을 가지고 있습니다. 그래서 즉시 괴로운 느낌으로 반응합니다. 그러나 실재하는 느낌인 찌르고, 당기고, 쑤심은 알아차릴 만한 대상입니다. 통증이라고 하면 무조건 부정적으로 반응하지만 실재하는 느낌은 알아차릴 대상이기 때문에 견딜 만합니다. 이것이 통증이라고 생각하면 계속해서 아프다는 마음에 빠집니다. 그러나 통증의 실재인 찌르고 당기는 느낌은 간헐적으로 일어나는 것이라서 지켜볼 만합니다.

통증이 모두 부정적인 것은 아닙니다. 통증은 알아차릴 강력한 대상이 나타난 것입니다. 그래서 통증은 오히려 알아차리기에 좋은 대상입니다. 통증이 있으면 망상이 일어나지 않고, 졸음이 오지 않습니다. 이것만 해도 통증의 역할은 매우 큰 것입니다. 강한 통증은 괴로움으로 나타나기도 하지만, 미세한 통증은 오히려 수행자를 깨어 있게 합니다.

또 이러한 고통 속에서 인내하는 힘을 키우고 지혜를 얻습니다. 그러므로 통증을 어떻게 알아차리느냐가 수행에서 차지하는 비중이 매우 큽니다. 물론 일부러 통증을 만들 필요는 전혀 없습니다. 단지 수행의 과정에서 생긴 통증은 알아차릴 훌륭한 대상이라는 것입니다. 이러한 대상도 언젠가는 알아차림과 집중의 힘이 생기면 사라지고 맙니다. 그러므로 통증이 나타났을 때 알아차려서 좋은 수행의 과정으로 삼아야 합니다.

수행 초기에 통증을 이겨내지 못하면 수행을 포기합니다. 그래서 인내가 열반에 이르게 한다고 합니다. 의지가 나약한 사람은 조그마한 아픔에도 두려움을 갖고 견디지 못합니다. 그래서 통증이라는 관문을 통과하지 못하면 수행을 계속하기가 어렵습니다.

좌선 중에 통증이 나타나면 먼저 통증이 나타난 것을 알아차려야 합니다. 통증이 일어난 것을 알아차리지 못하면 이미 싫어하는 마음이 일어나서 부정적인 반응을 한 것입니다. 반응을 했다는 것은 알아차림을 놓치고 싫어했다는 것입니다. 그러므로 통증이 일어난 것을 알아차린 뒤에 통증 때문에 반응한 마음을 알아차려야 하겠습니다.

지혜가 있는 자는 잘못된 습관을 버릴 줄 알고 좋은 습관은 계승합니다. 그러나 무지하면 잘못된 습관대로 살기를 원하여 새로운 것을 받아들이려 하지 않습니다. 모든 것은 변하는데 바꾸기를 원치 않는 것은 게으르기 때문입니다. 그래서 무지와 게으름은 같은 것입니다. 무지는 게으름으로 그치지 않고 게으름을 집착합니다. 그래서 고통을 머리에 이고, 품에 안고, 등에 짊어지고, 손으로 끌면서 절뚝거리면서 살아갑니다. 이 길은 끝이 없습니다. 이 길은 자신이 좋아서 선택한 길입니다.

수행자 여러분! 계속해서 끝없는 이 길을 가겠습니까? 아니면 고통이 끝나는 지혜로운 길을 가겠습니까? 선택은 여러분의 몫입니다.

계속해서 통증에 대해서 말씀을 드리겠습니다.

수행자의 임무는 대상을 알아차리는 것입니다. 그래서 통증과 싸워서는 안 됩니다. 수행자는 전사가 아닙니다. 그러므로 나타난 통증을 대상으로 알아차려야 합니다. 통증도 뜨거운데 통증으로 인해 마음까지 뜨거워지면 대상을 바르게 알아차릴 수가 없습니다. 그러므로 뜨거운 것은 몸이지, 일하는 마음이 아니라는 사실을 알아야 합니다.

통증을 알아차리면 오히려 통증이 더 증가할 수도 있습니다. 왜냐하면 막연하게 느끼던 통증을 구체적으로 겨냥하기 때문에 아픔이 더 가중될 수 있습니다. 이것은 지켜보는 힘에 대한 반작용입니다. 알아차릴 때 인위적인 힘을 가하지 않는다고 해도 얼마간은 힘이 들어가기 때문에 통증이 더 강해질 수 있습니다. 이것은 불가피한 과정입니다.

통증은 없어지기 전에 더 강해집니다. 마치 촛불이 꺼지기 전에 더 불이 밝은 것과 같습니다. 그러므로 통증이 계속될 때는 '아! 지금 통증이 없어지려고 더 강해졌구나!' 하고 알아차려야 합니다. 그래도 없어지지 않고 계속되면 '아! 이번에는 정말 없어지려고 더 강해졌구나!' 하고 계속해서 알아차림을 지속시켜야 합니다. 이렇게 알아차림이 계속되면 나중에는 참고 견딘 것이 억울해서 자세를 바꿀 수 없는 때가 오기도 합니다. 이처럼 견딜 수 있는 한 알아차림을 계속하면 수행자의 정신적 상태가 한층 더 고양됩니다.

위빠사나 수행의 1단계 지혜는 정신과 물질을 구별하는 지혜입니다. 정신과 물질을 구별하는 지혜를 얻기 위해서는 몸과 마음을 분리해서 알아차려야 합니다. 몸은 알아차릴 대상이고, 마음은 대상을 아는 기능을 합니다. 그래서 몸은 몸의 영역에서 하는 역할이 있고, 마음은 마음의 영역에서 하는 역할이 있습니다. 그러므로 몸이 아플 때 마음까지 아프지 말아야 합니다. 이때 아픈 것은 몸이지 마음이 아닙니다. 그러나 몸과 마음을 하나로 생각하거나 이것이 내 몸이라고 생각하면 즉각 마음까지 아픕니다. 그래서 이때 통증에 반응한 마음을 알아차려야 하는 것입니다.

몸이 아플 때 즉각 마음까지 아프면 대상을 바르게 알아차릴 수가 없습니다. 마음이 일을 하는데 일하는 마음이 아픈 상태에서는 대상을 바로 보는 힘이 생기지 않습니다. 그래서 몸이 아플 때 마음까지 아프지 않게 하기 위해서는 싫어하는 마음을 알아차려야 합니다. 그래야 비로소 통증의 성품을 알아차릴 수가 있습니다. 그러므로 통증은 오히려 정신과 물질을 구별하는 지혜가 나도록 하는 대상입니다. 통증의 바른 성품이란 무상하다는 것과 불만족이라는 것과 내 마음대로 되지 않는 무아를 아는 것입니다.

몸이 아플 때 마음이 아프지 말아야 한다는 것은 몸의 통증은 몸의 영역에서 일어난 것이니 마음의 영역까지 반응하게 하지 말라는 것입니다. 이러한 영역을 물질적 현상과 정신적 현상으로 구별합니다. 수행자가 자신의 몸과 마음에 관한 알아차림에서는 이것이 물질적 영역에 속하는 것인지, 아니면 정신적 영역에 속하는 것인지 구별해서 알 수 있어야 합니다.

그러면 물질적 현상으로 인해서 생긴 정신적 현상이 침해받지 않습니다. 마찬가지로 정신적 현상으로 인해서 물질적 현상이 침해 받지를 않습니다. 그러므로 자신에 대해서나 남에 대해서나 이것이 물질적 현상일 때는 그냥 물질적 현상으로 끝내야 합니다. 그리고 정신적 현상일 때는 그냥 정신적 현상으로 끝내야 합니다.

몸의 이러한 통증은 느낌입니다. 그래서 몸에서 일어난 육체적인 느낌을 알아차리지 못하면 정신적 느낌으로 발전합니다. 만약 '괴롭다'고 했을 때는 일차적으로 육체적인 느낌을 일으킨 것입니다. 그러나 육체적인 느낌을 알아차리지 못하면 다음 단계로 '아이고 괴로워 죽겠네'라고 발전합니다. 그냥 괴롭다가 다음에는 괴로워 죽겠다고 하는 정신적 느낌으로 발전한 것입니다. 그러면 몸이 아플 때 지켜보는 마음까지 아픈 것입니다. 세상 사람들은 이렇게 살지만 수행자는 이렇게 살지 않기 위해서 지금 수행을 하는 것입니다.

통증은 없어질 조건이 성숙되면 없어집니다. 그렇지 않고 인위적으로 없애려고 하면 자세를 바꾸는 길밖에 없습니다. 그러므로 참기 어려운 통증이 아니고서는 계속해서 지켜봐야 합니다. 이때 자세만 바꾸면 없어질 수 있다는 알아차림이 있어야 합니다. 자세만 한번 바꾸면 없어질 수 있는 통증을 지켜본다는 것은 인내를 시험하는 절호의 기회입니다. 그래서 자세를 바꿀 수도 있다는 배수진을 치고 지켜보면 참는 힘이 생깁니다.

통증 때문에 반응한 마음을 알아차린 뒤에 반응한 마음이 사라진 것을 다시 알아차립니다. 통증 때문에 반응한 마음을 알아차리면 있던 마음은 사라지고 알아차리는 새로운 마음이 일어납니다. 그리고 다시 사라진 마음을 알아차리면 아무 마음도 없습니다. 이것이 통증 때문에 반응한 마음이 사라진 것입니다.

짧은 순간에 일어난 마음이 사라진 것을 아는 것은 마음의 소멸을 보는 것으로 바로 법을 보는 것입니다. 이처럼 통증 때문에 반응한 마음이 사라진 마음을 본 뒤에 다시 통증을 알아차리는 방법이 있고, 가슴이나 머리로 가서 통증으로 인해 생긴 느낌을 알아차리는 방법이 있습니다. 강한 통증일 경우에는 계속해서 통증에 마음을 고정할 수도 있고, 가슴이나 머리에서 생긴 느낌을 알아차릴 수도 있습니다.

강한 통증을 알아차릴 경우에는 통증 속으로 들어가서 찌르고 당기는 느낌을 알아차려야 합니다. 통증 속으로 들어가라는 것은 통증을 표피적으로 보지 말고 통증이 일어난 그 자리로 들어가서 그 실재하는 느낌을 지켜보라는 것입니다. 이때 통증을 없애려고 보아서는 안 됩니다. 통증을 법으로 계속해서 지켜봐야 합니다. 통증을 단지 느낌으로 알아차리면 오직 대상과 아는 마음만 있기 때문에 선입관이 없이 단순하게 대상을 지켜볼 수 있습니다. 그러면 통증은 단지 통증이지 나의 통증이 아니라고 알 수 있습니다. 그리고 통증은 원인과 결과로 연속되는 느낌이라고 알게 됩니다.

통증 속으로 들어가서 찌르고 당기는 느낌을 알아차렸을 때 통증이 더 심해질 수도 있습니다. 때로는 차츰 약해질 수도 있습니다. 이것은 통증의 조건과 알아차리는 힘에 따라 다르게 나타납니다. 그러므로 어떤 상태로 진행되거나 그냥 있는 그대로의 느낌을 알아차려야 합니다. 통증은 사라지지 않을 수도 있으며, 통증이 사라졌다가 다시 나타날 수도 있습니다. 그래서 통증을 알아차렸다고 해서 사라지는 것이 아닙니다. 사라질 만한 조건이 성숙되었을 때 사라지는 것이므로 수행자는 어떤 결과를 기대해서도 안 됩니다.

통증 때문에 반응한 마음을 알아차린 뒤에 통증 속으로 가서 통증을 알아차리지 않고, 가슴에서 통증으로 인해 반응한 느낌을 알아차리는 방법도 있습니다. 통증이 매우 견디기 어려울 때는 통증을 지켜보는 것보다 가슴에서 통증으로 인해서 생긴 느낌을 알아차리면 약간 완화된 통증을 느끼게 됩니다. 가슴의 느낌은 통증이 나타난 곳보다 느낌이 격렬하지 않습니다. 그래서 가슴에서 통증을 알아차리면 간접적으로 통증을 알아차리는 것입니다.

가슴의 느낌을 전면에서 알아차리면 더욱 약화된 통증을 느낄 수가 있습니다. 마음을 알아차리는 수행자는 항상 마음을 전면에 두고 마음자리에서 알아차리기 때문에 몸에 있는 통증을 전면에서 알아차릴 수 있습니다. 그러면 고통스러운 느낌에서 견딜 만한 느낌으로 바뀝니다.

만약 이러한 방법으로 수행을 해도 더 이상 견딜 수 없을 때는 호흡을 완벽하게 겨냥해야 합니다. 이때는 통증으로 인해 격렬해진 호흡에 완전하게 밀착을 해서 알아차리면 통증의 느낌을 견딜 수 있습니다. 이때도 통증은 있지만 마음이 호흡에 완벽하게 밀착하면 호흡이 1순위이고, 통증은 2순위가 되어 통증이 훨씬 경감됩니다. 이때는 호흡에 강력한 집중을 해야 합니다. 그러면 어떤 고통도 견딜 수 있으며, 이렇게 집중을 하면 나중에는 무통이 오기도 합니다.

옛말에 "쑥뜸이 우화등선羽化登仙한다"는 말이 있습니다. 이것은 쑥뜸을 하면 신선이 된다는 말입니다. 이 말의 뜻은 쑥으로 살 태울 때 고통을 참고 견디면 신선이 된다는 것입니다. 이러한 옛말을 위빠사나 수행의 관점에서 보면 아프기 때문에 알아차림을 지속할 수밖에 없는 것을 말합니다. 실제로 너무 아프면 다른 망상이 들어올 겨를이 없습니다. 그래서 마음이 대상을 떠날 수가 없습니다. 이러한 아픔으로 인해 알아차림을 지속할 수밖에 없고 강력한 알아차림을 지속하면 집중의 힘에 의해 결국 통증이 사라지는 것을 경험할 수도 있습니다.

그러므로 좌선을 할 때가 아니고 병이 나서 아프거나 사고를 당했을 경우에도 견디기 어려운 통증이 있으면 호흡 하나에 마음을 강력하게 집중하는 방법도 있습니다. 너무 아플 때는 상대적으로 더 강한 알아차림과 노력을 기울일 수밖에 없어 강력하게 집중을 하게 되고 그 끝에 무통의 단계가 오기도 합니다.

이상과 같이 통증을 알아차릴 때, 일을 하는 마음을 알아차리는 것이 중요합니다. 그래서 반드시 마음을 알아차려야 합니다. 마음을 알아차리는 것을 한 번에 그쳐서는 안 되며, 이따금 마음을 알아차릴 수도 있고, 계속해서 마음자리에서 마음을 대상으로 알아차릴 수가 있습니다.

통증을 알아차리는 첫 번째 방법을 요약해 보겠습니다. 이 방법은 통증을 가슴에서 느낌으로 알아차리는 방법입니다. 첫째, 통증이 있는 것을 알아차립니다. 둘째, 통증 때문에 반응한 마음을 알아차립니다. 셋째, 통증 때문에 반응한 마음이 사라진 것을 알아차립니다. 넷째, 통증으로 인해서 생긴 느낌을 가슴에서 알아차립니다. 다섯째, 가슴에서 거친 느낌, 중간 느낌, 미세한 느낌이 사라진 뒤에 호흡을 알아차립니다. 여섯째, 통증으로 인해서 생긴 느낌을 전면의 마음자리에서 알아차립니다.

다음에 통증을 알아차리는 두 번째 방법을 요약해 보겠습니다. 이 방법은 통증 속으로 들어가서 직접 통증을 알아차리는 방법입니다. 첫째, 통증이 있는 것을 알아차립니다. 둘째, 통증 때문에 반응한 마음을 알아차립니다. 셋째, 통증 때문에 반응한 마음이 사라진 것을 알아차립니다. 넷째, 통증 속으로 들어가서 실재하는 느낌을 알아차립니다.

마지막으로 통증이 강력할 때 알아차리는 세 번째 방법을 요약해 보겠습니다. 이 방법은 견딜 수 없는 강력한 통증일 때는 호흡에 강력하게 집중해서 알아차리는 방법입니다. 첫째, 통증이 있는 것을 알아차립니다. 둘째, 통증 때문에 반응한 마음을 알아차립니다. 셋째, 통증 때문에 반응한 마음이 사라진 것을 알아차립니다. 넷째, 통증으로 인해 격렬해진 호흡을 알아차립니다.

이상이 통증을 알아차리는 다양한 수행방법이었습니다. 지금 제가 말씀드린 이러한 수행방법은 기본형이고, 여러분들 스스로가 이러한 기본형을 토대로 얼마든지 바꾸어서 수행을 해나갈 수 있습니다. 그러므로 통증이 생겼을 때는 통증과 싸우지 말고 통증 때문에 반응한 마음을 알아차린 뒤에 다양한 형태의 수행방법을 사용하여서 통증으로부터 자유로워지기 바랍니다.

그 통증은 나의 것이 아닙니다. 그 통증은 결국 사라집니다. 그러므로 통증을 있는 그대로 알아차려야 하겠습니다.

　　수행과 사회운동은 다릅니다. 수행은 사회운동이 아니지만 사회운동보다 더 큰 변화를 가져올 수 있습니다. 수행자는 먼저 자신의 내면을 성찰하여 자신의 문제를 해결한 뒤에 그 마음을 사회에 환원합니다. 하지만 사회운동가는 사회를 바꾸려는 일을 우선합니다. 그러나 자신에 대한 성찰이 없으면 독을 피울 수 있습니다. 사회운동이라는 이름으로 자신의 욕구를 충족시키려 하기 때문입니다.

　　누구나 각자의 조건이 다르므로 각자의 길을 갑니다. 그러나 현자들은 먼저 자신의 문제를 해결하는 길을 택합니다. 이 과정은 매우 자연스럽고 궁극의 완성을 이루게 됩니다. 그러므로 이런 일에 옳고 그름이 없으므로 수행자는 수행을 하고, 사회운동가는 사회운동을 하면 됩니다. 그러나 마지막에는 수행을 해야 합니다. 그래서 수행이 가장 본질적인 사회운동에 속하는 것입니다.

　　오늘은 좌선 중에 졸음이 왔을 때 알아차리는 방법을 말씀드리겠습니다.

　　수행을 할 때 밤에 잠자리에서 졸음이 오는 것을 알아차리는 것이나 좌선 중에 졸음이 오는 것을 알아차리는 것이나 알아차리는 방법은 같습니다. 그러나 밤에 잠자리에서 졸음을 알아차리는 것은 잠을 자기 위해서 알아차리는 것입니다. 그리고 좌선 중에 졸음을 알아차리는 것은 자지 않기 위해서 알아차리는 것입니다. 이처럼 목적은 다르지만 두 가지 수행을 할 때 어떤 결과가 있거나 나타난 그대로 모두 알아차려야 합니다.

좌선 중에 졸음이 오는 원인은 여러 가지가 있습니다. 수면욕은 다섯 가지 욕망 중의 하나입니다. 그래서 누구나 본능적으로 잠을 자려는 욕망을 가지고 있습니다. 그러므로 먼저 잠을 자려고 하는 불가피한 본성이 있다는 것을 이해하여야 합니다. 위빠사나 수행은 본능과 싸워서 이기는 수행이 아니고, 단지 본능이 있는 것을 알아차려서 본능을 뛰어넘는 수행입니다.

그래서 이러한 본능이 생길 때마다 본능적 욕망과 맞서려 하지 말고, 단지 욕망이 있다는 것을 알아차려야 합니다. 여기서 욕망이 있다는 것을 알아차린다는 것은 예사로 말하는 것이 아닙니다. 지금 여기에 졸음이 있는 것을 알아차려서 있는 그대로 받아들이는 것을 말합니다.

이때 받아들인다는 것은 '자 버리자'라고 결정하는 것이 아닙니다. 무엇이나 먼저 있다고 인정하고 알아차리는 자세가 중요합니다. 그래서 졸음이 올 때 '지금 졸음이 오구 있구나' 하고 알아차려야 합니다. 이것은 실재하는 현상이고, 실재하는 모든 현상은 하나같이 진실한 것들입니다. 졸음도 우리가 가지고 있는 엄연한 실재입니다.

그래서 이것에 대해 적대적이거나 이것으로 인해 고통을 겪지 말아야 합니다. 잠은 필요한 것입니다. 하지만 필요할 때 자야 합니다. 그러나 실제로는 그렇지 못해서 잠을 알아차리는 것입니다. 이처럼 졸음은 없애야 할 대상이 아니고 알아차려야 할 대상입니다. 그래서 졸음도 하나의 법法에 속합니다.

수행자가 어떤 대상이나 알아차리게 되면 법으로 바뀌고 알아차리지 못하면 무지라서 거의는 불선행을 하기 마련입니다. 무엇이나 알아차린다는 것은 그 순간부터 지혜를 동반하며, 모른다는 것은 무명의 어두움에 감금된 것입니다. 누구나 깨어 있을 때는 움직임이 많은데 좌선 중에는 움직이지 않기 때문에 졸음이 옵니다. 그래서 졸리는 것이 당연합니다.

그러나 어떤 상황에서도 졸음이 올 때는 졸음과 싸우지 말아야 합니다. 그렇다고 잠을 청하지도 말아야 합니다. 많은 경우에 스스로 알아차림을 포기하고 잠을 청하는 경우가 많습니다. 이것은 졸음에 스스로가 항복하는 것입니다. 잠을 자거나 자지 않거나 졸음에 항복을 해서는 안 됩니다.

먼저 수행자가 할 수 있는 의무를 충실히 하고, 어떤 결과가 오거나 그대로 받아들이면 됩니다. 졸음과 싸우면 오히려 더 빨리 잠에 떨어집니다. 그래서 잠을 자거나 자지 않는 것이 중요한 것이 아니고 끝까지 알아차리는 것이 중요합니다. 수행 중에 잠은 잘 수도 있고 혹은 자지 않을 수도 있습니다. 그러나 이것보다 중요한 것은 졸릴 때 알아차림을 언제까지 계속할 것인가 하는 것입니다. 알아차릴 수 있는 만큼 계속해서 알아차리다가 잠을 잔다면 이러한 잠은 오히려 유익합니다.

만약 이렇게 잔다면 짧은 시간에 숙면을 취할 수 있어서 더욱 좋습니다. 짧은 순간의 토막잠이라고 해도 숙면을 취할 수 있다면 깨어나서 더 맑은 마음으로 대상을 알아차릴 수 있습니다. 그래서 혼미한 상태에서 졸음을 알아차리는 것도 유익한 일이고, 약간 토막잠을 잔 뒤에 맑은 상태로 알아차리는 것도 유익한 일입니다. 이 두 가지에는 모두 알아차림이 있기 때문입니다.

앞서 여러 차례 말씀드린 것처럼 잠을 자는 것은 죽는 것과 같습니다. 그래서 잠을 잘 때 어떻게 알아차리느냐가 다음 생을 결정하기 때문에 평소에 잠을 잘 때 알아차리는 수행을 해야 합니다. 그러므로 과연 어디까지 알아차림을 계속할 수 있는가가 매우 중요한 것입니다.

죽음의 마음은 인식할 수 없기 때문에 자신의 의지대로 마음을 가질 수가 없습니다. 평소의 습관이 죽음의 마음을 결정하므로 평소의 수행이 중요한 것입니다. 그러므로 모든 수행자들이 이 점을 간과해서는 안 됩니다. 경전에서 보면 죽기 전에 계속해서 알아차려서 도과를 성취한 예가 매우 많습니다.

좌선을 한다는 것은 움직이지 않아서 생기는 현상을 알아차리기 위한 것입니다. 그러므로 망상, 통증, 졸음은 좌선 중에 나타나는 가장 큰 손님입니다. 그래서 잠을 없애려고도 하지 말고, 잠을 바라지도 말아야 합니다. 졸음이 올 때 잘 살펴보십시오. 이 두 가지 중에 하나가 있을 것입니다.

　수행자들이 대개는 잠을 자지 않으려고 저항을 하게 되는데 저항을 하면 저항을 할수록 더 깊은 잠에 빠지게 됩니다. 저항하는 힘은 약하고 쏟아지는 잠은 더 강하기 마련입니다. 저항을 하면 잠을 더 강하게 한다는 것을 꼭 알아야 합니다. 무엇이나 제어하려고 하면 가해진 힘만큼의 반발력을 갖습니다. 이것은 매우 자연스러운 현상입니다.

　잠이 오는 원인은 매우 많습니다. 잠은 대상을 겨냥하는 알아차림이 약해서 옵니다. 잠은 게으르기 때문에 옵니다. 잠은 잠을 좋아해서 옵니다. 그래서 잠이 잠을 부릅니다. 잠은 의욕이 없고 집중하는 힘이 없어서 옵니다. 잠은 피곤해서 옵니다. 그래서 일을 많이 하면 당연히 잠이 오는 것이 정상입니다. 잠은 음식을 많이 먹어서도 옵니다. 잠은 앞서 말씀드린 대상을 정확하게 겨냥을 하지 못했거나 대상을 지속적으로 알아차리지 못해서 옵니다. 잠과 저항하면 더 잠이 옵니다. 좌선 중에는 너무 어두운 곳에 있어도 잠이 옵니다. 허리를 벽에 기대고 앉아도 잠이 옵니다.

　그러나 이런 원인을 모두 알아야 하는 것은 아닙니다. 그래서 그냥 졸음이 오는 것을 알아차리면 됩니다. 원인은 언제나 늘 많기 마련입니다. 그래서 단지 원인이 있어서 생긴 결과라는 사실만 알면 됩니다. 일반적으로 대상을 알아차리는 힘이 약하면 졸음에 떨어집니다. 그렇지 않고 알아차릴 때는 대상에 밀착하면 졸리지 않습니다.

　그렇기 때문에 처음 수행을 시작하면 누구나 잠으로부터 자유로울 수 없습니다. 그렇다고 수행 경험이 많으면 잠을 자지 않는 것도 아닙니다. 수행을 많이 했다고 해도 잠으로부터 자유로울 수 없습니다. 정도의 차이가 있을 뿐이지 누구도 자유로울 수 없는 것입니다. 그래서 누구나 그때그때의 상황에 따라 졸음에 떨어집니다.

　잠은 집중이 될 때 알아차림과 노력이 부족해도 옵니다. 수행은 노력과 알아차림과 집중의 조화 속에서 이루어지는 것입니다. 그런데 수행을 하다 보면 노력과 알아차림이 약해지고 점점 집중의 힘이 커지면 자연스럽게 졸음에 빠지게 됩니다. 그래서 집중과 졸음은 동전의 양면처럼 함께 붙어 있습니다. 만약 집중의 힘이 커져서 졸음이 올 때 노력을 해서 알아차리는 힘을 강화하면 다시 맑은 정신 상태를 유지할 수 있습니다.

수행을 할 때 노력과 알아차림과 집중의 세 가지의 영역이 서로 조화를 이루어야 합니다. 이 세 가지 중에서 하나의 기능이 떨어지면 바른 수행을 하기가 어렵습니다. 여기서 이 세 가지를 이끄는 것이 노력입니다.

노력을 해야 알아차릴 수 있고, 계속 더 노력을 해야 알아차림을 지속하여 집중의 힘을 키울 수 있습니다. 그래서 집중이 필요 이상으로 더 커지지 않고 균형을 이룬 상태로 수행을 하기 위해서는 지속적인 노력과 알아차림이 뒤따라야 합니다. 그래야 비로소 졸음으로부터 자유로워집니다.

때로는 좌선 중에 혼미한 상태에서 깜짝 놀라는 현상이 나타나기도 합니다. 이것은 수행이 발전한 사람에게 나타나는 현상입니다. 이때가 노력과 알아차림과 집중의 균형이 깨져서 졸음이 오려고 할 때의 현상입니다. 그래서 졸음에 떨어지지 않으려는 노력과 알아차림이 있어서 깜짝 놀라는 현상으로 나타나는 것입니다.

수행자가 수행에 대한 사명감이 없는 상태에서 무기력하면 의욕이 없는 상태라서 쉽게 졸음에 떨어집니다. 그래서 믿음을 가지고 수행의 필요성에 대한 확신이 있어야 합니다.

그리고 일을 많이 해서 피곤해도 졸리기 마련입니다. 그러므로 수행자는 불필요한 일을 줄여야 합니다. 특히 경행을 할 때 너무 힘을 들여서 집중을 하면 피곤해져서 좌선을 할 때 쉽게 잠에 빠집니다. 음식을 많이 먹어도 식곤증으로 잠이 오기 때문에 적게 먹고 많이 씹어야 합니다.

일반적으로 졸음을 알아차리는 것은 매우 어려운 일 중에 하나입니다. 졸음은 이미 마음이 알아차리는 힘을 잃었기 때문에 수습하기가 어렵습니다. 그래서 잠을 자버리자는 본능적 욕망과 자지 말아야 한다는 수행의 알아차림 사이에서 고통을 겪기 마련입니다. 하지만 졸음이 왔을 때 아무런 저항 없이 노력과 알아차림을 지속하면 어느 순간에 정신이 맑아지고 졸음이 씻은 듯이 사라집니다. 그러면 매우 기분이 좋습니다. 그리고 졸음을 이겼다는 승리감에 사로잡히기도 합니다.

하지만 이런 순간을 경험한 이후에 언제 졸음에 떨어졌는지도 모르게 잠에 빠지는 경우가 허다합니다. 왜냐하면 졸음을 극복했다는 승리감과 즐거움에 순간적으로 알아차림을 놓치기 때문입니다. 그래서 이 순간에 깊은 잠에 떨어지고 맙니다. 바로 여기서 수행자가 주의해야 합니다.

수행 중에 장애를 극복했다고 좋아하는 순간에는 즉시 알아차림을 놓칩니다. 그러므로 수행을 할 때 무엇이나 좋아하는 것은 감각적 욕망이라서 수행자가 가장 경계해야 할 대상입니다. 좌선을 할 때 눈을 감고 합니다. 그래서 졸리기 마련입니다.

눈을 뜨면 눈으로 정보가 들어와서 마음으로 볼 수가 없기 때문에 눈을 감습니다. 눈을 감고 좌선을 하는 것은 눈으로 대상을 알아차리는 것이 아니고, 마음으로 대상을 알기 위해서입니다. 그래서 눈을 감기 때문에 좌선을 시작하고서부터 필연적으로 졸음이 오기 마련입니다. 그래서 졸음이 올 때는 눈꺼풀이 무겁고 몸은 나른합니다. 그리고 마음을 알아차리면 희미합니다. 이런 것들이 잠자기 전에 잠이 가지고 있는 알아차릴 특성입니다.

이때 졸음에서 벗어나기 위해서는 대상을 분명하게 겨냥해야 합니다. 겨냥이란 마음을 대상에 기울이는 알아차림입니다. 이것이 대상을 주시하는 것입니다. 좌선 중에 졸지 않으려면 대상을 분명하게 잡아서 대상에 마음을 모아서 겨냥해야 합니다. 만약 대상이 분명치 않으면 쉽게 싫증이 나고 졸게 마련입니다.

이렇게 대상을 겨냥한 다음에 그 대상을 지속적으로 주시할 수 있어야 합니다. 이때 대상을 막연하게 주시하는 것이 아니고 대상의 변화와 대상의 성품을 알아차려야 합니다. 수행자가 주시하는 대상을 그냥 막연하게 알아차리지 말고, 그것들의 특성을 살펴야 합니다. 이렇게 살피게 되면 마음이 대상에 밀착됩니다. 그러면 마음이 대상을 알아차릴 때 싫증을 내지 않고 재미를 붙이게 됩니다. 왜냐하면 볼거리가 생겼기 때문입니다. 그렇지 않고 그냥 막연하게 대상을 대하고 있으면 마음이 흥미를 잃어서 다른 것으로 달아나 버려 망상이 오거나 졸음에 떨어집니다.

선한 사람은 선한 사람을 좋아하고, 선하지 못한 사람은 선하지 못한 사람을 좋아합니다. 사람들은 자기 부류의 사람들과 어울리기를 좋아하고, 자기 부류가 아니면 배척합니다. 여기에는 옳고 그름의 이성적 판단이 작용하지 않으며, 오직 감성적인 판단만 있습니다.

선한 사람은 선하지 못한 사람이 불편하여 어울릴 수가 없고, 선하지 못한 사람은 선한 사람이 불편하여 재미가 없고 어울릴 수가 없습니다. 각자의 입장에서 이것이 자기를 보호하는 것이라고 생각하며, 모두가 살아온 관행대로 삽니다. 그러나 선하지 못한 사람이 선한 사람과 어울리려고 시도하는 것이 바로 수행입니다.

◈◈◈◈◈

지난 시간에 이어서 졸음에 대해서 말씀을 드리겠습니다.

예를 들어 좌선 중에 호흡을 알아차릴 때 '일어남'과 '꺼짐'이라는 생멸의 특성을 알아차려야 합니다. 호흡이 일어나고 꺼지는 것은 그냥 막연하게 일어나고 꺼지는 것이 아닙니다. 일어날 때는 일어나는 것의 특성이 있고, 꺼질 때는 꺼지는 것의 특성이 있습니다. 일어날 때는 공기가 부푸는 느낌이 있고, 꺼질 때는 공기가 수축하는 느낌이 있습니다. 또는 호흡의 강약과 장단도 있습니다. 이런 것들을 면밀하게 알아차려야 합니다.

호흡을 대상으로 선택했을 때 분명하게 알아차리기 위해서는 처음에 '일어남' 하나만 알아차려도 좋습니다. 이때 일어남의 움직임 하나만 알아차리고, 차츰 알아차리는 힘이 생기면 다음에 일어날 때는 팽창하는 공기의 압력이나 단단함, 부드러움, 뻐근함, 따뜻함 그리고 호흡의 속도와 강약 등등의 많은 현상을 알 수 있습니다.

그래서 호흡이 항상 다르게 일어나는 것이라고 알아야 합니다. 매번 같은 호흡이라고 생각하면 이내 싫증이 나고 마음은 대상에 머물지 않습니다. 같은 호흡은 하나도 없습니다. 바로 이것을 알게 되면 모든 대상이 다 새로운 것이며, 그래야 마음이 재미를 붙여서 대상에 머물러 졸지 않습니다.

처음에 알아차리는 힘이 없을 때는 이렇게 호흡의 '일어남' 하나만을 알아차려서 마음을 힘들지 않게 해야 합니다. 아직 알아차리는 힘이 없을 때는 많은 것을 알려고 해서는 안 됩니다. '일어남' 하나만 알아차리다가 힘이 생기면 이제는 '꺼짐' 하나만 알아차립니다. 그러고 나서 다음 단계로 '일어남, 꺼짐'을 알아차리십시오. 이렇게 일어남과 꺼짐을 알아차린 뒤에 다시 '일어남, 꺼짐, 쉼'으로 호흡과 호흡 사이의 휴지를 포함해서 알아차려도 좋습니다.

이런 방편은 수행자가 얼마든지 계발하여 실천할 수 있습니다. 많은 사람들이 '일어남, 꺼짐'을 대상으로 알아차리다가 '쉼'에 와서는 움직임이 없기 때문에 그만 마음을 놓아버리게 됩니다. 바로 이때 망상이나 혼침에 빠집니다. 마음은 워낙 빠르기 때문에 조그만 틈에서도 못 견디고 달아납니다. 원래 마음이란 이런 것이므로 이런 마음을 어떻게 하려고 할 것이 아니고, 이런 마음의 특성을 살펴서 마음의 특성에 맞게 대응해 주어야 합니다. 마음은 자기 것이 아니기 때문에 절대 자기 힘으로 되지 않습니다. 그래서 이쪽에서 조건을 만들어서 마음을 편하게 이끌어야 합니다. 이것이 바로 수행의 방편입니다.

사실은 마음을 이렇게 길들이는 일이 수행의 일차적 목표이기도 합니다. 위빠사나 수행에서 마음을 길들이는 방법은 알아차림인데, 바로 이 알아차림은 치우침이 없이 공평한 것이며 무저항이며 각성된 것입니다.

이처럼 처음에는 대상에 대한 정확한 겨냥이 있어야 하고, 다음으로 대상에 대한 지속적인 주시가 있어야 합니다. 이것이 위빠사나 수행을 할 때 가장 기본이 되는 요소입니다. 수행을 하려면 이러한 기본적인 요소를 충실히 해야 합니다. 그냥 막연하게 수행을 해서는 발전하기가 어렵습니다. 수행을 잘못하면 장애가 생겨서 수행을 계속할 수가 없습니다.

그래서 우리는 단 한순간이라도, 단 한 번이라도 정확하게 대상을 겨냥하고 두 순간이라도 정확하게 그 대상을 지속해야 합니다. 수행은 거의가 장애이고, 잘 되는 것은 잠시입니다. 항상 장애 속에서 수행을 하는 것이며, 장애 속에서 수행이 성장합니다. 그러므로 잘 되기를 바라지 말고 무엇이나 현재 일어난 것을 그대로 알아차리는 것이 필요합니다. 수행자는 언제나 무엇을 하려고 해서는 안 됩니다. 다만 하고 있는 것을 아는 것으로 충분합니다. 수행을 잘하려고 하는 것도 여기에 포함됩니다. 수행을 잘하려고 하면 욕망으로 하기 마련입니다.

그래서 어떤 대상이나 있는 그대로 알아차려야 할 필요가 있습니다. 대상에 빠지지 않고 대상의 성품을 알아차리는 것을 觀관한다고 합니다. 이때 대상을 알아차림과 동시에 대상을 아는 마음이 대상에 휩쓸려서는 안 됩니다. 아는 마음은 어떤 대상이 나타나더라도 초연하게 유지되어야 합니다. 이것이 알아차림이고, 이것이 중도中道입니다.

수행자 여러분! 잠은 누구나 자는 것입니다. 그래서 이것은 허물이 아닙니다. 다만 잠이 올 때 잠이 오는 것을 알아차리지 못하는 것이 허물입니다. 알아차렸는데도 잠이 오는 것은 불가피한 일입니다. 잠은 부처님 시대부터 지금까지 어떤 수행자에게나 지난한 과제입니다. 그래서 잠은 항상 함께 가는 대상이고 그리고 알아차려야 할 대상입니다.

졸음은 모든 수행자에게 항상 중요한 숙제입니다. 부처님의 말씀이나 제자들의 말에서도 수행 중에 졸음에 대한 문제가 끊임없이 제기됩니다. 잠은 우리의 기본적인 욕망이기 때문에 잘수록 더 자고 싶어집니다. 이것이 욕망의 속성입니다. 부처님께서는 하루에 네 시간을 주무셨습니다.

사실 집중수행을 하는 경우에는 마음이 계속해서 깨어 있기 때문에 오히려 잠을 잘 수 없는 상태가 오기도 합니다. 수행자가 잠이 부족하다는 생각을 가지고 있으면 스스로 무기력해집니다. 잠이 부족하다고 생각하면 부족해서 나타나는 현상이 끊임이 없습니다. 이때는 잠이 부족하다고 생각하는 그 마음을 대상으로 알아차려야 합니다. 그러나 반대로 이 정도의 잠으로도 충분하다고 생각하면 충분해질 수 있습니다. 문제는 정신력과 잠에 대처하는 방법입니다.

수행 중에 졸음이 오는 것은 다섯 가지 장애 중에 세 번째인 혼침과 게으름으로 인한 것입니다. 혼침과 게으름은 누구에게나 있는 것입니다. 다만 이것이 있는 것을 알아차리지 못하면 아직 생겨나지 않은 게으름이 더 생겨나도록 조장하게 됩니다. 그리고 알아차리지 못하면 이미 생겨난 게으름을 더 드세게 하는 자양분을 공급하는 것이 됩니다. 그래서 게으름이 게으름을 자양분으로 먹고 더 성장합니다. 그래서 잠이 잠을 더 불러들입니다.

12연기에서 모든 것들의 근본원인은 갈애와 무명이라고 합니다. 갈애는 바라는 것이고, 무명은 어리석음을 말합니다. 이때 어리석음을 또 다른 표현으로 하면 게으름이라고 합니다. 이와 같은 게으름에는 반드시 혼침이 따르기 마련이라서 수행을 할 때 혼침과 게으름을 함께 부르기도 합니다. 불선업 중에서 무지라고 하는 게으름이 가장 큰 원인입니다.

다음 원인은 욕망입니다. 게으름은 이토록 가장 큰 불선업의 마음입니다. 이것을 그냥 단순한 게으름으로 봐서는 안 됩니다. 이것이 불선업이므로 악업으로 봐야 합니다. 게으름에는 선업이 붙을 수가 없습니다. 그리고 악업은 반드시 악업의 과보를 받습니다.

게으른 사람은 게으른 것을 좋아해서 게으르다는 사실을 알아야 합니다. 그러므로 자신이 항상 게으름을 선택하는 것이라는 사실을 명확하게 인식해야 합니다. 게으름의 상태는 무지의 상태이기 때문에 지혜가 나지 않아서 자신이 무엇을 해야 할지 모르거나 알려고 하지 않습니다. 그러나 이것은 환경적 요인이 있거나 축적된 성향에 의한 것일 수도 있습니다. 그러므로 여기서 벗어나기가 쉽지 않습니다.

바로 이것이 문제라는 것을 자신이 분명하게 알아야 합니다. 그리고 알았으면 수행을 해야 합니다. 모든 것을 나태한 상태로 둔 채 발전을 기대할 수는 없습니다. 부단한 노력이 없이는 게으름에서 벗어나기가 어려운 것입니다. 그래서 수행과 함께 경전을 읽어 삶의 숭고한 뜻을 항상 새겨야 합니다.

게으름에 빠진 것과 피곤해서 휴식을 취하는 것과는 다릅니다. 일상의 잡다한 즐거움을 추구하는 것은 감각적 쾌락을 추구하는 것입니다. 문제는 과연 본인이 깨어나려는 의지가 있는가, 없는가 하는 것입니다.

졸음에 대한 수행방법은 다음과 같습니다. 첫째, 졸음이 오는 것을 알아차립니다. 둘째, 무기력한 마음을 알아차립니다. 셋째, 나태한 상태의 몸을 알아차립니다. 눈꺼풀이 무겁고 온몸에 힘이 빠지는 것을 알아차립니다. 넷째, 지나치게 졸음이 올 때는 살짝 눈을 뜨고 바닥을 응시합니다. 다섯째, 그래도 졸리면 서서 수행을 하거나 밝은 곳으로 나가서 경행을 합니다. 여섯째, 졸음에서 깨어나면 좋아하는 마음을 알아차립니다. 일곱째, 의식이 맑아지면 가슴이나 배의 호흡이나 느낌을 알아차립니다.

다음은 졸음에 대처하는 방법을 말씀드리겠습니다. 첫째, 과식이 그 원인이라고 알고, 음식을 탐심으로 먹지 말고, 적은 양을 취해서 꼭꼭 씹어 먹어야 합니다. 둘째, 좌선 중에 졸릴 때는 자세를 바꿉니다. 지나치게 졸리면 눈을 뜨거나, 서서 수행을 하거나 경행을 합니다. 셋째, 밝은 곳의 빛을 알아차립니다. 어두운 곳에 있지 말고 밝은 곳에서 빛을 봅니다. 넷째, 실내에 있지 말고 밖으로 나가서 수행을 합니다. 다섯째, 평소에 훌륭한 도반을 사귑니다. 잠자기를 즐기지 않는 좋은 도반을 가까이해야 합니다. 그것은 수행에 대한 사명감과 흥미를 잃지 말아야 하기 때문입니다. 여섯째, 수행에 대한 적절한 대화를 합니다. 수면의 불이익과 깨어 있음의 이로움에 대한 대화를 하는 것이 매우 중요합니다.

다음은 부처님께서 졸음을 극복하는 방법을 다음과 같이 말씀하셨습니다.

첫째, 졸음의 원인이 되는 생각을 떨쳐버릴 것.

둘째, 이전에 들은 가르침을 상기할 것.

셋째, 가르침을 자세하게 반복해서 생각하며 외울 것.

넷째, 양 귓불을 잡아당기고 팔을 문지를 것.

다섯째, 자리에서 일어나 찬물로 눈을 씻을 것.

여섯째, 밝은 빛에 주의를 기울일 것.

일곱째, 경행을 할 것.

여덟째, 사자와 같이 누워서 쉬되 일어날 시간을 정하고 잠에 들 것.

여기서 사자와 같이 눕는다는 것은 아무런 두려움 없이 편안하게 눕는 것을 말합니다. 그리고 얼마 뒤에 일어나겠다는 것은 마음이 얼마 뒤에 일어나겠다는 결정을 한 뒤에 잠을 자라는 뜻입니다.

혼침과 게으름에 빠지면 물에 이끼와 풀이 덮여 있는 것과 같습니다. 이런 물에 자신의 얼굴이 비쳐지지 않습니다. 그러나 혼침이 사라지면 얼굴을 비춰 볼 수 있습니다. 이러한 게으름은 올바로 이해하려는 노력을 하지 않습니다. 그래서 혼침과 게으름에 빠진 것은 감옥에 갇혀 있는 것과 같습니다. 그러나 혼침과 게으름이 사라지면 감옥에서 나와 해방된 것과 같습니다.

그래서 수행에서는 혼침과 게으름을 가장 경계합니다. 잠을 자버리면 상황이 끝나므로 더 할 일이 없기 때문입니다. 그래서 수행자는 불필요한 일을 만들어서 하지 않습니다. 피곤하면 졸리기 때문입니다. 이상 졸음에 대한 여러 가지 방법을 말씀드렸습니다.

이러한 기본 자료를 토대로 여러분들이 스스로 노력해서 수행을 하면 졸음으로부터 해방될 수 있을 것입니다. 중요한 것은 졸음과 싸우지 않아야 된다는 것입니다. 그리고 졸음이 올 때 끝까지 있는 그대로 알아차려야 하는 것입니다. 왜냐하면 죽는 것과 졸음은 마찬가지이기 때문입니다. 이렇게 매번 졸음을 알아차리면 차츰 죽음에 대한 두려움도 사라집니다. 왜냐하면 한순간의 졸음이 한순간의 죽음과 마찬가지이기 때문입니다. 수행자 여러분! 계속 졸음을 알아차려서 더 밝은 대상을 지켜보기 바랍니다.

마음은 매 순간 일어나고 사라지면서 변하기 때문에 새로운 사람을 만나고 싶어 하고 또 만난 사람과 헤어지고 싶어 합니다. 이것이 마음입니다. 마음은 매 순간 일어나고 사라지면서 변하기 때문에 수행을 하고 싶어 하고 또 수행을 하기 싫어합니다. 이것이 마음입니다. 사실 마음이 그런 것이지 내가 그런 것이 아닙니다. 그래서 모든 일에는 이익이 있어야 합니다. 이익이 있으면 마음이 쉽게 떠나지 않습니다. 그러나 선한 사람은 선한 것을 이익으로 알지만, 선하지 못한 사람은 선하지 못한 것을 이익으로 압니다.

◆◆◆◆◆

지난 시간에 이어서 좌선이 끝날 때 알아차리는 방법을 말씀드리겠습니다.

지금까지 좌선을 시작할 때 알아차리는 방법과 좌선 중간에 알아차리는 방법을 말씀드렸습니다. 그리고 다음에는 좌선이 끝날 때 알아차리는 방법을 말씀드리겠습니다. 좌선이 끝나면 즉시 몸을 움직이지 말고 좌선을 마무리하는 과정이 필요합니다. 수행은 시작도 좋아야 하고, 중간도 좋아야 하고, 끝도 좋아야 합니다. 그래서 좌선을 끝내는 과정도 중요합니다.

어느 과정이나 좋지 않으면 좋도록 만드는 것이 바로 있는 그대로 사실을 알아차리는 것입니다. 그러므로 좌선을 끝내면서 해야 할 일이 많습니다. 이러한 알아차림은 다음 위빠사나 수행을 위해서 반드시 필요합니다. 좌선을 끝내기 전에 좌선을 하고 있는 자세를 살펴보는 것이 좋습니다. 그리고 몸에 힘이 들어가 있는 부분이 없는지 살펴봐야 합니다. 수행자들이 습관적으로 항상 자세가 한쪽으로 기울어질 수 있습니다. 그래서 허리가 한쪽으로 굽어 있는지, 아니면 고개를 숙이고 있는지 살펴봐야 합니다. 그리고 미간이나 입술, 어깨, 손 등에 힘이 들어가 있지 않은가 살펴보는 것이 좋습니다. 이러한 자세가 계속되면 통증이 생길 수 있으며 집중을 하기가 어렵습니다.

이와 같이 좌선이 끝나고 몸을 알아차리는 것은 습관적으로 다음 좌선 시간에 다시 이러한 자세를 취하지 않도록 하기 위해서 알아차리는 것입니다. 몸의 자세와 몸에 힘이 들어가 있는지를 살피는 것은 몸을 알아차리는 수행을 하는 것입니다. 그래서 좌선이 끝나면 즉시 일어나지 말고 다음과 같이 알아차립니다. '지금 자세가 바른가?' '몸에 힘이 들어가 있지 않은가?' 하고 살펴봅니다.

그런 뒤에 다시 좌선이 끝난 현재의 마음을 알아차립니다. '지금 현재의 마음가짐은 어떤가?' 하고 알아차립니다. 좌선을 시작할 때 있는 마음을 알아차리기와 좌선 중간에도 일어난 마음을 알아차리기와 하려는 마음을 알아차리기와 아는 마음을 알아차리기를 적절하게 해야 합니다.

그리고 좌선이 끝났을 때도 끝날 때의 마음을 알아차려야 합니다. 좌선이 끝날 때의 마음은 고요함이나 편안함이 있을 것입니다. 이때 이 마음을 알아차리는 것은 좌선을 했을 때의 결과를 아는 것입니다. 만약 좌선을 하고 나서 고요하고 평온한 마음을 알아차릴 수 있었다면 좌선의 이익을 더 분명하게 확인하는 것입니다.

이러한 확인은 다음에 다른 상황에서 좋지 않은 일이 생겼을 때 그 마음을 알아차리면 즉시 좌선이 끝나서 경험한 마음으로 바뀔 수 있습니다. 그래서 좋은 기억이 있으면 좋지 않을 때 도움이 됩니다. 다시 말하면 다른 어떤 일로 인해서 괴로움을 겪게 되었을 때 그 순간의 마음을 알아차리면 즉시 좌선을 한 뒤에 경험했던 마음으로 돌아올 수 있습니다. 이미 자신의 마음속에 좌선을 할 때의 고요함이 입력되어 있기 때문입니다. 그러면 쉽게 평온을 얻을 수 있습니다. 그러므로 좋은 경험이 필요하며, 필요할 때는 이러한 경험을 기억하는 것이 좋습니다. 이것이 바로 부처님의 가르침을 알아차리는 수행방법의 하나입니다.

이렇게 알아차린 뒤에 조용히 눈을 뜨고 잠시 바닥을 주시합니다. 그리고 이 시간에 노력을 했는지, 알아차림은 적절했는지, 집중을 할 수 있었는지 살펴봅니다. 만약 노력이 부족했다면 알아차림이 되지 않았을 것이고, 집중을 할 수 없었을 것입니다. 노력이 많았어도 마음이 대상에 머물 수가 없습니다. 노력이 지나치면 오히려 들떠서 대상을 바르게 겨냥할 수 없습니다.

그래서 이런 경우에는 아무리 알아차리려고 해도 마음이 대상에 붙지를 않습니다. 그러므로 마음이 대상에 머물지 못하고 툭툭 튕겨져 나옵니다. 이런 현상이 생기면 영문도 모르고 고생만 합니다. 이것이 더 잘하려고 하는 마음이 있기 때문에 몸과 마음이 긴장한 탓입니다. 그러므로 이러한 경우에는 노력이 지나쳐서 안정이 안 되었다는 사실을 알아야 합니다. 바로 이것이 노력이 지나치면 들뜬다는 것을 말하는 것입니다.

알아차림은 언제나 부족하기 마련입니다. 하지만 알아차림에도 순도가 있습니다. 좌선을 하는 중에 대상에 마음을 기울이지 않고 그냥 적당히 알아차렸는지, 아니면 마음을 집중하여 분명하게 알아차렸는지 살펴보는 것이 좋습니다. 단 한순간을 알아차리더라도 마음을 공손하게 모아서 오롯이 대상을 겨냥하여 있는 그대로 알아차려야 합니다. 물론 처음에는 순도가 높은 알아차림을 하기는 어렵습니다. 하지만 이러한 알아차림의 정확도를 가늠할 수 있어야 다음에 알아차림의 질적 수준이 향상될 수 있습니다.

알아차림은 순금의 순도처럼 나름대로의 순도가 있습니다. 가장 좋은 순도는 믿음과 지혜를 가지고 성심껏 노력하는 것입니다. 그리고 욕망을 가지고 알아차리지 않고 있는 그대로의 것을 알아차리기 위해서 노력해야 합니다. 그러면 맑은 마음으로 대상을 겨냥할 수 있습니다. 누구나 처음에는 흐린 알아차림을 하기 마련입니다. 그러나 알아차림을 계속하면 차츰 맑은 알아차림을 할 수가 있습니다. 이렇게 알아차리면 두는 알아차림에서 차츰 있는 알아차림으로 바뀌어 크게 노력을 하지 않아도 자연스럽고 맑게 대상을 알아차릴 수 있습니다.

집중은 노력과 알아차림에 의해서 만들어집니다. 위빠사나 수행의 집중은 근본집중이 아니고 찰나집중이기 때문에 대상과 하나가 되는 집중이 아닙니다. 그래서 깊게 몰입을 하지 않습니다. 그러므로 위빠사나 수행을 할 때는 하나만 알아차리지 않고 다른 것도 자유롭게 선택해서 알아차려야 합니다. 그리고 반드시 대상을 분리해서 알아차려야 합니다. 깊게 몰입을 하지 않으면 수행을 한 것 같지 않을 수도 있지만 이러한 찰나집중에 의해서만이 지혜가 계발됩니다.

집중이 적절했는지 아는 것은 대상을 얼마나 알아차릴 수 있었는가, 아니면 졸음에 빠졌는가를 아는 것으로 판단할 수 있습니다. 알아차림이 적절하지 못하면 집중이 되지 않습니다. 또 집중이 되었다고 하더라도 알아차림이 약해지면 즉시 졸음에 떨어지고 맙니다. 그래서 좌선 중에 졸았다면 노력과 알아차림이 부족했고 집중이 많아진 것입니다. 알아차림과 집중은 칼의 양면과 같습니다. 그래서 이 두 가지는 항상 함께 갑니다. 이때 칼이 바로 서도록 두 가지의 균형을 조절해 주는 것이 노력입니다.

칼의 한쪽 면은 알아차림이고, 다른 한쪽 면은 집중입니다. 그래서 이 두 가지가 바르게 균형을 이루도록 하는 것이 바로 노력입니다. 이처럼 알아차림과 집중은 매우 미세하게 연결되어 있습니다. 그러므로 노력과 알아차림과 집중의 균형이 적절했는가 살피는 것은 수행을 바르게 했는가, 아니면 바르게 하지 않았는가를 아는 척도입니다. 이렇게 노력과 알아차림과 집중의 균형을 알아차린 뒤에 노력의 많고 적음과 알아차림 의 부족과 집중의 많고 적음을 알면 매우 훌륭한 마무리를 하는 것입니다.

마지막으로 지금 내 마음이 어디로 가는가를 알아차립니다. 좌선을 끝냈으면 다음 단계의 동작을 하려는 의도가 일어납니다. 보통의 경우에는 손을 들어서 바닥을 짚으려 는 의도가 있은 뒤에 손을 움직입니다. 그러나 이러한 의도를 알아차리지 못하면 좌선을 하고 일어나는 순간부터 그만 알아차림을 놓치고 맙니다. 하지만 이때 이러한 의도를 알아차리고 움직임을 알아차리면서 움직임을 지켜보면 하나의 동작에서 다음 동작으로 옮겨갈 때 알아차림을 지속할 수 있습니다.

위빠사나 수행에서 가장 중요한 것이 알아차림이고, 그다음에 알아차림을 지속하는 것이라고 계속해서 말씀드렸습니다. 사실 이것이 위빠사나 수행의 전부입니다. 그러나 이 말은 좌선을 할 때뿐이 아니고 좌선이 끝나고 나서도 적용되는 말입니다. 보통의 경우에는 하나의 동작에서 다음 동작으로 옮겨갈 때 지속적으로 알아차림을 연계하기가 어렵습니다. 만약 이때 하나의 동작에서 다음 동작까지 알아차림이 지속될 수 있다면 이것은 매우 훌륭한 수행을 하는 것입니다. 이렇게 했을 때 비로소 지혜의 불이 지펴집니다. 알아차림을 계속하는 것은 나무를 계속 비벼서 불을 붙이는 것과 같습니다. 이 불이 번뇌를 소멸시키는 열반의 지혜입니다.

좌선이 끝나서 경행을 하기 위해서 일어나거나 다른 일을 하기 위해서 일어나거나 이처럼 알아차림을 계속하기 위해서는 반드시 하려는 의도를 알아차려야 합니다. 그렇지 않으면 무심히 행동을 해버리기 때문에 알아차림을 지속하기가 어렵습니다. 위빠사나 수행을 지도하는 스승들은 하나의 동작에서 다음 동작으로 바뀔 때에도 계속해서 그 의도를 알아차리라고 말합니다. 그러나 이것을 실천하기가 어려운 것이 현실입니다. 이것은 누구나 경험할 수 있는 일인 것입니다.

그러나 '지금 내 마음이 어디로 가고 있는가?'를 지켜보면 자연스럽게 하나의 동작이 끝난 뒤에 다음 동작으로 연결될 수가 있습니다. 이렇게 마음을 낸 뒤에 계속해서 이 마음자리에서 마음이 어디로 가고 있는가를 지켜봐야 합니다. 그러면 연속되는 의도와 그 의도로 인해서 생긴 몸의 움직임이 확연하게 드러납니다. 이것이 사실은 전면에서 알아차리는 것입니다. 이렇게 마음자리에 마음을 두면 연속적으로 일어나는 모든 것을 알 수가 있습니다.

그래서 하나의 동작에서 다음 동작으로 옮겨갈 때는 반드시 의도를 알아차려야 합니다. 이것이 하려는 마음을 알아차리기인데, 이렇게 알아차리기 위해서는 다음과 같이 마음을 내야 합니다. '지금 내 마음이 어디로 가고 있는가?'라는 문장을 통해서 알아차리는 것이 좋습니다. 이러한 문장이 보이지 않는 마음을 알아차릴 수 있는 좋은 도입과정입니다.

그러면 몸을 일으키기 위해서 손을 들어서 짚으려는 의도가 일어나는 것을 알 수가 있으며, 그리고 일어나는 동작 등을 자연스럽게 알아차릴 수가 있습니다. 이때 하려는 마음에 계속해서 마음을 고정하면 일어나서 걸어가려는 의도와 걸어가는 몸의 움직임이 자연스럽게 대상으로 나타납니다. 그러면 하나의 동작에서 다음 동작을 알아차리는 것이 자연스럽게 연계가 됩니다.

그러면 좌선이 끝날 때 알아차리는 방법을 요약해 보겠습니다. 좌선이 끝나기 전에 '지금 자세가 바른가?' 하고 알아차립니다. 그런 뒤에 '지금 몸에 힘이 들어가 있지 않은가?' 하고 미간, 입술, 어깨, 손, 허리를 알아차립니다. 그런 뒤에 좌선이 끝난 현재의 마음을 알아차립니다. '지금 마음의 상태는 어떤가?', '지금 마음가짐은 어떤가?' 하고 두 가지 중에 하나를 통하여 현재의 마음을 알아차릴 수가 있습니다.

만약 이렇게 알아차렸는데도 아무런 마음을 알아차릴 수가 없다면 다음과 같이 알아차려도 좋습니다. '지금 마음이 편안한가, 마음이 들떠 있지 않은가?' 그리고 마음을 알아차렸을 때 빠르게 근심 걱정을 하는 마음이 있다면 '지금 근심 걱정을 하고 있네'라고 있는 마음을 알아차리면 됩니다. 그런 뒤에 마지막으로 '지금 내 마음이 어디로 가고 있는가?' 하고 알아차립니다. 그러면 좌선이 끝난 다음에 알아차릴 대상으로 자연스럽게 연결이 됩니다.

지금까지 좌선의 시작과 좌선 중에 알아차리는 방법과 그리고 좌선이 끝났을 때 알아차리는 방법을 말씀드렸습니다. 제가 말씀드린 것은 위빠사나 수행을 하는 데 기본이 되는 요소들을 말씀드린 것입니다. 꼭 이렇게 따라서 해야 되는 것은 아닙니다. 하지만 이러한 기본구도를 설정하고 여기에 충실하게 하다 보면 여러분들은 바른 수행에서 크게 벗어나지 않은 수행을 하실 수 있습니다. 선택은 여러분들의 몫입니다. 그리고 지금까지 말씀드린 것을 여러분 스스로가 얼마든지 응용해서 더 좋은 수행을 하기 바랍니다.

수행은 진실하기 위해서 합니다. 그러나 궁극의 깨달음을 얻기 전까지는 완전하게 진실할 수가 없습니다. 아직 완성된 사람이 아니기 때문입니다. 그렇기 때문에 오히려 수행이라는 이름으로 더 진실한 것처럼 위장할 수가 있습니다. 수행자는 스스로 이것을 경계해야 합니다.

모든 일에는 항상 양면성이 있어서 절대를 추구하는 자가 남보다 더 거짓말을 할 수가 있습니다. 이때의 진실은 단지 진실하고 싶은 생각에 불과한 것이나 어떤 목적을 위해서 진실을 가장한 것입니다. 그러므로 항상 지금 진실을 가장하고 있지 않은가 주의 깊게 알아차려야 하겠습니다.

다섯 번째 경행을 할 때 마음을 알아차리기를 말씀드리겠습니다. 있는 마음을 알아차리기 중에서 다섯 번째로 경행을 할 때의 마음을 알아차리는 방법은 다음과 같습니다.

먼저 경행에 대해서 말씀드리겠습니다. 경행은 걸으면서 알아차리는 수행입니다. 경행은 특별한 시간에만 하는 것이 아니고 걷는 모든 동작을 알아차리는 수행입니다. 위빠사나 수행을 좌선과 경행과 일상의 알아차림으로 나누었을 때 경행은 다른 수행과 함께 실천해야 할 중요한 대상입니다.

위빠사나 수행에서 경행을 하는 이유는 움직이고, 서고, 앉고, 눕는 수행인 행주좌와를 충실히 하기 위해서 빼놓을 수 없기 때문입니다. 행주좌와에서 경행은 행에 속합니다. 일반적으로 수행이라고 하면 좌선만을 연상하기 쉬운데 그렇지 않습니다. 생활하는 모든 것이 수행이어야 합니다. 그중에 걷는 수행이 반드시 포함되어야 합니다.

경행은 건강을 위해서 필요한 수행입니다. 수행을 하기 위해서는 건강해야 합니다. 수행을 할 때 자칫 건강이 간과되기 쉽습니다. 건강하지 못하면 알아차리기가 어려우며, 집중력이 생기지 않습니다. 건강한 몸이 없이는 건강한 마음도 없습니다. 역사적으로 앞서간 수많은 수행자들이 경행을 통하여 건강을 지키고 집중력을 키워서 성자의 반열에 올랐습니다.

경전을 보면 수행자들이 경행을 하는 장면이 많이 나옵니다. 물론 부처님께서도 경행을 하셨습니다. 부처님께서도 수행처소에서 일정한 거리를 왕복하면서 알아차리면서 걸으셨습니다. 또한 탁발을 하면서 알아차리시거나 전법을 펴시기 위해 길을 걸을 때도 모두 경행을 하면서 걸으셨습니다.

현재 미얀마의 위빠사나 명상원에서도 수행자들이 경행을 하는 장소를 만들어서 반드시 좌선과 경행을 병행하도록 합니다. 그리고 매일 맨발로 탁발을 하는데 이것이 모두 경행입니다.

사리불과 목련존자가 부처님과 인연을 맺게 된 것도 경행 때문이었습니다. 사리불 존자가 재가 수행자였을 적의 이름이 우빠띠사였는데, 길에서 최초에 비구계를 받은 앗사지가 탁발을 하는 모습을 보았습니다. 우빠띠사는 그 비구의 걸음걸이로 보아서 훌륭한 스승임을 알고 법을 간청합니다. 앗사지가 탁발을 하면서 경행을 하는 의연한 모습을 보고 위대한 스승으로 알았던 것입니다. 그러나 앗사지는 자기의 스승이신 부처님이 계시다는 말씀을 합니다. 이렇게 해서 인도된 사리불과 목련존자 두 사람이 오는 것을 보시고 부처님께서는 "어서 오너라! 기다리고 있었다"라고 말씀하십니다.

불교의 중흥에 위대한 업적을 남긴 인도의 아쇼카 대왕도 처음에는 불교도가 아니었는데, 길을 가는 어린 사미의 걸음걸이를 보고 불교에 귀의하는 계기가 되었습니다.

또 부처님의 시자였던 아난다 존자도 오백의 아라한이 모인 1차 경전 결집에 참가하기 위해 밤새도록 경행을 합니다.

이때의 아난다 존자는 수다원에 불과하였습니다. 그래서 아라한만 참여하는 경전 결집에 참여할 수 없었던 것입니다. 그러나 부처님께서 평소에 너는 선업의 근기가 있으므로 법을 얻을 것이라고 하신 말씀을 믿고 밤새 열심히 경행을 했습니다. 이렇게 걷다가 새벽녘에 피곤하여 자리에 누우려고 하는 순간에 아라한이 되었습니다. 그리고 아난다 존자는 1차 경전 결집에 참여하여 결집을 성립시켰습니다.

현재 미얀마의 위빠사나 명상원에서는 좌선 1시간에 경행 1시간씩 번갈아 가면서 수행하도록 시간표를 작성합니다. 그래서 하루에 8시간 좌선과 7시간 경행을 하도록 합니다. 그러므로 경행의 비중을 좌선과 같이 두고 있다는 것을 알 수 있습니다. 그러나 식당을 오가거나 거리에서나 일상의 움직임을 알아차리는 것까지 합하면 경행을 하는 시간이 훨씬 더 많습니다.

미얀마에서 수행을 할 때 이렇게 경행을 하면서 느낀 것은 위빠사나 수행의 숨겨진 힘이 있다면 이것은 바로 경행에서 오는 것이라는 것을 알 수 있었습니다. 특히 경행은 몸의 움직임을 지속적으로 알아차리기 때문에 위빠사나 수행에서 사용하는 찰나삼매를 키우기에 좋았습니다. 경행이 숨겨진 힘이라는 것은 경행을 해서 정진력을 키우고, 이 정진력으로 집중을 하며, 걷는 수행을 함으로써 건강을 지킨다는 것입니다. 좌선에서 생기는 집중력은 자리에서 일어나면 사라지기기 쉬운데 경행은 움직이면서 생긴 집중력이라서 잘 사라지지 않는 장점이 있습니다.

위빠사나 수행에서는 실재하는 현상과 변화하는 과정을 알아차리는데 경행은 바로 이런 주요 요인을 충족시키기에 매우 좋습니다. 사마타 수행에서는 행주좌와가 없기 때문에 경행을 중요하게 여기지 않지만 위빠사나 수행에서는 경행이 없이는 수행을 완성하기가 어렵습니다. 수행자에 따라 좌선보다 경행을 할 때 집중이 더 잘 되는 경우도 있습니다. 그렇다고 해서 경행만 하는 것은 좋지 않습니다. 무엇이나 좋다고 해서 지나치게 하면 탐욕으로 하는 것이며, 다른 힘이 계발되지 않습니다. 그러므로 경행도 적절하게 해야 합니다. 또 경행을 많이 하면 좌선을 할 때 피곤해서 졸음에 떨어지기도 합니다.

경행에서 만들어진 집중력을 가지고 좌선을 하면 다른 때보다도 더 빠르게 집중을 할 수 있습니다. 그래서 좌선을 하기 전에 경행을 하면 망상이 적어지고 쉽게 집중할 수가 있습니다. 그러나 좌선을 하기 직전에 잡담을 하고 좌선을 하면 잡담을 한 정보가 계속해서 나타나므로 망상을 많이 하게 됩니다.

좌선이 끝나고 경행을 하면 경직된 몸의 근육을 풀어주는 효과가 있습니다. 그리고 경행은 수행과 수행을 연결해 주는 연결고리 역할을 합니다. 그리하여 알아차림이 끊어지지 않게 하여 빠른 시간 내에 열반을 성취하도록 이끌어 줍니다. 이처럼 경행과 좌선은 상호보완적인 수행입니다.

경행은 지구력을 갖게 하는 데 좋습니다. 경행을 한다는 것은 노력을 하는 것입니다. 이것이 팔정도의 정정진正精進입니다. 그래서 경행은 정진력을 키우고 좌선은 집중력을 키웁니다. 그러므로 두 가지 수행이 균형을 이루어야 합니다. 게으름은 무지인데, 게으름에 빠진 수행자는 경행으로 정진력을 얻어야 합니다.

위빠사나 수행을 할 때 노력이 부족하여 나태해질 때도 경행을 해야 합니다. 경행과 노력은 밀접한 관계가 있습니다. 나태하고 게으른 수행자는 움직이기를 싫어합니다. 게으른 수행자는 편하게 앉아 있으려고만 하지 힘들여서 걸으려고 하지 않습니다. 그래서 자기 스스로 게으름에서 벗어나기 위해서도 반드시 경행을 할 필요가 있습니다.

경행을 할 때는 하려는 의지가 있어야 합니다. 그렇지 않고 하려는 마음을 내지 않으면 하게 되지 않습니다. 그래서 경행을 하는 것을 노력을 하는 것이라고 말합니다. 뿐더러 실제로 경행을 하는 것이 힘들기도 하고, 집중력을 요구하기 때문에 상당한 노력이 필요합니다. 부처님께서 말씀하신 경행의 이익은 다섯 가지가 있습니다.

첫째, 먼 곳을 갈 수 있는 지구력을 갖습니다. 부처님 당시에는 교통수단이 없어서 모두 걸어 다녔으므로 평소에 걷는 연습을 하지 않으면 먼 길을 걸을 수가 없습니다. 현대에는 운동이 부족하므로 경행을 통해서 운동을 할 수도 있습니다. 부처님 당시부터 위빠사나 수행자들은 특별한 운동을 하지 않고 경행으로 체력을 증진시켰습니다. 신체 단련을 위해서 걷는 것이면 수행자에게는 충분합니다.

둘째, 수행을 할 때 지구력을 갖습니다. 경행을 하면 위빠사나 수행의 전반적인 지구력과 집중력을 키웁니다. 경행을 통해서 힘이 생기면 좌선과 일상의 알아차림을 할 때 함께 집중할 수 있는 힘이 배양됩니다. 경행을 한다는 것은 노력을 한다는 것입니다.

노력은 수행의 기본입니다. 그래서 경행을 통해서 인내가 키워집니다. 인내는 열반으로 이끈다고 하는데 그때 인내하는 것이 바로 노력입니다. 그래서 경행을 오래하면 지구력을 키우는 좋은 효과가 있습니다.

셋째, 건강에 좋고 수행의 진전에 도움을 줍니다. 좌선을 지나치게 오래하면 건강에 해롭습니다. 위빠사나 수행은 극단적인 고행을 하지 않습니다. 건강한 몸에서 선한 마음이 생깁니다. 좌선을 통해서 굳어진 근육을 이완시키고 혈액순환을 활발하게 해주어야 합니다. 수행을 한다고 병이 나는 것을 무시해서는 안 됩니다. 그러므로 적당히 걷는 것은 건강과 수행에 모두 도움이 됩니다.

넷째, 소화가 잘되게 합니다. 수행자들은 일반적으로 노동을 하지 않는 경우가 많기 때문에 소화가 되지 않을 수 있습니다. 그래서 소화를 위해서도 반드시 경행이 필요합니다. 음식을 먹고 소화가 되지 않으면 집중력이 생기지 않습니다. 또한 경행을 하면 식곤증을 예방하는 데 도움이 되어서 졸지 않게 됩니다.

다섯 번째, 지속적인 집중력을 길러줍니다. 경행의 집중력은 움직이면서 하는 것이므로 일상의 움직임까지를 모두 알아차리게 하는 힘을 키웁니다. 또한 좌선을 한 뒤에 알아차림을 놓치기 쉬운데 경행을 함으로써 한 가지의 수행과 다음 수행을 지속적으로 연결시켜 줍니다. 그래서 알아차림과 집중력이 식지 않고 유지되도록 합니다. 이렇게 알아차림이 지속될 때만이 대상의 성품이 보이고 지혜가 납니다. 걸으면서 지속적으로 알아차리면 찰나삼매가 생기는데 이때의 집중력은 쉽게 사라지지 않습니다. 왜냐하면 움직이면서 생긴 집중력이기 때문입니다. 좌선을 할 때 생긴 집중력에 비해 경행을 할 때 생긴 집중력의 힘이 더 강합니다.

수행자가 경행을 할 때 그냥 하는 것이 아닙니다. 단지 운동을 위해서 막연하게 걷는 것이 아닙니다. 발의 움직임 하나하나에 법을 향해서 가는 진실이 고스란히 담겨져 있습니다. 수행자가 자신의 몸과 마음을 알아차리는 것은 모두 법을 향해서 가는 구도의 과정입니다.

경행을 할 때도 일정한 과정이 있습니다. 일반적으로 경행을 할 때 처음에는 모양의 특성을 알아차립니다. 그런 뒤에 고유한 특성을 파악합니다. 이렇게 수행을 하다 보면 조건 지어진 특성을 알 수 있습니다. 그리고 마지막으로 일반적 특성을 아는 과정을 거칩니다. 이처럼 단계적 과정을 거쳐서 마지막에 일반적 특성인 무상, 고, 무아를 아는 지혜에 이르게 됩니다.

경행을 할 때는 처음에 발의 '모양의 특성'을 알아차립니다. 수행자가 처음에는 발의 움직임에 주의를 기울여야 합니다. 발의 모양을 알아차리는 것은 발의 움직임이 알아차리기에 좋기 때문입니다. 이렇게 단순하게 발의 모양을 계속해서 알아차리면 차츰 알아차리는 힘이 생깁니다. 수행자가 처음부터 많은 것을 알 수는 없습니다. 그래서 단순하게 움직이는 발의 모양에 마음을 모아야 합니다. 이렇게 해서 방황하는 마음을 몸에 묶어두는 효과가 생깁니다. 마음은 항상 한곳에 머무르지 않고 달아나기 때문에 먼저 발이라는 대상에 마음을 묶을 필요가 있습니다.

그래서 움직임을 지속적으로 알아차리면 마음이 차츰 순화되는 일련의 과정을 거치게 됩니다. 이렇게 마음을 순화하는 과정을 위해서 먼저 모양의 특성을 붙잡는 것입니다. 그래서 알아차리는 힘이 생기면 다음 단계의 수행을 하면 됩니다.

세상의 속된 일로 인해 내가 시시비비를 가리고 반응한다면 나도 똑같이 속된 사람입니다. 그러나 세상의 일이 속되더라도 물들지 않는다면 출세간을 사는 청정한 사람입니다. 세상의 속된 일을 보고 흥분하는 것은 나도 그것과 같은 부류의 정신을 가진 것입니다. 그래서 속되다고 비난하는 상대는 나와 하등의 다를 것이 없습니다.

세상에는 세상의 일이 있고, 나에게는 나의 일이 있습니다. 그것을 분리하지 못하면 나도 남과 하등의 다를 것이 없는 그런 사람입니다. 그렇지 않고 자신을 특별하다고 생각한다면 바로 세상의 모든 일에 초연해야 합니다.

◆◆◆◆◆

지난 시간에 이어서 경행을 할 때 모양의 특성에 대해서 말씀을 드리겠습니다.

단순하게 발의 움직임을 알아차리는 것이라고 해서 누구나 쉽게 할 수 있는 것은 아닙니다. 지금까지 걸으면서 살아왔지만 자신의 발의 움직임을 지켜보면서 걸은 적은 별로 많지 않습니다. 위빠사나 수행은 무슨 일을 하거나 할 때 하는 것을 알아차리는 수행이기 때문에 걸을 때는 걷는 발의 움직임을 알아차립니다. 하지만 마음은 발에 머물지를 않습니다. 그래서 단 한 걸음도 바르게 겨냥하기가 어렵습니다. 그래서 발의 움직임을 계속 알아차리기는 더욱 어렵습니다.

지금까지 걷는 것을 모르고 걷는 사람이 어디 있겠느냐고 반문할 수 있겠지만 사실 누구나 모르고 걸었습니다. 여기서 알고 걷는다는 것은 발이라는 대상과 발에 마음을 보내는 알아차림이라는 행위와 그리고 이것을 아는 마음, 이 세 가지가 정확하게 일치해야 비로소 걷는 것을 아는 것입니다. 그래서 경행은 전에 해보지 않은 새로운 수행입니다.

마음을 움직이는 발을 고정하여 알아차리면 집중력이 생겨서 번뇌가 침투하지 못합니다. 그래서 탐욕, 성냄, 어리석음이 들어올 수 없기 때문에 계율을 지키는 것입니다. 계율이 선행되어서 다음 단계로 고요함이 생기고 그리고 이 결과로 지혜가 납니다.

이렇게 알아차리는 힘이 생기면 자연스럽게 다음 단계인 발의 고유한 특성을 알아차릴 수가 있습니다. 가령 들 때는 가볍고, 내릴 때는 무겁고, 닿았을 때는 단단하거나 부드럽거나 차갑거나 따뜻함을 느낍니다. 그리고 발이 앞으로 나아갈 때는 바람을 일으키는 요소가 있는 것을 압니다. 이것은 몸이 가지고 있는 고유한 특성을 아는 것입니다.

이 고유한 특성이란 지수화풍이라고 하는 사대四大의 요소입니다. 이 요소를 아는 것은 관념이 아닌 실재를 아는 것으로 중요한 법을 보는 것입니다. 이것들은 모두 느낌으로 앞으로 수행을 발전시키는 중요한 요소입니다. 그간에는 이런 것들이 대수롭지 않게 여겨졌지만 위빠사나 수행을 하면 비로소 이런 느낌 하나하나가 모두 훌륭한 법이고, 이런 법을 통해서 궁극의 깨달음을 얻는다는 사실을 우리는 알 수가 있습니다.

이렇게 대상의 고유한 특성을 아는 것으로부터 본격적인 위빠사나 수행이 시작됩니다. 마음이 몸을 움직이는 것을 대상으로 알아차리면 대상과 아는 마음이 지속되어서 차츰 정신과 물질을 구별하는 지혜가 생깁니다. 다음 단계로 계속해서 알아차림을 지속하면 조건 지어진 특성을 아는 지혜가 생깁니다.

조건 지어진 특성은 원인과 결과를 아는 지혜를 말합니다. 모든 것들은 조건인데 그 조건이란 원인과 결과입니다. 고유한 특성을 아는 지혜가 생기면 발의 이러한 움직임이 그냥 저절로 움직여지는 것이 아니고 무엇인가에 의해 움직여진다는 것을 알기 시작합니다. 그리고 차츰 이때 가려고 하는 의도에 의해서 발이 움직이는 것을 알 수가 있습니다. 이것이 바로 하려는 마음이 있는 것을 아는 것입니다.

경행을 할 때는 반드시 움직이고자 하는 의도가 있고, 다음에 움직임이 있고, 그리고 이것을 아는 마음이 있습니다. 이렇게 세 가지 조건이 갖추어져야 경행을 할 수 있습니다. 그래서 경행이란 의도와 풍대, 의도와 풍대로 지속됩니다. 이처럼 걸으려는 의도가 있어서 발의 움직임이 있고, 다시 걸으려는 의도가 있어서 발의 움직임이 일어나는 현상을 거듭 알아차리면 나중에는 원인과 결과를 아는 지혜가 납니다.

모든 것들은 원인이 있어서 생긴 결과라는 사실을 알면 세상의 일이나 자신의 일에 대해서 많은 의문이 풀립니다. 그러므로 신비가 풀리고 자신이 하는 행위에 대한 중요성과 책임을 느낍니다. 모든 것들이 원인과 결과라고 안다면 결국 그 모든 것의 책임은 자신이라는 자각이 생겨서 사람이 겸허해질 수 있습니다.

이렇게 조건 지어진 특성을 알게 된 뒤에는 다음에 일반적인 특성을 아는 단계가 옵니다. 원인과 결과를 아는 지혜가 난 뒤에는 현상이 가지고 있는 법의 성품을 아는 단계가 옵니다. 발의 고유한 특성은 느낌인데, 이 느낌은 매우 빠르게 움직입니다. 이 움직임이 바로 무상입니다.

이 움직임이 진동인데 이것들이 매 순간 변하는 것이고, 이 변하는 것이 무상입니다. 이러한 무상은 필연적으로 두려움과 괴로움을 가져옵니다. 그리고 이러한 괴로움으로부터 벗어나기를 바라지만 자신의 의지대로 되지 않아서 비로소 마지막의 법인 무아를 알게 됩니다. 그래서 이러한 과정을 거쳐서 대상이 가지고 있는 성품인 무상과 고와 무아를 발견합니다.

이러한 법을 '일반적 특성' 또는 '보편적 특성'이라고 합니다. 존재하는 모든 대상들은 하나같이 무상, 고, 무아의 특성을 가지고 있습니다. 이러한 특성을 알아야 비로소 오온을 집착하지 않아 열반에 이르는 깨달음을 얻습니다.

여기서 최고의 법이란 모든 것에 공통하는 특성이라는 일반적 특성이 있다고 알아야 하겠습니다. 그러므로 위빠사나 수행의 지혜는 특별한 것을 아는 것이 아니고, 모든 것들이 가지고 있는 가장 보편적인 진리를 아는 것입니다.

마지막에 이르러 얻은 지혜가 일반적이고 누구에게나 적용되는 가장 보편적인 것이라는 사실이 나타내는 의미는 매우 중요합니다. 진리는 특정한 사람의 것이 아니고 살고 있는 것, 그 자체에 고스란히 담겨져 있습니다. 그래서 진리를 얻기 위해서는 특별한 곳에 가서, 특별한 사람을 만나서, 특별한 행위를 하는 것이 아닙니다. 바로 여기에 있는 자신의 몸과 마음에 모든 법이 다 있습니다. 그러니 이제 여러분들은 앞으로 법을 얻기 위해서 다른 곳을 헤매지 마십시오 자기 스스로의 몸과 마음이 대상이며, 자기가 경험한 것이 스스로의 중요한 가르침입니다.

이처럼 지혜가 성숙되는 과정은 단순하게 대상을 알아차리는 것으로부터 시작합니다. 처음부터 엄청난 것을 대상으로 해야 지혜가 나는 것이 아닙니다. 오직 자신의 몸과 마음이면 됩니다. 그리고 중요한 것은 단순하게 알아차림을 지속하는 것입니다. 그래야 다음 단계의 지혜가 나타납니다.

수행자마다 지혜의 계발 속도가 다르겠지만 누구나 이러한 일련의 과정을 거쳐야 합니다. 그러므로 지혜를 얻지 못해서 괴로울 것이 없습니다. 지혜는 바르게 알아차림을 지속한 결과로 오는 것이지 얻으려고 한다고 해서 얻어지는 것이 아닙니다. 얻으려고 하는 순간에 욕망이 생겨 오히려 지혜를 가로막는다는 것을 알아야 합니다.

위빠사나 수행자는 몸의 어느 부분을 알아차리거나 상관이 없습니다. 모두 이러한 과정을 거쳐서 도과를 성취합니다. 그래서 호흡이나 발의 움직임 하나에도 모든 법이 다 포함되어 있습니다. 아직 우리가 그것을 볼 수 없어서 모르지만, 그것을 지속적으로 지켜보면 차츰 그것이 가지고 있는 성품이 드러나기 마련입니다.

초보수행자는 처음에 발의 움직임밖에 알아차릴 수 없지만 위빠사나 수행은 지혜수행이라서 단계적인 과정을 거쳐서 차츰 더 높은 단계의 지혜가 성숙하므로 알아차릴 대상에 대해서 의심해서는 안 됩니다. 그러므로 수행자는 걸을 때 한 걸음 한 걸음이 모두 소중한 법을 간직하고 있다는 사실을 알아야 하겠습니다.

경행 중에 망상이 떠오를 때는 사소한 망상이면 그냥 발에 집중하는데, 계속 같은 망상이 떠오를 때는 잠시 그 자리에 서서 망상하는 것을 알아차리고 나서 망상하는 마음을 봅니다. 그러면 망상을 알아차리는 순간에 즉시 사라집니다. 왜냐하면 망상하는 것을 아는 마음이 새로 일어났기 때문에 자연스럽게 망상하는 마음은 사라집니다.

그러나 집요한 망상은 완전하게 소멸한 것이 아니고 순간적으로 사라졌기 때문에 다시 나타납니다. 그래서 이러한 망상이 다시 나타나지 않도록 하기 위해서는 먼저 대상을 정확하게 알아차려야 하고, 그리고 망상한 것을 알아차린 뒤에 즉시 다음 동작에 집중을 해야 합니다. 그래야 망상이 다시 나타나지 않습니다.

그렇지 않고 느슨하게 알아차렸거나 다음 동작을 알아차리지 못하면 경행을 하는 동안 계속해서 망상만 하다가 맙니다. 우리는 평생 망상만 하고 살아왔기 때문에 누구도 망상으로부터 자유롭지 못합니다. 그러니 망상의 힘이 있는 만큼 노력의 힘도 함께 필요합니다.

경행은 걷는 움직임을 알아차리는 것이라서 좌선보다 망상이 적습니다. 그러나 경행 중에도 망상이 계속 떠오르면 알아차림과 집중이 약한 상태이므로 '지금 내 마음가짐은 어떤가'를 알아차리고 나서 다시 경행을 시작해야 합니다. 또한 경행 중에 지나치게 피곤하다고 느끼면 잠시 앉아서 얼마간 적당한 휴식을 취하는 것이 좋습니다. 알아차림 이 있는 휴식시간도 수행의 하나의 과정입니다.

경행을 할 때 눈을 감으면 안 됩니다. 걸으면서 장애물이 있는지를 확인해야 합니다. 눈을 감는 것은 좌선을 할 때로 충분합니다. 더 자세하게 알아차리기 위해서 눈을 감는 것은 탐욕으로 수행을 하는 것입니다. 수행자는 알 수 있는 만큼 알아차려야 합니다. 아직 알아차리는 힘이 없는데도 더 많이, 더 자세히, 더 분명하게 알려고 하면 그것은 탐욕이라는 사실을 알아야 하겠습니다.

그리고 뒤로 걷거나 부자연스럽게 걸으면 안 됩니다. 걸음걸이는 자연스러울수록 좋습니다. 발을 크게 들어 올리지 말고 보통사람이 걷는 걸음을 걸어야 합니다. 경행을 한다고 조금이라도 이상하게 걸으면 힘이 들고 무엇을 어떻게 하려는 다른 목적이 있어서 하는 것입니다. 그것은 일종의 과시일 수도 있습니다.

　좌선이 끝나고 경행을 시작할 때 약 10분이나 15분 정도 빨리 걸어서 피가 통하지 않아 단단해진 근육을 풀어주는 것이 필요합니다. 그런 뒤에 조금 속도를 줄여서 조절하면 됩니다. 의외로 약간의 속도를 냈을 경우에 더 많이 알아차릴 수 있고, 집중이 잘될 수도 있습니다. 꼭 천천히 걸어야만 알아차릴 수 있는 것은 아닙니다. 그래서 적당한 속도가 좋습니다.

　마음을 알아차리는 수행자는 인위적으로 억제하지 않습니다. 그래서 장소에 따라서 알맞게 걸음의 속도를 조절하는 것이 필요합니다. 경행은 상황에 따라서 알맞은 속도가 필요합니다. 특별하게 천천히 걸어야 할 때는 천천히 걸어도 되는데 무조건 천천히 걷는 것은 바람직하지 않습니다.

　지도자에 따라 천천히 걷는 것을 강조할 수도 있습니다. 그러나 너무 천천히 걷는 것이 갖는 장애도 있습니다. 너무 천천히 걸으려고 하면 인위적으로 걷는 것이라서 마음이 위축될 수도 있습니다. 특히 지나치게 천천히 걷거나 힘을 주어서 걸으면 상기의 위험이 있습니다. 너무 집중을 하려고 힘을 써서 두통이 생기게 되고, 열이 올라 정신이 맑아지지 않을 수가 있습니다. 또 너무 힘을 들여서 걸으면 긴장하게 되고, 좌선을 할 때 졸음에 떨어지기 쉽습니다.

　그래서 위빠사나 수행은 무엇이나 자연스러운 것이 좋습니다. 걸을 때 뒤뚱거리는 것도 천천히 걷거나 힘이 들어가기 때문입니다. 이런 현상이 생기면 다시 현상이 생긴 것을 있는 그대로 알아차려야 합니다. 물론 한정된 공간에서 하는 경행은 약간 천천히 해야 합니다. 그러나 경행은 천천히 하거나 빠르게 하거나 알아차리는 것이 문제이지 속도에는 큰 의미가 없습니다. 알아차리고 하면 속도는 자연스럽게 알맞게 유지되기 마련입니다. 그리고 명상원이 아닌 일상에서도 걸을 때 알맞은 속도를 유지해야 합니다.

법이 없어서 수행을 못하는 것이 아닙니다. 자신의 마음이 하려고 하지 않아서 수행을 못하는 것입니다. 스승이 없어서 법을 배우지 못하는 것이 아닙니다. 자아가 강하여 스승을 받아들이지 않기 때문에 스승이 없는 것입니다. 수행을 하려고 해도 되지 않는 것이 아닙니다. 자신이 게을러서 노력을 하지 않기 때문에 수행이 되지 않는 것입니다. 이렇듯 모든 원인은 자신의 마음에 있습니다. 그러므로 어떤 경우에도 다른 것을 탓하지 마십시오. 그것은 스스로의 책임을 회피하는 잘못된 행위입니다.

◆◆◆◆◆

경행은 무게의 이동입니다. 그래서 한쪽 발을 들어서 놓은 뒤에 다른 발을 들어서 옮길 때 몸의 무게가 뒤에서 앞으로 이동해야 합니다. 그렇지 않고 그냥 발만 앞으로 내밀어서는 안 됩니다. 약간 몸을 앞으로 밀면서 이동해야 뒤뚱거리지 않습니다. 발을 들어서 앞으로 밀 때 발의 무게가 느껴집니다. 이것을 아는 것이 몸의 고유한 특성을 아는 것입니다. 발의 무거움이 앞으로 이동한다는 것을 알아차릴 수 있으면 알아차리는 힘이 생긴 것입니다.

한쪽 발을 들어서 놓은 뒤에 다른 한쪽 발의 움직임을 알아차리는 시기는 그렇게 중요하지 않습니다. 천천히 걸을 때는 한 발의 움직임을 완전하게 알아차린 뒤에 다음 발로 갈 수 있습니다. 그러나 빨리 걸을 때는 한 발의 움직임을 모두 알아차리기가 어렵습니다. 그래서 이때는 두 발의 움직임을 알아차릴 수 있는 만큼 적정선에서 알아차리면 됩니다.

그러므로 언제나 대상도 중요하지만 이것보다 아는 마음이 더 중요합니다. 어떤 대상을 어떻게 겨냥하던 알아차리고 있는 마음을 가지고 있는 것이 중요합니다. 경행을 할 때 처음부터 많은 것을 알려고 해서는 안 됩니다. 처음에는 그냥 마음을 발에 머물게 하여 발의 움직임을 알아차리는 정도의 수행을 계속하는 것이 좋습니다. 처음부터 많은 의미를 부여하면 부작용이 생깁니다.

또한 알아차림에도 단계가 있어서 자연스럽게 대상의 성품이 보이는 것이지 알려고 한다고 해서 무조건 알아지는 것이 아닙니다. 노력하는 것과 무리하게 알려고 하는 것과는 차이가 있습니다. 노력은 균형이 있는 것이며, 무리한 것은 욕망입니다.

경행을 할 때 시작과 중간과 끝을 보라고 말하지만 처음부터 이렇게 알아차리기는 어렵습니다. 시작과 중간과 끝은 대상을 충분히 주시했을 때 알아차리는 힘이 생겨서 알 수 있습니다. 바꾸어 말하면 이것은 지혜가 성숙되어야 보이는 단계의 알아차림입니다. 그러므로 책에서 시작과 중간과 끝을 보라고 했다고 해서 처음부터 시작과 중간과 끝을 모두 보려고 해서는 안 됩니다.

또한 경행에는 의도를 알아차리는 방법이 있는데 이것이 마음을 알아차리는 과정의 하나입니다. 이것도 자연스럽게 의도를 보려고 해야 합니다. 움직이면서 하나하나의 의도를 보려고 할 수도 있지만 실 수행에서 모든 의도를 다 볼 수가 없습니다. 그래서 처음에 의도를 보려고 할 때 쉬운 것부터 시작해야 합니다. 처음에는 정지된 상태에서 앞으로 가려고 하는 의도를 알아차리고, 다시 정지된 상태에서 돌려는 의도를 알아차리고, 차츰 돌면서 걸으면서 의도를 알아차리게 됩니다.

그러나 이렇게 보는 의도와는 달리 수행을 해나가면서 마음을 알아차리면 자연히 움직이려고 하는 의도가 보이게 됩니다. 이때 마음이 발에 가지 않고 전면에서 발의 움직임이나 느낌을 알아차릴 수 있습니다. 그래서 '지금 내 마음이 어디로 가는가?' 하고 마음이 마음에 집중하면 다음 동작을 일으키려고 하는 의도가 자연스럽게 보입니다.

걸을 때 발의 움직임에 대한 명칭은 붙여도 됩니다. 그러나 얼마간 수행을 한 뒤에는 명칭을 붙이지 않는 것이 좋습니다. 처음에 마음을 대상에 보내는 데 명칭의 효과가 있습니다. 그러나 조금 지나면 명칭으로 인해서 발의 고유한 특성을 알아차릴 수 없으며, 특히 마음을 알아차릴 수가 없습니다. 그래서 약간의 집중이 되면 명칭을 붙이지 않고 그냥 알아차리는 것이 좋습니다.

경행은 반드시 위빠사나 수행자만 하는 것이 아닙니다. 모든 생활인이 할 수 있는 수행입니다. 그렇다고 본다면 모든 생활인이 모두 위빠사나 수행을 할 수가 있습니다. 경행은 걷는 모든 동작을 알아차리는 것이라서 운동을 하거나 등산을 할 때에도 똑같이 적용됩니다.

경행을 할 때의 방법은 여러 가지가 있습니다. 먼저 마음과 몸을 분리해서 볼 수 있어야 합니다. 일하는 것은 몸이 아니고 마음입니다. 마음이 의도해서 움직이는 것이므로 마음을 알아차릴 수가 있어야 합니다. 달리는 것이나 등산이나 테니스, 골프가 몸으로 하는 것이 아니라 마음으로 하는 것입니다. 그래서 어떤 것을 하든지 먼저 일하는 마음을 알아차려야 합니다.

마음이 워낙 빠르게 변하기 때문에 이런 마음을 알아차리지 못하면 하면서도 괴롭고, 중도에 쉽게 포기할 수도 있습니다. 또한 마음이 긴장하고 있는지, 싫어하고 있는지, 고통스러워하고 있는지를 알아차려야 비로소 하는 일에 적응할 수가 있습니다.

다음으로 몸을 알아차릴 때 움직이는 모양을 알아차리는 방법과 느낌을 알아차리는 방법이 있습니다. 처음에는 모양을 알아차리는 것으로 시작하는 것이 좋습니다. 발의 움직임에 마음을 고정하면 집중력이 생겨 피곤하지 않습니다. 이렇게 해서 집중력이 생기면 다음에는 느낌을 알아차려야 합니다. 이것이 앞서 말씀 드린 네 가지 특성을 알아차리는 일련의 과정입니다.

일반 수행자들이 마라톤을 할 때도 전면에서 가장 강력한 대상으로 나타난 호흡을 알아차려도 좋습니다. 이때는 발의 움직임보다도 헉헉거리는 호흡이 강하다면 헉헉거리는 호흡에 마음을 고정하면 좋습니다. 그러면 하기 싫다거나 힘들다거나 하는 생각들이 들어오지 않습니다. 그래서 원하는 완주를 알맞게 끝낼 수 있을 것입니다. 뛸 때 가장 강한 대상을 알아차리되 가능하다면 알아차리는 대상에 마음을 모아서 머물게 해야 합니다. 하지만 더 강한 대상이 나타나면 그 대상을 선택해서 알아차리면 됩니다.

그냥 막연히 걸으면서 운동을 할 때와 한 발 한 발을 알아차리면서 걸을 때의 힘은 매우 다릅니다. 순간순간 피로 회복도 될 뿐만 아니라 집중이 되기 때문에 모든 스포츠 중에서도 좋은 결과를 얻을 수가 있을 것입니다.

경행을 할 때 시선은 서너 걸음 앞에 두고 하되 마음은 발을 겨냥해야 합니다. 경행을 할 때는 주위의 이것저것을 살피면 안 됩니다. 오직 발의 움직임에 마음을 집중해야 합니다. 마음이 밖으로 나가면 알아차림을 놓치게 됩니다. 시선이 가는 곳으로 마음이 달아나기 마련이므로 좌우를 돌아보아서는 안 됩니다. 일반적으로 수행자들은 고개를 들고 멀리 쳐다보거나 또는 뒤를 돌아보지 않습니다. 이렇게 볼 때 알아차림을 놓칩니다.

경행을 할 때 꼭 발의 움직임을 알아차려야 하는 것은 아닙니다. 상황에 따라서 종아리나 관절의 움직임을 알아차릴 수도 있습니다. 처음에 수행을 시작하는 수행자들을 위해서 알아차릴 대상을 발에 한정하는 것이지 알아차리는 힘이 생기면 차츰 몸 전체에서 일어나는 강한 대상을 알아차려도 좋습니다. 마음을 알아차리는 수행자는 발의 움직임을 전면에서 알아차리기 때문에 마음이 꼭 발에 가야 하는 것은 아닙니다. 계단을 걸을 때도 발의 무게를 알아차려도 좋고, 몸 전체가 움직이는 것을 알아차려도 좋고, 근육이 땅기고 단단하고 부드러움을 알아차려도 좋습니다.

그리고 산을 걸을 때는 전면에서 헉헉거리는 호흡을 알아차리는 것도 방법입니다. 이때는 호흡이 가장 강한 대상이기 때문입니다. 실내에서 일정한 거리를 경행을 할 때 손을 흔들면 알아차림이 분산되어 집중이 되지 않습니다. 마음을 온전하게 발에 겨냥하기 위해서 손은 앞으로 모으거나 팔짱을 끼거나 뒷짐을 지는 것도 좋습니다. 차렷 자세로 하거나 팔을 흔들면 부자연스럽습니다. 그러나 밖에서 걸을 때는 손을 모을 필요가 없습니다. 속도를 내면서 걸을 때는 자연스럽게 팔을 흔들면서 걸어도 좋습니다.

　명상원에서 경행을 할 때는 한정된 공간에서 일정한 거리를 왕복합니다. 이때 다른 사람들에게 방해가 되지 않도록 정해진 곳을 일정하게 걸어야 합니다. 그렇지 않고 이곳저곳을 걸어서는 안 됩니다. 그리고 남이 가는 길을 가로막아서도 안 됩니다. 걸을 때는 특별한 소리가 나지 않도록 조심스럽게 걸어야 합니다. 수행처가 아닌 곳에서는 걷는 모든 행위가 전부 경행에 속합니다. 길을 걸을 때나 집에서 움직일 때나 이동하는 모든 움직임이 경행입니다.

　경행을 위해 특별히 넓은 공간이 필요한 것은 아닙니다. 어디서고 서서 몇 걸음만 걸을 수 있으면 됩니다. 그런 공간조차도 없다면 선 채로 그냥 발을 들어 올리고 내리고 하는 동작으로 걷는 것을 대신할 수도 있습니다. 걷는 공간의 넓이가 중요한 것이 아니라서 어디고 자신의 발걸음을 알아차릴 수 있는가 없는가 하는 것만 중요히 여기면 됩니다. 이런 경행은 집안의 거실에서 혼자 조용히 걸으면서 해보면 집중이 잘될 것입니다. 또한 가족들에게 방해가 되지 않도록 조용히 경행을 하면 가정의 분위기가 차분해지고, 교육의 효과도 뛰어납니다.

　한정된 곳에서 왕복을 하면서 경행을 할 때는 서있는 것과 가는 것과 도는 것을 반복해서 알아차립니다. 먼저 경행을 하기 위해서 바닥에 발을 디디고 섭니다. 이때 서 있을 때는 발이 바닥에 닿아 있는 느낌을 느낍니다. 처음에는 단지 서 있는 것만을 알아차리다가 차츰 발이 바닥에 닿아 있는 무거운 느낌이나 딱딱한 느낌을 느낍니다.

　그런 뒤에 현재의 마음가짐을 알아차립니다. '지금 마음가짐은 어떤가?'를 살펴봅니다. 언제나 무엇을 시작할 때는 일하는 마음을 알아차리는 것이 중요합니다. 그런 뒤에 손을 앞으로 모으고, 시선은 서너 걸음 앞에 고정한 뒤에 한쪽 발을 앞으로 내밉니다. 그런 뒤에 다른 한쪽 발을 앞으로 내밉니다. 이렇게 일정한 거리를 간 뒤에 그 자리에 섭니다. 이때 수행자들이 서는 것을 좋아하지 않을 수도 있습니다. 움직임의 가속도가 있어서 계속 움직이고 싶어 합니다. 그러나 그 자리에 일단 서는 것이 좋습니다.

　경행은 움직임과 함께 정지된 상태도 필요합니다. 처음에는 정지된 상태에서 의도를 알아차리기가 쉽습니다. 그리고 동적인 움직임과 함께 정적인 서 있는 모습을 알아차리면 한층 경행의 조화를 이룰 수가 있습니다.

발을 움직일 때 처음에 뒤꿈치를 들어 올리는 것을 알아차리는 것이 하나의 방법입니다. 이것을 '일어남'이라고 해도 좋고 '들음'이라고 해도 좋습니다. 오른발 왼발의 뒤꿈치가 들리는 것만 알아차리는 것은 발의 움직임의 절반만 알아차리는 것입니다. 발의 움직임은 드는 과정이 있고 놓는 과정이 있습니다. 그러나 더 세분화하면 들어서 앞으로 내밀고 그리고 놓는 세 가지 과정으로 나눌 수도 있습니다. 하지만 처음에는 일어남 하나만을 알아차립니다. 이렇게 알아차리는 것은 처음부터 많은 것을 알아차리지 않아도 되기 때문입니다. 그러면 마음의 여유가 있어서 마음이 싫증을 내지 않고 대상으로부터 달아나지 않습니다.

이렇게 알아차린 뒤에 다음 단계로 발이 바닥에 닿는 것을 알아차립니다. 이때는 '사라짐'이라고 해도 좋고, '놓음' 또는 '닿음'이라고 해도 좋습니다. 닿음을 할 때도 일어남을 알아차리지 않고 오직 발이 내려가서 닿는 것 하나에 마음을 집중합니다. 닿음을 하는 시간은 일어남을 하는 시간처럼 적절하게 합니다. 이때의 닿음도 일어남처럼 일어나고, 닿음의 움직임의 절반만 알아차리는 것입니다. 그런 뒤에 이번에는 발의 움직임의 전 과정을 모두 알아차립니다. 이때는 '일어남 사라짐'이라고 해도 좋고, '들어서 놓음'이라고 해도 좋습니다.

이것은 호흡을 알아차릴 때의 방법과 같습니다. 처음에는 일어남 하나만 알아차리다가 다음에는 사라짐을 알아차리고, 마지막으로 일어남과 사라짐을 알아차리면 이런 단계적 알아차림을 통해서 차츰 무상을 아는 지혜가 성숙됩니다. 이것이 경전에서 밝힌 부처님께서 사용하신 수행방법입니다.

그래서 처음에는 일어남 하나만 알아차리다가 다음에는 사라짐 하나만 알아차리다가 그리고 마지막에는 일어남 사라짐을 알아차려서 단계적인 수행으로 마음이 대상으로부터 달아나지 못하도록 하는 것이 좋은 효과를 얻을 것입니다.

　별것도 아닌 일을 가지고 공연히 마음을 속박하지 마십시오. 자신을 괴롭히는 것은 바로 자신의 마음입니다. 문제라고 여기는 것의 원인은 밖에 있지 않고 바로 자신의 탐욕과 어리석음에 있습니다. 이러한 탐욕과 어리석음의 배경에는 반드시 나라고 하는 자아가 도사리고 있습니다. 자아가 있다는 잘못된 견해는 생각으로 바로잡을 수 없습니다. 위빠사나 수행의 통찰지혜로서만이 바르게 알 수 있습니다.

◆◆◆◆◆

　지난 시간에 이어서 경행에 대해서 말씀을 드리겠습니다.

　경행을 하면서 걷다가 설 때는 잠시 서 있는 것을 알아차립니다. 서 있을 때는 몸이 선 채로 발이 바닥에 닿아 있는 것을 알아차립니다. 이때 몸이 서 있는 무거움이나 발이 바닥에 닿아 있을 때의 무거움이나 단단함을 알아차리는 것이 좋습니다. 그리고 천천히 발을 움직여 오던 방향으로 방향을 바꿉니다. 이때도 방향을 회전하기 위해서 움직이는 발을 계속해서 겨냥해야 합니다. 발의 움직임을 겨냥할 때는 마음으로 하는 것입니다. 직접 눈으로 발의 움직임을 쳐다보고 알아차리는 것이 아닙니다.

　경행을 할 때의 시선은 항상 서너 걸음 앞에 두고 마음만 발의 움직임을 겨냥합니다. 시선이 가는 곳으로 마음이 달아날 수 있기 때문에 여기저기를 쳐다보지 말고, 시선은 어느 때나 항상 서너 걸음 앞에 고정해야 합니다. 경전에서도 하지 말아야 할 것은 아예 쳐다보지 말라고 하였습니다.

일반적으로 서 있는 상태에서 오던 방향으로 돌 때는 발의 움직임을 알아차립니다. 그러나 이따금 발의 움직임을 알아차리지 않고 어깨가 크게 회전하는 것을 알아차릴 수도 있습니다. 발을 천천히 움직여서 방향을 바꿀 때 어깨도 함께 도는 것을 알아차리는 것은 대상에 변화를 주어서 마음이 흥미를 잃지 않도록 하기 위해서입니다. 회전을 할 때 어깨를 알아차린 뒤에 다시 발로 돌아옵니다. 그리고 다시 선 뒤에 다시 앞으로 나아갑니다. 수행자는 이런 동작을 연속해야 합니다.

이렇게 알아차림을 계속하면서 알아차리는 힘이 생겼을 때는 더 많은 것을 알아차릴 수 있습니다. 걸을 때 오른발과 왼발 중에서 어느 발이 먼저 나가는지도 살펴봐야 합니다. 일반적으로 발의 움직임에 집중하다 보면 어느 발이 먼저 나가는 것까지는 알지를 못합니다. 그러나 알아차리는 힘이 생기면 어느 발을 먼저 내딛는가를 알 수 있습니다. 이렇게 알아차리면 대상을 더 분명하게 겨냥하고 주시하는 것입니다.

서 있다가 어느 발이 먼저 나가는가를 알았으면 다음에 발을 내밀기 시작할 때는 반대쪽 발을 내밀어서 변화를 주는 것도 좋습니다. 가령 오른발부터 앞으로 내미는 것을 알아차렸다면 일단 선 뒤에 다시 걸을 때는 왼발부터 앞으로 내밀어서 변화를 주는 것이 좋습니다. 마찬가지로 선 뒤에 오던 방향으로 돌 때 어느 쪽 방향으로 도는가를 알아차리는 것도 필요합니다. 일반적으로 수행자는 오른쪽이나 왼쪽이나 한쪽으로 도는 경향이 있습니다. 이것도 무심히 하는 습관입니다.

그러나 이제 움직임을 하나하나 지켜보면 이것이 모두 자신이 원해서 하는 것을 알 수 있습니다. 습관적인 행위도 사실은 모두 자신이 좋아서 하는 것입니다. 서 있다가 어느 방향으로 도는가를 알았으면 다음에는 반대쪽 방향으로 돌아서 변화를 주는 것이 좋습니다. 가령 서 있다가 오른쪽으로 도는 것을 알아차렸다면 다음에 돌 때는 왼쪽으로 돌아서 변화를 주면 됩니다. 이런 것 하나하나를 주의 깊게 알아차리면 알아차리는 힘이 차츰 더 강화됩니다.

수행자는 마음이 계속해서 일을 하도록 해야 합니다. 마음이 일을 하지 않으면 나태해져서 무기력해집니다. 사실 마음이 일을 하는 것은 몸이 일을 하는 것보다 힘들지 않습니다. 수행은 마음이 하는 것이기 때문에 힘든 것이 아닌데 게으름에 빠지면 마음이 일을 하려고 하지 않습니다. 그래서 힘든 것입니다. 그러므로 이런 세세한 부분까지 알아차리면 마음이 부지런히 일을 하는 것입니다.

일하는 것은 노력입니다. 노력은 마음의 노력과 몸의 노력이 있습니다. 수행은 마음의 노력을 하는 것입니다. 이러한 마음의 노력에 몸이 함께 참여하는 것입니다. 마음의 노력은 몸의 노력보다 힘들지 않습니다. 그럼에도 마음의 노력을 하지 못하는 것은 할 줄 몰라서 못하는 것입니다. 이러한 마음의 노력을 하기 위해서는 믿음과 지혜가 있어야 합니다.

그래서 무엇 하나 저절로 되는 것이 없습니다. 모든 것이 이러한 조건에 의해서 이루어집니다. 제가 마하시 선원에서 수행을 할 때 몸의 여러 곳을 알아차리는 것에 대해서 질문을 드린 적이 있습니다. 그랬더니 사야도께서는 이것이 치매 예방에 좋다고 뜻밖의 말씀을 하셨습니다. 이 대답을 듣고 위빠사나 수행의 궁극의 목표는 도과를 얻는 것이지만, 건강하게 사는 매우 현실적인 문제도 함께하는 수행이라는 것을 알았습니다. 치매 예방이라고 말한 것은 항상 마음을 깨어 있게 하여 몸에서 생기는 병을 예방한다는 의미입니다.

물론 마하시의 이런 수행방법이 꼭 치매 예방만을 위한 것이 아니라는 것은 자명한 사실입니다. 그래서 각성된 상태로 있으면 지혜가 날 뿐더러 몸의 병을 치유하는 효과도 있다는 것입니다. 이처럼 다양한 방법으로 다양한 위치를 알아차리는 것은 마음을 새롭게 하여 계속해서 알아차림을 증진시키기 위한 것도 있으며, 계속 새로운 대상을 선택하여 알아차림을 지속시키기 위한 목적도 있습니다. 이러한 지속이 바로 집중입니다. 이런 것들이 스승이 만들어 내는 수행의 방편입니다. 이러한 방편을 사용하는 것은 오직 수행자의 근기를 강화하기 위한 노력입니다. 바로 이러한 수행 방편이 팔만사천법문인 것입니다.

경행을 하는 방법을 몇 가지로 요약해 보겠습니다. 실내나 실외에서 일정한 거리를 왕복하면서 걷는 수행방법은 다음과 같습니다. 모든 경행 방법은 처음에 서 있는 것을 알아차리고, 다음에 가는 것을 알아차리고, 다시 서 있는 것을 알아차리고 그리고 도는 것을 알아차리고, 다시 서는 것을 알아차리고 그리고 가는 것을 알아차리는 순서로 반복합니다. 그래서 서고, 가고, 서고, 돌고, 서고, 가고를 반복합니다. 수행자가 수행방법을 선택하는 것은 자유입니다. 자신의 근기에 맞는 것을 선택할 수도 있습니다. 그리고 다른 방법을 자신이 만들어서 알아차릴 수도 있습니다. 그러나 지도를 받는 스승이 있다면 반드시 스승의 법을 따르는 것이 좋습니다.

발의 움직임을 3단계로 나누는 첫 번째 방법입니다.

하나, 몸이 서 있는 것을 알아차립니다. 그리고 발이 바닥에 닿은 것을 알아차립니다. 이때 무거움과 단단함을 알아차립니다.

둘, 현재의 마음을 알아차립니다. 이때 알아차리는 힘이 있을 때는 걸으려는 의도를 알아차려도 좋습니다. 무슨 일을 시작할 때는 항상 처음에 있는 마음을 알아차리고 시작해야 합니다.

셋, 발의 뒤꿈치가 들리는 것을 알아차립니다. 이렇게 오른발, 왼발의 뒤꿈치가 들리는 것 하나만 계속해서 알아차립니다. 이렇게 얼마간 반복해서 알아차린 뒤에 다시 다음 단계로 넘어갑니다. 이때 뒤꿈치가 들리는 것의 명칭은 일어남이나 들음이나 들어서나 아무것이나 좋습니다.

넷, 발이 바닥에 닿는 것을 알아차립니다. 이렇게 오른발, 왼발이 바닥에 닿는 것 하나만을 계속해서 알아차립니다. 이렇게 얼마간 반복해서 알아차립니다. 이때 발의 움직임의 절반만 알아차리는 것입니다. 이때의 명칭은 사라짐이나 놓음이나 닿음이나 아무것이나 좋습니다. 그리고 명칭을 붙이지 않고 그냥 발의 움직임만 지켜보아도 좋습니다.

다섯, 일어남 사라짐을 알아차립니다. 이렇게 발의 뒤꿈치가 들리는 것과 발이 바닥에 닿는 것을 하나로 모아서 전부 알아차립니다. 이렇게 얼마간 반복해서 알아차립니다. 이때 발을 절반만 알아차리지 않고, 한쪽 발의 움직임을 전부 알아차린 뒤에 다시 다른 쪽의 발의 움직임을 전부 알아차립니다. 이때의 명칭은 일어남 사라짐입니다. 그리고 들어서 놓음이라고 해도 좋습니다.

발의 움직임을 3단계로 나누는 두 번째 방법입니다.

하나, 몸이 서 있는 것을 알아차립니다. 그리고 발이 바닥에 닿는 것을 알아차립니다. 이때 무거움이나 단단함을 알아차립니다.

둘, 현재의 마음을 알아차립니다. 이때 알아차리는 힘이 있을 때는 걸으려는 의도를 알아차려도 좋습니다. 무엇을 시작할 때나 항상 있는 마음을 먼저 알아차리고 시작해야 합니다.

셋, 오른발이 움직이는 것을 알아차립니다. 그리고 왼발이 움직이는 것을 알아차립니다. 이렇게 오른발, 왼발이 움직이는 것을 전부를 계속해서 알아차립니다. 이렇게 얼마간 반복해서 알아차립니다. 이때 한쪽 발의 움직임을 시작부터 끝까지 모두 알아차리는 것입니다.

넷, 들어서 놓음을 알아차립니다. 발을 드는 것과 놓는 것으로 절반씩 나누어서 한 번에 모두 알아차립니다. 이렇게 얼마간 반복해서 알아차립니다. 발의 움직임을 두 단계로 나누어서 계속 알아차리는 것입니다. 세 번째는 오른발 왼발이지만, 네 번째는 들어서 놓음이라고 해서 하나의 움직임을 두 개로 나누어서 알아차리는 것입니다.

다섯, 들어서 앞으로 놓음을 알아차립니다. 발을 드는 것과 앞으로 내미는 것과 그리고 놓는 것, 세 가지로 나누어서 그것을 한 번에 모두 알아차립니다. 이렇게 경행이 끝날 때까지 계속해서 알아차립니다.

다음은 발의 움직임을 4단계로 나누는 방법입니다.

하나, 몸이 서 있는 것을 알아차립니다. 그리고 발이 바닥에 닿는 것을 알아차립니다. 이때 무거움이나 단단함을 알아차립니다.

둘, 현재의 마음을 알아차립니다. 이때 알아차리는 힘이 있을 때는 걸으려는 의도를 알아차려도 좋습니다. 무슨 일을 시작할 때는 항상 먼저 있는 마음을 알아차리고 시작하는 것이 좋습니다.

셋, 닿음을 알아차립니다. 오른발, 왼발이 바닥에 닿는 것 하나만 계속해서 알아차립니다. 이렇게 얼마간 반복해서 알아차립니다. 이때는 발의 움직임의 절반만 알아차리는 것입니다.

넷, 오른발이 움직이는 것을 알아차립니다. 그리고 왼발이 움직이는 것을 알아차립니다. 이렇게 오른발, 왼발이 움직이는 것을 전부를 계속해서 알아차립니다. 이렇게 얼마간 반복해서 알아차립니다. 이때는 한쪽 발의 움직임을 시작부터 끝까지 모두 알아차리고, 다시 반대쪽 발의 움직임을 시작부터 끝까지 모두 알아차려야 합니다.

다섯, 들어서 놓음을 알아차립니다. 발을 드는 것과 놓는 것을 절반씩 나누어서 한 번에 모두 알아차립니다. 이렇게 얼마간 반복해서 알아차립니다. 이때 발의 움직임 하나를 두 단계로 나누어서 계속 알아차리는 것입니다.

여섯, 들어서 앞으로 놓음을 알아차립니다. 발을 드는 것과 앞으로 내미는 것과 그리고 놓는 것을 세 가지로 나누어서 한 번에 모두 알아차립니다. 이렇게 경행이 끝날 때까지 계속해서 알아차립니다.

이러한 경행 방법 이외에 5단계 또는 6단계로 나누어서 알아차리는 방법이 있습니다. 이러한 방법은 3단계의 기본적인 방법에서 좀 더 세밀한 방법을 포함시킨 것들입니다. 그러므로 수행자가 자유롭게 자신에 맞는 방법을 만들어서 수행할 수도 있습니다.

5단계의 방법은 발을 들으려는 의도와 발을 드는 것과 앞으로 내미는 것과 그리고 놓는 것과 누르는 것, 이런 것들을 세세하게 더 자세하게 알아차릴 수가 있습니다. 이때는 매우 천천히 집중을 하기 위해서 하는 동작이므로 하나하나 조심스럽게 발의 움직임에 집중하면 더 높은 집중력이 생길 수가 있습니다.

이상으로 경행에 대해서 모두 말씀드렸습니다. 지금까지 말씀드린 경행은 언제나 우리가 걸을 때 알아차리면서 걷는 것을 말합니다. 알아차리면서 걷는 방법은 길을 걷는 것이나 한정된 공간에서 왕복하면서 걷는 것이나 모두 경행에 속합니다. 이러한 경행을 통해서 정진력을 키우고, 그 정진력으로 고요함을 얻어서 집중의 지혜가 나기를 간절히 바랍니다.

괴롭거나 슬플 때 괴로움과 슬픔을 해결할 수 있는 방법은 자신의 마음을 알아차린 뒤에 몸으로 와서 계속해서 몸을 주시하는 것입니다. 즐거울 때 즐거움으로 인해서 오는 감각적 쾌락을 해결할 수 있는 방법은 자신의 마음을 알아차린 뒤에 몸으로 와서 계속해서 몸을 주시하는 것입니다. 덤덤한 상태에서 무기력함을 해결할 수 있는 방법은 자신의 마음을 알아차린 뒤에 몸으로 와서 계속해서 몸을 주시하는 것입니다.

마음과 몸을 알아차리는 것만이 불선을 선으로 바꾸게 하며 지옥, 축생, 아귀, 아수라의 세계로 가는 문을 닫히게 합니다. 몸과 마음을 알아차리면 지혜가 나서 이러한 불선행을 하지 않게 됩니다.

지금까지 말씀드린 것은 한국 명상원의 마음 보는 방법 네 가지 중 첫 번째로 있는 마음 알아차리기였습니다. 이제부터는 마음 보는 방법 두 번째인 일어난 마음 알아차리기에 대한 말씀을 드리겠습니다.

둘째, 일어난 마음을 알아차리기는 다음과 같습니다. 정신과 물질을 원인으로 육입六入이 일어납니다. 이때의 육입은 안, 이, 비, 설, 신, 의라는 여섯 가지 감각기관입니다. 여섯 가지 감각기관은 색, 성, 향, 미, 촉, 법이라는 여섯 가지 감각대상을 받아들이기 때문에 육입 또는 육문六門이라고도 합니다. 육문은 여섯 가지의 문에서 정보를 받아들인다는 뜻으로 쓰입니다.

위빠사나 수행에서는 감각기관이 밖으로 나가서 대상과 부딪치는 것이 아니고 감각 대상이 감각기관에 와서 부딪쳐서 안다는 뜻으로 육입 또는 육문이라고 합니다.

여기서 안과 밖을 구별하는 것은 위빠사나 수행에서 갖는 의미가 매우 큽니다. 마음이 밖으로 나가서 알아차리면 선입관을 가지고 보기가 쉽습니다. 그리고 대상에 빠지기 쉽습니다. 그래서 있는 그대로 알아차리기가 어렵습니다. 그런 뜻에서 육입이라고 하는 것은 위빠사나 수행에서 중요한 의미를 상징적으로 나타내고 있습니다.

이상의 여섯 가지 감각기관을 육내처라고 하고, 감각대상을 육외처라고 합니다. 이것을 합쳐서 12처라고 합니다. 12처는 12가지 안팎의 장소라는 뜻으로 감각기관과 감각대상을 합친 것입니다. 몸과 마음을 분석할 때는 기본이 되는 토대를 원인으로 발생하는 결과가 있기 때문에 장소가 갖는 의미도 중요합니다. 무엇이나 어디서 그냥 생긴 것이 아니고, 모든 것이 이처럼 일정한 토대를 바탕으로 일어나기 때문입니다.

여섯 가지 감각기관과 감각대상이 부딪쳤을 때 반드시 느낌이 일어납니다. 이때 일어난 느낌을 아는 것이 바로 마음입니다. 그러므로 여러 가지의 느낌이 일어날 때 여러 가지의 마음이 함께 일어납니다. 여기서 느낌은 마음의 작용이고, 아는 마음은 마음입니다. 그러므로 느낌과 마음은 항상 함께 있습니다. 오온은 함께 일어나서 함께 사라지므로 어느 것이 먼저랄 것이 없습니다. 결국 우리가 정신과 물질을 가지고 살면서 무엇이 일어나든 결국 아는 것은 마음입니다. 그래서 항상 최종적으로는 아는 마음이 일어나기 마련입니다.

이와 같이 여섯 가지 감각기관과 여섯 가지 감각대상과 여섯 가지 아는 마음을 합쳐서 18계라고 말합니다. 이것은 인식할 수 있는 세계입니다. 그러므로 이것은 실재하는 것이고 증명할 수 있는 것이라서 이것이 바로 불교의 세계관입니다. 이것을 벗어난 것은 상상이며, 관념의 세계입니다. 그래서 실재가 아니며 증명할 수 없기 때문에 불교에서는 관념의 세계를 다루지 않습니다. 그 실재의 정점에 마음이 있습니다.

그러므로 마음을 알아차린다는 것은 모든 일을 주도하는 최종적 관문을 지키는 것입니다. 마음은 볼 수가 없지만 보이는 몸에 의해서 그 실체가 드러납니다. 마음이 의도를 일으켜 몸을 움직이게 합니다. 그리고 몸이 일으킨 모든 것을 다시 마음이 받아들여서 압니다. 또한 마음에 의해서 일어난 느낌, 지각, 의도가 몸을 통해서 나타날 때 마음을 알 수 있습니다.

이러한 마음을 알아차린다는 것은 원인과 결과를 아는 것입니다. 모든 것의 시작도 마음에 의해서 일어나며, 모든 것의 결과도 마음이 알기 때문에 마음을 알아차리는 것은 문제의 본질에 접근하는 가장 좋은 길입니다.

일반적으로 대상을 알아차리는 것은 일차적 현상이고, 알아차린 마음을 아는 것은 이차적 현상입니다. 일차적 현상은 알아차림이 있는 수행을 시작하는 것이고, 이차적 현상은 마음을 알아차리는 수행을 하는 것입니다. 일차적인 것도 마음이 있어서 하지만 이것은 마음을 알아차리는 수행이라고는 하지 않습니다. 아는 마음이 일하는 마음을 알아차리는 것을 마음을 알아차리는 수행이라고 합니다. 그래서 알아차리고 있는 마음을 대상으로 마음을 새로 내서 보는 것입니다. 이것이 심념처 수행입니다.

있는 마음 알아차리기는 무슨 일을 시작할 때의 마음을 알아차리는 수행입니다. 그러나 두 번째로 말씀드리는 일어난 마음 알아차리기는 시간과 장소에 상관없이 일어난 마음을 알아차리는 수행입니다. 언제든지 새로운 마음이 일어나는 것을 즉시 알아차릴 수도 있고, 느낌이 일어났을 때 그것을 아는 마음을 알아차리는 수행을 할 수도 있습니다.

있는 마음 알아차리기, 일어난 마음 알아차리기, 하려는 마음 알아차리기, 아는 마음 알아차리기는 모두 마음을 알아차린다는 것에서는 같습니다. 그러나 이렇게 분류한 것은 여러 가지 상황에서 마음에 접근하는 방법을 만든 것입니다. 그냥 마음을 알아차리면 되는 것이지만 마음에 더욱 용이하게 접근하기 위해서 각기 다른 상황을 설정하여 그때마다 마음을 알아차리도록 한 것입니다.

마음의 종류는 매우 많습니다. 그러나 그 마음을 모두 알아차릴 수는 없습니다. 그러므로 일어난 마음을 알아차릴 때는 기본적으로 불선심과 선심을 알아차립니다.

불선심은 탐욕이 있는 마음, 성냄이 있는 마음, 어리석음이 있는 마음으로 이런 마음이 일어난 것을 알아차립니다. 선심은 탐욕이 없는 마음, 성냄이 없는 마음, 어리석음이 없는 마음이 일어난 것을 알아차립니다. 탐욕이 없는 마음은 관용이 있는 마음이며, 성냄이 없는 마음은 자애가 있는 마음이며, 어리석음이 없는 마음은 지혜가 있는 마음입니다.

수행자는 불선심만 알아차리는 것이 아니고, 선심이 일어난 것도 똑같이 알아차려야 합니다. 마음은 하나인데 이처럼 선심과 불선심이 있습니다. 선심인 관용, 자애, 지혜가 있을 때는 그 순간에 불선심이 자리 잡을 수 없습니다. 반대로 불선심인 탐욕, 성냄, 어리석음이 있을 때는 그 순간에 선심이 자리 잡을 수 없습니다. 그래서 선심을 알아차리면 불선심이 붙을 수 없을 뿐만 아니라 선심으로 인해 교만해지는 마음까지 제어가 됩니다. 마찬가지로 불선심을 알아차리면 선심이 생기며, 불선심으로 인해 더 나빠지는 것이 제어가 됩니다.

일반적으로 불선심과 선심이 일어날 때 이것을 알지 못합니다. 불선심도 거친 마음이 있고, 중간의 마음이 있고, 미세한 마음이 있습니다. 거친 마음도 알아차리기 어려운데, 하물며 미세하게 일어나는 마음은 알아차리기가 더욱 어렵습니다. 이러한 마음을 알아차리지 못하기 때문에 불선심이 일어나도 우리는 대책을 세울 수가 없습니다. 그래서 우리가 사는 것은 자기 습관대로 살아가는 것입니다. 이러한 불선심이 일어나는지도 모르고 사는 것이 바로 어리석음입니다.

어떤 대상을 알아차릴 때 마음이 대상을 겨냥하는 순간에는 청정해집니다. 그러나 이러한 알아차림만으로 되지 않기 때문에 부처님께서는 알아차림과 함께 분명한 앎을 하라고 하신 것입니다.

알아차리는 것은 일단 마음을 대상에 겨냥하는 것입니다. 그리고 분명한 앎은 대상을 이해하고 받아들이는 것입니다. 수행자가 대상을 겨냥하는 것은 화살을 쏘아서 피를 흘리게 하려고 겨냥한 것이 아닙니다. 대상이 그럴 수밖에 없었을 것이라고 분명하게 이해하기 위해서 대상을 겨냥하는 것입니다.

그러나 알아차림과 분명한 앎을 한다고 해서 수행이 쉽게 되는 것은 아닙니다. 그래서 알아차림과 분명한 앎을 함께하면서 마음을 알아차리는 수행을 보완해야 합니다. 그러므로 마음을 알아차리는 수행자는 알아차림과 분명한 앎을 하는 수행에다가 다시 마음을 알아차리는 수행을 더 보태어서 수행을 합니다. 이렇게 수행을 하면 한결 더 수행의 깊이가 깊어질 것입니다.

우리는 자신의 불선심을 보지 못하면서 남의 불선심을 봅니다. 그리고 남을 비난합니다. 남의 잘못을 보면 불쾌하게 여기고 미워하고 화를 냅니다. 그러나 이렇게 하는 순간의 자신이 가진 불선심은 보지 못합니다. 자신의 허물은 보지 못하고 남의 허물만 보고 비난하는 것이 바로 불선심이라고 알아야 합니다. 잘못에 잘못으로 대해서는 아무런 개선의 여지가 없습니다. 그래서 남의 잘못은 남의 잘못으로 그냥 두고 그것을 보는 자신의 마음이 불선심을 일으키지 말아야 합니다. 이것이 탐욕에서 벗어나는 길입니다.

내가 남을 비난할 때 그 사람의 수준과 같아집니다. 그러므로 비난받을 짓을 한 사람이나 그것을 보고 비난을 하는 사람이나 정신적 수준이 똑같습니다. 그러나 남의 잘못을 보고 '몰라서 그랬네' 하고 관용으로 이해한다면 그는 잘못을 행한 사람보다도 정신적으로 우월한 사람입니다. 이때 이런 관용을 보이기 위해서 알아차림과 분명한 앎과 함께 마음을 알아차리는 수행을 해야 합니다.

그러면 불선심의 종류를 살펴보겠습니다. 첫째, 탐욕입니다. 탐욕의 종류는 많습니다. 탐욕과 유사한 것은 갈애와 집착입니다. 그리고 사견과 자만도 탐욕에 의해서 일어나는 마음입니다. 갈애는 초기에 일어난 바라는 마음입니다. 이러한 갈애를 알아차리지 못하면 집착으로 발전합니다. 집착은 달라붙어서 떨어지지 않는 또 다른 탐욕입니다. 이러한 탐욕은 탐욕으로 그치지 않습니다. 그래서 업을 생성하여 반드시 원하는 것을 움켜쥡니다. 그래서 단지 집착하는 마음으로 그치지 않고 일을 저지르고 맙니다. 그리하여 업을 생성하여 필연적으로는 그에 합당한 과보를 받습니다.

탐욕은 포기하지 않는 특성을 가지고 있습니다. 그래서 항상 즐길 거리를 찾아 방황합니다. 그것이 즐길 거리라면 이익과 손실을 따지지 않습니다. 그래서 필경에는 파국을 맞습니다. 이것이 감각적 욕망에 눈이 먼 탐욕의 결과입니다. 마치 강물이 바다에 빠르게 쓸려가듯이 탐욕의 결과는 자명합니다.

탐욕의 종류도 다양합니다. 유사한 것도 있지만 탐욕 그 자체도 거친 것과 중간 것과 미세한 것이 있습니다. 거친 탐욕은 알아차릴 수 있지만 중간 정도의 탐욕이나 미세한 탐욕은 잘 드러나지 않습니다. 좌선을 할 때 몸이 아프면 자세를 바꾸고 싶은 것도 사실은 탐욕입니다. 그러나 이런 것이 탐욕인 줄 모르고 자세를 바꿉니다. 그래서 우리가 사는 일상이 모두 탐욕과 성냄과 어리석음인데, 이것들이 미세해서 탐욕이 일어났는지도 모르고 삽니다.

그러나 마음을 알아차리는 수행을 하면 차츰 의식의 깊은 층에 있는 탐욕까지 알 수 있습니다. 그래야만이 깊은 층의 의식이 표피로 올라와서 비로소 본질적인 탐욕을 제거할 수 있는 것입니다. 음식을 선택하는 것도 탐욕으로 하며, 음식을 먹는 것도 탐욕으로 먹습니다. 그래서 맛있는 것만 골라서 먹고, 맛있는 것을 골라 먹으면서도 얼마 씹지도 않고 삼켜 버립니다. 이것이 모두 탐욕으로 먹는 것입니다.

그러나 음식을 먹는 마음을 알아차리면 탐욕으로 선택하지 않고, 탐욕으로 먹지 않습니다. 그냥 음식의 맛으로 먹습니다. 이렇게 먹으면 음식의 재료가 가지고 있는 고유한 맛을 알면서 먹습니다. 이렇게 먹어야 계율을 지키면서 먹고, 음식을 먹을 줄 아는 사람입니다.

우리가 습관적으로 사는 모든 대상이 모두 탐욕에 의해 선택된 것들입니다. 술, 담배, 도박, 마약 등으로부터 자유로울 수 없으면 모두 거친 탐욕에 사로잡힌 것입니다. 거짓말, 도둑질, 살생, 불륜 등은 이것보다 더 거친 탐욕입니다.

사랑하는 사람이 죽거나 헤어질 때 슬픔에 잠깁니다. 그리고 계속해서 비탄에 빠집니다. 이때도 죽은 사람이나 헤어진 사람에 대하여 탐욕을 가지고 있는 것입니다. 그 사람은 갔지만 내 마음이 보내지 않아서 붙잡고 슬퍼하고 있는 것입니다. 바로 이것이 탐욕입니다.

일반적으로 슬퍼하는 것을 좋아서 슬퍼한다고 말하면 사람들은 아니라고 부정합니다. 이것은 미세한 탐욕이기 때문에 탐욕인지를 몰라서 그렇습니다. 탐욕은 좋아하는 것을 바라는 것으로 슬픔과 비탄까지도 좋아합니다.

알아차리는 대상이 변할 때는 법이 나타난 것입니다. 이때 '대상이 변하는구나!' 하고 알아차리면 무상을 아는 지혜가 난 것입니다. 괴로울 때는 법이 나타난 것입니다. 이때 '괴로움이 있구나!' 하고 알아차리면 고품를 아는 지혜가 난 것입니다. 괴로움에서 벗어나려고 해도 되지 않을 때는 법이 나타난 것입니다. 이때 '어떻게 하려고 해도 안 되는구나!' 하고 알아차리면 무아의 지혜가 난 것입니다.

모든 대상은 성품을 드러내기 위해서 나타난 것이고, 수행을 한다는 것은 드러내고 있는 법을 알아차리는 것입니다. 이것이 있는 그대로 보는 것입니다. 법을 보면 대상에 휩쓸리지 않고 지혜가 나서 번뇌를 여읩니다.

슬픈 것도 탐욕으로 인해서 좋아합니다. 좋아하지 않는다면 결코 계속하지 않습니다. 그래서 떠나보낸 사람으로 인해 슬퍼하는 마음을 알아차려야 그것이 집착하기 때문에 놓지 못하고 있다는 자신의 마음을 볼 것입니다.

과거는 일어나서 사라진 것들입니다. 그것도 일어나는 순간에 즉시 사라집니다. 그러나 마음에는 종자가 있어서 그것을 기억하여 다음 마음에 전합니다. 그러므로 이미 지나간 일을 붙들고 슬퍼하거나 괴로워하는 것은 실재하지 않는 기억을 마음이 붙들고 있는 것입니다.

이 기억은 그 사람을 기억하는 것이 아니고 그 사람과 있었던 느낌을 기억하는 것입니다. 그래서 이때는 이것이 누구의 느낌인가? 이것이 누구의 마음인가? 이것이 과거의 기억인가? 아니면 현재 있는 일인가 살펴봐야 합니다. 지나간 과거를 붙들고 있는 것은 집착의 전형입니다. 그러므로 과거를 붙들고 있는 마음을 알아차려야 합니다.

똑같습니다. 아직 오지 않은 미래에 대한 두려움으로 괴로워하거나 기대에 부푼 사람도 모두 탐욕으로 인한 것입니다. 아직 오지 않은 미래를 붙들고 있는 것이 바로 미래에 대한 탐욕입니다. 미래에 대한 바람이 없으면 두렵거나 괴로워하지 않습니다. 이렇게 과거나 미래를 붙들고 있는 마음이 모두 탐욕으로 인한 것들입니다.

탐욕은 요란하게 소리를 내고 오지 않습니다. 마치 종이에 물이 번지듯이 소리 없이 매우 신속하게 일어납니다. 그래서 탐욕이 오는 것을 우리는 잘 알지 못합니다. 이러한 탐욕은 눈으로 볼 때 즐거운 대상으로 나타납니다. 귀로 소리를 들을 때 즐거운 소리로 나타납니다. 코로 냄새를 맡을 때 좋은 향기로 나타납니다. 혀로 음식을 맛볼 때 감칠맛으로 나타납니다. 신체로 부딪칠 때 부드러움으로 나타납니다.

이렇게 즐겁고, 달콤하고, 감미롭게 나타나는 대상을 알아차리기는 어렵습니다. 누구나 이것을 원하기 때문입니다. 원하는 것을 얻으려 하는데 이것이 탐욕이라고 하면 오히려 화를 낼 수도 있습니다. 그리고 '그러면 어떻게 살라는 말이야?' 하고 반문할 수도 있습니다. 그러나 이러한 탐욕이 괴로움의 원인이라는 사실을 알아야 합니다. 탐욕은 더 좋은 탐욕을 원합니다. 그래서 탐욕에는 만족이 없습니다. 그래서 필경 탐욕에는 실패만 있습니다.

아름다운 것을 볼 때 우리가 아름다운 것이라고 압니다. 아름다운 소리를 들을 때 아름다운 소리라고 압니다. 그러나 그 대상이 아름다운 것이 아닙니다. 그것을 보는 내 마음이 아름답다고 아는 것입니다. 단지 대상은 거기에 그냥 그렇게 있는데 내가 아름답다고 생각해서 느끼는 것입니다. 내가 아름답다고 생각한 것이 다른 사람에게는 아름답지 않게 비쳐질 수도 있습니다. 그렇다면 아름답다는 것은 누가 만든 것입니까? 그것은 대상과 상관없이 자신의 마음이 만든 것입니다. 그러므로 이때 아름답다고 아는 마음을 알아차리면 아름다움에 빠져서 괴로움을 겪지 않습니다.

누구나 아름다운 것을 보면 기분이 좋습니다. 기분이 좋으면 계속해서 더 보고 싶고, 하고 싶습니다. 그러면 여러 가지 형태로 기분 좋은 것을 유지하기 위해서 노력합니다. 이것이 느낌으로 인해 갈애가 일어난 것이고, 갈애로 인해 집착이 일어난 것이고, 집착으로 인해 업의 생성이 일어난 것입니다. 그 결과로 괴로움뿐인 새로운 생을 맞습니다.

탐욕으로 인해서 생기는 감각적 욕망은 행복이 아닙니다. 그러나 탐욕에 눈이 멀어서 이것을 행복으로 잘못 압니다. 탐욕으로 인해서 일어난 즐거운 느낌은 선하지 못한 마음입니다. 그 탐욕은 자신만 가져야 하고 남과 나눌 수 없습니다. 그리고 남의 것을 빼앗는 것도 마다하지 않습니다. 그래서 이 마음은 불선심입니다.

그러나 탐욕이 아닌 관용으로 인해서 즐거운 느낌이 일어난다면 그것은 선한 마음입니다. 그 느낌을 혼자만 가지려 하지 않고 남과 나누기를 원합니다. 그래서 남의 것을 빼앗지 않고 오히려 베풉니다. 그래서 이 마음은 선심입니다. 이처럼 같은 즐거움이라도 선한 마음으로 인해서 생긴 즐거움과 선하지 못한 마음으로 인해서 생긴 즐거움은 전혀 다릅니다.

탐욕은 원하는 만큼 얻지 못하면 필연적으로 좌절합니다. 모든 것이 변하는데 탐욕은 변화를 거부합니다. 그래서 고독하고 슬픔을 느낍니다. 탐욕으로 만든 재산을 잃었을 때의 기분은 매우 슬프고, 그 슬픔이 나중에는 좌절로 바뀝니다. 그래서 급기야는 목숨을 끊을 수도 있습니다.

자살을 하는 것도 자살을 하는 것을 좋아서 하는 행위입니다. 탐욕으로 인해 명성을 잃었을 때 내가 누구라고 하는 사견으로 인해 더 고통을 받습니다. 그래서 나쁜 결과를 받아들이지 않고 혐오합니다. 이것이 탐욕이 가져오는 결과들입니다.

왜 탐욕이 일어난 마음을 알아차려야 할까요? 탐욕은 탐욕을 먹고 더 성장합니다. 그러므로 탐욕을 일으킨 그 마음을 반드시 알아차려야 합니다. 탐욕을 알아차리면 그 순간에 청정해집니다. 탐욕을 일으킨 마음을 알아차리면, 탐욕을 관통하여 탐욕에 대처하여 탐욕을 소멸시킬 수 있습니다. 왜냐하면 감추어진 마음이 표층으로 드러났기 때문입니다.

수행자는 탐욕을 알아차려서 관용을 가져야 합니다. 탐욕은 움켜쥐는 것이지만 관용은 받아들이고 베푸는 것입니다. 탐욕에서 관용으로 바뀌는 것은 위빠사나 수행의 알아차림이 있는 순간에 이루어집니다. 나중까지 갈 것이 없습니다. 알아차리는 순간에 즉시 마음이 바뀝니다. 왜냐하면 마음은 한순간에 하나밖에 없기 때문입니다. 그래서 탐욕을 알아차리는 순간의 마음은 관용입니다. 이렇게 알아차리면 지혜가 계발되어 선한 마음이 한층 커지고 더욱 견고해질 것입니다.

수행자가 알아차린 결과가 없다면 이익을 얻기 위해서 노력하지 않을 것입니다. 이러한 이익은 알아차리는 순간에 일어납니다. 바로 이것이 법의 성품입니다. 만약 알아차려도 이익이 없다면 선심을 가질 이유를 느끼지 못할 것입니다. 그래서 더욱 악행을 일삼게 되고, 자신은 물론이고 가정과 사회가 타락으로 혼란에 빠질 것입니다.

그러나 걱정하지 않아도 됩니다. 모든 것은 행한 대로 받습니다. 그것이 지금 이 자리에서 나타나기도 하고, 더 큰 열매가 되어 훨씬 뒤에 나타나기도 합니다. 그리고 항상 그것들은 잠재되어 있습니다. 지금 여기서 나타나는 것을 알아차리는 마음이 일어난 순간 마음은 탐욕이 아닌 관용을 가진 청정한 마음이기 때문에 언제나 알아차리는 순간에 선한 과보를 받습니다.

이러한 탐욕은 크게 두 가지의 조건하에서 일어납니다. 물론 이 두 가지의 경로를 통해서 일어나지만 이것들도 결국에는 여섯 가지 감각기관에 의해서 일어나는 것들입니다.

하나는 자극받지 않고 일어나는 탐욕입니다. 자극받지 않고 일어나는 것은 외부의 자극에 의해서 유발되지 않고 내부로부터 일어난 자발적인 탐욕을 말합니다. 자발적으로 일어나는 탐욕은 자신의 축적된 성향으로 인해서 일어납니다. 이것은 안에서 찾아온 손님입니다.

자발적으로 일어난 탐욕은 오랜 동안 쌓아온 잠재적인 마음입니다. 그래서 자신이 이것으로 길들여져 있기 때문에 여기서 벗어나기를 원하지 않습니다. 그러므로 벗어날 조건이 성숙되면 강하게 저항할 것입니다. 많은 사람들이 선한 일 앞에서 무기력해지는 이유가 바로 여기에 있습니다. 그러므로 탐욕이 있는 마음을 알아차렸을 때 이것이 자발적인 것인지 알아차려야 합니다. 만약 자발적인 것이라면 더 정중하게 내부에서 찾아온 손님을 알아차려야 하겠습니다.

다른 하나는 자극을 받아서 일어난 탐욕입니다. 자극을 받아서 일어난 탐욕은 외부로부터 자극을 받아서 유발된 것입니다. 그러므로 자발적인 것과 반대로 일어난 것입니다. 타인의 권유에 따라서 일어나기도 하고, 자신이 좋아하는 사람과 어울리는 과정에서 자연스럽게 동화가 되어서 일어나기도 합니다. 배우자나 동호인들의 어울림을 통해서도 탐욕을 일으키는 요인이 생깁니다. 고귀한 마음을 가진 사람이 천한 마음을 가진 배우자나 친구를 만나면 자연스럽게 탐욕이 유발되기 마련입니다.

그리고 사회의 모든 정보수단에 의해서 탐욕을 강요받기도 합니다. 요즈음은 인터넷 시대이므로 원하지 않는 광고로 인해서 끊임없이 유혹을 받습니다. 그래서 현대인들은 더욱 탐욕의 유혹에 노출되어 있습니다. 시간과 장소도 가리지 않고 이러한 탐욕이 스며들어옵니다. 이렇게 되면 자신의 의지대로 하기가 어렵습니다. 그러므로 탐욕이 있는 마음을 알아차렸을 때 이것이 유발된 것인지 알아차려야 합니다. 만약 유발된 것이라면 외부에서 찾아온 손님이라고 알고 정중하게 있는 그대로 알아차려야 합니다.

탐욕은 균형을 잃은 욕망이라서 문제입니다. 그러나 바른 삶을 살기 위한 희망은 필요한 것입니다. 적절한 욕망은 자기 계발을 하고, 문화적 환경과 사회를 성장하게 합니다. 그러나 좋은 목적을 가졌다고 하더라도 알아차리지 못하면 균형이 깨지기 마련입니다. 이것이 탐욕의 속성입니다.

수행자도 아라한이 되기 전까지는 아라한이 되고자 하는 열망으로 수행을 해야 합니

다. 하지만 이것을 알아차리지 못하면 탐욕으로 바뀌어 좋지 않은 결과를 가져온다는
것을 알아야 합니다. 그래서 수행자라고 해서 모두 다 선한 것은 아닙니다.

탐욕의 배후에는 무지가 있으며, 탐욕이 지배하는 것은 성냄입니다. 성냄은 잘 드러나
지만 탐욕은 본성을 숨기고 있습니다. 그리고 이 탐욕을 가장 깊은 곳에서 조정하는
것이 무지입니다.

그러나 탐욕이 있는 마음을 알아차리면 이 모든 것들이 더불어서 함께 소멸합니다.
만약 탐욕이 있는 마음을 알아차리지 못하면 일어나는 순간마다 탐욕이 쌓입니다. 그래
서 그때마다 적절한 조건을 성숙시킵니다. 이러한 탐욕으로 인해 악한 생각을 하고,
악한 말을 하고, 악행을 하게 합니다. 그래서 생각과 말과 행위로 악행을 짓습니다.

이러한 악행은 꼭 탐욕으로만 일어나지 않고, 탐욕과 성냄과 어리석음으로 인해 일어
납니다. 그러나 이 세 가지는 하나로 묶여서 그중에 무엇이나 하나만 일어나면 나머지
것들이 함께 일어나므로 이것들 중 어느 것 하나라도 알아차려서 이 모든 것들을 소멸시
킬 수 있도록 해야 하겠습니다.

이러한 악행은 반드시 행한 만큼의 과보를 받습니다. 이것이 원인과 결과입니다.
그러므로 탐욕, 성냄, 어리석은 마음을 알아차려서 악업을 짓지 않고, 악업의 과보를
받지 말아야 하겠습니다. 악업의 과보는 거듭 윤회하면서 비참하고 고통스러운 생활을
해야 합니다.

그러면 탐욕을 알아차리는 방법을 말씀드리겠습니다.

하나, 탐욕이 있는 것을 알아차립니다.
둘, 탐욕이 있는 마음을 알아차립니다.
셋, 탐욕이 사라진 마음을 알아차립니다.
넷, 가슴에서 느낌을 알아차립니다.
다섯, 거친 느낌, 중간 느낌, 미세한 느낌이 사라지면 호흡을 알아차립니다.

가슴에서 탐욕으로 인해 생긴 느낌을 알아차릴 때 만약 느낌이 없다면 덤덤한 느낌을 알아차리십시오. 그리고 머리에서 느낌이 강하면 가슴이 아닌 머리에서 알아차려도 좋습니다. 가슴에서 일어난 느낌은 한 번 알아차리고 마는 것이 아니고, 느낌을 알아차릴 수 있는 한 계속해서 알아차려야 합니다. 가슴은 느낌을 알아차리기에 매우 좋은 장소입니다. 그리고 호흡도 있고 맥박도 있기 때문에 탐욕으로 인해서 일어난 느낌을 가슴에서 지켜보기 바랍니다.

　사람을 보지 말고 일의 본질을 보아 법의 성품을 알아차려야 합니다. 사건을 보지 말고 사건이 가지고 있는 진정한 의미를 알아차려야 합니다. 눈이 있지만 무지하면 사람이나 사건을 보는 마음이 표피적인 것에 머뭅니다. 그러나 눈이 밝아서 지혜가 있으면 대상의 실재하는 내용을 봅니다. 사람이나 사건의 겉모습은 관념이지만 그것들이 가지고 있는 진정한 의미는 원인과 결과라는 실재뿐입니다.

　겉으로 드러난 것에 연연하면 차별을 일으켜 번뇌가 생기지만, 실재하는 것을 알아차리면 단지 대상일 뿐이므로 걸림이 없습니다. 관념은 거미줄에 걸리지만 실재는 거미줄에 걸리지 않는 바람입니다. 당신의 마음을 걸림이 없는 바람처럼 흐르게 하십시오

◆◆◆◆◆

　지난 시간에는 불선심의 종류 중 탐욕에 대해 말씀드렸습니다. 오늘은 성냄에 대해 말씀을 드리겠습니다. 성냄은 선하지 못한 마음입니다. 성냄을 한문으로는 진심瞋心이라고 하는데, 이때의 진瞋이란 눈 부릅뜰 진입니다. 눈을 크게 부릅뜬다는 것은 화를 낸다는 말입니다. 그러나 거짓이 없는 참된 마음이라는 뜻의 진심眞心으로 혼돈할 수 있어서 여기서는 진심瞋心이라고 하지 않고 성냄이라고 부르겠습니다.

　성냄은 불선심으로 대표되는 탐욕, 성냄, 어리석음이라는 세 가지 마음 중에 두 번째인 화를 내는 마음입니다. 이 세 가지를 삼독三毒이라고 합니다. 성내는 마음은 하나이지만 기본적으로 항상 세 가지 마음이 함께 있으며, 이외에도 다른 여러 가지의 유사한

마음이 함께 일어납니다. 이러한 성냄은 타락, 부패, 결점, 잘못, 병의 바탕이 되는 마음입니다. 성냄은 스스로가 불을 지피는 것으로 자신이나 남을 태워서 황폐화시킵니다. 그럼에도 우리가 살면서 가장 쉽게, 가장 많이 내는 것이 성냄입니다.

성냄의 종류는 많습니다. 화를 내는 것, 분노, 혐오, 피하는 것, 없애려는 것, 질투, 인색, 후회가 모두 성냄에 속합니다. 혐오는 미워하는 것과 싫어하는 것을 의미합니다. 이처럼 성냄은 단지 성냄만으로 그치지 않고 다른 것들과 함께 일어납니다. 그러므로 단지 성냄만 알아차릴 것이 아니고, 성냄에 따르는 여러 가지 복합적인 마음도 함께 알아차려야 하겠습니다.

이처럼 누구나 화를 낼 때는 이상의 여러 가지의 마음을 모두 포함하고 있다는 사실을 알아야 합니다. 그래서 성냄이 있을 때는 화를 내는 마음을 알아차려서 성냄도 소멸시켜야 하며, 더 이상 다른 것들과 함께하지 않도록 해야 합니다. 그러므로 수행자는 때에 따라서 성냄 하나만을 알아차리지 말고, 다른 형태로 나타나는 모든 불선심도 함께 알아차려야 하겠습니다. 성냄 하나가 각기 다른 상황에서 다양하게 나타나는 것을 모두 알아차려야 비로소 성냄을 완전하게 알아차리는 것입니다.

위빠사나 수행자는 나타난 대상을 없애려고 알아차리는 것이 아닙니다. 단지 이러한 대상이 있다는 것을 알아차리는 것으로 그쳐야 합니다. 이렇게 없애려고 하지 않고 알아차려야 알아차리는 힘이 생깁니다. 그렇기 때문에 성냄에는 어떤 마음이 있는지 종류를 분명하게 살펴봐야 하겠습니다. 모르면 당하지만 알면 당하지 않기 때문에 이런 마음이 불선심이라는 것을 확실하게 주지해야 합니다. 그래야 비로소 치유가 가능합니다.

화를 내면 제일 먼저 화를 낸 자신부터 해칩니다. 그래서 자신에게 고통을 주고, 다시 남에게도 고통을 줍니다. 남을 미워하고 남이 잘못되기를 바라면 가장 먼저 자신의 마음부터 사악해집니다. 그리고 화를 내는 마음은 더욱 화를 부추겨서 자신도 제어할 수 없게 되어 결국에는 파국을 맞이합니다. 그래서 화는 화를 자양분으로 먹고 더 커집니다. 그렇기 때문에 화가 화를 더욱 키우는 것입니다. 만약 여러분들이 화를 제어하려고 해도 잘 되지 않는 것은 화가 화를 불태우기 때문에 여러분들의 힘으로는 그것을 제어하기가 어렵습니다.

화는 자신의 마음이 분노로 무너진 것입니다. 그래서 뜨거운 불길에 휩싸인 것입니다. 이것이 바로 지옥의 불길입니다. 인간이 살면서 지옥의 불길 속에서 살면 당연히 죽어서도 같은 불길이 있는 세상에 태어납니다.

그러므로 현재 자신의 마음을 알아차리면 죽어서 어디로 가는지도 알 수 있습니다. 이것이 업자성정견입니다. 누구나가 예외 없이 자기가 행위를 하고, 반드시 자기가 한 행위에 대한 결과를 받습니다. 여러분들이 지금 선한 마음을 가지면 선한 마음의 결과로 현재에도 선하고 미래에도 선할 것입니다. 그리고 죽어서도 선한 마음을 먹은 세계에 태어날 것입니다. 그러므로 다음 생에 어디로 갈 것인가는 지금 현재의 마음으로 결정되는 것입니다.

그러므로 미래를 두려워하지 마십시오. 현재 내가 알아차리지 못하는 것을 우리는 두려워해야 합니다. 화를 내면 지위가 높거나 명예가 있고 깨끗한 옷을 입었다고 해도 추하게 보입니다. 화를 자주 내는 사람은 세상에서 격리되며, 친구나 가족이나 가까운 사람조차도 피합니다. 화는 자신의 고요함과 지혜를 도둑질할 뿐만 아니라 거친 불길에 자꾸 불을 더 지핍니다. 그래서 늘 분노 속에서 살아야 합니다.

그러나 더 어리석은 것은 이렇게 분노를 나타내면서 살아야 사는 것처럼 느낀다는 사실입니다. 그래서 좋아서 화를 내고, 화를 낸 것이 괴로움인데 이 괴로움을 즐겨서 더 화를 냅니다. 그러므로 화를 내는 사람은 진실을 알지 못합니다. 흥분한 마음이 지혜를 가려 오직 뜨거운 불로 자기를 태우는 형벌을 받으면서 삽니다.

이런 삶이 과연 행복하겠습니까? 이렇게 사는 사람을 누가 좋아하겠습니까? 이렇게 사는 사람을 한 가정이나 사회에서 환영하겠습니까? 그래서 화는 가장 큰 피해를 스스로에게 주는 것입니다.

상대가 화를 냈을 때 같이 화를 낸다면 화를 내는 사람이나 하등에 다를 것이 없습니다. 화는 화를 내는 사람의 것입니다. 그러니 내가 상대의 화를 가져올 이유가 결코 없습니다. 그러므로 상대의 화를 공연히 받아들여서 자신도 고통의 불길 속으로 들어가지 말아야 합니다. 이때 상대의 화로 인해 똑같이 자신도 화를 낸다면 자아가 있다고 생각하는 유신견 때문에 내가 반응을 한 것입니다.

그래서 화를 낸 그 마음을 알아차려야 하겠습니다. 화를 낸 마음을 알아차리면 이 마음이 순간의 마음이지 나의 마음이 아니라는 사실을 알 수 있습니다. 그래서 마음을 알아차려야 하는 것입니다.

보통 우리는 나의 몸, 나의 마음이라고 생각하기 때문에 상대가 내게 화를 내면 나를 무시했다고 판단해서 똑같이 화를 내는 것입니다. 자신에 대해서 화를 내는 것도 탐욕으로 인한 것입니다. 바라는 것이 있는데 그것이 생각대로 이루어지지 않기 때문에 화를 냅니다. 그러면 그 순간 뜨거운 불길로 인하여 사물을 바르게 판단할 수 없습니다. 그래서 화는 가장 천박한 행위이며, 항상 손실을 가져옵니다. 왜냐하면 바른 견해로 판단을 할 수가 없기 때문입니다.

그러므로 대인관계에서 먼저 화를 내면 이미 상황이 기운 것입니다. 어떤 상황에서나 먼저 화를 내는 사람이 상대에게 항복을 하는 것과 같습니다. 양보와 항복은 전혀 다른 것입니다. 양보는 미덕이고 관용이지만, 이때의 항복은 불선업이고 실패이고 좌절입니다.

만약 상대가 화를 냈을 때 자신을 무시했다고 생각한다면 무시했다고 생각하는 마음을 알아차려야 합니다. 그러면 무시한 상대도 없고 무시당한 자아도 없습니다. 단지 상대의 축적된 성향만 있을 뿐이지, 여기에는 나도 없고, 사실은 상대도 없습니다. 이렇게 자아가 없는 것을 알면 화를 낸 상대도 없고, 오직 화를 내는 상대의 잠재적 성향만 있는 것을 알 수 있습니다. 그것도 화를 내는 마음은 순간에 일어났다가 순간에 사라집니다. 그러므로 마음은 일어났다가 사라졌는데 공연히 상대의 화를 기억하여 내가 가지고 갈 것이 없습니다.

위빠사나 수행이 대상과 하나가 되지 않고 대상을 분리해서 알아차리는 수행이기 때문에 이런 수행이 가능한 것입니다. 우리는 대상을 분리해서 지켜봐야 합니다. 상대가 낸 화는 상대의 것으로 두어야 합니다. 그것을 나의 것으로 받아들이는 것, 이것이 바로 어리석음입니다.

수행자 여러분! 상대가 화를 냈을 때 반드시 나 때문이라고 생각하지 마십시오. 화는 화를 낸 사람의 문제로 내는 것입니다. 설령 나 때문에 화를 냈다고 해도 근본원인은 화를 낸 사람의 선하지 못한 마음에 있는 것입니다. 때로는 화를 낸 사람이 다른 곳에서 어떤 일로 괴로움을 겪었기 때문에 공연히 자신에게 화를 내서 자신의 분노를 해결하는 것일 수도 있습니다. 그래서 종로에서 뺨 맞고 한강에서 눈을 흘기는 격이 될 수도 있는 것입니다. 그래서 상당 부분의 화는 오해로 인한 것이라고 우리가 알아야 되겠습니다.

그러므로 상대가 화를 낼 때 내가 그 상대의 화에 걸린다면 자신의 무지 때문이며, 만약 걸리지 않는다면 자신이 지혜가 있기 때문입니다. 결국 화를 당하건 당하지 않건 자신의 문제는 자신이 결정하는 것입니다. 이것이 바로 위빠사나 수행입니다.

상대가 내게 화를 내는 말을 하거나 행동을 했을 때는 상대를 사람으로 보지 말아야 합니다. 상대를 사람으로 보면 반사적으로 화로 대응하지 않을 수 없습니다. 그래서 사람 대 사람으로 보아서는 안 됩니다. 이때 먼저 자신의 마음을 알아차려야 합니다. 그러고 나서 상대의 마음을 함께 알아차려야 합니다. 화를 낸 상대를 사람으로 보면 미워하지 않을 수가 없습니다. 어떻게 내게 화를 낸 사람을 미워하지 않을 수가 있겠습니까? 그러나 자신의 마음을 알아차리거나 상대의 마음을 알아차리면 미워할 사람이 없이 단지 알아차릴 마음이라는 현상만 있습니다.

이 사회는 사람들과 여러 가지의 제도나 기계에 의해서 움직입니다. 그러나 사실은 이것들을 움직이는 사람의 마음이 있어서 이것들이 움직이는 것입니다. 이때 사람이나 제도를 보는 것은 관념을 보는 것이고, 사람의 마음을 보는 것은 실재를 보는 것입니다. 사람이나 제도를 보면 화를 내게 되지만 이것을 운영하는 사람의 마음을 보면 미워할 대상의 구심점이 약해집니다. 관념은 세속의 관점이라서 번뇌에 걸리지만 실재는 출세간의 관점이라서 번뇌에 걸릴 것이 없이 오직 진실만을 봅니다.

예를 들어 길에는 많은 차들이 운행됩니다. 이때 차들이 움직이는 것이 아니고 사람의 마음이 움직이는 것입니다. 질서를 지키는 차량은 질서를 지키는 마음이 운전을 하는 것이고, 질서를 어기는 차량은 질서를 어기는 마음이 운전을 하는 것입니다. 그래서 차가 가는 것이 아니고 사람의 마음이 가는 것입니다.

이렇게 운행하는 차량 중에 난폭한 운전을 해서 타인에게 위험을 초래하는 경우가 있습니다. 그러면 그 사람에 대해 즉시 화를 내게 됩니다. 왜냐하면 그 사람이 운전을 잘못했기 때문입니다. 이것은 누구나 경험할 수 있는 일입니다.

그러나 이때 운전을 잘못한 그 사람을 대상으로 볼 것이 아니고, 운전을 한 그 사람의 마음을 보면 한결 미움이 누그러집니다. 왜냐하면 사람이라는 구체적 형태가 아니고 대상이 마음이기 때문에 미워할 실체가 없어지는 것입니다.

그렇습니다. 그래서 우리가 세상을 살면서 모양을 보면 관념에 걸리고, 그 실재를 보면 구체적 형태가 사라지기 때문에 미워할 대상이 사라지는 것입니다.

자신이 한 일이 여의치 않고 고단할 때는 누구나 습관적으로 짜증을 냅니다. 이때 짜증의 대상은 무차별적입니다. 먼저 자신에 대해 짜증을 낼 수도 있고, 가까이 있는 사람이 대상이 될 수도 있습니다. 그 가까운 사람은 가족이나 하급자일 경우가 됩니다.

이처럼 당신의 가족이 당신에게 화를 낼 때 그가 당신을 보고 말하는 것이 아닙니다. 상대는 단지 자신의 조건을 말하고 있는 것입니다. 그러므로 당신의 남편이, 아내가, 자녀가, 부모가, 형제가, 직장의 상사가 당신에게 화를 낼 때는 당신은 기꺼이 그 짜증의 대상이 되어주어야 합니다. 그렇지 않다면 과연 누가 그것을 받아줄 수 있겠습니까? 받아주는 당신은 훌륭한 사람입니다. 상대의 짜증을 받아주면 먼저 자신에게 이익이 있고, 이 이익이 상대에게도 돌아갑니다. 그러니 얼마나 좋은 일입니까?

◆◆◆◆◆

지난 시간에 이어서 성냄에 대해서 말씀드리겠습니다.

잘못된 일이 있을 때 자신의 마음을 알아차리는 것이나 상대의 마음을 알아차리는 것이나 똑같습니다. 자신의 마음을 알아차리면 나라는 모양이 없고, 이 모양을 형성하는 보이지 않는 마음만 있기 때문에 미워할 내가 없고 미워할 상대가 없는 것입니다. 상대에 대해서도 마찬가지입니다. 상대의 마음을 보면 미워할 상대가 없고 상대의 마음만 있기 때문에 미워할 구체적인 모양이 사라진 것입니다. 그래서 사람이나 행위를 보지 말고 그것을 일으킨 그 사람의 마음을 보아야 합니다. 그러면 미움이 한결 수그러듭니다.

남이 나를 비난하거나 내게 화를 낼 때 깨진 종처럼 반응하지 않으면 아직 깨달음을 얻지 않았어도 이미 깨달음을 향해서 가는 훌륭한 수행자가 된 것입니다. 상대가 화를 냈을 때 반응하는 사람은 아만심이 강하고 탐욕이 있기 때문입니다. 그리고 이러한 것들 뒤에 숨어 있는 것이 바로 나라고 하는 유신견입니다. 그래서 내가 있다고 할 때는 이런 것들을 받아들이기가 어렵고, 내가 없다고 알아야 비로소 상대의 일로 끝내고 내가 편안해질 수 있습니다.

만약 내가 있다고 한다면 모든 일에 문제를 일으킵니다. 공연히 남이 나를 미워한다거나, 아니면 자기 자신이 불만족으로 인해서 공연히 남을 미워하기도 합니다. 이런 모든 것들의 배경에는 나라고 하는 자아가 있기 때문에 그 마음을 알아차려서 그것이 과연 나의 마음인지를 알아야 하겠습니다.

화를 내는 원인은 많지만 가장 가까운 원인은 탐욕 때문입니다. 사실 화는 탐욕의 부하입니다. 화는 불선심 중에서도 천박한 것으로 아무 때나 가장 먼저 일어나는 불선심입니다. 그래서 이것들은 제어가 되지 않습니다. 천박하기 때문에 시도 때도 없이 나타납니다. 그러나 이러한 화는 뒤에서 이러한 마음을 조정하는 탐욕이 있습니다. 그러므로 탐욕이 화를 다스리는 중간 보스입니다. 그리고 화를 내는 근본원인은 어리석음입니다.

결국 어리석음이 가장 뒤에서 모든 불선심을 일으킵니다. 그래서 사실은 잘못된 일의 모든 조정자는 성냄 뒤에 있는 탐욕, 탐욕 뒤에 있는 무명입니다. 이 무명은 깊은 곳에 있기 때문에 이것이 있는지 알기가 어렵습니다. 그러나 이때의 무명은 사람이 아니고 사람의 마음입니다.

이러한 무명을 극복하기 위해서는 무명의 반대인 지혜를 얻어야 합니다. 그래서 지혜를 얻기 위해서 우리가 위빠사나 수행을 하는 것입니다. 수행자가 화를 낸 마음을 알아차리면 탐욕을 발견합니다. 다시 탐욕을 알아차리면 어리석음을 발견합니다. 그래서 마지막에 어리석음을 알아차려야 비로소 근본원인을 알아차린 지혜를 얻어 불선심이 선심으로 바뀝니다.

그러므로 화를 낸 것 하나만 알아차려서는 완전한 대응을 하는 것이 아닙니다. 화를 낸 그 마음을 알아차려서 화를 내게 한 원인인 탐욕을 알아야 합니다. 그리고 그 탐욕을 일으킨 마음을 알아차려야 마지막에 숨어서 모든 것을 조정하는 어리석음을 발견하여 지혜로 바꿀 수 있습니다.

화를 내는 이유는 한 가지만이 아닙니다. 화는 여러 가지의 복합적인 이유가 작용하여 하나의 결과로 일어나는 것입니다. 화는 축적된 성향 때문에 내기도 하고, 누적된 불만이 쌓이면 화를 내기도 합니다. 자신의 약점이 노출되어도 화를 냅니다. 그리고 화는 이기심과 열등의식이 작용할 때도 나타납니다.

어떤 이유이거나 화를 낸다는 사실은 불선심의 가장 천박한 면이 드러난 것입니다. 이러한 마음에는 자애가 없습니다. 그러나 화를 내는 마음을 알아차려서 화가 사라지면 그 순간에 자애의 마음으로 바뀝니다.

처음에는 사소한 것으로 시작한 불만족이 쌓이고 쌓이면 그것이 화로 분출되어서 밖으로 드러납니다. 그러므로 우리가 작은 불만족을 처음에 알아차려야지 그것이 쌓여서 큰 화로 발전하는 것을 막을 수 있습니다.

우리가 누구를 교육시킨다고 할 때도 교육을 한다는 목적으로 화를 내고 있지 않은가 살펴봐야 합니다. 교육을 한다는 명분으로 화를 내는 것은 자신의 욕망을 드러내는 것입니다. 만약 그렇다면 이것은 교육이 아니고 자신의 화풀이를 하는 것입니다. 이때 당하는 사람의 입장에서는 상황이 개선되기보다도 오히려 증오를 키울 수 있습니다. 만약 그 대상이 어린아이라면 이런 결과로 인해서 비뚤어진 마음을 갖게 될 것입니다. 그래서 진실에 대한 평가가 절하될 수 있습니다. 그러면 어린아이에게 이것이 고정관념으로 자리 잡습니다. 바로 부모에 의해서 말입니다.

그러나 화를 내지 않고 상대를 자애로 보듬어주면 먼저 자신의 마음이 편안해져서 이 마음이 상대를 움직이게 합니다. 그러면 자신도 편안하고 상대도 편안해져서 비로소 이때 교육적 효과가 있는 것입니다. 화는 비도덕적인 마음에 기초한 불선업이므로 오직 선한 마음으로 대할 때만이 교육의 효과가 있습니다.

우리가 다시 한 번 살펴봐야 하겠습니다. 교육이라는 미명하에 자신의 화풀이를 하고 있지 않은지, 교육이라는 미명하에 자신의 축적된 성향을 드러내고 있지 않은지, 교육이라는 이름으로 자신이 이루지 못한 불만족을 화로써 상대에게 보이고 있지 않는지, 우리는 이것을 항상 알아차려야 하겠습니다.

화를 내는 것은 싸우는 것입니다. 화는 세속의 방식이고, 자애는 출세간의 방식입니다. 세속에서 살아가는 방식은 투쟁을 하는 것입니다. 투쟁은 오직 자신의 이익을 위해서 하는 것이며, 자신의 이익과 무관하면 방관합니다. 출세간의 삶은 투쟁이 아닌 관용과 자애입니다. 관용은 자신의 이익과 남의 이익을 함께 위하고, 자애는 자신과 남을 모두 사랑합니다. 투쟁을 하면 상처와 고통만 남지만, 관용을 가지면 자애와 행복과 평화가 있습니다. 이러한 관용과 자애가 수행을 하는 마음입니다.

가장 처절한 싸움은 남과 하는 것이 아니고 먼저 자신과의 싸움입니다. 자신의 선심과 불선심의 싸움이며, 자신의 선과보와 불선과보의 싸움입니다. 이때 우리는 싸우고 있는 마음이 알아차릴 대상이라는 것을 알아야 하겠습니다. 우리는 먼저 내면에서 일어나는 자기의 선심과 불선심의 부딪힘을 면밀하게 주시해야 하겠습니다. 그러면 알아차리는 그 상태가 바로 선한 행위이기 때문에 불선심에서 선심으로 바뀌어 바른 견해를 가지고 바른 판단을 하게 될 것입니다. 그러면 바른 행위를 하게 됩니다.

싸워서 이겼다고 해서 결코 이긴 것이 아닙니다. 불선으로 이겼다면 이것은 이기고도 진 것입니다. 오히려 이기고도 불선의 과보를 받기 때문에 이긴 것이 아니고 진 것입니다. 그러므로 싸워서 이겼다고 해서 결코 이긴 것이 아니므로 스스로 이 사실을 통찰해야 합니다.

선하기 때문에 졌다면 이것은 지고도 이긴 것입니다. 오히려 지고도 선한 과보를 받기 때문에 진 것이 아니고 이긴 것입니다. 그러므로 싸워서 졌다고 해서 결코 진 것이 아닙니다.

여러분들이 무엇을 이겼습니까? 그리고 무엇을 졌다는 말입니까? 그것들은 세속적 관점에서 본 견해입니다. 출세간을 지향하는 사람은 세속적 관점에서 이기는 것을 버리십시오. 그리고 지십시오. 그것이 진정으로 당신을 이기는 것이고, 그것이 진정으로 상대를 이기는 것입니다. 맞서지 마십시오. 그것이 승리하는 것입니다. 알아차리십시오. 그것이 자유를 얻는 것입니다.

이기고 지는 싸움에는 끝없는 윤회가 있습니다. 그러나 이기는 것도 없고 지는 것도 없으면 나고 죽는 생사의 괴로움이 끊어져 해탈의 자유를 얻습니다. 그러므로 나타난 모든 대상을 알아차리면 단지 작용만 하는 마음을 갖게 되어 궁극의 열반을 성취합니다. 단지 작용만 하는 마음을 무인작용심이라고 하는데 원인과 결과가 끊어진 마음입니다. 이것이 바로 부처님의 마음이고, 아라한의 마음입니다.

모든 것은 단지 그럴만한 이유가 있어서 그런 것이고, 그것들은 각자의 업으로 진행되는 것이라고 알면 자신의 일이나 세상의 일에 대하여 시시비비를 가리지 않습니다. 이렇게 되면 사소한 일이나 큰일이나 상관없이 화를 내지 않습니다. 그렇다고 한다면 이기고 지는 것이 사라집니다.

다툼에는 자신이 우월하다는 자아가 있습니다. 이 자아를 강화해 주는 것이 탐욕과 집착입니다. 바로 이 탐욕과 집착 때문에 화를 내고 싸웁니다. 그러므로 탐욕이 일어날 때는 탐욕이 일어난 마음을 알아차려야 합니다. 만약 집착으로 발전했다면 집착으로 발전한 마음을 알아차려야 합니다. 어쩌겠습니까? 우리는 단지 나타난 것을 알아차리는 것밖에 더 달리 할 일이 없습니다.

만약 성냄이 일어났다면 성냄이 일어난 마음을 알아차려야 합니다. 모든 것은 마음이 하고, 그 마음이 알기 때문에 언제나 최종적으로 나타난 그 마음을 알아차리면 가장 확실하게 현장에서 대상을 파악하여 해결할 수 있는 길을 찾는 것입니다.

미루지 마십시오. 그 자리에서 알아차리십시오. 그러면 그 자리에서 해결됩니다. 왜 이것을 미루어서 번뇌를 가지고 갑니까? 미룬다는 것은 회피하는 것입니다. 나타난 즉시 나타난 대상을 바로 알아차리십시오. 모든 번뇌는 한낱 알아차릴 대상에 불과한 것입니다.

수행은 나타난 대상과 싸워서 승리하는 것이 아닙니다. 나타난 현상을 단지 대상으로 알아차리는 것입니다. 싸우게 되면 자꾸 싸우게 되고, 나중에는 싸우는 것을 좋아서 집착합니다. 그러면 더 큰 불선업을 짓습니다.

수행 중에 대상과 싸우게 되면 대상에 대한 탐욕이 있는 것입니다. 탐욕이 있어서 대상과 하나가 되어 대상에 반응한 것입니다. 그러나 수행 중에 나타난 대상과 싸우지 않는다면 대상에 개입하지 않고 분리해서 지켜본 것입니다. 그러면 위빠사나 수행의 통찰지혜가 나서 탐욕과 성냄과 어리석음이 소멸합니다.

수행 중에 나타난 대상이라는 것은 다른 것이 아닙니다. 누구를 미워하거나 좋아하거나 또는 자신의 몸과 마음에서 일어난 통증, 망상, 졸음 이런 것들입니다. 바로 그런 것과 싸우지 말아야 합니다.

좌선 중에 나타난 모든 것들은, 수행 중에 나타난 모든 것들은, 경행을 할 때 나타난 모든 것들은 모두 알아차릴 대상에 불과한 것들입니다. 그것은 싸워 달라고 나타난 것이 아니고 와서 보아 달라고 나타난 것입니다. 그러므로 수행자는 나타난 대상이 요구하고 있는 것을 지켜주어야 합니다. 와서 보아 달라고 할 때 가서 있는 그대로 알아차려야 하겠습니다.

잘하기 위해서 하는 일을 가지고 화를 내지 마십시오. 잘하려는 일도 상대가 있을 때는 상대의 입장이 있는 것입니다. 자신의 생각이 아무리 바르다고 할지라도 모두 내 마음대로 할 수는 없습니다. 이것이 세상의 일입니다.

잘하려고 하다가 뜻대로 되지 않아서 화를 냈다면 이것은 탐욕 때문에 화를 낸 것입니다. 이것이 어리석음입니다. 어떤 일이나 그냥 할 일이라서 해야 합니다. 잘하려고 하기 위해 화를 냈다면 절대 잘하려고 하지 말고, 먼저 그 마음을 알아차려야 합니다. 좋은 일을 하려다가 오히려 더 나빠져서야 되겠습니까? 그러니 아무것도 바라지 말고 하십시오. 모든 일은 좋은 결과가 있을 수도 있고, 때로는 없을 수도 있습니다. 그러므로 그냥 일하는 것으로 만족하십시오. 그러면 오히려 더 좋은 결과가 나타날 것입니다.

◆◆◆◆◆

부처님께서는 남에게 분노를 나타낼 때 이 분노는 자신을 해친다고 말씀하셨습니다. 그래서 분노는 항상 역효과가 있습니다. 부처님께서는 다음과 같이 말씀하셨습니다.

"비구들이여, 분노한 사람이 분노의 대상자에게 그가 추하게 되었으면 하고 바란다. 왜 그런가? 비구들이여, 분노한 사람은 분노의 대상자가 훌륭하게 보이기를 바라지 않는다. 그러나 비구들이여, 이 사람은 저 스스로 화가 나서 분노에 휩싸이고 무너진다. 비록 목욕을 깨끗이 하고, 머리와 수염을 다듬고, 깨끗한 옷을 입었으나 분노에 휩싸이면 추하게 보인다. 이것이 분노한 자가 분노의 대상에게 바라는 첫 번째 효과이나 이것은 화를 낸 사람에게 돌아가는 효과이다.

분노한 사람은 분노의 대상자에게 그가 잠을 설쳤으면 하고 또 바란다. 왜 그런가? 분노한 자는 상대가 숙면을 취하기를 바라지 않는다. 그러나 이 분노한 사람이 화가 나서 분노에 휩싸이고 스스로 무너진다. 양털로 된 침구, 하얀 담요에 꽃으로 수놓은 모포, 가죽 깔개에 발을 친 침대나 양쪽 끝에 진홍색 방석이 깔린 긴 의자에서도 그는 분노에 휩싸여 잠자리가 불편하다. 이것이 화를 낸 사람에게 돌아가는 두 번째 효과이다."

이처럼 화를 낸 자는 그가 증오하는 사람에게 불행한 일이 일어나기를 바랍니다. 이것이 바로 악한 의도입니다. 악한 의도를 가진 사람은 악한 의도를 내야 사는 것처럼 생각합니다. 이런 삶은 참으로 불행한 삶입니다. 오히려 이러한 마음을 먹은 사람이 스스로 무너져 고통을 받고 자신이 낸 분노로 인해 스스로 잠을 자지 못합니다. 그래서 자신이 먹은 마음이 고스란히 자신에게 돌아옵니다.

그래서 화를 내는 사람은 화를 내기 때문에 누구도 가까이하지 않고 피합니다. 그러므로 화를 내서 얻은 이익이 무엇인지 알아야 합니다. 이처럼 화를 내는 것은 생각과 말과 행동으로 악행을 하는 것이라서 고스란히 그 과보를 받아 사악도의 존재로 태어납니다. 과연 이것은 누가 만든 것이며, 이로 인해 누가 고통을 받는 것입니까? 이것은 온전하게 자신의 어리석음으로 인해 탐욕을 가지고 있기 때문에 생긴 번뇌이며, 일으킨 사람이 이것을 고스란히 받게 되어 있습니다.

성냄은 혐오에 뿌리를 둔 마음입니다. 혐오는 싫어하고 미워하는 것입니다. 이러한 혐오는 여러 가지의 층이 있습니다. 가벼운 혐오에서부터 중간 정도의 혐오와 거친 혐오가 있습니다. 분노는 아주 거친 혐오입니다. 우리가 거친 혐오는 쉽게 알 수 있지만 미세한 혐오는 있는지 모릅니다. 그러나 우리는 이러한 보이지 않는 작은 혐오들이 연속적으로 일어나는 과정 속에서 살고 있습니다.

만약 우리가 제대로 알아차린다면 온통 혐오의 지뢰밭 속에서 시시때때로 일어나는 혐오를 감당하지 못하고 좋아하고 화를 내면서 살고 있다는 것을 발견할 것입니다. 그러나 고통을 겪지 마십시오. 이것은 당신의 마음이 아닙니다. 그 순간의 마음이고,

그간에 가지고 있었던 축적된 성향의 마음일 뿐입니다. 이미 그것을 보았다면 그것을 본 당신의 마음은 지혜를 얻은 것입니다. 그러므로 추악한 마음도 당신의 마음이 아니고, 그렇다고 지혜를 얻은 마음도 당신의 마음이 아닙니다. 다만 흐르는 물처럼, 흐르는 바람처럼 일어났다 사라지는 마음들이 연속될 뿐입니다. 그러므로 어떤 마음에서도 당신은 자유를 얻어야 합니다.

우리가 산다는 것은 좋아하거나 싫어하는 것으로 양극화되어 있습니다. 어쩌다가 덤덤한 느낌이 있지만 이것은 무지의 느낌입니다. 이처럼 애증이 교차하는 속에서 좋아도 편치 못하고, 싫어도 편치 못한 삶을 삽니다. 좋으면 좋아서 편치 못하고, 싫으면 싫어서 편치 못하고, 덤덤하면 심심해서 편치 못합니다. 그래서 우리가 사는 것은 온통 불만족입니다. 좋아도 괴롭다는 것이 무엇을 의미합니까? 싫어서 괴로운 것은 당연하지만 좋아도 괴롭다면 구조적으로 우리는 불만족 속에서 살아야 하고, 괴로움 속에서 살아야 하는 것입니다.

혐오의 마음은 탐욕을 가진 마음과 다릅니다. 탐욕은 마음이 대상을 좋아하는 것이고, 혐오는 마음이 대상을 싫어하는 것입니다. 그래서 탐욕과 혐오는 동전의 양면처럼 항상 붙어서 교차하면서 일어납니다. 그래서 남을 좋아할 때는 탐욕을 가진 것이며, 남에게 화를 낼 때는 혐오를 가진 것입니다. 그러나 우리는 좋아하기 때문에 싫어하는 것이 많으므로 이것을 모두 함께 가지고 있습니다.

또 두려운 대상에 대해서도 혐오가 일어납니다. 일반적으로 두려운 대상을 싫어하기 때문입니다. 누구나 두려움을 갖습니다. 미래를 두려워하고, 무슨 병이 나지 않을까 두려워하고, 갑자기 사고가 나지 않을까 두려워합니다. 혹시 죽지 않을까 두려워합니다. 가지고 있는 재산이 없어질까 두려워합니다. 그래서 내가 가진 모든 명예나 지위를 잃을까 봐 두려워합니다. 이처럼 두려움의 종류는 많고, 그것들은 끊이지 않고 계속됩니다.

미래는 불확실하기 때문에 두려운 것입니다. 우리는 이러한 두려움과 근심걱정을 없애려고 노력해도 없애는 방법을 알지 못했습니다. 그래서 막연하게 무엇인가에 의지하고, 거기에 어떤 절대적인 힘을 구하면서 살아왔습니다. 왜냐하면 우리의 두려움은 통찰지혜가 있어야만 소멸되는데 아직 통찰지혜를 얻지 못했기 때문입니다.

혐오는 탐욕 때문에 일어납니다. 누구나 귀하게 여기는 것을 잃어버리고 싶어 하지 않습니다. 그러나 아무리 귀한 사람이나 물건이라도 헤어지거나 잃어버리지 않을 수가 없습니다. 그래서 슬픔을 느낍니다. 그래서 탐욕과 혐오와 슬픔이 한데 어울려 동시다발 적으로 나타납니다. 슬픔은 혐오하는 마음이라서 바람직한 마음이 아닙니다.

그러나 수행자가 사물을 있는 그대로 알아차리면 슬픔을 겪는 일이 적어집니다. 이미 지나간 것을 슬퍼하는 것은 또 다른 탐욕이기 때문입니다. 모든 것은 변하는데 자신의 과거를 떠나보내고 싶지 않은 탐욕을 가지고 있기 때문에 과거의 일에 대하여 슬픔을 갖는 것입니다.

부처님 시대에 우비리라는 왕비가 있었습니다. 왕비는 죽은 딸을 슬퍼하며 매일 묘지에 와서 울부짖었습니다. 그런데 마침 부처님께서 이곳을 지나가시다가 왕비가 우는 모습을 보았습니다. 그리고 부처님께서는 왕비를 불렀습니다.
"아! 사랑스러운 내 딸 지와야! 하고 숲 속에서 흐느끼는 우비리 왕비여, 이리 와서 들어보시오. 이 묘지에서 모두가 같은 이름을 가진 지와라는 수많은 사랑스러운 딸들이 화장되었는데, 지금 그대는 어느 지와 때문에 슬퍼하고 있는가?"라고 말씀하셨습니다.
그런 뒤에 과거 몇 생애에서도 왕비로 태어나서 지와라는 딸을 낳아 똑같이 죽었다는 사실과 그리고 그때마다 숲 속에 와서 지와를 부르며 울었다는 것을 부처님께서 말씀해 주십니다. 그래서 '지금 당신이 어느 때 태어나서 죽은 지와를 부르고 있는가?'라고 물은 것입니다.

우리들의 슬픔이라는 것이 이렇습니다. 우리는 모르기 때문에 이것을 새로운 것인 줄 알지만 우리는 똑같은 것을 경험하고, 똑같이 슬퍼하고, 똑같이 비탄에 잠겨서 울부 짖습니다. 이처럼 누구나 똑같이 되풀이되는 삶 속에서 수많은 이별을 하면서 살아야 했습니다. 그리고 똑같은 슬픔과 비탄에 잠겨야 합니다. 과거에도 눈물을 흘렸고, 현재 에도 눈물을 흘리고, 이렇게 미래에도 눈물을 흘려야 합니다.

그러므로 가장 중요한 것은 현재 일어난 마음을 알아차려서 과거나 미래로부터 자유로워야 합니다. 그러기 위해서는 현재의 몸과 마음을 알아차리는 방법이 슬픔과 비탄으로부터 벗어나는 유일한 길인 것입니다.

여러분이 죽은 사람으로 인해서 슬퍼할 때 사실은 죽은 그 사람 때문이 아닙니다. 그 죽은 사람과 가지고 있었던 그 기억 때문입니다. 그리고 그 느낌 때문에 슬퍼하는 것입니다. 그리고 그것을 소유하지 못한 탐욕 때문에 슬퍼하는 것입니다. 진정으로 죽은 자를 위해서 슬퍼하는 것이 아닙니다. 죽은 자는 이미 가야 할 곳으로 간 사람입니다. 그런데도 그것을 잊지 못하고 슬퍼하는 것은 온전히 자신의 문제인 것입니다.

그러므로 자신의 탐욕 때문에 슬퍼하는 것을 죽은 자 때문에 슬퍼하는 것으로 착각하지 마십시오. 모든 문제는 자기 자신의 이익을 위해서 우리가 선택하는 것입니다. 그러므로 속지 마십시오. 자기 자신의 마음에 속지 마십시오.

수행자 여러분! 습관대로 살아온 삶을 바꾸기란 쉽지가 않습니다. 그리고 새로운 습관이라는 것이 진리라는 것도 확신하기가 어렵습니다. 그래서 진리를 만나기도 어렵고, 진리를 가르쳐 주는 지도자를 만나기도 어렵고, 진리를 만났어도 그것을 실천하기도 어렵습니다.

그러나 이제 여러분들은 부처님께서 직접 말씀하신 경전에 근거한 진리를 여러 스승들의 가르침에 근거한 방법으로 수행을 하고 있습니다. 이런 기회는 어느 생에서나 언제나 만날 수 있는 것이 아닙니다. 그러니 우선 마음을 알아차리는 수행을 해서 바로 지금 이 자리에서 이익을 얻을 수 있어야 합니다.

법의 이익은 그렇게 멀리 있는 것이 아닙니다. 알아차린 그 순간에 있습니다. 그러나 지혜는 보이지 않는 것이라서 수행자가 모든 것을 알기는 어렵습니다. 그래서 단순하게 가르침을 따르다 보면 차츰 혜안이 생겨서 법을 볼 수 있을 것입니다.

미워하고 싫어하는 혐오는 언제나 괴로운 느낌 때문에 일어납니다. 그래서 혐오가 일어나면 갈애와 집착으로 발전합니다. 모든 사람들은 괴로운 느낌을 좋아하지 않기 때문에 사실 혐오를 달가워하지 않습니다. 그러나 이러한 혐오는 여섯 가지 감각기관의 문을 통해서 들어온 감각대상 때문에 일어납니다. 추한 광경을 보거나, 시끄러운 소리를 듣거나, 역한 냄새를 맡거나, 맛이 없는 음식을 먹거나, 피부로 닿는 괴로운 느낌을 느끼거나, 마음에 내키지 않는 생각을 하면 즉시 혐오가 일어납니다.

그러므로 매우 사소한 것이라도 불편하다고 생각하는 순간 혐오가 일어난다는 사실을 알아야 합니다. 지나치게 덥거나 지나치게 추워도 혐오가 일어납니다. 모르는 사람과 가벼운 육체적인 스침에 대해서도 즉시 불쾌한 마음과 함께 혐오가 일어납니다. 사소한 남의 잘못에 대해서도 혐오를 일으키면서 자신의 우월감을 충족시킵니다. 그래서 혐오는 단지 감각대상과 부딪쳐서 일어난 것이지만 이 배경에는 자신이 우월하다는 자아가 도사리고 있습니다. 그래서 혐오는 더욱 알아차려야 할 대상입니다. 혐오는 일어날 조건이 성숙되었을 때 일어납니다.

아름다운 것을 보았을 때 좋은 소리, 좋은 냄새, 좋은 맛, 좋은 부딪힘, 좋은 생각이 일어나면 혐오가 아닌 감각적 쾌감이 일어날 것입니다. 사랑하는 사람과 부딪쳤을 때는 혐오가 아닌 감각적 쾌락을 느낄 것입니다. 지금까지 감각기관을 통해서 접수된 좋은 대상은 기억을 해서 집착을 하고, 좋지 못한 대상은 기억을 해서 혐오가 일어날 것입니다. 그래서 모든 것이 혐오는 아니지만 사실은 좋은 기억 때문에 좋지 않은 것을 혐오하는 것입니다.

누구나 즐거운 것만을 경험하기를 바라기 때문에 더 이상 즐겁지 못하면 즉시 혐오가 일어나는 것입니다. 그래서 혐오만 알아차릴 대상이 아니고, 좋아하는 것도 함께 알아차려야 할 대상입니다.

과거의 원인으로 현재가 있고, 다시 현재의 원인으로 미래의 결과가 있습니다. 전생에서 쌓은 탐욕이 없는 마음은 현재까지 지속됩니다. 이렇게 해서 생긴 관용의 과보로 인하여 보시를 행하고 많은 이익을 얻습니다. 전생에서 쌓은 성냄이 없는 마음은 현재까지 지속됩니다. 이렇게 해서 생긴 자애의 과보로 인하여 계율을 지키고 불행으로부터 보호를 받습니다. 전생에서 쌓은 어리석지 않은 마음은 현재까지 지속됩니다. 이렇게 해서 생긴 지혜의 과보로 인하여 위빠사나 수행을 해서 해탈의 기쁨을 얻습니다.

전생이란 금생에 태어나기 이전의 과거 생, 금생에 태어난 이래 지금까지 살아온 모든 시간을 모두 포함한 것입니다. 이생에 쌓은 탐욕이 없는 마음은 다음 생까지 지속됩니다. 이렇게 해서 생긴 관용의 과보로 인하여 보시를 행하고 많은 이익을 얻습니다. 이생에서 쌓은 성냄이 없는 마음은 현재까지 지속됩니다. 이렇게 해서 생긴 자애의 과보로 인하여 계율을 지키고 불행으로부터 보호를 받습니다. 이생에서 쌓은 어리석지 않은 마음은 다음 생까지 지속됩니다. 이렇게 해서 생긴 지혜의 과보로 인하여 위빠사나 수행을 하여 해탈의 기쁨을 얻습니다.

◆◆◆◆◆

지난 시간에 이어 계속해서 성냄에 대해서 말씀드리겠습니다.

혐오는 법에 대한 무지 때문에도 일어납니다. 무지하면 좋은 것을 나쁘게 보고, 나쁜 것을 좋게 봅니다. 그래서 무지 앞에서는 무엇도 당해 낼 수가 없습니다. 같은 것도 마음가짐에 따라서 전혀 다르게 받아들이는 것이 무지와 지혜의 차이입니다.

무지는 모르는 것을 부끄러워하지 않습니다. 그래서 '몰라서 그랬는데, 그래 어쩔 거야'라고 오히려 항의를 합니다. 모르는 것은 자랑이 아닙니다. 모르는 것을 부끄럽고 수치스럽게 생각해야 합니다. 그러나 무지는 양심이 없기 때문에 모르는 것을 오히려 위세로 생각합니다. 그래서 불필요한 혐오를 일으키는 것입니다.

함께 수행하는 도반이 있는데 한 사람은 계속해서 수행을 하고, 다른 한 사람은 중도에 포기를 하였습니다. 그런데 포기를 한 사람이 수행을 계속하는 사람을 시기하고 질투한다면 지혜를 가진 사람이 아니고 그는 무지한 사람입니다. 이때 시기하는 사람은 자신이 무지한지를 결코 모릅니다. 사실은 그래서 시기를 하는 것입니다. 이때 상대의 무지함을 누구도 어쩌지 못합니다. 그러므로 시기를 받는 사람은 그냥 상대의 일이라고 알고 말아야 합니다. 그래서 상대로 인해 괴로움을 당할 때는 자신의 마음을 알아차려야 합니다.

상대에게 불쾌한 말을 들었을 때 우리는 상대에게 화를 냅니다. 그러나 위빠사나 수행자는 이때 불쾌한 말이 상대의 불선업으로 인해 일어난 것이 아니고, 이런 말을 듣는 자신의 악업으로 인해서 생긴 결과라고 알아야 합니다. 그래서 스스로의 마음을 알아차리고 바로 가슴으로 와서 그 비난으로 인해서 생긴 느낌을 알아차려야 합니다. 어떤 형태로든 문제를 해결하려고 한다면 상대에게서 답을 구하려고 해서는 안 됩니다. 자신의 문제도 자신의 마음대로 할 수 없는데, 어떻게 상대로 하여금 마음이 바뀌기를 기대할 수가 있겠습니까?

우리는 어떤 사람에 대한 미움 때문에 많은 날을 지새우면서 괴로움을 겪습니다. 왜냐하면 어느 날 그가 내게 화를 내고 나를 비난한 사실 때문입니다. 그래서 많은 날들 동안 고통 속에서 그를 원망하며 고통스럽게 살아야 했습니다. 그러다가 어느 날 내게 화를 낸 사람에게 이렇게 말합니다. '그때 당신이 내게 이런 비난을 했기 때문에 당신이 잘못했는데 나는 이런 고통을 겪었다'고 말합니다. 이 말을 들은 상대는 내가 언제 그런 말을 했느냐고 반문합니다. '아니 당신이 나를 비난한 것을 모르느냐'고 물으면 나는 그런 기억이 없다고 말합니다.

이 얼마나 억울한 일입니까? 나를 가해한 상대는 잊어버려서 아무런 죄책감도 느끼지 못하고 자유로운데, 당한 나는 그것을 기억하여 오랜 고통 속에서 살아야 했다면 이것은 불공평한 일입니다. 바로 이 불공평을 조장한 사람은 누구입니까? 이것은 상대가 아닙니다. 상대가 화를 낸 뒤에 그것을 받아들여서 내 기억 속에 저장하고 계속 생각한 자신의 잘못이 문제입니다. 그래서 상대의 잘못은 상대의 것으로 돌려야 하는 것입니다. 우리는 이처럼 뜻하지 않은 억울한 일을 당하면서 삽니다. 그것이 바로 자신의 무지 때문이라는 사실을 알아야 합니다.

오직 문제를 해결할 수 있는 사람은 알아차릴 수 있는 자신이고, 그래서 자신이 자신의 업으로 돌리고 자신의 마음을 알아차려야 합니다. 상대의 변화는 기대할 수 없는 것이라면 내가 방관할 것이 아니고, 자신의 알아차림으로 해결해야 답을 얻을 수가 있습니다. 남의 탓으로 돌리지 않고 자신의 탓으로 돌리는 것은 미덕일 뿐만 아니라 가장 이익이 큰 것이라서 우리가 반드시 실천해야 할 덕목입니다.

상대적인 세상에서는 어떤 경우에도 일정 부분의 자신의 과보도 작용합니다. 예를 들어 '당신은 왜 그렇게 예뻐! 그래서 당신이 미워 죽겠어!'라는 말을 들었다면 사실은 예쁜 것도 상대를 자극하는 하나의 과보입니다. 세상의 과보란 이런 것입니다. 예쁜 내가 어떻게 하겠습니까?

미운 그의 마음은 그의 마음이지 내가 어찌하겠습니까? 이런 과보는 어떤 것이 되었거나 일어난 순간에 사라집니다. 그래서 현재 나타난 대상을 알아차리면 불선과보에 대하여 혐오스럽게 생각하는 마음이 적어집니다.

내가 잘나고 상대가 못난 것이나 내가 못나고 상대가 잘난 것이나 이것을 가지고 시시비비를 가리면 안 됩니다. 그러나 세상은 이런 과보가 모두 적용됩니다. 그래서 우리는 자신의 의지와 상관없이 어쩔 수 없는 과보 속에서 살아가야 하기 때문에 뜻하지 않은 봉변을 당할 수도 있고, 뜻하지 않은 성냄을 당할 수도 있습니다.

어떤 형태로든 그것이 옳거나 옳지 않거나 간에 상대가 자신에게 한 비난을 내가 일으킨 선하지 못한 과보로 인해서 일어난 것으로 수용해야 합니다. 이렇게 받아들여야 이 과보심으로 인해서 새로운 선하지 못한 과보심을 일으키지 않습니다. 그렇지 않고 상대의 비난을 받아들이지 못하면 상대의 불선 과보심에 자신의 불선 과보심이 일어나 끝없이 주고받아야 합니다.

바로 우리가 윤회를 한다는 것이 이렇게 주고받는 것들이 연속되는 것을 말합니다. 이것이 바로 악순환입니다. 그러니 이것을 해결할 수 있는 방법은 오직 자신이 알아차려서 스스로 혐오를 일으키지 않는 것입니다. 그러면 나도 좋고 상대도 좋습니다. 문제를 해결하는 사람은 오직 자신이고, 그 자신의 알아차림밖에 없습니다.

성냄은 선하지 못한 마음의 작용 중에서 항상 함께 일어나는 선하지 못한 마음의 작용이 아니고, 다양하게 결합하는 선하지 못한 마음의 작용입니다. 선하지 못할 때 어느 때나 항상 함께 있는 마음의 작용은 어리석음, 양심 없음, 수치심 없음, 들뜸, 네 가지입니다. 그러나 선하지 못한 마음의 작용이 나타날 때 항상 있는 마음의 작용이 아니고, 때때로 나타나는 마음의 작용이 바로 성냄입니다. 성냄은 있을 수도 있고, 없을 수도 있습니다.

그러므로 불선심을 가졌다고 해서 항상 화를 내고만 있는 것은 아닙니다. 그래서 화를 낼 조건이 성숙되었을 때만 화를 냅니다. 바로 이것이 기회입니다. 어리석음은 항상 있어서 어찌할 수 없지만 성냄은 알아차림에 의해서 나타날 수도 있고, 나타나지 않을 수도 있다는 사실입니다. 그렇다면 우리가 알아차려서 화를 내지 않도록 해야 되겠습니다.

이러한 화를 낼 때는 두드러지게 성냄과 함께 질투와 인색과 후회가 함께 있습니다. 먼저 성냄과 함께 있는 질투에 대해서 잠시 살펴보겠습니다. 질투는 성냄과 함께 일어나는 선하지 못한 마음의 작용입니다. 질투는 남이 좋은 것을 누리는 것을 좋아하지 않는 행위입니다. 그리고 자신의 잘된 것을 나누어 갖지 않는 행위입니다. 질투는 남의 성공에 대한 반응입니다. 그래서 남의 성공을 좋아하지 않습니다. 질투는 대부분 인색함과 함께 일어납니다.

　질투가 아무리 미세한 것이라도 얼마나 자주 일어나는지 우리는 알아차려야 하겠습니다. 이것을 알아차림으로써 나와 남과의 관계에서 얼마나 남을 배려하는지 살펴보아야 합니다. 만약 남을 배려하는 마음이 없다면 오직 자신만을 아는 마음을 가졌기 때문에 질투심이 있는 것입니다.

　일반적으로 우리가 자기에게 질투심이 있다는 것을 알기도 하는데 자신이 추악하다고 생각하여 이것을 있는 그대로 보려고 하지 않습니다. 그래서 사실은 보고도 보지 못한 척하기 때문에 철저한 자성이 없어서 다음에도 계속해서 똑같은 질투를 해야 합니다. 질투심은 나의 질투심이 아닙니다. 그 순간 조건에 의해 일어난 마음입니다. 그러므로 질투심이 일어났을 때 질투하는 마음을 알아차리고 가슴에 가서 느낌을 지켜봐야 합니다.

　질투는 나와 남을 비교하기 때문에 일어납니다. 남의 좋은 점을 칭찬해 주면 자신이 칭찬을 받습니다. 남의 허물을 들추면 자신의 허물이 드러납니다. 남의 성공을 시기하면 자신이 성공할 수 없습니다. 남을 혐오하면 자신이 혐오의 대상이 됩니다. 그래서 자신과 남을 분리해서 알아차려야 합니다.

　위빠사나라는 말은 자신의 몸과 마음을 분리해서 알아차리는 것입니다. 그리고 다음에는 자신과 남을 분리해서 알아차리는 것입니다. 그러므로 위빠사나 수행을 통해서 오랜 동안 질투하면서 살아온 습관을 개선해야 하겠습니다.

　다음에 성냄과 함께 있는 인색에 대해서 살펴보겠습니다. 인색도 성냄과 함께 일어나는 선하지 못한 마음의 작용입니다. 인색한 것에 탐욕과 이기심과 질투하는 마음이 함께 있습니다. 대체로 마음은 하나만 일어나지 않고 여러 가지의 마음이 결합하여 일어나기 때문에 선하지 못한 마음을 알아차리면 여러 가지의 마음이 함께 소멸합니다.

　인색한 마음이 있으면 무엇이나 남과 나누어 가지려고 하지 않습니다. 그리고 좋은 일은 자신에게만 있어야 하고, 남에게 좋은 일이 일어나는 것을 싫어합니다. 그래서 인색한 마음은 풍요롭지 못하고 삭막하기 때문에 고독하게 살아야 합니다. 남과 더불어 살지 못하고 혼자만 소유하려는 마음은 가난한 마음입니다. 그래서 아무리 재물이 많다고 해도 그는 부자가 아닙니다. 바르게 사용하지 못하는 재물은 이미 재물이 아닙니다. 이처럼 재물이 아닌 것을 재물이라고 알고 있는 것이 바로 어리석음입니다.

인색한 마음은 자기가 가진 것을 숨깁니다. 자기가 가진 것이 드러나면 남에게 빼앗길까 봐서 오히려 없는 척합니다. 질투가 남의 성공을 바라지 않는 마음이라면 인색은 오히려 자신의 성공을 숨기는 마음입니다. 그러므로 인색한 사람은 위축된 채로 살아야 합니다. 그러므로 그가 가진 것은 가진 것이 아닙니다. 그리고 인색한 마음은 자기가 가진 것을 사용할 줄을 모릅니다. 그래서 남도 사용하지 못하고 자신도 사용하지 못합니다. 이것이 인색한 마음의 실재입니다. 누구도 사용하지 못하는 것을 얻기 위해 온갖 잘못을 저질렀다면 이것은 더 큰 불선행에 속합니다.

인색해서 남에게 베풀어도 이익을 위해서 베푸는 조건이 붙어 있다면 이것은 베풀어도 베푸는 것이 아닙니다. 그래서 바라는 것이 있는 공덕행은 그 공덕행의 의미가 반감됩니다. 바라지 않고 했으면 완전한 공덕이 될 것인데 바라면서 했기 때문에 공덕의 과보가 줄어듭니다. 이것은 자연의 질서입니다.

남에게 베풀어도 자신에게 베풀지 않으면 인색한 것입니다. 자신에게 베풀어도 남에게 베풀지 않으면 인색한 것입니다. 인색한 사람은 인색한 것을 좋아하면서 살기 때문에 살아서도 굶주리는 아귀로 삽니다. 그리고 죽어서도 굶주리는 아귀로 태어납니다. 아귀는 항상 굶주림 속에서 살며, 아무리 먹어도 배고픈 채로 삽니다. 그리고 먹으면 토합니다. 이런 사람은 과거에도 아귀였으며, 현재에도 아귀의 마음이고, 미래에도 아귀로 살아야 합니다.

이것을 누가 결정합니까? 부처님께서 결정합니까? 아라한이 결정합니까? 아닙니다. 자신의 마음이 결정합니다. 그러므로 여러분이 인색하다면 그것이 아귀의 마음이라고 알아야 하겠습니다.

　지식으로 아는 것과 지혜로 아는 것이 다릅니다. 지식은 외워서 알거나 생각으로 아는 것이고, 지혜는 실천을 통하여 체험으로 아는 것입니다. 지식은 향기가 없는 조화와 같으며, 지혜는 향기가 있는 꽃과 같습니다. 지식은 알지만 생각으로 아는 것이라서 끊을 수 없지만, 지혜는 통찰체험을 통해서 알기 때문에 끊어버리게 됩니다.

　지식도 없는 자는 무명 속에서 사는 자이며, 지식만 있는 자는 서가에 묻혀 생각으로 사는 자이고, 지혜를 가진 자가 비로소 자유를 얻은 자입니다. 이러한 지혜를 얻기 위해서는 생각에만 그치지 말고 직접 실천하는 수행을 해야 합니다. 그 시기는 다음이 아니고 지금 이 순간에 하고 있는 일을 알아차리는 것입니다.

　계속해서 성냄에 대해서 말씀드리겠습니다.

　자애로우면 인색하지 않고 인색하면 자애롭지 못합니다. 나누어 갖지 않기 위해서 자기의 성공을 숨기는 마음은 결코 선한 이들의 표상이 될 수 없습니다. 이러한 마음은 항상 스스로를 움츠리게 하여 스스로를 속박하기 때문에 쓰디쓰게 살아가야 합니다.

　그러므로 인색한 마음이 일어나면 즉시 인색한 마음을 알아차린 뒤에 가슴으로 와서 인색한 마음이 남긴 느낌을 주시해야 합니다. 이때 인색한 마음을 없애려고 해서는 없어지지 않습니다. 단지 계속해서 인색한 마음이 있는지 알아차리면 이것이 삭막한 것이라는 것을 알아서 언젠가 스스로 풍요로운 자애를 찾아서 실천하게 될 것입니다.

마지막으로 성냄과 함께 있는 후회에 대해서 살펴보겠습니다. 후회는 성냄과 함께 일어나는 선하지 못한 마음의 작용입니다. 후회는 선하지 못한 행위를 했거나 선한 행위를 하지 못한 것을 아쉬워하는 마음일 때 성내는 마음과 함께 일어나는 마음의 작용입니다.

후회는 할 수 있는 것을 하지 못한 것에 대한 마음이며, 하지 말아야 할 것을 한 것에 대한 마음입니다. 그래서 걱정을 하고, 안절부절하며, 양심의 가책을 느껴 상심하는 것을 말합니다. 그래서 후회는 뉘우치고 한탄한다는 뜻으로 회한悔恨이라고도 합니다. 이러한 후회는 항상 들뜸과 함께 있습니다.

주석서에서는 후회를 세 가지로 나누어서 말합니다. 첫째, 마음의 작용 52가지 중에서 선하지 않은 마음의 작용을 말할 때 성냄과 함께 있는 후회입니다. 이때의 후회가 바로 불선업입니다. 『논장』에서 말하는 후회는 들뜸과 함께 있는 첫 번째 후회를 말합니다. 둘째, 점잖지 못한 행동을 하여 계면쩍어하는 후회입니다. 무심히 한 사소한 행동으로 인하여 얼굴을 붉힐 때 이때 후회하는 것을 말합니다. 이러한 행위는 불선업에 해당되지 않습니다. 셋째, 계율에 입각해서 선업인지 불선업인지 잘 구분할 수 없는 애매한 행위에 대한 의문을 가질 때입니다. 이때의 후회도 불선업에 속하지 않습니다.

여기서 말하는 후회는 선하지 못한 마음의 작용을 말합니다. 이러한 후회는 해탈을 하여 열반에 이르는 것을 방해하는 후회입니다. 그렇기 때문에 누구나 후회를 하지 말고 후회하는 마음을 알아차려야 합니다. 이것이 바로 도과를 성취하는 데 장애가 되기 때문입니다.

이러한 후회는 하지 못한 것을 아쉬워하는 탐욕과 함께 있습니다. 그러므로 후회는 성내는 마음과 함께 있습니다. 이러한 이유 때문에 후회를 불선행이라고 합니다. 후회는 참회와는 다릅니다. 이루지 못한 것을 한탄하는 것과 자기가 한 행위를 겸허하게 참회하는 것은 다릅니다. 참회는 믿음과 알아차림과 양심과 수치심과 탐욕 없음과 성냄 없음과 중립적인 마음으로 하는 것이라서 선행에 속하지만, 이것의 반대가 되는 후회는 불선행에 속합니다.

이미 지난 일을 한탄하는 것은 생산적이지 못합니다. 과거는 지나갔습니다. 미래도 아직 오지 않았습니다. 수행자는 언제나 현재의 것을 알아차려야 합니다. 과오를 저지르고 그것을 혐오한다고 해서 과거가 없어지지 않습니다. 그러므로 단지 있던 사실을 있는 그대로 알아차리고 말아야 합니다.

그래서 후회하는 마음을 알아차리고, 가슴으로 가서 후회한 마음으로 인해서 생긴 느낌을 지켜보는 것이 가장 좋은 수행입니다. 그러고도 과거의 악몽으로부터 벗어나기가 어려우면 진심으로 참회하면 됩니다. 그런 뒤에 알아차릴 대상을 정확하게 겨냥하여 몸과 마음을 지켜보고 고요함을 얻어야 합니다.

과거는 나의 것이 아닙니다. 과거는 이미 형성되었다가 사라진 것입니다. 내가 할 수 있는 일은 지금 새로운 업을 생성하는 일만 남았습니다. 사실 후회하는 마음을 있는 그대로 알아차리는 것이 가장 효과적인 참회입니다. 그러므로 참회하기 위해서 달리 방편을 쓸 것이 없습니다. 후회하고 있는 그것을 알아차리는 것이 진정한 참회입니다.

우리가 평생을 후회하고 살았지만 개선된 것은 그리 많지 않습니다. 후회하고도 또 똑같은 행위를 반복합니다. 그래서 후회에 대한 효용성에 의문을 갖지 않을 수 없습니다. 하지만 우리는 하지 못한 것을 한탄하거나 이미 한 것을 한탄하는 것은 생각으로 그치는 것이라서 실효성이 없다는 사실을 알아야 합니다. 생각은 생각입니다. 단 한순간이라고 진실한 알아차림이 있으면 지혜가 나서 사물의 성품을 꿰뚫어보기 때문에 조금씩 개선될 여지가 있습니다. 이것이 위빠사나 수행의 이익입니다.

후회를 한 뒤에 다시 후회하는 행위를 거듭하기 때문에 후회하는 것을 노예 근성이라고 합니다. 진정한 참회는 잘못한 것을 뉘우치지만 불선업의 후회는 하지 못한 것을 자책하고 안타까워하는 것이기 때문에 문제가 있는 것입니다.

후회는 두 가지 종류로 구분합니다. 첫째, 괴로운 느낌에 따라 분노와 함께 자발적으로 일어나는 후회입니다. 자발적으로 일어나는 후회는 자신의 내면으로부터 찾아온 손님입니다. 이런 후회는 습관적으로 일어납니다. 이런 후회가 일어날 때 후회하는 마음을 알아차려서 자신의 축적된 성향을 알아야 합니다. 축적된 성향은 바꿀 수가 없으므로 계속해서 알아차리는 것이 최상의 방법입니다.

둘째, 괴로운 느낌에 따라 분노와 함께 유발되어 일어나는 후회입니다. 이 후회는 내부의 자발적인 후회가 아니고 외부로부터 오는 일로 인해서 유발된 후회입니다. 이런 후회는 외부로부터 찾아온 손님입니다. 그러므로 외부의 영향으로 인해서 생긴 문제로 인해 후회하게 된다는 사실을 알아차려야 합니다.

경전에는 다음과 같은 말씀이 있습니다.
"사람은 태어날 때 입속에 도끼가 생겨난다. 어리석은 사람은 나쁜 말로 자신을 찍는다. 비난받아야 할 사람을 칭찬하고, 칭찬받아야 할 사람을 비난하는 자는 자기 입으로 악업을 쌓는다. 그렇게 불선업을 저지르는 자에게는 복이 없다."

부처님의 가르침은 번뇌에서 벗어나는 것이 유일한 목적입니다. 번뇌에서 벗어나야 행복한 것이며, 그렇게 살기 위해서 계율을 지키고 고요함을 얻어 지혜를 얻어야 합니다. 그러나 이런 지혜의 과정이 겉으로는 잘 드러나지 않습니다. 그래서 일반적으로 화를 내는 것으로 지혜를 측정하기도 합니다. 누가 화를 낸다면 이는 탐욕으로 인한 것이며, 이러한 탐욕은 어리석음으로 인한 것이기 때문에 우리가 성내는 것은 지혜를 측정하는 잣대라고 알아야 하겠습니다.

이런 말씀도 있습니다.
"저 사람은 나를 욕하고 나를 해쳤으며, 나를 이기고 내 것을 빼앗았다고, 이와 같은 생각에 끈질기게 매달리는 자는 분노가 가라앉지 않는다. 어느 때나 분노의 감정은 분노로서 가라앉지 않고, 분노를 하지 않음으로써 가라앉으니 이것이 만고의 교훈이다."

그렇습니다. 성냄과 혐오는 단계적으로 제거됩니다. 알아차린다고 해서 완전하게 제거되지 않습니다. 화가 난 것을 알아차리고, 화가 난 마음을 알아차리면 그 순간에는 화가 소멸됩니다. 그러나 오랫동안 습관적으로 행해 온 화가 알아차린다고 해서 완전하게 소멸될 수는 없습니다. 그래서 지속적으로 알아차려서 먼저 수다원의 도과를 성취해야 합니다.

그렇다고 수다원에서 성냄이 사라진 것이 아닙니다. 수다원의 도과에 이른 수행자도 괴로운 느낌으로 인해서 화를 냅니다. 그러나 화를 낸 뒤에 알아차려서 맨 느낌으로 돌아옵니다. 그러므로 수다원이 되면 범부가 내는 화보다도 약하며, 화를 냈다가도 즉시 맨 느낌으로 되돌아옵니다. 그래서 수다원은 다시 인간으로 태어나서 일곱 생 이내에 아라한이 되어 윤회가 끝납니다.

다음으로 사다함의 도과를 성취해도 역시 화를 냅니다. 그러나 수다원의 화보다도 약합니다. 사다함은 수다원의 도와 과의 지혜보다 깊기 때문에 무상, 고, 무아를 좀 더 자세하게 보아 탐욕을 일으키는 것이 적습니다. 그래서 화를 내는 것도 약합니다. 그러므로 화를 낸 뒤에도 맨 느낌으로 돌아오는 시간과 횟수가 빠릅니다. 그래서 사다함도 인간으로 한 번 더 태어나서 아라한이 되어 윤회가 끝납니다.

다음으로 아나함이 되면 성냄과 혐오가 완전하게 제거되어 더 이상 잠재적인 성냄과 혐오의 성향이 남아 있지 않습니다. 그러나 아직도 미세한 것이 남아 있어서 천상의 정거천에 태어나서 그곳에서 아라한의 도과를 성취합니다.

천상에서는 행복만 있고 불행이 없기 때문에 수행을 할 수가 없지만 유일하게 정거천에서만 아나함이 수행을 해서 아라한이 될 수 있습니다. 하지만 정거천의 수명도 너무 오랜 세월을 살아야 합니다. 정거천은 네 곳이 있는데 그곳의 수명은 각각 1,000대겁으로부터 16,000대겁까지 있습니다. 그래서 아나함이 최선은 아닙니다. 금생에 아라한이 되어서 즉시 모든 번뇌로부터 벗어나서 해탈의 자유를 얻는 것이 누구에게나 지상과제입니다.

아라한이 되면 모든 번뇌가 완전하게 소멸되어 오직 원인과 결과가 없는 무인작용심으로 살기 때문에 탐욕, 성냄, 어리석음이 사라집니다. 그리고 최고의 지혜를 얻은 것조차도 집착하지 않습니다. 그래서 아무런 걸림이 없습니다. 이 단계가 위빠사나 수행자가 이르고자 하는 최고의 단계이며, 마지막 과정입니다.

부처님은 계셔도 부처님을 얻은 자는 없습니다. 부처님은 '모든 것을 아는 자'라는 말인데, 모든 것을 안다는 것은 자신의 몸과 마음을 안다는 것입니다. 그래서 무상, 고, 무아를 알아서 모든 집착으로부터 벗어난 것이기 때문에 부처는 자기 자신이 얻은 지혜 속에도 빠져 있지 않습니다. 그러므로 우리가 얻은, 우리가 아는 모든 것들에 대해서 우리가 그것으로 인해서 탐욕을 갖지 말아야 하겠습니다.

지금 까지 성냄에 대해서 말씀드렸습니다. 성냄의 실상을 제대로 이해하는 것은 남에게 화를 내는 것 대신에 더 많은 자애와 연민을 갖는 데 도움이 됩니다. 그래서 화를 내는 마음을 알아차려서 먼저 낮은 단계의 번뇌를 제거해야 합니다. 성냄의 정체가 어떤 결과를 가져오는지 알아야 하며, 이러한 성냄으로부터 어떻게 하면 자유로울 수 있는지 살펴봐야 하겠습니다.

지금부터 수행자 여러분들은 화가 난 마음을 알아차려서 가장 천박한 번뇌로부터 벗어나서 지고의 행복인 자유를 얻기 바랍니다. 그러면 여러분 스스로가 행복해질 것입니다.

그러면 화가 났을 때 알아차리는 수행방법을 요약해 보겠습니다. 하나, 화가 난 것을 알아차립니다. 둘, 화가 난 마음을 알아차립니다. 셋, 화가 난 마음이 사라진 것을 알아차립니다. 넷, 화가 난 마음으로 인해서 생긴 느낌을 가슴에서 알아차립니다. 이때 반드시 가슴의 느낌이 아니어도 좋습니다. 만약 머리의 느낌이 강하다면 가슴이 아닌 머리에서 알아차려도 좋습니다. 중요한 것은 화가 난 마음으로 인해서 생긴 몸의 어느 곳에 일어난 느낌을 주시하는 것입니다. 다섯, 거친 느낌, 중간 느낌, 미세한 느낌을 알아차린 뒤에 호흡을 알아차립니다. 여섯, 이렇게 느낌이 사라지고, 그 느낌이 사라진 뒤에 호흡이 있고, 만약 그 호흡이 사라졌다면 다음에는 가슴에 있는 미세한 맥박을 알아차립니다.

이렇게 해서 화가 났을 때 화가 난 것을 알아차리고 반드시 화가 난 마음을 보아야 합니다. 그리고 그 마음은 빠르게 일어났다 사라지기 때문에 그 마음으로 인해서 생긴 가슴의 느낌을 주시하면 점진적으로 화가 약화되며 온전한 고요함을 얻을 수 있을 것입니다. 모든 분들이 이런 수행을 통해서 성냄으로부터 자유로워지길 간절히 바랍니다.

　생각해 보면 살아온 인생이 징그럽고 참혹하기도 하고, 또 다른 한편으로는 희망도 있었고 즐거운 것이기도 했습니다. 그러나 돌이켜보면 좋았던 것보다 괴로움이 더 많았습니다. 그래서 보니 온통 맛있는 것을 밝히다 겪는 괴로움이었고, 즐거움에 취하여 집착을 한 것에 대한 과보로 겪는 괴로움이었습니다. 알고 보니 범인은 즐거움을 추구하는 마음입니다.

　그러나 감각적 쾌락의 즐거움이 괴로움의 원인이라는 것을 알아도 다시 즐거움을 찾으면서 살았습니다. 이것은 바르게 안 것이 아니고 생각으로 안 것이기 때문입니다. 하지만 그 폐해를 통찰하게 되면 즐거움이 고통이라는 것을 알아서 모든 것을 분수에 맞게 선택합니다. 이것이 위빠사나 수행이고, 부처님의 가르침인 중도입니다. 그래서 중도만이 우리들의 삶을 가장 윤택하게 할 것입니다.

　오늘 말씀드릴 것은 세 번째 어리석음입니다.

　어리석음은 선하지 못한 마음입니다. 어리석음을 마음으로 말할 때는 어리석은 마음이라고 하며, 마음의 작용으로 말할 때는 어리석은 행이라고 합니다. 마음이 있어서 행위를 하므로 어리석음이라고 할 때는 마음을 말하기도 하고, 어리석은 행위를 똑같이 말하기도 합니다.

어리석은 마음이라고 할 때는 탐욕, 성냄, 어리석음이라고 할 때의 어리석음입니다. 이 말을 한문으로는 탐심貪心, 진심嗔心, 치심癡心이라고 합니다. 이 중에서 치심이 어리석은 마음입니다. 어리석음을 마음의 작용인 행行으로 보면 선하지 못한 마음의 작용입니다. 이때 어리석음은 다른 것과 항상 함께 일어나는 선하지 못한 마음의 작용입니다. 불선행이 있을 때는 반드시 네 가지가 함께 일어나는데 어리석음과 양심 없음과 수치심 없음과 들뜸입니다. 이상 네 가지 마음의 작용은 행을 뜻합니다. 앞서 밝힌 탐욕과 성냄은 선하지 못한 마음의 작용이 있을 때 항상 일어나지 않고 때때로 다양하게 결합하여 나타나지만, 이때의 어리석음은 불선행의 중심적 위치라서 불선행이 있을 때는 항상 모든 것들을 주도합니다.

12연기에서는 어리석음을 무명이라고 합니다. 모든 것의 근본원인이 무명입니다. 이때의 무명은 연기의 시작이지 모든 것의 시원始原은 아닙니다. 모든 것에는 반드시 시작이 있다고 하는 것은 창조주의 개념으로 본 것입니다. 무명으로 시작하지만 시원은 알 수 없고 오직 원인과 결과만 되풀이된다고 보는 것이 불교적 관점입니다. 바로 그 시원이 무명인 것입니다. 연기적 관점에서 보면 시원은 알 수가 없고, 연기의 시작이 오직 무명이라는 것입니다.

어떤 의미에서는 언제부터라고 하는 시기는 중요하지 않습니다. 무엇으로부터 시작되었는가가 중요합니다. 그래야 원인을 제거할 수 있기 때문입니다. 이때의 무엇이 바로 무명입니다. 그래서 무명 이전으로 더 거슬러 갈 수가 없고, 오직 무명으로 인해서 연기가 회전하고 있는 것을 말합니다. 왜냐하면 무엇인지를 알아야 다음에 어떻게 할 것인가에 대한 대응방법이 나올 수 있기 때문입니다.

이처럼 어리석음은 모든 것의 근본원인이기 때문에 다양한 형태로 나타나며 다양하게 불리기도 합니다. 어리석음이란 말이 한문으로는 치심癡心이라고 하여 이것을 어리석은 마음이라고 합니다. 어리석음을 빨리어로는 모하moha라고 합니다.

이외에도 무명無明이라고 할 때는 헛된 것에 사로잡혀 진리에 어두움을 말합니다. 그리고 무지無知라고 할 때는 사물의 이치를 알지 못한다는 뜻입니다. 미혹迷惑이라고 할 때는 마음이 흐려서 무엇에 홀린 것을 말합니다. 어리석음이라고 할 때는 사물에 어둡고 지능이나 사고력이 부족한 상태입니다.

망상妄想이라고 할 때는 이치에 맞지 않는 생각을 할 때입니다. 현혹眩惑이라고 할 때는 정신이 홀림에 빠져 미혹해진 것입니다. 맹목적이라고 할 때는 사리에 어두워 눈이 먼 상태입니다. 들뜸은 마음이 안정되지 못한 상태이며, 의심은 믿지 못해서 이상하게 생각하는 것입니다. 이외에도 게으름, 덤덤한 느낌, 어리둥절함, 혼란함, 멍청함 등등이 모두 어리석음입니다. 그래서 이상이 모두 어리석음의 또 다른 표현인 것입니다.

그러나 이러한 어리석음에 반대가 되는 것은 이해, 지혜, 아는 마음, 앎입니다. 어리석음은 모르기 때문에 번뇌에 당하지만 지혜는 알기 때문에 번뇌에 당하지 않습니다. 지혜는 알기 때문에 오히려 번뇌를 끊는 효과가 있습니다. 무명은 윤회를 거듭하게 하지만 지혜는 더 이상 바라는 마음이 없어 윤회가 끝나서 고통으로부터 벗어난 완전한 자유를 얻습니다. 그러나 이 자유는 우리가 상상하는 그런 자유를 훨씬 벗어난 출세간의 자유입니다.

이제 수행을 시작하는 수행자는 아라한이나 부처님의 자유를 다만 상상으로 헤아릴 뿐입니다. 그러므로 누구나 실제로 경험하지 못해서 그 자유를 모두 알기는 어렵습니다. 단지 헤아려서 알 수 있다면 무엇에도 속박되지 않는 중도의 마음으로 고요함과 함께 있는 것입니다. 바로 이런 상태에서 열반에 들며, 이것이 지고의 행복입니다.

어리석음은 모르기 때문에 암흑과 같은 상태입니다. 지혜가 없기 때문에 사물을 바르게 볼 수가 없어 좋은 것을 좋지 않은 것으로, 좋지 않은 것을 좋은 것으로 봅니다. 어리석음은 대상을 통찰하지 않기 때문에 대상의 성품을 볼 수가 없습니다. 오히려 대상의 성품을 덮어버려서 그 뜻이 드러나지 않도록 노력합니다.

그래서 어리석은 사람은 결코 수행을 하지 않습니다. 만약 수행을 하겠다는 의지가 생겼다면 그는 어리석음에서 지혜의 세계로, 어두움에서 밝음의 세계로 나아가고자 하는 의도를 낸 것입니다. 그러므로 어리석음으로부터 벗어나는 단 하나의 방법은 지혜를 얻는 것입니다. 사마타 수행은 선정의 고요함이 목표지만 위빠사나 수행의 통찰지혜를 얻어야 비로소 완전한 지혜를 얻습니다. 바로 이 길이 부처님께서 가신 길입니다.

모르기 때문에 무명입니다. 무명의 원인은 무명입니다. 그래서 무명 이전으로 거슬러 갈 수가 없습니다. 그래서 무명은 12연기의 시작인데 부처님께서는 번뇌가 일어나기 때문에 무명이 일어난다고 하셨습니다. 그러므로 번뇌가 없으면 무명이 아닌 지혜가 일어납니다.

무명은 다음 여덟 가지를 모르는 것입니다. 그러나 이러한 무명을 아는 것이 지혜입니다. 그 여덟 가지는 다음과 같습니다.

첫째, 괴로움이 있다는 것을 모르는 것입니다. 그래서 고성제를 모르는 것입니다.
둘째, 괴로움의 원인이 집착이라는 것을 모르는 것입니다. 그래서 집성제를 모르는 것입니다.
셋째, 괴로움의 소멸인 열반을 모르는 것입니다. 그래서 멸성제를 모르는 것입니다.
넷째, 괴로움이 소멸하는 팔정도를 모르는 것입니다. 그래서 도성제를 모르는 것입니다.
다섯째, 출생 이전의 과거 생을 모르는 것입니다.
여섯째, 죽음 이후의 미래 생을 모르는 것입니다.
일곱째, 과거 생과 미래 생을 모두 모르는 것입니다.
여덟째, 12연기의 바른 성품인 원인과 결과를 모르는 것입니다.

이상 여덟 가지는 부처님께서 처음으로 밝히신 지혜입니다. 이것을 아는 지혜가 나야 비로소 무명으로부터 벗어날 수 있습니다. 여기서 말한 첫 번째부터 네 번째까지는 고집멸도 사성제를 모르는 것입니다. 이 사성제는 깨달음을 얻은 성자가 되어야 알 수 있는 네 가지의 성스러운 진리입니다.

하나씩 살펴보겠습니다. 첫째, 이 세상이 괴로움으로 가득 차 있다는 것을 부처님께서 처음으로 밝히셨습니다. 이때의 괴로움은 불만족입니다. 탐욕과 성냄과 어리석음을 가지고 있는 한 아무리 얻어도 만족할 수 없습니다. 그래서 원래부터 불만족 속에서 살 수밖에 없는 구조적인 마음을 가지고 살아야 합니다. 그러나 지혜가 나서 원래 불만족스럽게 살 수밖에 없는 생태적 현실을 알면 그 순간부터 불만족은 사라집니다. 아무리 해도 만족할 수 없는 것을 바꾸려 하지 않고 있는 그대로 받아들인다면 그 순간부터 괴로움이 영향을 주지 못합니다. 그래서 괴로움은 단지 알아차릴 대상일 뿐입니다.

둘째, 괴로움의 원인을 아는 것이 바로 집성제입니다. 괴로움은 정신과 물질로부터 시작하여 느낌이 일어나면 반드시 갈애가 일어납니다. 이 갈애가 다시 집착을 하게 되어 업을 생성해서 고통스런 태어남을 맞이합니다. 괴로움의 원인을 안다는 것은 괴로움을 해결할 수 있는 길을 발견한 것입니다. 몰라서 못하지만 알았다면 이제 괴로움의 원인을 알아차려서 그것을 해결할 수가 있게 된 것입니다.

셋째, 괴로움의 소멸을 아는 것이 멸성제입니다. 괴로움이 갈애와 집착이라는 사실을 알아 느낌에서 갈애로 넘어가지 않으면 괴로움이 소멸하는 열반을 성취합니다. 이 길은 부처님께서 직접 가신 길이며, 누구나 자신이 체험한 이 길로 오라고 부처님께서는 45년 동안 설법을 하셨습니다.

넷째, 괴로움의 소멸에 이르는 길을 실천하는 것이 도성제입니다. 도성제는 피안으로 가는 뗏목입니다. 이 도성제를 팔정도, 계정혜, 중도라고 합니다. 그리고 다른 말로는 위빠사나 수행이라고 합니다. 이러한 실천적 수행을 통해서만이 비로소 무명에서 벗어나 해탈의 자유를 얻을 수가 있습니다.

사성제 중에서 괴로움이 있고, 괴로움의 원인은 집착이라는 것은 표면적으로 드러난 연기의 길입니다. 부처님께서 출현하시기 전에는 누구나 이 길에서 벗어날 수가 없었습니다. 그러나 부처님께서 출현하시어 괴로움이 소멸하는 열반과 괴로움을 소멸할 수 있는 길인 팔정도를 제시하여 비로소 네 가지 진리를 완성하셨습니다. 그래서 우리도 그 길을 갈 수 있게 된 것입니다. 그리고 우리가 괴로움이 있다는 사실을 알고, 그것을 벗어나는 길까지 알게 된 것입니다. 그러므로 부처님의 가르침은 괴로움이 있다는 염세적인 것만을 말하지 않습니다. 괴로움으로부터 벗어나는 출구까지 마련되었으므로 누구나 이 길을 통해서 해탈의 자유를 얻을 수 있게 된 것입니다.

다섯째, 출생 이전의 과거 생을 모른다는 것은 여러 가지의 의미를 담고 있습니다. 이것을 이해하기 위해서는 상견과 단견에서 벗어날 수 있는 지혜가 있어야 합니다. 항상 하다는 뜻의 상견은 마음이 몸만 바꾸어서 영원히 태어난다고 하는 견해입니다. 이것은 잘못된 견해입니다. 그리고 이 생으로 끝이라고 하는 단견도 잘못된 견해입니다.

바른 견해는 과거에 어디서 무엇으로 살다가 이생으로 온 것이 아니고, 과거의 원인이 현재의 생명이란 결과를 만든 것입니다. 어느 전생에서 현생의 무엇으로 태어났다고 하면 이것은 자아가 상속된 것입니다. 그러나 이러한 자아가 없기 때문에 과거에 어디서 온 것이 아니고, 단지 과거의 원인이 현재의 결과를 만든 것입니다. 여기에 나라고 하는 자아가 옮겨오지 않았다는 것이 중요합니다. 이것이 바로 과거 생을 모르는 것입니다. 이러한 지혜는 기존의 사고방식을 완전히 뛰어넘는 것이라서 반드시 위빠사나 수행을 해야만 알 수 있는 지혜입니다.

여섯째, 죽음 이후에 미래 생을 모르는 것입니다. 과거의 원인이 현재로 왔듯이 다시 현재의 원인이 미래로 갑니다. 그러므로 내가 미래로 가는 것이 아닙니다. 현생을 살면서 죽을 때는 마음도 끝나고, 몸도 끝나고, 호흡도 끝납니다. 그러면 금생은 끝이 납니다. 그러나 금생을 살면서 바라는 마음으로 업을 생성했기 때문에 이 업의 과보가 다음 생에 태어나는 조건을 만듭니다. 내가 다음 생에 어디로 가서 태어나는 것이 아니고, 단지 현재의 원인이 미래의 결과로 가는 것입니다. 여기에 자아가 없고, 오직 원인과 결과만 있습니다. 이것을 과보의 굴레가 회전한다고 말합니다. 그리고 이것을 윤회라고 합니다.

그렇다고 전생의 내가 금생의 내가 아니라고 할 수도 없고, 그렇다고 나라고 할 수도 없는 문제가 있습니다. 그리고 현생의 내가 미래 생의 내가 아니라고 할 수도 없고, 그렇다고 나라고 할 수도 없는 문제가 있습니다. 그래서 내가 오고 가는 것이 아니고, 단지 원인과 결과라는 과보가 상속되었기 때문에 전혀 전생과 금생이 무관하다고 할 수도 없습니다. 그래서 내린 답은 내가 오고 가는 것이 아니고, 단지 원인과 결과가 상속되는 것입니다. 우리는 이 자명한 사실을 좀 더 주의 깊게 살펴봐야 하겠습니다.

모든 현상은 일어나서 사라집니다. 일어나서 사라진다는 것은 변한다는 것입니다. 여기서 일어나서 사라진다는 것이 무상이고, 일어나서 사라지는 것을 알아차리는 것이 위빠사나의 도道입니다. 그러므로 현상은 일어나서 사라지고, 수행자는 일어나서 사라지는 것을 알아차릴 때 이 두 가지를 합쳐서 '무상과 도'라고 합니다. 무상과 도, 무상과 도를 연속적으로 알아차리는 도의 길을 가면 최종적으로 열반이라고 하는 과에 이르게 됩니다. 위빠사나 수행은 이것밖에 없습니다.

지난 시간에 이어서 어리석음에 대해서 말씀드리겠습니다.

일곱째, 과거 생과 미래 생을 모르는 것입니다. 과거에 내가 어디서 온 것이라고 안다면 당연히 미래에도 내가 어디로 간다고 생각하기 마련입니다. 그러나 과거의 원인이 와서 현재의 생을 만들었다면 똑같이 현재의 원인이 미래의 결과를 만드는 것임을 알 수 있습니다.

여덟째, 12연기의 바른 성품인 원인과 결과를 모르는 것입니다. 일곱 번째까지의 지혜가 나면 모든 것은 원인과 결과로 윤회한다는 사실을 알 수 있습니다.

연기법은 인류 역사에 가장 빛나는 진리입니다. 역대의 모든 부처님들은 반드시 연기법을 통하여 오온을 찾아내시고 그리고 오온의 느낌을 알아차리신 뒤에 위빠사나 수행의 찰나삼매를 통해서 깨달음에 이르셨습니다. 연기법은 부처님께서 만드신 것이 아니고 부처 이전부터 있던 것을 부처님께서 찾아내신 것입니다. 그리고 부처님은 연기로부터 탈출하시어 윤회를 끝내셨습니다.

우리가 수행을 하는 것도 연기의 수레바퀴가 회전하도록 하기 위해서 하는 것이 아니고, 연기의 수레바퀴를 멈추게 하려고 하는 것입니다. 연기의 수레바퀴가 도는 원인이 무명과 갈애이므로 어리석어서 바라기 때문에 연기가 도는 것입니다.

부처님께서는 12연기의 첫 번째가 무명으로 시작된다는 것과 윤회는 저절로 일어나는 것이 아니라는 것을 두 가지로 설명하셨습니다. 첫째, "그 이전에 무명이 없었고, 그 이후에 무명이 생겼다"라고 말씀하심으로써 무명의 원인이 무명임을 밝히셨습니다. 둘째, "그 이전에 존재에 대한 갈애가 없었지만, 그 이후에 존재에 대한 갈애가 생겼다"라고 말씀하셨습니다. 이는 번뇌가 생겼기 때문에 무명과 갈애가 일어난 것을 말합니다.

그래서 12연기의 근본원인이 무명과 갈애라는 것을 알 수 있습니다. 수행자가 무명으로부터 벗어나면 갈애까지 소멸하여 열반을 성취합니다. 그리고 윤회가 끝나는 해탈의 자유를 얻습니다. 이렇게 윤회의 근본원인인 무명으로부터 벗어나기 위해서는 전방위적인 노력이 필요합니다.

위빠사나 수행은 알아차림 하나면 되지만 무명으로부터 벗어나려면 무엇을 어떻게 알아차려야 하는지 반드시 스승의 지도를 받아야 합니다. 그래서 다음과 같은 대상을 알아차려서 통찰지혜를 얻어야 합니다.

첫째, 오온의 색, 수, 상, 행, 식이 무엇인지를 알아차려야 합니다. 둘째, 육입과 육경이 부딪치는 12처를 알아야 합니다. 셋째, 육입과 육경과 육식이 부딪치는 것만이 실재임을 알아차려야 합니다. 넷째, 오근인 믿음, 노력, 알아차림, 집중, 지혜를 알맞게 계발해야 함을 알아차려야 합니다. 다섯째, 사성제인 고, 집, 멸, 도를 통찰해야 합니다.

이상의 것들을 수행하는 것이 무명으로부터 벗어나는 길입니다.

여기서 첫째, 둘째, 셋째까지는 몸과 마음에 관한 것입니다. 그리고 넷째와 다섯째는 몸과 마음을 어떻게 알아차리느냐 하는 위빠사나 수행방법에 관한 내용입니다. 그러므로 무명을 제거하기 위해서는 반드시 몸과 마음을 대상으로 해야 하며, 위빠사나 수행의 통찰지혜가 있어야만 합니다.

무명은 맹목적인 것입니다. 무명은 모른다는 것으로 지혜가 없다는 것입니다. 맹목적인 것으로는 실재하는 진실을 알기가 어렵습니다. 맹목적이면 대상의 고유한 성품을 꿰뚫어볼 수 없기 때문에 올바른 행위와 반대되는 행위를 합니다. 그러므로 선하지 못한 행위를 하는 원인이 됩니다. 맹목적으로 믿으면 맹신에 빠져 사교를 믿습니다. 어리석은 것도 고통인데 사교에 빠지면 더 큰 괴로움을 겪습니다. 사교의 경우는 자신의 가려움을 해결해 주어서 일시적으로 만족할 수 있겠지만 우매한 신앙으로 인해서 더 큰 어리석음에 빠져 불행을 겪습니다.

부처님께서는 믿음을 갖되 확신에 찬 믿음을 갖고 맹목적 믿음을 갖지 말 것을 항상 권하셨습니다. 그래서 맹목적 믿음을 갖지 않기 위해서는 자신의 몸과 마음을 탐구해 보라고 하셨습니다. 이때 다른 것을 대상으로 하면 관념으로 아는 것입니다. 오직 자신의 몸과 마음을 탐구한 뒤에 확신에 찬 믿음을 가질 것을 권하셨습니다.

부처님께서는 자신이 말한 가르침도 맹목적으로 따르지 말고 오직 수행자 자신의 몸과 마음을 통해서 직접 실천해 볼 것을 말씀하셨습니다. 그러고 나서 그 경험을 바탕으로 믿음을 가질 것을 권하신 것입니다. 그러므로 수행자는 남의 말에 현혹되어서는 안 됩니다. 남의 말은 단지 그의 말일 뿐입니다. 설령 그것이 진실일지라도 자신이 직접 체험을 해야만 비로소 자기 것이 될 수 있습니다.

무명의 계층은 다양합니다. 지혜가 많고 적고 하는 차이에 따라서 무명의 정도도 다양합니다. 관념이 아닌 실재하는 법을 알고, 신구의身口意 삼업三業을 알고, 무상, 고, 무아의 삼법인三法印을 알고, 12연기의 원인과 결과를 알고, 사성제를 아는 것이 무명에서 벗어나는 것입니다. 그러나 생각으로 아는 것과 수행을 통해서 지혜로 아는 것은 차이가 있습니다. 수행을 해서 대상을 있는 그대로 아는 지혜가 나야 비로소 무명에서 벗어날 수 있습니다.

잠부카다까가 사리뿟따 존자께 질문을 하였습니다.
"사리뿟따 존자시여, 무명, 무명이라고 말씀하시는데 무명이란 도대체 무엇입니까?"
그러자 사리뿟따 존자가 대답하였습니다.
"잠부카다까시여, 괴로움에 대해서 알지 못하고, 집착에 대해서 알지 못하고, 소멸에 대해서 알지 못하고, 도에 대해서 알지 못하는 것, 이것을 무명이라고 합니다."
"그렇다면 무명을 제거하는 방법은 어떤 것이 있습니까?"
사리뿟따 존자께서 대답을 하셨습니다.
"잠부카다까시여, 고귀한 팔정도가 무명을 제거하는 방법입니다."

무명은 관념과 실재를 구분하지 못하는 것입니다. 무명은 모르는 것인데, 이 말은 지식이 부족하다는 말이 아니고, 지혜가 부족한 것을 의미합니다. 지혜가 부족하다는 것은 관념과 실재를 구분하지 못하는 것입니다. 수행자가 관념을 대상으로 하면 실재하는 성품을 볼 수 없어 무명에서 벗어날 수가 없습니다. 지혜는 실재하는 성품에서만 드러납니다. 대상의 실재를 알아차려야 대상의 고유한 성품을 꿰뚫어볼 수 있기 때문에 지혜로 무명을 제거하는 것입니다.

무명이란 여덟 가지를 모르는 것이라고 했습니다. 사실 이 여덟 가지를 알기 위해서는 반드시 몸과 마음이란 대상을 알아차려야 합니다. 이때 몸과 마음을 알아차릴 때는 위빠사나 수행방법으로 알아차려야만 실재를 알 수 있습니다. 몸과 마음의 실재는 오직 느낌으로 나타납니다.

지금 몸과 마음이라고 했을 때 이것은 부르기 위한 명칭으로 관념인 것입니다. 몸과 마음이 가지고 있는 고유한 특성인 느낌이 실재입니다. 그래서 몸과 마음이라고 하는 것은 이것을 부르기 위한 명칭이라서 관념 그 이상의 의미는 없습니다. 그러나 몸과 마음이 있는지를 알 수 있는 것이 느낌이라서 이것을 실재라고 말합니다.

누구나 관념이라는 과정을 거쳐서 실재하는 느낌을 알아차려야 비로소 대상이 가지고 있는 법을 봅니다. 그렇기 때문에 관념의 영역과 실재의 영역을 분명하게 알아야 진실에 접근할 수 있습니다. 관념의 영역에서는 실재를 모르지만 실재의 영역에서는 관념을 바탕으로 그것이 가지고 있는 진실을 보기 때문에 두 가지를 다 수용합니다.

그러나 이 세상은 철저하게 관념의 세계였기 때문에 누구도 진실을 볼 수가 없었습니다. 그래서 누구도 깨달음을 얻을 수 없었던 것입니다. 그러나 보살께서 실재를 처음으로 보시고 깨달음을 얻으신 뒤에 그 길을 저희에게 드러내 보이신 것입니다. 부처님께서는 부처가 되기 전 보살이셨을 때 6년 동안 고행을 하시다가 마지막에는 죽음에 직면하셨습니다. 너무 오랫동안 고행을 했기 때문에 인간의 체력이 한계에 이른 것입니다. 그래서 죽음을 생각했습니다. 그리고 서서히 죽음이 다가왔습니다. 그래서 왜 죽는가를 숙고하셨습니다. 그랬더니 죽음의 원인이 드러났습니다. 바로 태어났기 때문에 죽어야 한다는 사실을 자각했습니다.

이러한 사실은 누구나 알 수 있는 것이겠지만 얼마나 진실하게 있는 그대로 알아차렸는가 하는 것이 중요합니다. 이때도 적당히 생각으로 알아차렸으면 관념으로 죽음을 생각한 것이지만 보살은 죽음의 실재하는 진실을 아신 것입니다. 이렇게 진실한 앎을 바탕으로 다시 왜 태어났는가를 숙고하신 결과 업을 생성했기 때문에 그 과보로 태어난 사실을 아셨습니다.

그리고 왜 업을 생성했는가를 숙고하시니 집착을 원인으로 업을 생성한 사실을 아셨습니다. 다시 왜 집착을 했는가를 숙고하셨습니다. 그랬더니 갈애를 원인으로 집착을 했다는 사실을 아셨습니다. 갈애가 왜 일어났는가를 숙고해 보시니 느낌을 원인으로 갈애가 일어난 사실을 아셨습니다. 다시 느낌은 왜 일어났는가를 숙고하시니 접촉을 원인으로 느낌이 일어난다는 사실을 아셨습니다.

다시 접촉은 왜 일어났는가를 숙고하시니 육입을 원인으로 접촉이 일어난다는 사실을 아셨습니다. 다시 육입이 왜 일어났는가를 숙고하시니 정신과 물질을 원인으로 일어난다는 사실을 아셨습니다. 다시 정신과 물질이 왜 일어났는가를 숙고하시니 식을 원인으로 정신과 물질이 일어난다는 사실을 아셨습니다. 이때의 식이 새로운 생을 만드는 재생연결식입니다.

이 재생연결식이 왜 일어났는가를 숙고하시니 과거의 행을 원인으로 현재의 재생연결식이 일어난다는 사실을 아셨습니다. 다시 왜 행이 일어났는가를 숙고하셨습니다. 그랬더니 무명을 원인으로 행이 일어난다는 사실을 아셨습니다. 다시 왜 무명이 일어났는가를 숙고하셨습니다. 그랬더니 더 이상 원인이 없고 무명을 원인으로 무명이 일어난다는 사실을 아셨습니다. 그래서 무명 이전으로 더 거슬러 올라갈 것이 없는 사실을 아셨습니다. 결국 모든 것의 근본원인은 과거의 무명과 현재의 갈애가 연기를 회전시키는 것을 아셨습니다.

지금까지 보살이 숙고하신 것이 바로 역으로 거슬러 올라가서 아는 12연기의 역관逆觀입니다. 연기를 거꾸로 거슬러 올라가서 근본원인을 찾아내신 것입니다. 보살께서는 다시 무명을 원인으로 행이 일어나고, 행을 원인으로 식이 일어나는 것을 숙고하셨습니다. 그리고 마지막으로 태어남을 원인으로 늙어서 죽는 결과를 아셨습니다. 이것이 순서대로 내려가면서 알아차리는 순관順觀입니다. 이렇게 역관과 순관으로 거듭 숙고하신 결과 모든 것은 반드시 원인이 있어서 생긴 결과로 진행된다는 사실을 아셨습니다.

그리고 그 결과는 원인에 의해서 생겼으므로 원인이 없으면 결과가 없다는 사실을 다시 아셨습니다. 그래서 원인을 제거하면 결과가 소멸한다는 수행의 지혜가 나신 것입니다. 이것이 인류사에 가장 빛나는 지혜인 원인과 결과를 아는 지혜입니다.

여기에는 단지 원인과 결과만 있는 것이 아니고 문제를 해결하는 지혜까지 포함된 것입니다. 바로 이 원인과 결과의 지혜가 나야 모든 의문이 풀립니다. 그래서 부처님께서도 모든 의문을 푸신 뒤에 자신의 몸과 마음을 통찰하는 수행을 시작하셨던 것입니다.

사람들은 항상 무엇인가를 도모하면서 삽니다. 그 일이 좋은 일이든 나쁜 일이든 항상 일을 꾸밉니다. 그래서 나쁜 일을 할 때 하지 않으려고 해도 절대 포기할 수가 없습니다. 그렇게 살아온 습관이 지배하고 있기 때문입니다. 나쁜 일을 하지 않는 방법은 좋은 일을 하는 것으로 채워야 비로소 수습이 됩니다. 탐욕을 부리는 일 대신에 수행을 하는 일로 채울 때만이 잘못이 개선될 수 있습니다.

나이를 먹으면 감각적 욕망에 대한 갈애를 일으키지 말고 수행을 해서 지혜가 생기도록 해야 합니다. 갈애를 일으키면 다시 태어나서 오온이란 연료를 만듭니다. 오온이란 연료를 만들면 다시 불을 붙이고 싶어집니다. 그래서 갈애라는 불을 붙여 계속 고통뿐인 윤회를 하는 것입니다.

계속해서 어리석음에 대해서 말씀드리겠습니다.

연기를 통하여 사람이 태어나고 죽는 모든 과정이 원인과 결과에 의한 것이라는 사실이 밝혀졌습니다. 그리고 과거, 현재와 미래의 원인이 되는 현재, 미래, 이렇게 시간상의 문제도 확연히 드러났습니다. 그리고 이러한 12연기가 모두 한 생명의 정신과 물질이라는 것도 드러났습니다. 그렇기 때문에 수행은 한 인간의 정신과 물질이 대상이어야 한다는 것도 드러났습니다. 그리고 알아차릴 대상이 식, 정신과 물질, 육입, 접촉, 느낌이라는 12연기의 오온이 드러난 것입니다. 원인과 결과만 있다면 여기 한 생명의 태어남과 죽음에 초월적인 존재가 개입할 여지가 없다는 것도 밝혀졌습니다.

생명은 누군가에 의해서 만들어진 것이 아니고 모든 것은 조건에 의해서 행한 원인과 결과로 만들어진 것입니다. 그러므로 어떤 절대적 힘을 가진 존재가 한 생명의 운명을 좌지우지할 수가 없다는 엄연한 진실을 발견한 것입니다. 그러므로 오직 자신이 한 행위에 대한 결과만 있는 것입니다.

그리고 이 12연기가 회전하는데 원인과 결과만 있지 자아가 있어서 상속되는 것이 아니라는 것도 밝혀졌습니다. 내가 있어서 연기를 회전시키는 것이 아니고, 단지 원인과 결과에 의해서 연기가 회전하는 것입니다. 내가 있어서 연기를 마음대로 조정할 수 있다면 죽지 않을 수도 있습니다. 아프지 않을 수도 있습니다. 그러나 우리는 죽지 않을 수 없고, 아프지 않을 수가 없습니다. 그렇기 때문에 자아가 없다는 것이 여실히 드러난 것입니다.

이러한 과정에서 가장 구체적인 실체가 드러난 것이 현재 여기에 있는 몸과 마음입니다. 보살께서는 다시 몸과 마음을 대상으로 알아차리셨습니다. 그랬더니 거기에는 느낌이 있었습니다. 여섯 가지 감각기관이 여섯 가지 감각대상에 부딪칠 때마다 아는 마음과 함께 느낌이 일어난다는 사실을 아셨습니다. 그리고 모든 것은 느낌으로 안다는 사실이 드러났습니다. 이 느낌의 발견은 깨달음으로 가는 가장 확실한 관문입니다. 이와 같이 몸과 마음의 느낌이 드러남으로 인해서 전혀 새로운 세계와 새로운 수행방법이 드러난 것입니다. 보살께서는 느낌을 알아차리시니 느낌은 매 순간 변하는 것이라서 항상 하지 않다는 것을 아시고 비로소 무상의 지혜가 나셨습니다.

지금까지 인류는 수많은 수행방법으로 구도의 길을 걸어왔습니다. 그러나 누구도 이렇게 원인과 결과라는 지혜를 가지고 정신과 물질을 구체적으로 통찰해 본 적이 없었습니다.

정신과 물질을 대상으로 알아차리니 느낌이 있었는데 이 느낌은 매 순간 변하는 것이라서 대상과 하나가 될 수 없었습니다. 그래서 그간에 없었던 찰나집중이 생겼습니다. 이 찰나집중으로 대상을 지켜보니 비로소 대상의 성품인 무상, 고, 무아가 드러난 것입니다. 무상, 고, 무아를 아시니 모든 것은 변하고, 괴로움뿐이고, 내 것이라고 할 것이 없어 비로소 집착을 끊게 되셨습니다. 이 결과가 바로 위대한 깨달음이고, 윤회가 끝나는 열반입니다.

여기서 느낌을 알아차리니 대상과 하나가 될 수 없어서 찰나집중을 하셨는데, 바로 이것이 위빠사나 수행의 시작입니다. 위빠사나 수행은 대상을 분리해서 통찰한다는 뜻입니다. 이것은 몸과 마음이 가지고 있는 고유한 특성인 느낌을 알아차리는 과정에서 자연스럽게 생겨난 수행방법인 것입니다. 몸과 마음의 느낌을 대상으로 하니 그것이 가지고 있는 고유한 특성이 있었고, 그 특성은 관념이 아닌 실재하는 현상이었기 때문에 법을 아는 통찰지혜가 생겨서 깨달음을 얻으신 것입니다.

그러므로 관념과 실재를 이해하는 것이 바로 통찰지혜를 얻는 지름길입니다. 보살이 위빠사나 수행을 찾아내시기 전까지는 누구나 몸과 마음의 실재하는 대상이 아니고 관념적인 다른 대상들을 알아차렸습니다. 그렇기 때문에 느낌이 없어서 대상을 관념적으로 알아차릴 수밖에 없었습니다. 지금까지는 알아차릴 대상이 느낌이 아니었기 때문에 대상과 하나가 되는 수행만 했던 것입니다. 그래서 그 한계가 고요함을 벗어날 수가 없었습니다. 이것이 바로 근본집중에 의한 사마타 수행입니다. 보살께서는 인간이 이를 수 있는 최고의 경지인 무색계 4선정을 모두 끝내시고도 답을 얻지 못해 더 높은 진리를 찾아 6년이나 헤매시면서 고행을 하셨습니다. 그러다가 조건이 성숙되어 연기를 발견하신 것입니다. 그리고 자연스럽게 위빠사나 수행을 하기 시작하신 것입니다.

그러므로 위빠사나 수행은 상좌불교의 독단적 교리가 아니고 부처님께서 발견하신 수행입니다. 포괄적 의미에서 위빠사나 수행을 팔정도, 중도라고 하는 것이 이렇게 대상의 실재를 알아차릴 대상으로 삼고 있기 때문입니다. 그래서 부처님께서 이 길이 아니면 진실의 문을 통과할 수 없다고 선언하셨습니다. 또 자신뿐만 아니라 역대의 모든 부처와 수많은 아라한과 성자들도 반드시 이 길을 거쳐서 깨달음에 이르렀다고 말씀하셨습니다.

탐욕이나 성냄이나 이것들로 인해서 일어나는 다양한 불선심은 쉽게 알아차릴 수가 있습니다. 이것들은 항상 겉으로 드러나기 때문입니다. 그러나 어리석음으로 인해서 일어나는 불선심은 쉽게 드러나지 않습니다. 그래서 어리석음이 있는지 알기가 어렵습니다. 누구나 내가 어리석다고 말하지만 이때 진실을 말하는 것이 아닙니다. 모두 생각으로 말하고 면피로 말하는 것입니다. 이것이 바로 관념으로 말하는 것입니다.

무명은 의식의 내면에 깊게 자리 잡고 있으며, 사실은 모두 이것에 의해서 살고 있기 때문에 무명을 알기란 어렵습니다. 어쩌면 무명이 있다는 것을 아는 것이 깨달음이기 때문에 무명을 아는 것이 쉽지 않은 것이 당연한 것일지도 모르겠습니다.

교육을 받지 못한 사람이나 외국어를 모르는 사람이나 역사나 정치나 경제나 예술에 대해서 모르는 것을 무지하다고 합니다. 그러나 이것은 세속적인 무지이지 출세간의 무지가 아닙니다. 학문과 상식을 모른다고 해서 무지한 것이 아닙니다. 단지 지식이 없을 뿐입니다. 이것을 모두 관념이라고 합니다. 그러나 진정한 무지는 이런 것이 아니고 인간이 가지고 있는 가장 진실한 실재를 모르는 것입니다. 이것을 출세간의 무지라고 합니다.

그래서 우리가 깨달음을 얻기 위해서는 관념이 아닌 실재를 알아야 하겠습니다. 위빠사나 수행을 할 때 가장 많이 등장하는 단어 중의 하나가 관념과 실재입니다. 관념이 아닌 실재를 알아야 비로소 무명이 사라지기 때문에 이 말이 이토록 거듭되는 것입니다. 이처럼 대상의 진실을 알기 위해서는 반드시 이 관문을 통과해야 진실에 접근할 수 있습니다.

관념을 대상으로 하는 수행이 사마타고, 실재를 대상으로 하는 수행이 위빠사나입니다. 관념을 대상으로 할 때는 관념적 진리라고 하며, 세속적 진리 또는 속제俗諦라고도 합니다. 실재를 대상으로 할 때는 궁극적 진리라고 하며, 출세간의 진리 또는 진제眞諦라고도 합니다. 세속의 법도 그 자체가 있는 것이기 때문에 알아차릴 대상입니다. 그래서 이것도 없애야 할 대상이 아니고 엄연히 있는 것이기 때문에 관념적 진리 또는 세속적 진리라고 말하는 것입니다.

수행은 일반적으로 관념을 대상으로 하는 사마타 수행을 한 뒤에 실재를 대상으로 하는 위빠사나 수행을 하는 과정이 있습니다. 그리고 사마타 수행을 하지 않고 처음부터 위빠사나 수행을 하는 과정이 있습니다. 처음부터 위빠사나 수행으로 시작하는 수행을 순수 위빠사나라고 합니다. 이처럼 수행의 과정에서 관념을 대상으로 하는 수행을 할 수도 있고, 하지 않을 수도 있습니다.

다음은 어리석음에서 벗어나기 위해서 관념과 실재가 무엇인지를 자세하게 살펴보겠습니다. 첫째, 관념에 대한 것입니다. 관념을 일반적으로는 생각과 견해라고 하는데, 불교에서 말하는 관념이 다른 것에서 말하는 것과 조금 다릅니다. 불교에서 말하는 관념과 심리학에서 말하는 관념과 철학에서 말하는 관념의 내용이 서로 조금씩 다릅니다.

불교에서 말하는 관념은 빨리어로 빤냐띠pannatti라고 합니다. 빤냐띠는 일상적인 관용어로 습관적으로 쓰이는 말을 일컫습니다. 그래서 일상적으로 표현되는 개념입니다. 그러므로 여러 가지의 생각 속에서 공통된 요소를 추상해서 종합한 하나의 콘셉트인 것입니다. 그래서 인습적인 것이라고도 하고 또는 세속적인 것이라고도 합니다. 빨리어 빤냐띠라고 하는 것은 여러 가지 의미로 표현되는데 관념, 표명, 서술, 가설, 명칭, 이름, 개념, 가정, 시설, 모양 등등의 뜻을 가지고 있습니다. 시설이라는 것은 실재하지 않는 것의 방편적 설정을 말합니다.

우리가 무슨 말을 할 때, 예를 들자면 무엇이 어떻다고 말할 때가 있습니다. 이때의 예는 사실에 기초한 것이 아니고 어떤 상황을 만들어서 가정한 것이라서 관념이라고 합니다. 그래서 관념은 고유한 특성이 없습니다. 고유한 특성이 없다는 것은 실재하는 것이 아니고, 관념이기 때문에 더 이상 분해할 수가 없습니다. 우리가 인습적인 용어를 사용하여 누구를 말할 때 인간, 동물, 사람, 여자, 남자, 나, 너라고 말하는 것은 모두 부르기 위한 명칭으로 실재가 아닌 관념입니다. 그래서 부르기 위해서 편의상 설정한 것입니다. 그렇기 때문에 사실이 아닌 것입니다.

이것이 관념이라는 것을 알기 위해서는 반드시 관념이 아닌 실재가 무엇인지를 알아야 비로소 관념과 실재가 구분됩니다. 예를 들어 손이라고 할 때 손은 부르기 위한 명칭이지 실재가 아닙니다. 지금부터 손을 솜이라고 부르자고 합의를 하면 그때부터 손을 솜이라고 부를 수 있습니다. 이때의 손은 관념입니다. 그리고 역시 새로운 솜도 관념입니다.

수행자 여러분들께서 지금 두 손의 바닥을 서로 대보십시오. 지금 무엇을 알고 계십니까? 대답은 두 가지입니다. 하나는 '지금 손을 마주 대고 있는 것을 알고 있습니다'라고 하면 관념을 알고 있는 것입니다. 다른 하나는 '지금 따뜻함을 알고 있습니다.' 아니면, '지금 진동하고 있는 것을 알고 있습니다.' 이외에 단단함이나 부드러움이나 무거움이나 가벼움이나 차가움을 알고 있다면 이것이 실재를 아는 것입니다.

손이라는 명칭은 부르기 위한 관념이므로 사실은 있는 것이 아닙니다. 이것을 나타내려는 방편적 설정인 것입니다. 그러나 명칭이 무엇이 되었거나 손은 따뜻하고 진동하고 부드러운 여러 가지 느낌이 있습니다. 이것은 이름에 상관없이 실재하는 것입니다.

이것이 별것이 아닌 것 같아도 몸과 마음이란 대상의 진실을 아는데 매우 중요한 요소입니다. 왜냐하면 이러한 대상을 통하여 존재하는 것들의 일반적 특성인 무상, 고, 무아를 알 수 있기 때문입니다.

철학적으로 볼 때 서양에서는 존재론을 주장합니다. 손을 하나의 존재로 보는 것입니다. 그래서 데카르트는 "나는 생각한다. 고로 나는 존재한다"고 했습니다. 그러나 불교에서는 인식론을 말합니다. 손은 부르기 위한 명칭이고, 손이라는 것의 실재는 따뜻함이나 부드러움을 통해서 인식할 수 있기 때문에 있는 것은 손이 가지고 있는 느낌이라는 것입니다. 이것이 서양의 존재론과 불교의 인식론의 차이입니다.

과거 생에 있었던 불선업의 과보가 언제부터 시작되었는지 알 수가 없으며, 그 양을 측정할 수도 없습니다. 그래서 현재에도 괴로움이 있고, 미래에도 괴로움이 상속됩니다. 그러나 바른 마음가짐으로 알아차리는 노력을 기울인다면 과거에 구속되지 않는 좋은 결과를 얻을 수 있습니다.

수행을 할 때는 자신의 욕망과 고정관념을 가지고 해서는 안 됩니다. 수행은 반드시 법이 요구하는 방법으로 알아차려야만 해탈의 길로 들어설 수 있습니다. 그러므로 유신 견을 가진 자는 영원히 법의 길에 들어설 수 없습니다. 이 세상에서 가장 불행한 사람은 내가 최고라고 여기는 자입니다. 그는 영원히 고통을 해결하는 방법을 볼 수 없기 때문 입니다.

지난 시간에 이어서 어리석음에 대해서 말씀드리겠습니다.

서양의 존재론에서는 철학은 있지만 깨달음은 없습니다. 그러나 불교의 인식론에서 는 실재하는 요소를 알아서 무상, 고, 무아를 알기 때문에 집착할 것이 없다는 지혜가 나서 깨달음을 얻습니다. 이 차이는 존재론과 인식론의 차이입니다. 이때의 존재가 관념이고, 느낌이 실재입니다.

관념의 가장 대표적인 것이 자신의 이름입니다. 내가 누구라는 것은 부르기 위한 명칭에 불과한데 자신의 이름을 목숨처럼 소중히 여깁니다. 자신의 이름이 나라고 생각하기 때문입니다. 잘못했을 때 자신의 이름이 더럽혀지는 것이 아니고, 자신이 불선행을 해서 불선과보를 받는 것이지 자신의 이름이 받는 것이 아닙니다.

그럼에도 전통적인 관념에 의해 이름이 더럽혀지는 것을 용납하지 못합니다. 만약 그렇다면 신문에 이름이나 얼굴도 실리지 말아야 합니다. 그 신문은 여러 가지 용도로 쓰이기 때문입니다. 엉덩이를 받치는 깔개로도 쓰이고, 물건을 싸는 포장지로도 쓰이고, 심지어 용변을 본 뒤에 휴지로도 쓰일 수 있습니다. 이렇게 실재를 알아야 지나치게 관념에 걸리지 않습니다. 이것이 관념과 실재의 차이입니다.

관념의 또 다른 경우는 마음을 비운다는 것입니다. 우리가 마음을 비운다고 했을 때 이 말이 무슨 말인지는 누구나 압니다. 탐욕을 갖지 말고 청정한 마음을 가지라는 말일 것입니다. 그러나 실제 상황에서는 마음을 비우면 죽습니다. 마음은 몸과 함께 항상 있어야 합니다. 만약 상징적으로라도 마음을 비운다면 그 순간에 죽는 것입니다. 좀 더 이 말을 이해하는 측면에서 보면 마음을 비우면 빈집에 번뇌라는 도둑이 들어와서 주인 행세를 할 것입니다.

그래서 사실은 항상 알아차리는 마음을 가득 채워야 합니다. 이런 것이 사실에 입각하지 않은 관념적 견해인 것입니다. 실재를 추구하는 위빠사나 수행에서는 예를 들어도 이런 예를 들지 않습니다. 오직 있는 그대로의 실재하는 것을 대상으로 하기 때문입니다. 여기서 말씀드리는 것은 마음을 비우라는 말이 잘못된 것이 아니라는 것입니다. 다만 이런 표현이 관념적인 뜻으로 사용되었다는 사실을 말씀드리는 것입니다.

통증이라고 할 때도 통증은 아픔으로 표현하는 명칭입니다. 그래서 통증은 관념입니다. 그러나 통증의 실재는 찌르고, 화끈거리고, 쑤시고, 당기는 느낌입니다. 통증이라고 하면 육체적 느낌에서 무조건 정신적 느낌으로 발전하여 싫어하는 마음이 일어납니다. 그러나 통증의 실재인 찌르고, 당기는 느낌을 알아차리면 단지 육체적인 느낌의 상태라서 괴로움이 그렇게 크지는 않습니다. 통증이 생겼을 때 통증을 알아차릴 것이 아니고, 통증 속으로 들어가서 통증의 실재하는 현상을 알아차리면 그것은 지켜볼 만한 것입니다.

수행자가 절을 할 때 100배나 1,000배를 해야 한다고 절하는 숫자를 채우기 위해서 하면 그것은 사마타 수행으로 관념을 대상으로 하는 수행입니다. 그러나 그런 횟수에 상관없이 절을 할 때 절을 하려고 하는 의도와 구부릴 때의 몸의 느낌, 천천히 몸을 구부리면서 손을 바닥에 대고 절을 하는 느낌을 하나하나 알아차리면 이것은 실재를 알아차리는 것이고, 이것이 바로 위빠사나 수행을 하는 것입니다.

같은 절을 하더라도 어떤 목적을 가지고 절을 한다는 사실에 집중하면 관념적인 사마타 수행을 하는 것입니다. 하지만 절을 할 때의 의도와 몸의 느낌을 알아차리면 실재를 대상으로 하는 위빠사나 수행을 하는 것임으로 이러한 차이가 관념과 실재의 차이이며, 이것으로 사마타 수행과 위빠사나 수행이 구별되는 것입니다.

사마타 수행은 무엇을 성취하려는 목적을 가지고 하며, 선정의 고요함을 얻습니다. 그러나 위빠사나 수행은 바라는 것 없이 그냥 하는 수행이라서 지혜를 얻습니다. 그러므로 위빠사나 수행자는 100배를 한다거나 1,000배를 하지 않습니다. 왜냐하면 절을 하면서 실재하는 느낌을 대상으로 알아차리는 수행을 하기 때문에 어떤 성취를 하고자 절을 할 필요를 느끼지 못합니다.

위빠사나 수행은 나타난 현상을 그냥 지켜보고 대상의 성품을 아는 수행이라서 무엇을 인위적으로 만들어서 하지 않습니다. 이것이 관념과 실재의 차이이며, 사마타 수행과 위빠사나 수행의 차이입니다. 그래서 수행자들은 현재 자신의 상태에 따라서 필요한 것을 선택하여 적절하게 수행을 하면 유익할 것입니다. 그것이 어떤 수행이 되었거나 현재 자기 자신의 상태에 맞는 수행을 선택하는 것이 좋을 것입니다.

관념을 대상으로 하는 사마타 수행은 근접집중으로 시작해서 근본집중에 이르러 고요함을 얻습니다. 대상이 관념이기 때문에 고유한 특성이 없어 몰입하기에 좋습니다. 그래서 사마타 수행은 대상과 하나가 되는 수행입니다. 수행을 시작하면 나타나는 많은 장애들을 극복하기 위해서 하나의 대상에 깊게 몰입합니다. 그래서 번뇌를 억누르는 효과가 있습니다. 여기에는 색계 4선정과 무색계 4선정의 수행이 있습니다. 이러한 수행을 하면 집중의 힘이 커져서 때로는 신통한 힘이 생길 수도 있습니다. 하지만 이 수행으로는 해탈에 이를 수 없기 때문에 언젠가는 위빠사나 수행을 해서 도과를 성취해야 궁극의 열반에 이르게 됩니다.

실재를 대상으로 하는 위빠사나 수행은 찰나집중으로 수행을 하기 때문에 지혜를 얻습니다. 그리고 알아차릴 대상이 고유한 특성이 있는 느낌이기 때문에 대상에 깊게 몰입할 수가 없습니다. 그래서 대상을 객관적으로 보는 시각이 생겨 자연스럽게 지혜가 납니다. 처음부터 지혜를 얻으려고 하는 수행이 아니고, 수행방법의 자연스러움으로 인해 지혜가 나는 것입니다.

위빠사나 수행은 장애를 극복하기 위해서 하는 수행이 아니고 장애가 나타난 것을 알아차리기 위해서 하는 수행입니다. 그래서 번뇌를 억누르지 않고 번뇌를 말립니다. 번뇌는 억누르면 언젠가는 억누른 만큼의 반발력이 생기지만 번뇌를 말리면 반발력이 없이 자연스럽게 번뇌가 소멸합니다. 이것이 두 가지 수행의 차이점입니다.

둘째, 실재에 대한 것입니다. 실재는 사실에 의하여 인식할 수 있는 것을 말합니다. 그러나 관념의 반대로서 실재라고 하지만, 빨리어로는 더 큰 뜻이 담겨 있는 빠라마타 paramattha라고 하는 용어를 사용합니다. 빨리어 빠라마타는 최고의 의미라는 뜻입니다. 한문으로는 최승의最勝義 또는 승의勝義라고 하며, 이것을 궁극적 진리, 진제眞諦, 실재, 성품 등으로 불리기도 합니다. 최고의 의미나 최승의라고 말하는 것은 이것을 통해서 궁극의 깨달음을 얻기 때문에 붙여진 명칭입니다. 그래서 아라한이 되기 위해서는 반드시 실재하는 법을 통찰해야 합니다.

우리가 어리석음에서 벗어나기 위해서는 관념이 아닌 실재를 알아야 한다고 전제한 것이 바로 이런 이유가 있기 때문입니다. 학문적으로는 관념과 실재에 대한 문제가 그렇게 중요하게 부각되지 않을지도 모릅니다. 하지만 위빠사나 수행을 실천하는 수행자에게는 이 관념과 실재의 문제가 매우 중요한 과제입니다. 그래서 반드시 넘어야 할 산이고, 건너야 할 강입니다.

우리가 고통 속에서 어리석게 살고 있다면 바로 실재하는 진실을 모르기 때문입니다.

빠라마타는 실재하는 것, 자연적인 것, 자연적인 것의 성품을 아는 것입니다. 그리고 빠라마타 담마paramattha dhamma라고 하면 근본법, 최승의법이라고 하여 궁극적 실재의 세계를 말합니다. 요약하자면 이 실재가 깨달음을 얻을 수 있는 법이고, 깨달음을 얻을 수 있는 법이기 때문에 최고의 법이라는 것입니다. 그리고 이것은 자연적인 것의 성품을 아는 것입니다. 이것이 관념이 아닌 실재를 아는 것입니다. 궁극적인 진리라는 것은 일의 이치가 마지막까지 다다른 진리를 말합니다.

그래서 도과를 성취하여 열반에 이르기 때문에 최고의 진리 또는 최상의 지혜라고 합니다. 궁극의 진리는 관념이 아닌 실재이기 때문에 고유한 특성을 가지고 있습니다. 몸에는 지수화풍이란 사대의 요소가 있으며, 마음에는 실재하는 여러 가지의 선심과 불선심이 있습니다. 이러한 실재를 법이라고 합니다. 알아차릴 대상으로써의 법과 그것 자체가 실재하는 것이기 때문에 진리로써의 법인 것입니다.

그러므로 사람을 '나'라거나 '너'라고 하는 개념으로 보지 않고, 지수화풍과 이것에서 파생된 요소로 봅니다. 관념이 배격된 실재는 인간의 정신과 물질을 가장 적나라하게 드러냅니다. 그래서 탐욕, 성냄, 어리석음 없이, 과장되거나 왜곡되거나 허례허식 없이 있는 그대로의 진실을 보이는 것입니다.

이렇게 실재를 보면 모든 것이 원인과 결과로 진행된다는 것과 존재하는 것들의 특성인 무상, 고, 무아라는 것이 드러납니다. 이런 법은 오직 실재하는 진실 속에서만 볼 수 있습니다. 그리고 그 실재하는 진실은 자신의 정신과 물질에 고스란히 담겨 있습니다. 근본법의 세계는 실재를 보는 것입니다. 그 실재가 바로 정신과 물질입니다. 이것을 있는 그대로 보는 것이 실재입니다.

눈으로 대상을 볼 때는 보이는 세계가 있으며, 귀로 소리를 들을 때는 소리의 세계가 있습니다. 코로 냄새를 맡을 때는 냄새의 세계가 있습니다. 혀로 맛을 볼 때는 맛의 세계가 있습니다. 피부로 접촉을 할 때는 접촉하는 세계가 있습니다. 이것들은 하나의 작은 세계이면서 전부를 아우르는 세계입니다. 그리고 이것들은 실재하는 것이기 때문에 모두 진실입니다. 이처럼 감각기관과 감각대상이 부딪히는 것은 모두 실재입니다.

그러나 보이는 세계라고 해서 모두 실재는 아닙니다. 보이는 과정에서 관념과 실재가 구별됩니다. 여기에 책상이 있습니다. 이때의 책상은 명칭이며 모양입니다. 그래서 책상이라고 할 때는 부르기 위한 명칭이고 모양이라서 관념입니다. 그러나 책상을 만져서 딱딱하다, 차갑다, 무겁다, 라고 할 때는 실재입니다. 모양으로써의 책상도 분명하게 있지만 실재하는 것은 딱딱하다, 차갑다, 무겁다, 라고 하는 성품이 있는 것입니다. 이때 책상은 존재이고, 이것을 인식할 수 있는 것이 실재입니다.

책상을 만져서 단단한 것을 느꼈을 때 만진 대상인 책상은 근본법이 아닙니다. 책상은 단지 감촉의 대상입니다. 이때 딱딱하다는 촉감이 바로 근본법입니다. 여기서 딱딱하기 때문에 괴롭다고 여긴다면, 단단한 것은 물질적 현상이고, 괴롭다는 것은 정신적 현상입니다. 이렇게 감각기관이 감각대상과 부딪쳤을 때 어리석음으로 인해 여러 가지의 불선심과 불선행이 함께 일어납니다.

우리가 살면서 여섯 가지 감각기관이 여섯 가지 감각대상과 부딪쳐서 여섯 가지의 아는 마음이 일어날 때 이것은 실재이지만 이 실재가 그대로 존속하지는 않습니다. 부딪치면서 느낌이 일어나고 이 느낌은 좋거나 싫은 느낌으로 발전합니다. 그래서 실재를 보는 것이 아니고 고정관념으로 보기 때문에 새로운 감정을 유입시켜 자기화합니다. 그래서 즉시 있는 그대로의 진실에서 벗어납니다. 그러면 진실을 왜곡하여 살아온 습성대로 살아 고통뿐인 윤회를 거듭합니다.

볼 때 보이는 것의 진실은 보는 순간에 사라지는 것입니다. 마음은 시간처럼 빠르게 흐르기 때문에 보는 마음이 일어난 순간에 사라지므로 보이는 것이 영원하지 않습니다. 그래서 무상합니다. 수행자가 실재를 본다는 것은 이런 단계에 이르러 보는 대상이나 듣는 대상이나 냄새나 맛이나 접촉하는 것이나 모두 순간적으로 일어나서 사라지는 것을 보는 것입니다. 이것을 볼 수 있을 때 비로소 바른 성품을 보는 것이고, 대상을 있는 그대로 본다고 합니다.

괴로움은 불만족입니다. 누구나 항상 만족할 수만 없기 때문에 괴롭지 않을 수 없는 것입니다. 누구에게나 있는 괴로움을 알지 못하면 아직 지혜가 성숙되지 않은 것입니다. 자신이 행복하다고 느끼지만 그 행복은 순간적인 것이며 감각적 쾌락이라서 진정한 행복이 아닙니다. 자신의 고통이 싫어서 생각하지 않으려고 피하면 괴롭지 않을 수도 있습니다.

그러나 이것은 괴로움을 감추고 있는 것입니다. 괴로움이란 두려움과 불안함 그리고 들뜸과 후회와 의심을 모두 포함한 것입니다. 그러므로 괴롭지 않은 사람은 없습니다. 이런 괴로움을 피하려 하지 말고 그대로 알아차리는 것이 괴로움으로부터 벗어나는 유일한 길입니다. 이렇게 알아차리면 괴로움은 단지 하나의 대상일 뿐입니다.

대상을 있는 그대로 보았을 때만이 집착이 끊어져 탐욕, 성냄, 어리석음이 소멸합니다. 이러한 법은 실재에 속하는 것에서만 나타납니다. 이러한 과정을 거쳐서 최고의 깨달음으로 가기 때문에 궁극의 진리이고, 최승의법이라고 합니다.

이러한 최종 목표에 도달하는 것의 출발은 여섯 가지 감각기관이 대상과 접촉할 때 실재하는 것을 알아차리는 것입니다. 그러므로 출발은 이렇게 매우 단순한 것으로부터 시작합니다. 하지만 이것이 단순해 보여도 이렇게 해본 적이 없기 때문에 어떤 의미에서는 가장 어려운 방법일 수도 있습니다.

우리는 지금까지 관념으로 살아왔기 때문에 실재를 볼 수 없는 것입니다. 출세간의 시각으로 보면 이렇게 실재하는 법의 바른 성품을 볼 수 없는 것을 무지라고 합니다. 오랜 세월 동안 관념으로만 살아왔다면 삿된 견해로 대상을 본 것이며, 이것이 무지하기 때문인 것입니다. 이러한 무지는 반드시 괴로움을 줍니다.

모든 것이 변한다는 법의 참된 성품을 모르기 때문에 괴로움이 따르지 않을 수 없습니다. 이것이 세상을 사는 범부의 괴로움입니다. 무상을 알면 원래 모든 것이 변한다는 사실을 받아들여서 무상이 주는 괴로움으로부터 자유로울 수 있습니다. 그러면 죽음까지도 겸허하게 받아들일 수 있습니다. 누구나 어차피 죽어야 합니다. 단지 늦고 빠르고의 문제밖에 없는 것이라면 죽음을 두려워할 것이 아니고, 오히려 죽음을 준비해야 합니다.

무상, 고, 무아라는 궁극의 실재는 도과를 성취한 성자들이 본 세계입니다. 누구나 무상, 고, 무아를 알 수가 있지만 이 법을 완전하게 보는 정도에 따라서 성자의 지위도 다릅니다. 수다원의 도과를 성취한 수행자보다는 사다함의 도과를 얻은 수행자가 무상, 고, 무아를 더 자세히 본 것이며, 사다함보다는 아나함이 더 자세하게 법을 보아서 성취한 것입니다. 아라한은 완전하게 무상, 고, 무아를 통찰했습니다. 그래서 이 궁극의 법을 성자들이 본 법이라고 합니다.

그러므로 수다원의 도과를 얻었다고 해서 그 지혜의 상태가 항상 유지되는 것이 아닙니다. 수다원이란 수다원의 정신적 상태를 말하는 것이지 수다원을 얻은 자는 없습니다. 그래서 완성된 아라한이 아니면 수행을 해서 그런 정신적 상태가 있을 때만이 궁극적 실재를 압니다. 하지만 아라한은 이미 완전하게 모든 번뇌를 소멸시켰기 때문에 항상 같은 지혜가 유지됩니다.

우리는 통찰지혜가 아닌 겉으로 드러난 이 세상의 이치를 보고도 무상이나 괴로움이나 무아를 알 수도 있습니다. 그리고 자신의 몸과 마음을 통해서 진리가 무엇인지도 알 수 있습니다. 그러나 통찰지혜를 통해서 본 것과 세상의 이치를 보고 느낀 것은 정신적인 앎은 같으나 사물의 실재하는 참된 성품을 깨닫는 데는 확연하게 다릅니다.

하나는 통찰지혜로 안 것이라서 열반에 이르지만, 하나는 관념에 그친 것이라서 사유에 그치고 맙니다. 이것이 관념과 실재의 차이입니다. 여기서 왜 이런 차이가 나는가 하는 것이 중요합니다. 세상에 드러난 것으로 본 지혜로도 무상을 느낄 수 있습니다. 그러나 이때 내가 있다는 유신견을 전제로 본 것이라서 대상의 참 성품을 볼 수가 없습니다. 왜냐하면 대상의 참 성품이 바로 무아이기 때문입니다.

그래서 자아를 가지고 보는 한 영원히 표피적이거나 관념에 머물 수밖에 없습니다. 그러므로 정신과 물질이 있지만 이것이 나의 몸과 마음이 아니고, 그 순간순간의 몸과 마음이라고 알지 못하는 한 대상의 완전한 성품을 보지 못합니다. 그렇기 때문에 집착으로부터 자유로울 수 없습니다.

그래서 위빠사나 수행을 통하여 법의 바른 성품을 보지 못하는 한 영원히 괴로움에서 벗어날 수가 없습니다. 수행자가 실재를 보기 위해서는 반드시 자신의 정신과 물질을 대상으로 해야 합니다. 그리고 실재라는 것은 자신의 정신과 물질이 경험하는 것입니다. 자신의 정신과 물질을 가지고 탐욕, 성냄, 어리석음 일으켰기 때문에 불선업을 일으키게 한 정신과 물질을 대상으로 알아차려야 합니다. 이렇게 알아차렸을 때 실재의 세계를 있는 그대로 볼 수 있습니다.

지금까지 말씀드린 궁극적 진리는 다음 네 가지로 요약됩니다. 첫째, 마음입니다. 둘째, 마음의 작용입니다. 셋째, 물질입니다. 넷째, 열반입니다. 이상 네 가지가 최승의법이며, 깨달음으로 가는 실재인 궁극적 진리인 것입니다.

첫째는 오온 중에서 식識이라고 하는 마음입니다. 둘째는 오온 중에서 수受, 상想, 행行이라는 마음의 작용입니다. 셋째는 오온 중에서 색色이라고 하는 몸입니다. 그래서 첫째부터 셋째까지가 모두 오온입니다. 그리고 넷째는 번뇌가 불타버려서 도과를 성취하는 열반입니다. 그래서 첫째부터 셋째까지는 원인과 결과가 있는 세속의 세계이고, 넷째는 원인과 결과가 끝난 출세간의 세계입니다.

그래서 오온을 가지고 있는 생명이 열반에 이르는 것으로 궁극의 진리가 완성되는 것입니다. 그래서 궁극의 진리는 몸과 마음을 가지고 있는 세속과 몸과 마음이 끝난 열반인 출세간을 아우르는 것입니다.

여기서 잠시 숨을 고르고 숙고해 봐야 하겠습니다. 최고의 진리라고 하는 것이 특별한 것이 아니고 다름 아닌 오온이라는 사실입니다.

지금까지 계속해서 말씀드린 몸과 마음의 중요성이 비로소 여기서 드러난 것입니다. 또 위빠사나 수행의 대상이 몸과 마음인 것도 여기서 밝혀진 것입니다. 앞서 말씀드린 최고의 지혜라고 하는 무상, 고, 무아도 특별한 것이 아니고 누구나 공통적으로 가지고 있는 일반적 특성이고, 또 이것은 모든 사람에게 적용되는 보편적인 특성이라는 사실도 이미 밝혀졌습니다. 그리고 여기서 다시 최고의 법이라는 것이 오온과 열반이라는 사실이 드러났습니다.

그러나 이 내용은 생각하기에 따라서 그렇게 경이롭지 못할 수도 있습니다. 우리가 진리라고 하면 상상하기 힘들고 심오하고 그런 엄청난 것인 줄 알겠지만, 사실은 한 인간의 마음과 몸이라는 것입니다. 그리고 이 몸과 마음의 실재를 있는 그대로 알아차려서 열반에 이르는 것이 전부입니다.

이처럼 몰랐을 때는 진리가 특별한 것이고, 누구나 알기가 어려운 것처럼 생각할 수 있습니다. 그런데 그 진실은 자신의 몸과 마음이라는 것입니다. 그리고 이것을 관념으로 보지 않고 있는 그대로의 실재를 알아차려서 열반에 이른다는 것은 매우 단순한 사실인 것입니다. 그러니 진리가 먼 곳에 있지 않고 항상 자기가 가지고 있는 몸과 마음인 것입니다. 우리는 이런 진실을 다시 한 번 깊게 유념해야 하겠습니다.

이상의 네 가지 중에서 마음과 마음의 작용과 물질은 오온으로 원인과 결과가 있는 법이라고 해서 유위법이라고 합니다. 유위법은 이미 형성된 것들이라는 뜻입니다. 그리고 열반은 무위법이라고 하는데, 아직 형성되지 않은 것이라는 뜻입니다. 열반은 오온에 해당되지 않고 오온을 통찰해서 얻는 궁극의 해탈에 이르는 경지입니다.

여기서 말하는 궁극적 진리에 속하는 생명은 인간만 해당되는 것이 아닙니다. 윤회하는 31계의 세계에 사는 모든 생명이 공히 포함됩니다. 그리고 존재하는 모든 생명은 적절한 시기에 적절한 조건이 성숙되면 누구나 열반을 성취할 수 있습니다. 그러므로 궁극의 진리는 한정된 생명에게만 허용된 것은 아닙니다. 그래서 인간으로 태어난 가장 큰 사명감은 수행을 해서 열반을 성취하는 것입니다. 왜냐하면 지금 당장은 인간만 열반을 성취할 수 있기 때문입니다.

궁극의 진리 중에서 첫 번째부터 세 번째까지는 오온을 가지고 있는 세계이기 때문에 원인과 결과가 있고, 그래서 번뇌가 있는 세계입니다. 이 세계에서는 선심과 불선심이 함께 있습니다. 그리고 선과보심과 불선과보심도 함께 있습니다. 그래서 조건에 의해 일어나고 사라지기 때문에 유위법이라고 합니다. 또 번뇌에 얽매인 속세의 범부라는 뜻으로 유루有漏라고 합니다.

유위법은 일어났다가 사라지기 때문에 무상합니다. 그리고 고가 있고, 무아가 있습니다. 그러나 열반의 마음은 무인작용심이라서 원인과 결과가 끊어진 마음입니다. 열반은 원인가 결과가 끊어졌기 때문에 조건 지어지지 않은 단 하나의 근본법이므로 무위법이라고 합니다. 그래서 윤회가 끝납니다. 무인작용심은 아라한과 부처의 마음입니다. 무인작용심은 단지 작용만 할 뿐이지 원인과 결과가 끊어진 마음이라는 뜻으로 사용되는 말입니다. 그래서 세속의 번뇌가 끊어진 성자의 마음이라서 무루無漏라고 합니다.

수행자는 오온이 일어났다가 사라지는 생멸의 유위법을 경험해야 무위법을 경험할 수 있습니다. 그렇지 않고 유위법을 경험하지 못하면 결코 무위법인 열반에 이를 수 없습니다. 그러므로 오온의 법 없이는 열반에 이르지 못합니다. 그래서 수행자는 오온을 알아차려서 유위법을 아는 지혜가 나야 비로소 무위법의 지혜가 날 수 있습니다.

원인과 결과가 끊어져서 번뇌가 사라진 무인작용심이 바로 부처님의 마음이라서 이것을 불성이라고 합니다. 부처님의 마음은 선하거나 선하지 못한 두 가지 마음과 함께 선과보와 불선과보가 모두 불타버린 단지 작용만 하는 마음입니다. 우리가 선하다고 할 때는 반드시 선하지 못한 마음이 함께하기 마련이지만 부처님의 마음은 이런 것에서 완전하게 벗어난 모두 선한 마음입니다. 지금까지 관념과 실재에 대해서 말씀드렸습니다.

　누구나 모르는 채로 태어났습니다. 그래서 통찰지혜가 나지 않는 한 자신이 어리석다는 것을 알지 못합니다. 모르는 것에는 알아야 할 것을 모르는 것과 모르는 것을 아는 것처럼 말하는 것이 있습니다. 단지 모르는 것으로 그치지 않고 모르는 것을 아는 것처럼 말하면 불선의 과보가 더 큽니다.

　모를 때는 모른다는 사실을 알아차리는 것이 실재를 보는 것입니다. 이것이 있는 그대로 아는 지혜입니다. 누구나 모르는 것은 모르는 것입니다. 이것은 큰 허물이 되지 않을 수도 있습니다. 알면 되기 때문입니다. 그러나 모르면서도 아는 척하면 이것은 큰 허물이 됩니다. 자신을 속이고 남을 속이기 때문에 이것이 바로 진실을 모르는 어리석은 행위입니다.

　우리는 욕망이 자신을 사망하게 하는 것을 모릅니다. 그리고 지혜가 자신을 살리는 것을 모릅니다. 인색과 후회가 자신을 괴롭히는 것을 모릅니다. 그리고 관용과 보시가 자기를 즐겁게 하는 것을 모릅니다. 모르면 모르는 것을 자랑삼아 말하고, 알면 아는 것을 좋아하여 집착을 합니다. 모르면 불선을 좋아하여 선을 멀리하고 자신을 더욱 가혹한 상황으로 몰고 갑니다.

　그러므로 인간으로 태어난 가장 소중한 사명은 무지에서 벗어나 지혜를 얻는 것입니다. 그러기 위해서 우리들에게 제시된 위빠사나 수행을 통해서 우리는 무지에서 벗어나서 지혜를 알 수 있어야 하겠습니다.

마음이 자아가 아니고 무아라는 것을 알았다고 해도 아직은 이론에 불과한 것입니다. 아직 괴로움이 있다면 내가 있다고 하는 유신견을 가지고 있기 때문에 괴로운 것입니다. 괴로움의 원인인 유신견이 소멸되려면 수다원의 도과를 성취해야 합니다. 그러나 이것도 일시적인 소멸에 불과합니다. 바라는 마음이 끊어진 아라한이 되어야 비로소 유신견이 완전하게 소멸되어 드높은 행복을 얻습니다. 이처럼 내가 소멸되어 어리석음과 갈애가 끊어졌을 때라야 열반에 이르며, 바로 이것을 깨달음이라고 합니다.

계속해서 어리석음에 대해서 말씀드리겠습니다.

어리석음은 나의 어리석음을 보지 못하고 남의 어리석음을 보는 것입니다. 고요해야 할 곳에서 흔들리는 마음이 일어난 것이 어리석음 때문입니다. 관용이 일어나야 할 곳에서 탐욕이 일어난 것이 어리석음 때문입니다. 대상의 실재를 보지 않고 대상을 관념으로 보는 것이 어리석음 때문입니다.

주어야 할 것을 주지 않고, 갖지 말아야 할 것을 갖는 것이 어리석음 때문입니다. 하지 말아야 할 것을 하고, 해야 할 것을 하지 않는 것이 어리석음 때문입니다. 모든 것이 어리석음 때문이라는 것을 아는 지혜가 열리면 어리석음은 순식간에 사라집니다. 마치 어둠에서 밝음이 오듯이 그렇게 사라집니다.

무지해서 잘못된 견해가 생기지만 무지와 잘못된 견해는 서로 내용이 다릅니다. 무지
는 괴로움이 있다는 것을 모르는 것이지만 사견은 자아가 있다는 확신을 갖습니다.
무지는 실재를 모르는 것이지만 사견은 관념이 나라고 압니다. 사견은 변하는 것을
영원한 것으로 알고, 괴로움을 즐거움으로 알고, 무아를 자아로 알고, 더러운 것을 깨끗
한 것으로 압니다.

무지는 단지 모르는 것에 그치지만 사견은 무지보다 더 깊은 병에 걸린 것입니다.
모르는 것은 지혜가 나면 그만이지만 사견은 지혜가 날 수가 없어서 바뀌지가 않습니다.
결국 내가 있다는 사견으로 인해서 불선심이 일어나고 불선행을 하여 사악도에 떨어지
는 고통을 겪어야만 합니다.

사실 보이지 않는 곳에서 어리석음을 조장하는 것이 있습니다. 그래서 이것이 가장
큰 무지입니다. 이것이 바로 유신견이라고 하는 사견입니다. 유신견은 잘못된 견해라서
사견이라고 합니다. 이러한 유신견은 몸과 마음이 나라고 생각하거나 내가 몸과 마음을
소유한다고 생각하는 것입니다.

잘못된 견해는 자아가 있다는 유신견과 몸과 마음이 항상 하다는 상견과 죽으면
모든 것이 끝이라고 하는 단견이 있습니다. 이 중에 유신견이 사견을 이끄는 강력한
견해입니다. 몸이 있다는 뜻에서 유신有身은 진실이지만 이 몸이 나의 몸이라고 하는
유신견은 잘못된 견해이고, 이 견해로 인해 다른 잘못된 견해까지 생깁니다.

12연기를 돌게 하여 윤회를 계속하게 하는 근본원인은 무명과 갈애로서 이것이 연기
의 핵심입니다. 그러나 연기는 무명으로부터 시작되지만 사실은 무명은 시작에 불과할
뿐 이 무명을 뒤에서 조정하는 것이 바로 유신견입니다. 유신견은 가장 깊은 곳에서
모든 불선업을 조장합니다. 인간의 탐욕과 성냄과 어리석음과 고통과 슬픔의 직접 원인
이 유신견입니다.

그래서 내가 있다고 하는 생각이 있는 곳에 항상 불화와 고통이 있습니다. 여러분들이
고통을 겪을 때 즉시 무엇 때문인지 보십시오 거기에는 나와 나의 것이라는 유신견이

154

반드시 도사리고 있을 것입니다. 무명의 상태에서는 언젠가 윤회에서 벗어날 수도 있지만 유신견을 가지고 있는 한 영원히 윤회에서 벗어날 수가 없습니다. 내 몸, 내 마음이 내 것이라는 사견으로 인해서 자신의 모든 불행이 만들어지고 행복을 빼앗아 갑니다. 그래서 부처님께서 발견하신 무아라는 법이 인류사에 가장 위대한 진실인 것입니다.

몰라서 선을 행하지 못하는 사람도 있지만 알면서도 선을 행하지 못하는 사람이 있습니다. 모르는 사람은 무명에 눈이 먼 사람이고, 알면서도 못하는 사람은 믿음이 부족한 사람입니다. 그러므로 무명에서 깨어나는 것도 자신이 해야 할 역할이며, 믿음을 갖는 것도 자신이 해야 할 일입니다. 무명에서 깨어나기 위해서는 믿음을 가져야 하며, 믿음을 갖기 위해서는 스승의 가르침에 따라 수행을 해야 합니다. 경전을 읽고 법문을 들어서 생긴 믿음으로 스승이 가르침을 따라 수행을 하면 차츰 어리석음에서 벗어날 수 있습니다.

무관심이 무지입니다. 수행은 누구나 똑같이 모르는 상태에서 출발합니다. 차이가 있다면 진실을 알려고 하는 의지가 있는 것과 없는 것의 차이입니다. 그러므로 모른다고 포기하지 말고 몰라도 계속해서 수행을 해야 합니다. 계속해서 듣고, 읽고, 수행을 하면 조금씩 알게 됩니다. 수행이 복잡하다고 스스로 포기해서 더 어려운 것입니다. 복잡하게 생각해서 복잡한 것이지 사실 대상은 하나도 복잡하지 않습니다. 모르기 때문에 단지 자신이 그렇게 판단할 뿐입니다.

그러므로 처음부터 많이 알려고 하지 말고 아는 만큼 만족하고, 계속해서 수행을 해야 합니다. 모른다고 포기하면 영원히 기회가 오지 않지만 몰라도 알려고 노력하면 결국에는 지혜를 얻습니다. 무관심은 게으름으로 인해 노력을 하지 않는 것입니다. 그러므로 귀찮아서 관심을 보이지 않는 것이 바로 깊은 무지입니다.

수행을 할 때는 대상이 가지고 있는 법을 따르십시오. 그렇지 않고 나의 법을 우선하면 대상과 하나가 될 수가 없습니다. 어리석으면 무지에 속하는 덤덤한 느낌의 상태로 지냅니다. 이와 같은 덤덤한 느낌일 때 감각적 욕망, 악한 의도, 혼침과 게으름, 들뜸과 후회, 회의적 의심이라는 다섯 가지 장애가 일어납니다.

그래서 모르면 모르는 것으로 그치지 않습니다. 모르기 때문에 다섯 가지 장애를 일으키고 이것에 대처할 수가 없어서 불선업을 짓거나 수행을 포기합니다. 이런 장애는 지혜가 없고 무지해서 일어나므로 반드시 지혜를 얻는 위빠사나 수행을 해서 통찰지혜를 얻어야 합니다.

무지로 인해서 일어나는 들뜸, 흥분, 산만함은 불선심과 함께 일어납니다. 그래서 이러한 마음이 일어나면 그 마음을 알아차려야 합니다. 들뜨고 흥분한 상태에서는 알아차림이 없습니다. 알아차림은 선한 행위이기 때문에 선심에서만 일어납니다. 관용과 보시와 지계와 수행에서는 알아차림이 있지만 불선심에서는 알아차림이 없기 때문에 먼저 이런 마음이 일어난 것을 알아차리고, 다음에 그 마음을 대상으로 알아차리면 치유의 효과가 있습니다.

어리석음과 함께 일어나는 들뜸이란 유익하고 바람직한 것에 대해서 어찌할 바를 모르는 상태입니다. 우리가 일반적으로 알기에는 들뜸이 안전부절못하는 불안한 상태로 생각하기 쉬운데 그렇지 않습니다. 안절부절못하는 것은 정신적으로 불안한 상태를 말하는 것이며, 여기서 말하는 들뜸과는 다릅니다.

들뜸이란 소리를 들을 때 그냥 소리로 듣지 않고 이 소리가 나의 수행을 방해한다고 생각하여 듣기 싫어하는 마음의 상태입니다. 그래서 이런 들뜸으로 인해 화를 냅니다. 우리가 소리를 들을 때도 소리를 접수하여 듣는 과정이 있고, 다음에 좋아하거나 싫어하는 반응을 보이고, 그다음에 좋아서 집착하거나 싫어서 화를 내는 등의 일련의 여러 단계의 과정을 거칩니다. 그러므로 어느 과정에서나 알아차려야 하며, 다시 그 마음을 알아차려야 합니다. 들뜸은 아라한이 되어야 소멸하기 때문에 그것이 일어날 때마다 들떠 있는 것을 알아차려야 합니다.

다음은 의심에 관한 것입니다. 어리석음과 함께 일어나는 의심은 불확실함으로 인해서 일어나는 주저함이란 뜻입니다. 그래서 회의적 의심은 바르게 알고자 하는 것을 배제합니다. 그래서 알고자 하는 마음이 있어도 확실하지 못한 상태에서 망설이는 것을 회의적 의심이라고 합니다. 이처럼 의심은 정신적으로 혼란한 상태에서 방황하기 때문에 사물을 파악하는 데 우유부단한 모습을 보이는 것입니다. 이러한 의심은 합리적이지 못하고 체계적이지 못한 마음이 바로 원인입니다. 그러므로 이러한 의심이 있을 때는 믿음이 생기지 않아서 수행을 하기가 어렵습니다. 그래서 의심은 반드시 알아차려야 할 대상입니다.

부처님 당시에 말룽끼야뿟따라는 비구가 부처님께 다음과 같은 내용의 질문을 했습니다. 부처님 당시에는 부처님의 법을 알지 못하기 때문에 매우 사변적이고 추상적인 질문들을 합니다. 그래서 모두 관념적인 것에 사로잡혀 있고, 실재는 모르는 상태로 질문을 합니다. 의심이란 바로 이런 것입니다.

사실 정신세계에서 바른 질문을 한다는 것은 얼마간 지혜가 있어야 합니다. 이 비구도 부처님의 법은 오직 괴로움을 소멸시키는 것에 맞추어 있다는 것을 모르기 때문에 이런 질문을 한 것입니다. 현대에도 누구나 이런 의문을 갖고 이런 질문을 똑같이 할 수 있습니다.

그럼 말룽끼야뿟따의 질문을 들어보겠습니다.

"세존이시여, 제가 홀로 명상을 하다가 마음에 이와 같은 생각이 일어났습니다. 여래께서는 이와 같은 사변적인 견해들에 대해 답변하지 않고 제쳐두고 버려두셨습니다. 세상은 영원하다든가, 세상은 영원하지 않다든가, 세상은 유한다든가, 세상은 유한하지 않다든가, 영혼은 육체와 같다든가, 영혼은 육체와 다르다든가, 여래는 사후에 존재한다든가, 여래는 사후에 존재하지 않는다든가, 여래는 사후에 존재하기도 하고 존재하지 않기도 한다든가, 여래는 사후에 존재하는 것도 아니고 존재하지 않는 것도 아니라든가, 여래께서는 이러한 것에 대해서 말씀하지 않았다. 나는 이것이 못마땅하고, 나는 이것을 이해할 수 없다. 세존께서 계신 곳을 찾아가 그 의미를 여쭈어 보아야겠다, 라고 생각했습니다."

말룽끼야뿟따라는 비구는 이렇게 자신이 생각한 것을 말씀드리고 만약 이 질문에 대답을 해주시면 세존 밑에서 청정한 삶을 영위할 것이라고 말합니다. 그러나 이 질문에 대답을 하지 않으시면 배움을 포기하고 세속으로 돌아갈 것이라고 말합니다. 그리고 다시 한 번 자신이 생각한 것을 직접 하나하나씩 질문을 합니다. 그리고 만약 이상 질문한 것을 부처님께서 알지 못한다면 알지 못한다고 답변을 해줄 것을 요청합니다.

그러자 세존께서는 다음과 같이 말씀하셨습니다.

"말룽끼야뿟따여, 내가 그대에게 '말룽끼야뿟따여, 와서 내 밑에서 청정한 삶을 영위하라. 나는 그대에게 세상은 영원하다든가, 세상은 영원하지 않다든가, 세상은 유한다든가, 세상은 유한하지 않다든가, 영혼은 육체와 같다든가, 영혼은 육체와 다르다든가, 여래는 사후에 존재한다든가, 여래는 사후에 존재하지 않는다든가, 여래는 사후에 존재하기도 하고 존재하지 않기도 한다든가, 여래는 사후에 존재하는 것도 아니고 존재하지 않는 것도 아니라든가 하는 것에 대해서 설명할 것이다'라고 말한 적이 있는가?"

그러자 말룽끼야뿟따 비구가 대답했습니다.

"세존이시여, 그렇지 않습니다."

세존께서는 만약 어떤 사람이 여래에게 이러한 답변을 듣고자 한다면 그 사람은 대답을 못 들은 채 이러한 문제와 더불어 죽어갈 것이라고 말씀하셨습니다.

그리고 부처님 말씀은 다음 시간에 계속 이어가도록 하겠습니다.

■ 제137회 법문

　법을 펴고 그 결과를 기대하지 마십시오. 이것이 가장 법다운 것입니다. 법을 폈을 때 상대가 침묵하는 것은 훌륭한 결과라고 아십시오. 오히려 법을 펴고 욕을 먹지 않는 것을 다행으로 여기십시오. 세속의 마음은 법을 받고도 욕을 합니다. 이때 욕하는 사람이 있는 것이 아니고 그 순간의 마음이 화를 냅니다.

　계속해서 말룽끼야뿟따 비구에게 하신 부처님의 말씀을 들어보겠습니다.

　"말룽끼야뿟따여, 어떤 사람이 독이 많이 묻은 화살을 맞았다고 하자. 그의 친구들이나 동료들이나 친지들이나 친척들이 와서 그를 의사에게 데리고 갔다. 그런데 그가 '나는 나를 쏜 사람이 왕족계층인지, 사제계층인지, 평민인지, 노예인지 알아야 화살을 뽑을 것이다'라고 말했다고 하자. '나는 나를 쏜 사람의 이름과 성이 무엇인지 알아야 화살을 뽑을 것이다'라고 말했다고 하자. '나는 나를 쏜 사람의 키가 큰지 작은지 중간인지 알아야 화살을 뽑을 것이다'라고 말했다고 하자. '나는 나를 쏜 사람이 어떤 마을이나 부락이나 도시에서 왔는지 알아야 화살을 뽑을 것이다'라고 말했다고 하자. '나는 나를 쏜 사람의 피부색이 검은지, 푸른지, 노란지 알아야 화살을 뽑을 것이다'라고 말했다고 하자. '나는 나를 쏜 사람의 활이 보통의 활인지, 석궁인지 알아야 화살을 뽑을 것이다'라고 말했다고 하자. '나는 나를 쏜 사람의 활줄이 섬유인지, 갈대인지, 힘줄인지, 마인지 유엽수인지 알아야 화살을 뽑을 것이다'라고 말했다고 하자. '나는 나를 쏜 사람의 화살대가 거친 갈대인지, 잘 다듬어진 갈대인지 알아야 화살을 뽑을 것이다'라고 말했다고 하자. '나는 나를 쏜 사람의 화살의 깃털이 독수리의 것인지, 까마귀의 것인지, 콘도르의 것인지, 공작새의 것인지, 황새의 것인지 알아야 화살을 뽑을 것이다'라고 말했다고 하자. '나는 나를 쏜 사람의 화살대가 어떠한 힘줄로 감겨졌는지, 소인지, 물소인지, 사슴인지, 원숭이의 힘줄인지 알아야 화살을 뽑을 것이다'라고 말했다고 하자. '나는 나를 쏜 사람의 화살이 보통의 화살인지, 송아지의 이빨 모양을 한 화살인지, 협죽도 나뭇잎 모양의 화살인지 알아야 화살을 뽑을 것이다'라고 말했다고 하자. 말룽끼야뿟따여, 이 사람은 그러한 사실을 알기도 전에 죽을 것이다.

이와 같이 말룽끼야뿟따여, 만약 어떤 사람이 세상은 영원하다든가, 세상은 영원하지 않다든가, 세상은 유한다든가, 세상은 유한하지 않다든가, 영혼은 육체와 같다든가, 영혼은 육체와 다르다든가, 여래는 사후에 존재한다든가, 여래는 사후에 존재하지 않는다든가, 여래는 사후에 존재하기도 하고 존재하지 않기도 한다든가, 여래는 사후에 존재하는 것도 아니고 존재하지 않는 것도 아니라든가 하는 것의 설명을 얻고서야 비로소 나는 여래 밑에서 청정한 삶을 영위할 것이라고 한다면, 그는 여래로부터 그 설명을 듣기 전에 죽어갈 것이다.

말룽끼야뿟따여, '세상은 영원하다'라는 견해가 있어도 청정한 삶을 영위할 수 없다. 말룽끼야뿟따여, '세상은 영원하지 않다'라는 견해가 있어도 청정한 삶을 영위할 수가 없다. 말룽끼야뿟따여, '세상은 영원하다'라는 견해나 '세상은 영원하지 않다'라는 견해가 있어도 태어남이 있고, 늙음이 있고, 죽음이 있고, 우울, 슬픔, 고통, 근심, 불안이 있다. 나는 그 태어남, 늙음, 죽음, 우울, 슬픔, 고통, 근심, 불안들을 지금 여기서 파괴할 것을 가르친다.

말룽끼야뿟따여, '세상은 유한하다'라는 견해가 있다면 청정한 삶을 영위할 수 없다. 말룽끼야뿟따여, '세상은 유한하지 않다'라는 견해가 있어도 청정한 삶을 영위할 수가 없다. 말룽끼야뿟따여, '세상은 유한하다'라는 견해나 '세상은 유한하지 않다'라는 견해가 있어도 태어남이 있고, 늙음이 있고, 죽음이 있고, 우울, 슬픔, 고통, 근심, 불안이 있다. 나는 그 태어남, 늙음, 죽음, 우울, 슬픔, 고통, 근심, 불안들을 지금 여기서 파괴할 것을 가르친다."

이처럼 세존께서는 '영혼과 육체가 같다'거나 '영혼과 육체가 다르다'라는 것에 대한 것과 '여래는 사후에 존재한다'라거나 '여래는 사후에 존재하지 않는다'는 것에 대해서도 똑같이 말씀하셨습니다.

다시 부처님의 말씀을 들어보겠습니다.

"말룽끼야뿟따여, 그러므로 나는 설명해야 할 것은 설명을 했고, 설명하지 않아야 할 것은 설명하지 않았다는 사실을 명심하라. 내가 설명하지 않은 것은 무엇인가?
'세상은 영원하다'고 나는 설명하지 않았다. '세상은 영원하지 않다'고 나는 설명하지 않았다. '세상은 유한하다'고 나는 설명하지 않았다. '세상은 유한하지 않다'고 나는 설명하지 않았다. '영혼은 육체와 같다'고 나는 설명하지 않았다. '영혼은 육체와 다르다'고 나는 설명하지 않았다. '여래는 사후에 존재한다'고 나는 설명하지 않았다. '여래는 사후에 존재하지 않는다'고 나는 설명하지 않았다. '여래는 사후에 존재하기도 하고 존재하지 않기도 한다'고 나는 설명하지 않았다. '여래는 사후에 존재하는 것도 아니고 존재하지 않는 것도 아니다'라고 나는 설명하지 않았다.
말룽끼야뿟따여, 내가 왜 그것을 설명하지 않았는가? 그것은 유익하지 않고, 청정한 삶과는 관계가 없으며, 멀리 떠나고, 사라지고, 소멸하고, 멈추고, 삼매에 들고, 올바로 원만히 깨닫고, 열반에 이르는 데 도움이 되지 않기 때문이다. 그러한 이유로 그대에게 그것을 설명하지 않은 것이다.
그렇다면 말룽끼야뿟따여, 내가 설명한 것은 무엇인가? 말룽끼야뿟따여, '이것은 괴로움이다'라고 나는 설명했다. 말룽끼야뿟따여, '이것은 괴로움의 발생이다'라고 나는 설명했다. 말룽끼야뿟따여, '이것은 괴로움의 소멸이다'라고 나는 설명했다. 말룽끼야뿟따여, '이것은 괴로움의 소멸에 이르는 길이다'라고 나는 설명했다.
말룽끼야뿟따여, 나는 왜 그러한 것들을 설명했는가? 말룽끼야뿟따여, 그것은 유익하고 청정한 삶과 관계가 있으며, 멀리 떠나고, 사라지고, 소멸하고, 멈추고, 삼매에 들고, 올바로 원만히 깨닫고, 열반에 이르는 데 도움이 되기 때문이다. 그러므로 나는 그 태어남, 늙음, 죽음, 우울, 슬픔, 고통, 근심, 불안을 설명했다."

세존께서는 이와 같이 말씀하셨습니다. 말룽끼야뿟따는 만족하여 세존께서 말씀하신 것을 기쁘게 받아들였습니다.

세존께서 말룽끼야뿟따 비구에게 하신 말씀은 여러 가지 의미에서 매우 중요한 뜻이 담겨 있습니다. 바로 이것이 관념과 실재의 문제입니다. 우리가 세상을 살면서 이것이 관념인지 알기가 어렵습니다. 그러므로 실재를 아는 수행을 해야 비로소 이것이 관념인지 알 수 있습니다. 그렇지 않고서는 영원히 관념의 벽을 무너뜨릴 수가 없습니다. 이 세상은 매우 두꺼운 관념의 벽으로 둘러싸여 있으며, 자신도 온통 관념의 벽으로 둘러싸여 있습니다. 이 벽을 뚫는 힘이 바로 위빠사나 수행의 알아차림입니다.

세상에 대한 의심은 사물에 대한 사변으로는 풀 수가 없습니다. 사변은 경험하지 않고 오직 생각을 통해서 인식하는 것이기 때문에 지혜로 보는 것이 아닙니다. 이러한 사변으로는 결코 청정한 생활을 하기가 어렵습니다. 이것이 관념입니다.

의심을 치료하기 위해서는 지금 여기에 있는 자신의 몸과 마음을 알아차리는 것이 필요합니다. 그렇지 않고 밖으로 나가면 치유가 될 수 없습니다. 이러한 의심도 자기가 하는 것이 아니고 그 순간의 마음이 일으킨 생각일 뿐입니다. 그래서 백 년을 의심해도 생각에 불과한 것입니다. 그래서 단 한순간이라도 자신의 몸과 마음을 알아차리는 것이 실재를 알아서 지혜를 얻는 길입니다.

어리석음에 대해서 다시 한 번 요약해 보겠습니다. 어리석음은 선하지 못한 모든 것의 으뜸이 되는 근본원인입니다. 어리석어서 탐욕을 일으키고 탐욕으로 인해 화를 냅니다. 어리석음은 다양한 형태로 나타나는데, 그 중에 대표적인 것들이 무명, 무지, 미혹, 둔함, 망상, 현혹, 맹목성, 들뜸, 의심입니다.

이런 마음은 나의 마음이 아니고 그 순간에 일어난 마음입니다. 이러한 마음이 일어나면 일어난 즉시 알아차려야 합니다. 세속에서의 어리석음은 이처럼 다양한 것들로 가득 차 있고, 이것들이 자신을 지배하고, 자신은 이것들에 이끌려서 살고 있습니다. 그러므로 있는 그대로의 대상을 알아차려야 하겠습니다. 대상을 알아차릴 때 대상을 관념으로 보는가, 실재를 보는가에 따라서 어리석음의 유무를 구별할 수 있는데, 이때 실재를 보는 것이 진리를 보는 것입니다.

이러한 진리를 보기 위해서 먼저 관념을 정확하게 알아차려야 합니다. 그래서 관념의 중앙에 고리를 건 뒤에 꽉 잡고 놓지 않고 계속해서 알아차리면 차츰 실재가 그 모습을 드러냅니다.

실재는 궁극적 진리인데 사물의 이치가 마지막까지 다다른 것으로 존재하는 것들의 특성인 무상, 고, 무아를 아는 것입니다. 어리석어서 대상을 있는 그대로 보지 못하고 잘못된 견해로 보았기 때문에 모든 것은 변하고, 괴로움이 있고, 자아가 없다는 것을 모릅니다. 그래서 모든 것이 항상 하고, 즐거움뿐이며, 참나가 있다고 잘못 생각합니다.

관념적 진리는 겉으로 드러난 세상일의 이치를 보고서도 알 수 있습니다. 그러나 궁극적 진리는 자신의 몸과 마음을 분리해서 알아차릴 때만이 알 수 있습니다. 세상의 일로 본 관념적 진리는 자아를 가지고 본 것이라서 바르게 볼 수가 없습니다. 밖에 있는 것을 볼 때 내가 있다는 것을 전제로 보면 대상의 바른 성품을 알 수가 없습니다. 그래서 오직 자신의 몸과 마음을 알아차릴 때만이 자아가 없이 본 것이라서 궁극적 진리를 봅니다.

어리석음은 맹목적인 것이라서 맹신에 빠지기 쉬우며 위험하기 때문에 화약과 같은 것입니다. 잘못된 것을 오히려 바른 것으로 아는 것처럼 위험한 것은 없습니다. 이러한 어리석음으로 인해서 들뜨고 흥분하고 산만해지는데, 이런 상태에서는 선한 마음의 작용인 알아차림을 할 수가 없어서 지혜가 생기지 않습니다.

어리석음으로 인해 의심을 합니다. 의심은 불확실한 정신적 상태이며 주저하는 마음입니다. 그래서 바르게 알고자 하는 마음을 가로막습니다. 의심은 사물에 대한 사변으로는 결코 치유될 수 없습니다. 경험이 아닌 순수한 사유만을 통해서는 바른 인식을 갖기가 어렵습니다.

이처럼 모든 종류의 어리석음은 모른다는 것으로 이것을 치유하는 유일한 길은 지혜를 얻는 것입니다. 왜냐하면 지혜는 아는 것이고, 알아서 끊는 것이기 때문입니다. 이러한 지혜를 얻기 위해서는 몸과 마음을 통찰하는 사념처 위빠사나 수행을 해야 합니다.

이 길은 역대의 모든 부처님과 아라한과 성자들이 가신 길이기 때문에 믿음을 가지고 열심히 정진해야 합니다.

지금까지 '일어난 마음 알아차리기'에서 선하지 못한 마음인 탐욕, 성냄, 어리석음에 대해서 말씀드렸습니다. 탐욕이 일어날 때는 탐욕이 일어난 마음을 알아차려야 합니다. 탐욕은 마음이 일으킵니다. 성냄이 일어날 때는 성냄이 일어난 마음을 알아차려야 합니다. 성냄은 마음이 일으킵니다. 어리석음이 있을 때는 어리석음이 일어난 마음을 알아차려야 합니다. 어리석음은 마음이 일으킵니다. 어리석은 마음을 알아차리면 어리석기 때문에 어리석은 마음이 일어난 것을 알게 됩니다. 어리석음보다 더 깊은 근본원인은 없습니다. 내가 있다고 하는 유신견도 어리석기 때문에 생깁니다. 그러므로 모든 것은 어리석음으로부터 시작됩니다.

지혜가 나면 갈애가 일어나지 않아 시작이 없습니다. 어리석은 마음을 알아차리는 것이 어리석음으로부터 벗어나는 유일한 길입니다.

지금까지 일어난 마음을 알아차리기에서 불선심인 탐욕과 성냄과 어리석음에 대해서 말씀드렸습니다. 탐욕과 성냄과 어리석음은 따로 구별하지만, 어리석음은 모든 불선심과 함께 있기 때문에 어리석어서 탐욕과 성냄이 일어납니다. 그러므로 어리석음은 불선심의 대표적인 마음입니다.

그러면 어리석음이 있을 때 알아차리는 수행방법을 요약해 보겠습니다. 하나, 어리석음이 일어난 것을 알아차립니다. 둘, 어리석은 마음을 알아차립니다. 셋, 어리석은 마음이 사라진 것을 알아차립니다. 넷, 가슴으로 가서 거친 느낌, 중간 느낌, 미세한 느낌을 알아차립니다. 다섯, 느낌이 사라지면 가슴이나 배, 코, 전면 등에서 일어나는 호흡을 알아차립니다. 여섯, 호흡이 고요해지면 맥박을 알아차립니다.

지금까지 어리석음에 대해서 말씀드렸습니다.

　어리석은 사람은 눈에 보이는 초능력에 현혹되고, 눈에 보이지 않는 지혜는 가볍게 생각합니다. 산다는 것의 근본원인이 무명과 갈애라서 그렇습니다. 누구나 어리석어서 탐욕을 부리며, 탐욕이 계속되어 어리석음으로부터 벗어날 수 없습니다.

　초능력은 탐욕으로 발전할 위험이 있어서 위빠사나 수행의 대상이 아닙니다. 초능력은 집중에 의해서 나타나는 정신적 현상일 뿐이지 지혜가 아니기 때문에 번뇌를 해결할 힘이 없습니다. 능력을 가지면 과시할 위험이 있어서 바르지 못할 뿐만 아니라 여기에 기대는 사람도 자꾸 어리석음에 빠집니다. 오직 자신의 몸과 마음을 알아차린 결과로 얻는 지혜만이 자신을 청정하게 합니다.

　오늘부터 '일어난 마음을 알아차리기'에서 선심의 대표적인 마음인 관용, 자애, 지혜에 대해서 말씀드리겠습니다.

　불선심과 마찬가지로 선심도 한 가지 마음만 있는 것이 아니고 여러 가지의 마음을 함께 포함하고 있습니다. 불선심을 대표하는 마음이 탐욕, 성냄, 어리석음이라고 했을 때 이와 반대되는 것으로 무탐無貪, 무진無瞋, 무치無癡라고 합니다. 이 말은 곧 탐욕 없음, 성냄 없음, 어리석음 없음입니다.

　일반적으로는 탐욕 없음을 관용으로, 성냄 없음을 자애로, 어리석음 없음을 지혜로 말합니다. 그러나 반드시 탐욕 없음이 관용을 말하지는 않습니다. 그리고 반드시 성냄 없음이 자애를 말하거나 어리석음 없음이 지혜를 말하는 것은 아닙니다. 일반적으로는 이렇게 반대로 비교할 수 있지만 수행을 할 때는 탐욕 없음, 성냄 없음, 어리석음 없음이 반드시 관용, 자애, 지혜는 아닙니다.

탐욕 없음은 단지 탐욕이 없는 상태의 수준이고, 성냄 없음은 단지 성냄이 없는 상태의 수준이고, 어리석음 없음은 단지 어리석음이 없는 상태의 수준입니다. 이때는 단지 탐욕이 없는 상태일 뿐이지 지혜가 포함된 관용의 수준과는 다릅니다. 의식에는 여러 가지의 지혜의 계층이 있기 때문입니다.

부처님께서 말씀하신『대념처경』의 마음을 알아차리는 수행에 의하면, 탐욕이 있는 마음과 탐욕이 없는 마음은 서로 반대가 아니고 별개로 구분하셨습니다. 그리고 성냄이 있는 마음과 성냄이 없는 마음도 별개로 구분하셨습니다. 어리석음이 있는 마음과 어리석음이 없는 마음도 별개로 구분하셨습니다.

이 말씀은 탐욕이 있을 때는 이 마음이 불선심이지만, 탐욕이 없을 때는 이 마음이 관용은 아닌 것입니다. 단지 탐욕이 없을 뿐이지 이 마음이 관용이 아닌 것을 말한 것입니다. 마찬가지로 성냄이 있을 때도 이 마음이 불선심이지만 그렇다고 해서 성냄이 없는 마음이 반드시 자애인 것은 아닙니다. 똑같이 어리석음이 있을 때는 이 마음이 불선심이지만 그렇다고 해서 어리석음이 없는 마음이 지혜가 있는 마음은 아닌 것입니다.

우리가 일반적으로 생각하기에 탐욕이 있다가 없으면 그것을 관용이라고 이해하기 쉽지만 정신세계에서는 그렇지 않습니다. 선한 마음이라고 할지라도 여러 가지의 마음이 복합되어 있기 때문에 어떤 마음이 함께 있느냐 없느냐에 따라서 마음의 종류도 다릅니다. 관용이 있는 마음도 지혜가 있느냐 없느냐에 따라서 다릅니다. 또 기쁨이 있느냐 없느냐에 따라서 다릅니다. 또 평온함이 있느냐 없느냐에 따라서 마음이 각기 다릅니다.

그러므로 수행자는 이런 마음을 구별할 것 없이 탐욕이 있는 마음일 때는 그냥 탐욕이 있는 마음을 알아차리고, 탐욕이 없는 마음일 때는 그냥 탐욕이 없는 마음을 알아차려야 합니다. 성냄이 있는 마음일 때는 그냥 성냄이 있는 마음을 알아차리고, 성냄이 없는 마음일 때는 그냥 성냄이 없는 마음을 알아차려야 합니다. 그리고 어리석음이 있는 마음일 때는 그냥 어리석음이 있는 마음을 알아차리고, 어리석음이 없는 마음일 때는 어리석음이 없는 마음을 알아차려야 합니다.

이처럼 일반적으로는 탐욕의 반대가 관용이지만 이것은 상대적 의미로 분류한 것입니다. 그러므로 수행에서는 탐욕의 반대가 반드시 관용은 아닙니다. 이때 탐욕이 없는 마음은 단지 탐욕이 없는 마음이고, 수행을 해서 지혜가 생겼기 때문에 생긴 탐욕이 없는 마음이라야 비로소 관용으로 분류할 수 있습니다.

그러므로 수행자는 탐욕이 있는 마음일 때는 탐욕이 있는 마음을 알아차려야 합니다. 다음에 탐욕이 없는 마음일 때는 탐욕이 없는 마음을 알아차려야 합니다. 그리고 관용이 있는 마음일 때는 관용이 있는 마음을 알아차려야 합니다.

이렇게 탐욕이 있고 없는 마음을 알아차릴 때 다음 세 가지로 마음을 분류해서 알아차릴 수 있는 것입니다. 수행자가 마음을 알아차릴 때 어떤 마음이거나 있는 마음을 알아차려야 합니다. 이렇게 하면 알아차리는 힘이 생겨 다음 마음을 알아차릴 수가 있습니다. 그래서 탐욕이 없는 마음을 알아차리면 다음에 관용이 있는 마음이 생깁니다. 마찬가지로 성냄이 없는 마음을 알아차리면 다음에 자애가 있는 마음이 생깁니다. 그리고 어리석음이 없는 마음을 알아차리면 다음에 지혜가 있는 마음이 생깁니다. 그래서 무탐, 무진, 무치를 알아차리면 자연스럽게 관용, 자애, 지혜라는 완전한 선심이 일어납니다.

지금부터 선한 마음인 관용, 자애, 지혜의 마음을 차례대로 말씀드리겠습니다.

첫째, 관용이 있는 마음을 알아차리기입니다. 불선심인 탐욕이 있는 마음을 알아차리듯이 똑같이 선심인 관용이 있는 마음을 알아차려야 합니다. 위빠사나 수행에서는 불선심과 선심을 모두 알아차려야 합니다. 불선심을 알아차리면 선심이 됩니다. 그리고 선심을 알아차리면 교만해지지 않고 지혜가 더욱 발전합니다. 위빠사나 수행은 나쁜 것만 알아차리지 않습니다. 좋거나 나쁜 것이나 모든 것들이 알아차릴 대상입니다. 이처럼 모든 것을 객관적인 입장에서 지켜보기 때문에 통찰지혜가 생깁니다. 그러므로 선심도 알아차려야 할 대상입니다.

우리가 고통스럽게 살아가는 원인은 많습니다. 그중에 좋은 것을 알아차리지 못해서 오는 고통이 사실은 더 큽니다. 갈애는 바라는 마음인데, 일반적으로 좋은 것을 바라는 마음입니다. 바로 이 갈애가 집착으로 발전하여 괴로움을 일으키는 행위를 하기 때문에 어떤 의미에서는 좋은 것을 바라는 마음이 더 위험한 것이고 고통을 줍니다. 나쁜 마음은 자신을 스스로 보호하기 위해서 어느 정도 경계하기 마련인데 좋은 것은 이런 경계가 무너져서 알아차림을 놓치기 마련입니다.

바로 이때 감각적 욕망을 일으켜 괴로움의 원인인 갈애가 자리 잡습니다. 그러므로 나쁜 것이라고 판단되는 것 못지않게 좋은 것이라고 판단되는 것도 알아차려야 합니다. 부처님께서는 최고의 지혜가 나셨지만 항상 자신의 지혜에 안주하지 않으시고 알아차림을 지속하셨습니다. 이것이 바로 위가 없는 지혜입니다.

그래서 수행의 세계에서는 좋은 것과 나쁜 것이 없습니다. 어느 것이 되었거나 모두 알아차릴 대상에 불과할 뿐입니다. 관용은 탐욕이 없는 마음입니다. 그리고 단지 탐욕이 없는 것에 그치지 않고 대상을 받아들이고 베푸는 마음입니다. 그래서 관용에는 반드시 보시의 마음이 함께 있습니다. 이것은 자신에 대해서나 남에 대해서 모두 적용됩니다.

관용은 받아들이는 마음이기 때문에 바라는 마음이 없고, 집착하지 않기 때문에 움켜 쥐려고 하지 않습니다. 바람이 없기 때문에 자신이나 상대에 대해서 부드러움과 관대함을 보일 수가 있습니다. 바라는 것이 없기 때문에 기꺼이 남을 위해서 베풀 수 있습니다.

관용은 선한 마음으로 유익하며 깨끗한 마음입니다. 그래서 항상 기쁨과 평온한 느낌이 함께합니다. 그러나 지혜가 있는 관용이 있고, 지혜가 없는 관용이 있습니다. 그리고 자극을 받지 않고 자발적으로 일어나는 관용이 있고, 자극을 받아서 유발되어 일어나는 관용이 있습니다. 이렇듯이 마음은 단순하지만 어떤 마음과 결합하여 일어나느냐에 따라서 다양한 형태의 마음으로 분류합니다. 그러나 수행자는 어떤 마음이 되었거나 일어난 그 마음을 있는 그대로 알아차려야 합니다.

내가 있다고 하는 자아가 있으면 완전한 관용이 될 수 없습니다. 자아가 있는 관용일 때는 어떤 목적을 가진 마음이 자리 잡고 있습니다. 내가 없다고 해도 관용을 베풀고 알아차리지 못하면 자아가 생길 수가 있습니다. 그래서 관용을 보이고도 알아차리지 못하면 관용의 공덕이 감소됩니다. 이렇듯이 유신견이 있으면 어느 때가 되었거나 선한 마음을 선하지 못한 마음으로 바꾸어 버립니다. 그래서 항상 알아차림이 필요한 것입니다.

관용은 선한 마음입니다. 그러나 선한 마음인 관용은 그냥 생기지 않습니다. 오랜 세월 동안 살아오면서 생긴 탐욕으로부터의 탈출입니다. 누구나 탐욕으로부터 벗어나는 것은 쉬운 일이 아닙니다. 그래서 관용은 부단한 노력 끝에 오는 것이지 그냥 생기는 것이 아닙니다. 그러므로 대상을 있는 그대로 알아차렸을 때만이 고요함에 의해서 평온을 얻고, 이러한 평온으로 인해 기쁨이 함께합니다.

탐욕이 있을 때는 탐욕이 있는 마음을 알아차리고, 탐욕이 없을 때는 탐욕이 없는 마음을 알아차립니다. 그리고 관용이 있을 때는 관용이 있는 마음을 알아차립니다. 관용이 있는 마음은 알아차릴 대상입니다. 관용을 알아차리지 못하면 다시 탐욕에 빠지거나 또는 자신이 너그럽다는 자만에 빠집니다. 이때의 관용은 지혜가 계발된 상태이지만 아직 완전한 지혜가 나지 않았기 때문에 관용이 있는 마음을 알아차려야 합니다. 대상을 선한 마음으로 받아들인 그 마음을 다시 알아차리면 관용으로 인해 교만해지지 않고 더욱 지혜가 발전합니다.

둘째, 자애가 있는 마음 알아차리기입니다. 불선심인 성냄이 있는 마음을 알아차리듯이 똑같이 선심인 자애가 있는 마음을 알아차려야 합니다. 자애는 성냄이 없는 마음입니다. 그리고 단지 성냄이 없는 것에 그치지 않고 사랑을 베푸는 마음입니다. 이 마음은 자신뿐만 아니라 모든 존재들이 번영과 행복을 바라는 마음으로 숭고한 사랑입니다.

　자애의 대표적인 마음은 마치 어머니가 생명의 위험을 무릅쓰고 하나뿐인 외아들을 보호하는 것과 같은 진정한 마음입니다. 이때의 자애는 어머니가 자식을 사랑하는 집착에서 오는 애정이 아니고 진심으로 자식이 행복해지기를 바라는 마음입니다. 자애로운 마음은 숭고한 사랑으로 가족, 사회, 인류, 존재계에 있는 모든 종류의 생명에게 편견을 갖고 있지 않습니다. 그래서 이 마음은 무제한적입니다. 그러므로 아무런 장벽이 없습니다. 이처럼 차별이 없기 때문에 어머니가 자식을 사랑하듯이 무조건적으로 사랑을 베풉니다. 이런 마음일 때라야 비로소 엄청난 힘을 가진 성냄이 소멸될 수 있습니다.

　성냄은 성냄을 통해서 사라지지 않습니다. 오직 자애를 통해서만 성냄이 사라집니다. 자애로운 마음이 모든 생명을 향해서 무한한 사랑을 보낼 때 자신이 무시되지 않습니다. 나는 없고 오직 남만 있는 것이 아닙니다. 이때 모든 생명 속에 자신도 하나의 생명으로 참여하는 것입니다. 그래서 나와 남이 따로 있지 않고 나와 남이 모두 포함된 무한한 사랑입니다.

　자애는 네 가지의 무량한 마음과 함께 있습니다. 네 가지 무량한 마음을 한문으로는 사무량심四無量心이라고 합니다. 이 네 가지란 자애[愛], 동정[悲], 기쁨[喜], 평정[捨]으로 이 마음을 자비희사慈悲喜捨라고 합니다. 우리가 일반적으로 자비라고 했을 때는 사랑을 뜻하는 자애와 연민의 정인 동정이 함께 포함된 말입니다. 수행자 여러분! 우리는 자비희사의 사무량심으로 더욱 선심을 키워야 되겠습니다.

과거에 있었던 불선업의 과보로 인해 현재의 괴로움이 있습니다. 이 괴로움을 해결하기 위해 알아차린다고 해서 괴로움이 즉시 사라지는 것이 아닙니다. 불선의 과보의 양만큼 그것에 필적할 만한 선과보가 필요합니다. 수행을 한다는 것은 새로운 선과보를 만드는 것입니다. 그 선과보 중에서 통찰지혜의 과보는 모든 것을 일거에 소멸시킬 수 있는 강력한 힘이 있습니다.

수행을 해서 만들어진 선과보의 통찰지혜가 생기면 불선업의 과보가 아무리 많아도 영향을 받지 않습니다. 지혜가 생기면 어떤 번뇌에도 걸리지 않아 거미줄에 걸리지 않는 바람처럼 자유롭습니다. 그 지혜란 모든 것은 원인과 결과이며, 내가 있어서 사는 것이 아니라는 것을 아는 것입니다.

계속해서 자애에 대해서 말씀드리겠습니다.

불선심 중에서 가장 격렬하게 나타나는 성냄의 힘은 매우 큽니다. 그러나 그 힘과 대적할 만한 더 큰 힘이 사랑입니다. 이 사랑은 단순한 사랑이 아니고 숭고한 사랑이라서 자애라고 합니다. 이러한 자애가 일어나면 자연스럽게 상대의 어려움을 동정하는 연민의 정이 생깁니다. 그래서 다른 사람들의 고통을 제거해 주려는 숭고한 마음이 일어납니다. 동정심을 가진 마음은 꽃보다 더 부드러운 마음을 가지고 상대의 고통을 어루만져 줍니다. 그래서 자신의 희생을 마다하지 않습니다.

자신의 고통에 대해서 자애를 가질 때 남의 고통에 대해서 연민의 정을 가질 수 있습니다. 자애가 없으면 남의 고통에 연민의 정을 보내지 못합니다. 오히려 남의 고통을 즐기거나 잘된 일이라고 환영할 수 있습니다. 이것이 바로 악한 의도입니다. 그러나 이처럼 남의 슬픔과 고통을 진심으로 이해해 줄 때 그 마음으로 그치지 않고 다음 마음이 일어납니다. 이것이 기쁨입니다.

이때의 기쁨은 함께 기뻐하는 숭고한 마음입니다. 자애와 동정심이 생기면 다음에 남의 기쁨에 대해서도 진심으로 함께 기뻐할 수 있습니다. 일반적으로 남의 기쁨을 함께하기란 쉽지 않습니다. 모두 경쟁적으로 살고 있으며, 누구나가 유신견을 가지고 살기 때문에 남의 성공을 달가워하지 않습니다. 그럼에도 자애와 연민의 마음이 있기 때문에 남의 기쁨에도 진심으로 동참할 수 있습니다. 남의 기쁨을 함께 기뻐하는 마음은 다른 사람에 대한 시기심을 제거해야 일어납니다.

이렇게 자애, 동정, 함께 기뻐하는 마음이 결합되면 다음에 더욱 숭고한 마음인 평정의 마음이 일어납니다. 평정을 평등이라고도 하는데 공평하게 바라보는 것을 말합니다. 대상을 좋아하거나 싫어하는 마음 없이, 대상을 집착하거나 혐오하는 마음 없이 그냥 있는 그대로의 대상을 지켜보는 균형이 있는 마음입니다. 이것이 중도의 마음입니다.

이처럼 자애로부터 시작된 마음이 사마타 수행에 의해서 사무량심이 완성되면 더 높은 선정을 체험합니다. 사무량심은 사마타 수행이라서 아직 통찰지혜가 나지 않은 단계입니다. 그래서 선정의 단계에 있는 숭고한 마음입니다. 자비희사의 네 가지 무량한 마음이 완성되면 어떤 고난에서도 흔들림이 없이 평등한 마음을 유지할 수 있습니다.

그래서 인간에게 영향을 끼치는 여덟 가지 세속적인 조건들 속에서도 평등심을 유지하여 균형을 이루게 됩니다. 이익과 손실에서, 명예와 불명예에서, 칭찬과 비난에서, 고통과 행복에서 중도적 입장을 견지할 수 있습니다. 이러한 단계에서 앞으로 더 높은 지혜를 얻을 수 있습니다.

그러면 『자애경』을 독송해 보겠습니다.

"남을 이롭게 하는 선행에 숙달된 사람으로서 평온의 경지를 얻고자 하는 사람은 능력이 있고, 정직하고, 성품이 고결하고, 말씨가 상냥하고, 친절하고, 겸손해야 합니다. 만족할 줄 알아서 남에게 보시하기 쉽고, 분주하지 않으며, 간소하게 살고, 감각기관이 고요하고, 슬기롭고, 교만하지 않으며, 세속의 일에 탐욕이 없어야 합니다. 지혜로운 사람에게 책망 받을 만한 아주 작은 잘못이라도 행하지 않으며, 모든 존재들이 안락하고 평화롭고, 행복하기를 기원해야 합니다.

살아 있는 것은 어떤 것이든 그들이 약하거나 강하거나, 길거나 짧거나, 크거나 중간이거나, 미세하거나 거칠거나 모두 예외 없이 행복하기를 기원해야 합니다. 눈에 보이거나 보이지 않거나, 가까이 있거나 멀리 있거나, 이미 태어났거나 태어날 것이거나 모두 예외 없이 행복하기를 기원해야 합니다.

누구이든 다른 사람을 속이지 않고, 어떤 경우에도 멸시하지 않으며, 서로 다른 생각 때문에 성냄이나 증오로써 다른 사람이 잘못되기를 바라서는 안 됩니다.

마치 어머니가 하나뿐인 외아들을 자신의 목숨처럼 보호하듯이 모든 존재들에게 한량없는 자애의 마음을 닦아야 합니다. 걸림 없이, 증오나 적의 없이, 한량없는 자애의 마음을 위로, 아래로, 옆으로, 사방으로 가득 차도록 널리 닦아야 합니다. 서 있을 때에도, 걸을 때에도, 앉아 있을 때에도, 누워 있을 때에도, 항상 깨어 있는 마음으로 자애를 닦아야 합니다. 그릇된 견해에 빠지지 않고, 계행을 지키고, 통찰력을 갖추어 감각적 욕망의 집착을 모두 버리니, 다시는 모태에 드는 일이 없을 것입니다."

이와 같은 자애수행을 하면 어떤 공덕이 있는지 『자애공덕경』을 독송해 보겠습니다.

"수행자들이여! 자애를 가까이하고, 자애수행을 하며, 자애를 항상 지니고, 자애를 수레바퀴처럼 굴리며, 자애를 기본으로 삼아 몸에 익히며, 자애를 쌓아가고, 훌륭하게 성취하여, 자애수행으로 높은 경지에 이른 이에겐 어떤 공덕이 있는가요?

행복하게 잠들고, 행복하게 일어나며, 잠잘 때 악몽을 꾸지 않습니다. 모든 사람들에게 사랑을 받고, 다른 존재들에게 사랑을 받습니다. 또한 천인들의 보호를 받으며, 불과 독약, 재난의 위험에서 벗어납니다. 쉽게 마음을 집중할 수 있으며, 얼굴 표정이 부드럽고 고요합니다. 불안한 마음 없이 죽음을 맞으니, 비록 최상의 열반은 얻지 못해도 천상의 세계에서 태어나게 됩니다."

성냄이 있을 때는 성냄이 있는 마음을 알아차리고, 성냄이 없을 때는 성냄이 없는 마음을 알아차립니다. 그리고 자애가 있을 때는 자애가 있는 마음을 알아차려야 하겠습니다.

자애가 있는 마음은 알아차릴 대상입니다. 자애를 알아차리지 못하면 다시 성냄에 빠지거나 또는 이기심에 빠집니다. 이때의 자애는 지혜가 계발된 상태이지만 아직 완전한 지혜가 나지 않았기 때문에 자애가 있는 마음을 알아차려야 합니다. 대상을 사랑하는 그 마음을 다시 알아차리면 자애로 인해 악한 의도가 일어나지 않습니다.

셋째, 지혜가 있는 마음 알아차리기입니다. 불선심인 어리석음이 있는 마음을 알아차리듯이 똑같이 선심인 지혜가 있는 마음을 알아차려야 합니다.

지혜는 '아는 마음'입니다. 아는 마음을 '앎' 또는 '이해'라고도 합니다. 지혜의 반대는 무지입니다. 무지는 모르는 마음입니다. 지혜가 나면 어둠에서 밝음으로 오는 것입니다. 그래서 사물의 자명한 이치를 깨닫습니다. 사물의 이치란 무상, 고, 무아를 아는 것입니다. 무지는 모르기 때문에 어둠이라서 대상의 성품을 모릅니다.

하지만 지혜는 환히 밝은 마음이라서 대상의 바른 성품을 봅니다. 존재하는 것들이 모두 무상, 고, 무아의 성품이 있다는 것을 알아 유신견이 사라지고 집착을 끊습니다. 그 결과로 해탈에 이릅니다. 그래서 지혜는 알기 때문에 어리석음을 끊는 특성이 있습니다.

지혜는 불교의 완성이자 구도자의 완성입니다. 수행의 모든 길은 지혜를 향해서 갑니다. 팔만사천법문도 모두 이 지혜를 얻기 위한 방편입니다. 그러므로 지혜는 팔정도의 정견과 정사유를 완성하는 것입니다. 그리고 일곱 가지 깨달음의 완성입니다. 지혜란 다른 것이 아닙니다. 최종적으로 내가 없다는 사실을 알아 집착이 끊어지는 것이 전부입니다. 이 과정에서 더 이상 바랄 것이 없어 다시 태어나지 않는 것입니다. 그래서 윤회가 끝나는 것입니다. 삶에 아무런 미련이 없기 때문에 다시 태어날 원인을 만들지 않아서 태어나지 않는 것입니다.

그러나 범부의 입장에서는 이것을 이해하기 어려울 수도 있습니다. 그래서 이 길은 누구나 가기 어려운 길이라서 원하는 자만 가는 길입니다. 그러므로 이 길을 가기 위해서는 선업의 공덕으로 지혜가 나야 합니다. 지혜가 나야 비로소 사는 것이 불만족이라는 것을 알아 이런 속박에서 벗어나고 싶은 지혜가 나서 수행을 합니다. 그러므로 지혜가 나서 지혜수행을 하는 것입니다. 그 지혜는 반드시 선업의 공덕으로 생깁니다.

지혜는 그냥 생기지 않습니다. 반드시 통찰지혜 수행인 위빠사나 수행을 해야 얻습니다. 위빠사나 수행을 팔정도라고 하는데 시작은 계율을 지키는 것으로부터 출발합니다. 알아차림에 의해 청정한 계율이 지켜지면 다음 단계로 집중력이 생깁니다. 이때의 집중이 찰나집중입니다. 그런 뒤에 찰나집중의 힘으로 지혜를 얻습니다. 이러한 과정이 바로 계정혜戒定慧 삼학三學입니다. 이 계정혜를 팔정도八正導 또는 중도中道라고 말합니다.

지혜는 어느 날 화들짝 전광석화처럼 한 번에 오지 않습니다. 무수한 시간을 거치고 오랜 노력에 의해서 차츰 단계적으로 계발됩니다. 물론 부처님이나 아라한의 지혜는 사다함에서 아라한이 될 때 한순간에 이루어지지만 이것이 처음부터 오는 것은 아닙니다. 처음에는 여러 단계의 과정을 거쳐서 마지막에 부처의 지혜를 얻습니다. 이것은 누구나 마찬가지입니다. 누구나 자기 수준의 지혜가 한순간에 일어나서 차츰 더욱 계발되는 과정을 거칩니다.

지혜는 일반적으로 세 가지 과정을 거쳐서 성숙됩니다. 처음에는 듣거나 읽는 것으로 지혜의 초석을 다집니다. 첫 번째 지혜는 입으로 전해진 앎입니다. 이것을 문혜聞慧라고 합니다. 부처님 당시에는 경전이 없었기 때문에 법문을 듣는 것으로 지혜에 입문합니다. 그래서 이때는 많이 들은 사람을 유식한 사람이라고 불렀습니다. 지금은 경전이 있어서 법문을 듣거나 경전을 읽는 것을 통해서 불교에 입문을 합니다. 문혜는 처음에 지식을 얻는 수준입니다. 그래서 앎이라고 하거나 이해하는 단계입니다.

두 번째 지혜는 생각으로 일어나는 앎입니다. 이것을 사혜思慧라고 합니다. 사혜는 생각하는 것, 사유하는 것으로 사변적인 것입니다. 이 수준에서는 아직 관념적인 것에 머뭅니다. 몸과 마음에 대한 실천적 수행을 통해서 아는 단계가 아닌 오직 사유의 수준에서 대상을 봅니다.

두 번째 지혜의 단계가 서양의 사변적인 철학입니다. 서양의 철학은 사변적이고 관념을 대상으로 하기 때문에 무상, 고, 무아를 통찰하는 지혜가 없습니다. 물론 인도의 힌두교도 관념을 대상으로 하기 때문에 열반을 성취하는 통찰지혜가 없습니다.

세 번째 지혜는 수행을 통해서 얻는 수승한 지혜입니다. 이것을 수혜修慧라고 합니다. 자신의 몸과 마음을 있는 그대로 통찰하여 최종적인 지혜인 삼법인三法印을 아는 것입니다. 이러한 수혜를 통해서 수다원의 도과를 성취하고, 다음에 사다함의 도과를 성취하고, 다음에 아나함의 도과를 성취한 뒤에 마지막에 아라한의 도과를 성취합니다.

수혜는 오직 부처님의 가르침에만 있습니다. 그러므로 인류 역사에 그 누구도 열반을 말하지 못합니다. 그래서 오직 부처님이 출현하셨을 때만 열반에 이르는 문이 열립니다. 언젠가 알 수 없지만 말법시대가 오면 다시 열반에 이르는 문이 닫힙니다. 그리고 다음 부처님의 출현에 의해서만 다시 열반의 문이 열립니다.

그러므로 우리는 정법시대에 살고 있는 행운을 얻은 것입니다. 만나기 어려운 것 중에서 부처님의 정법이 있는 시대에 태어나기가 어렵고, 정법을 만나기 어렵고, 정법수행을 하는 바른 스승을 만나기가 어렵다고 합니다.

내 것, 내 몸, 내 마음이라는 자아가 강하면 강한 만큼 괴롭습니다. 괴로울 때 괴로움을 없애려다 더 고통을 받는 자가 있고, 괴로워서 수행을 하는 자가 있습니다. 괴로움을 일으키는 힘이 강하면 괴로움을 없애려는 힘도 강합니다. 두 가지는 같은 힘입니다. 괴로움을 없애려고 하면 괴로움이 더 커집니다. 괴로움을 없애려고 해서는 결코 괴로움을 없앨 수 없습니다.

괴로움을 해결하는 유일한 방법이 있습니다. 괴로움은 원인이 있어서 생긴 결과라고 알고, 있는 그대로 알아차리는 것입니다. 괴롭지 않으려고 하지 말고, 괴로움이 있다는 사실을 그대로 받아들이는 것입니다. 이것이 관용입니다. 괴로움을 알아차리는 새로운 마음이 일어나면 있던 괴로움은 사라지고 맙니다.

지금 우리는 부처님의 정법시대에 삽니다. 정법시대는 세 가지 조건이 성숙되었을 때를 말합니다. 첫째, 부처님의 말씀이 담긴 빨리어 경전이 있는 시대입니다. 둘째, 부처님의 가르침을 실천할 수 있는 팔정도와 위빠사나 수행이 있는 시대입니다. 셋째, 부처님의 가르침에 따라 열반을 성취한 수다원, 사다함, 아나함, 아라한이 있는 시대입니다.

이와 같은 정법을 받아들이지 않고 미래에 올 부처를 기다리는 것은 바른 견해가 아닙니다. 과거에 혹세무민하는 시대에 너무나 참혹해서 구원을 바라는 마음으로 미륵 부처를 찾았습니다. 그러나 현재 이 시대에 있는 부처도 섬기지 못하면서 미래에 올 부처를 기다리는 것은 너무 요원합니다. 그럴 바에야 차라리 미래에 부처가 되기를 서원을 세우고 자기 스스로가 바라밀 공덕을 쌓는 것이 더 좋을 것입니다.

다음에는 위빠사나 수행을 통해서 도과를 성취하는 지혜의 과정을 말씀드리겠습니다.

위빠사나 수행의 지혜는 청정과 함께 계발됩니다. 그래서 칠청정과 열여섯 단계의 지혜의 과정을 거쳐서 열반에 이릅니다. 이러한 과정은 수행자의 근기에 따라서 늦고 빠른 차이가 있을 뿐이지 누구나가 거쳐 가야 하는 길입니다. 칠청정과 열여섯 단계의 지혜가 서로 맞물려 계발되는 과정을 차례로 말씀드리겠습니다. 여기서 청정은 첫째, 둘째로 하고, 지혜는 하나, 둘로 부르면서 말씀드리겠습니다.

첫째, 지계의 청정입니다. 둘째, 마음의 청정입니다. 하나, 정신과 물질을 구별하는 지혜입니다. 셋째, 견해의 청정입니다. 둘, 원인과 결과를 아는 지혜입니다. 넷째, 의심에서 벗어나는 청정입니다. 셋, 현상을 바르게 아는 지혜입니다. 넷, 생멸의 지혜입니다. 다섯째, 바른 길을 아는 청정입니다. 여섯째, 수행과정의 지혜와 통찰에 의한 청정입니다. 다섯, 소멸의 지혜입니다. 여섯, 두려움에 대한 지혜입니다. 일곱, 고난의 지혜입니다. 여덟, 혐오감에 대한 지혜입니다. 아홉, 해탈을 원하는 지혜입니다. 열, 다시 살펴보는 지혜입니다. 열하나, 현상에 대한 평등의 지혜입니다. 열둘, 적응의 지혜입니다. 열셋, 성숙의 지혜입니다. 열넷, 도의 지혜입니다. 열다섯, 과의 지혜입니다. 일곱째, 지혜통찰의 청정입니다. 열여섯, 회광반조의 지혜입니다.

이상이 부처님으로부터 모든 성자들이 가신 청정과 지혜의 단계입니다. 이때 어느 단계에서도 머물러서는 다음 단계로 가지 못합니다. 그래서 반드시 스승들의 가르침을 받아야 합니다.

이러한 일곱 가지 청정과 열여섯 단계의 지혜는 부처님께서 만드신 것이 아닙니다. 역대 모든 성자, 모든 아라한들이 가신 길을 부처님이 찾아내신 것입니다. 이러한 길은 어느 특정한 사람에 의해서 만들어진 것이 아니고, 인간이 최고의 지혜를 얻는 과정에서 자연스럽게 거쳐야 되는 불가피한 단계입니다. 우리는 이 사실에 주목해야 합니다.

이 과정을 부처님이 만든 것이 아니라는 사실이 주는 의미는 매우 큽니다. 부처님도 인간이십니다. 단지 최고의 법을 보아서 열반을 통해 해탈을 하신 분이라는 사실이 우리와 다릅니다. 그렇기 때문에 우리는 부처님의 이 고귀한 가르침을 받아서 늘 함께해야 되겠습니다.

지혜도 알아차릴 대상입니다. 지혜에 빠지면 간교해집니다. 그래서 지혜가 난 다음에 계속해서 알아차려야 다음 단계의 지혜로 나아갈 수 있으며, 간교해짐으로 인해 다시 무지에 빠지지 않습니다.

이렇게 많은 지혜의 과정이 있는데 이것은 결코 스스로 혼자서 올라갈 수가 없습니다. 오직 혼자서 이런 지혜의 단계를 아신 분이 부처님 한 분입니다. 그러므로 부처님 외에는 이러한 길을 스스로 갈 수 없습니다. 그래서 부처님의 가르침에 따라서 이 지혜의 단계를 거친다고 해서 이러한 제자들을 성문聲聞이라고 합니다. 그리고 부처님은 스스로 깨달음을 얻었다고 해서 '삼마삼붓다'라고 불립니다.

어리석음이 있을 때는 어리석음이 있는 마음을 알아차리고, 어리석음이 없을 때는 어리석음이 없는 마음을 알아차립니다. 그리고 지혜가 있을 때는 지혜가 있는 마음을 알아차립니다. 지혜가 있는 마음은 알아차릴 대상입니다. 지혜를 알아차리지 못하면 다시 무지에 빠지거나 또는 간교해집니다.

이때 지혜가 계발된 상태이지만 아직 완전한 지혜가 나지 않았기 때문에 지혜가 있는 마음을 알아차려야 합니다. 부처님께서는 완전한 지혜가 나셨어도 항상 지혜가 난 마음을 알아차려서 지혜에 빠지지 않으셨습니다. 이상으로 선한 마음인 관용, 자애, 지혜를 살펴보았습니다.

다음에는 관용, 자애, 지혜를 얻기 위해서 무엇을 어떻게 해야 하는지 그 실천방법에 대해서 말씀드리겠습니다.

선한 마음인 관용, 자애, 지혜가 생기면 선한 행위를 하게 됩니다. 그래서 보시, 지계,

수행이라는 세 가지를 실천합니다. 그러므로 우리가 선하다고 할 때는 막연하게 착한 것만을 말하지 않고, 사실은 이런 행위가 뒤따라야 비로소 선한 마음인 것입니다.

선한 마음을 갖추기 위해서는 반드시 보시, 지계, 수행이 따라야 합니다. 이때의 보시가 관용입니다. 선한 마음은 탐욕과 악한 의도가 없기 때문에 대상을 받아들이는 마음입니다. 받아들인다는 것은 필연적으로 베푸는 마음이 일어나기 마련입니다. 그리고 이때의 자애가 지계입니다. 그리고 지혜가 바로 수행입니다. 선한 마음을 실천하기 위해서 필요한 세 가지 실천 덕목을 하나씩 살펴보겠습니다.

첫 번째로 보시普施를 해야 합니다. 보시는 남에게 베푸는 마음입니다. 그냥 단순하게 베푸는 것이 아니고 그간에 내가 받은 많은 은혜를 모든 사람에게 갚는 것입니다. 그러므로 내가 베푼다고 생각해서는 안 됩니다. 받았으면 갚는 것이 당연한 일이기 때문에 단지 할 일을 한 것입니다. 보시는 관용이 있는 마음에 의해서 생기는 자연스러운 마음입니다. 그래서 관용과 보시는 같은 의미입니다.

보시는 바라밀 공덕의 첫째 항목입니다. 보살이 부처가 되기를 서원을 세우고 제일 처음에 하는 덕목이 바로 보시입니다. 보시는 이기적이고 비도덕적인 생각을 억제합니다. 그리고 오직 남을 위하는 마음을 일으킴으로써 두 가지의 기쁨을 줍니다.

보시를 하는 마음은 조건 없이 남을 도움으로써 스스로의 내면에서 일어나는 욕망을 억제하는 효과가 있습니다. 누구나 감각적 욕망을 제어하기가 어렵습니다. 그래서 오히려 남에게 헌신적인 보시를 함으로써 내면의 욕망이 제어됩니다. 그리고 보시를 하는 선한 마음이 도덕에 기초한 것이라서 고요함과 지혜가 옵니다. 이것은 한 가지의 행위로 두 가지 이익을 얻는 것입니다.

아무것도 바라지 않는 순수한 보시를 하는 마음은 보시를 받는 사람을 차별하지 않습니다. 그 사람이 병자이거나 가난하거나 고통 속에 빠진 사람이라는 등 누구를 가리지 않기 때문에 평등한 마음을 갖습니다. 바라지 않는 마음으로 보시를 하면 보시는 받는 사람도 빚으로 생각하기 않고 편안하게 받아들입니다. 그래서 이런 측면에서도 두 가지 이익이 있습니다.

굶주린 자에게 음식을 베풀어서 살도록 하고, 병들고 고통을 겪는 자를 정성스럽게 보살펴주고, 가난하고 외로운 자들과 함께 따뜻한 마음을 나누고, 청정하게 수행을 하는 자를 뒷바라지하는 네 가지 보시는 부처님께 직접 하는 보시나 다름이 없습니다.

보시를 할 때는 보시를 하는 사람이나 받는 사람이나 갖추어야 할 마음가짐이 있습니다. 먼저 보시를 하는 사람이 가져야 할 마음가짐은 보시를 하기 전에 즐거운 마음으로 해야 합니다. 그리고 보시를 하는 동안에도 만족해야 합니다. 그리고 보시를 한 뒤에도 기쁜 마음이 되어야 합니다. 시작할 때도 좋아야 하고, 하는 중에도 좋아야 하고, 하고 나서도 좋아야 합니다. 이렇게 되기 위해서는 반드시 청정한 보시를 해야 합니다.

다음에 보시를 받는 사람이 가져야 할 마음가짐이 있습니다. 보시를 받음으로 인해 탐욕에서 벗어나기 위해 노력해야 합니다. 보시를 받음으로 인해 성냄에서 벗어나기 위해 노력을 해야 합니다. 보시를 받음으로 인해 어리석음에서 벗어나기 위해 노력을 해야 합니다. 이렇게 보시를 행하는 사람이나 보시를 받는 사람이 해야 할 의무를 다하면 그 보시의 공덕의 과보가 더욱 커집니다.

보시에는 네 가지의 유형의 보시가 있습니다. 첫째, 보시를 베푸는 자에 의해서 청정하게 되는 보시입니다. 보시를 하는 사람이 계행이 청정하지만 받는 사람이 계행의 청정이 없는 경우입니다. 둘째, 보시를 받는 자에 의해서 청정하게 되는 보시입니다. 보시를 하는 사람이 계행이 청정하지 않지만 받는 사람이 계행이 청정한 보시입니다. 셋째, 보시를 베푸는 자나 보시를 받는 자나 청정하게 되지 않는 보시입니다. 보시를 하는 사람이나 받는 사람이 모두 계행이 청정하지 않은 보시입니다. 넷째, 보시를 하는 자나 보시를 받는 자에 의해서 청정하게 되는 보시입니다. 보시를 하는 사람이나 보시를 받는 사람이 모두 계행이 청정한 보시입니다.

이렇게 네 가지 청정한 보시가 있는데 보시를 행하는 자나 보시를 받는 자가 모두 계행을 청정하게 함으로써 보시의 과보가 달라집니다. 보시를 행하는 사람의 마음이 청정하고 보시물이 정당한 것일 때 그리고 보시를 받는 사람의 마음이 청정하고 그 보시물을 바르게 사용할 때 보시의 공덕이 더 커집니다.

일반적으로 보시를 행했으면 그것이 어떻게 쓰이건 상관하지 말아야 합니다. 물론 선하게 쓰이는 것이 가장 바람직한 일이지만 한번 보시를 했으면 그 쓰임새는 받은 사람이 할 일입니다. 만약 좋은 곳에 쓰이면 더 좋겠지만 원하지 않는 곳에 쓰였어도 관여해서는 안 됩니다. 다른 곳에 쓴 과보는 쓴 사람이 받는 것입니다. 만약 보시를 하고 자기 뜻대로 사용하지 않았다고 반환을 요구하거나 화를 낸다면 이것은 자신의 공덕을 삭감하는 것이며, 오히려 선한 보시로 인하여 불선행을 하는 것입니다. 그러므로 일단 보시를 했으면 그것은 이미 나의 것이 아닙니다.

이처럼 보시의 공덕은 베푸는 사람의 마음가짐과 보시를 받는 상대에 따라서 공덕이 달라집니다. 아무것도 바라지 않고 했다면 바람이 없는 만큼 그 공덕의 과보가 큽니다. 만약 바람이 있다면 있는 만큼 보시의 공덕이 반감됩니다. 이것은 순수하지 못했기 때문입니다. 그러므로 같은 것을 보시했을 때도 마음가짐에 따라서 과보는 다르게 나타나기 마련입니다.

이처럼 보시는 단순한 보시에 그치지 않고 행하는 자와 받는 자의 마음의 상태에 따라서 다양한 형태의 공덕의 과보가 있습니다.

언제부터인지 알 수 없는 유구한 세월 동안 단 한 가지의 진실이 있다면 모든 것이 변한다는 것입니다. 그러므로 인간이 살고 있는 지구도 항상 하지 않고 변하며, 인간의 생명도 항상 하지 않고 변합니다. 지구도 언젠가는 사라지게 되며, 인간도 영원한 것이 아니라서 소멸합니다.

변한다는 것은 일어나고 사라지는 것입니다. 모든 것이 소멸하는 것밖에 없다면 무엇을 집착하겠습니까? 변한다는 것을 받아들이면 지혜이고 받아들이지 못하면 고통입니다. 변한다는 것은 원인이 되는 조건에 의해 결과가 주어지는 것입니다. 변하는 과정에는 다른 어떤 힘도 개입되지 않습니다. 단지 자체의 원인과 결과로 진행될 뿐입니다.

계속해서 보시에 대해서 말씀드리겠습니다.

누구에게 보시를 했는가에 따라서 공덕의 과보가 다릅니다. 예를 들면 성스러운 사람에게 보시를 했다면 성스럽지 못한 사람에게 한 보시의 공덕보다 훨씬 과보가 큽니다. 성스러운 사람은 그 보시물을 통해서 더 좋은 일을 할 수 있기 때문에 공덕이 증장되는 것입니다. 만약 그렇지 않고 나쁜 사람에게 보시를 했다면 그가 그 보시로 인해 나쁜 짓을 했을 것이기 때문에 그만큼의 공덕이 상쇄될 것입니다. 물론 나쁜 사람에게 한 보시도 그 공덕은 있습니다. 단지 그 공덕의 과보가 증장되지 않는 것을 말하는 것입니다.

보시는 행한 대로 그 공덕이 따릅니다. 순수한 마음으로 짐승에게 보시를 하면 백배의 선과보를 받습니다. 계율을 지키지 않는 사람에게 순수한 마음으로 보시를 하면 천 배의 선과보를 받습니다. 계율을 지키는 사람에게 순수한 마음으로 보시를 하면 십만 배의 선과보를 받습니다. 선정수행을 해서 감각적 욕망에서 벗어난 사람에게 순수한 마음으로 보시를 하면 천억 배의 선과보를 받습니다. 수다원 도과를 성취한 수행자에게 보시를 하면 헤아릴 수 없는 큰 선과보를 받습니다.

그러니 사다함, 아나함, 아라한, 벽지불, 부처님께 보시를 하면 과연 얼마나 더 큰 선과보를 받겠습니까? 최고의 보시공덕은 아라한에게 드리는 것입니다. 그래서 아라한을 응공應供이라고 합니다. 응공이란 말은 공양을 받을 자격이 있는 분이라는 뜻입니다. 아라한은 모든 번뇌를 해결했기 때문에 어떤 불선심도 없이 오직 남을 위해서 사는 것이 마지막 남은 인생의 목표입니다. 그러므로 최고의 공덕으로 치는 것입니다.

이처럼 보시는 선한 사람에게 하는 것이 유익합니다. 그중에 수행을 하는 사람에게 하는 보시는 가장 좋습니다. 수행자는 보시를 받아서 수행을 할 수 있기 때문에 단순한 보시의 공덕으로 그치지 않아 그 힘이 계속 증장됩니다. 예를 들어 수행자에게 공양을 올렸을 때 수행자가 공양을 들면서 알아차리고 먹으면 수행의 공덕이 생깁니다. 그가 한 보시물로 상대가 수행을 해서 지혜가 생겼다면 당연히 그 공덕의 과보는 더 크게 돌아갑니다. 부처님께서 깨달음을 얻기 전에 수자타가 올린 유미죽을 드시고 깨달음을 얻으셨는데 이 유미죽을 올린 수자타의 공덕은 그 무엇으로도 비견될 수 없는 것이었습니다. 보시의 공덕이라는 것이 바로 이렇습니다.

보시는 법보시와 재물보시가 있습니다. 이 중에 법보시의 가치가 더 뛰어납니다. 법보시는 깨달음을 얻은 부처님, 아라한, 성자들의 훌륭한 말씀을 사람들이 듣고자 할 때 법을 설하는 것입니다. 이것이 가장 큰 보시의 공덕입니다. 이러한 법보시를 함으로써 믿음이 없는 사람에게 믿음을 주고, 계행이 청정하지 못한 사람에게 계행이 청정하도록 하고, 인색한 사람에게는 베푸는 것의 공덕을 가르치고, 잘못된 견해를 가진 사람에게는 바른 견해를 갖도록 해야 합니다. 어떤 것이 되었거나 가장 훌륭한 바라밀 공덕을 쌓는 것입니다.

미얀마에서 비구들이 탁발을 할 때 여러 가지의 보시물을 올리지만 그중에 갈증을 해소하라고 물을 한 잔씩 올리는 보시도 있습니다. 보시는 재물을 베푸는 것으로만 생각해서는 안 됩니다. 따뜻한 말 한마디, 다정한 미소, 자애로운 눈길도 사실은 모두 보시에 속합니다.

수행자가 보시를 할 때는 먼저 '지금 무슨 마음으로 보시를 하는가?' 하고 알아차려야 합니다. 만약 이렇게 알아차려서 바라는 마음이 있다거나 과시를 하는 마음이 있다면 즉각 보시를 중단해야 합니다. 이런 상태에서 보시를 하면 보시의 공덕이 줄어듭니다. 그리고 선한 보시로 인해서 다른 나쁜 마음을 먹게 됩니다.

그리고 다시 한 번 '지금 무슨 마음으로 보시를 하는가?" 하고 다시 알아차립니다. 이렇게 보시하는 마음을 새로 알아차리면 그때는 아무것도 바라는 마음 없이 순수한 마음이 있다는 것을 알게 될 것입니다. 그러면 그때 보시를 하는 것이 좋습니다.

보시에도 주의해야 할 것이 있습니다. 다른 사람이 하는 보시에 개입을 해서 상대가 보시를 하지 못하도록 해서는 안 됩니다. 예를 들어 가까운 도반이 얼마를 보시하겠다고 말했을 때 무심히 왜 그렇게 많이 하느냐고 보시금액을 깎지 말아야 합니다. 이것은 상대의 보시공덕을 가로막는 것이라서 불선업이며, 자기 자신이 인색하게 굴어서 불선업을 짓는 것입니다. 때로는 아예 남이 보시를 하지 못하도록 가로막는 경우도 있습니다. 이것은 질투심으로 인한 불선업입니다. 그러므로 상대가 보시를 하는 문제로 상의했을 때는 당신이 원하는 만큼 기쁜 마음으로 아무것도 바라지 말고 하라고 조언을 해주어야 합니다.

남이 보시를 할 때 매우 훌륭한 일이라고 칭찬을 해주면 상대가 보시를 해서 받는 공덕을 똑같이 나누어 가질 수가 있습니다. 보시는 재물로만 하는 것이 아니고 마음으로 하는 것도 포함이 되기 때문입니다. 그러니 선한 마음을 가지고 있으면 이렇게 돈이 없어도 바라밀 공덕을 쌓을 수가 있습니다. 남이 하는 보시에 동참하여 기쁜 마음으로 그를 칭찬해 준다면 보시를 행한 자가 받는 바라밀 공덕의 과보를 똑같이 받습니다.

보시를 받을 때는 반드시 보시를 하는 사람의 입장을 배려해야 합니다. 계행이 청정하지 않은 보시를 제외하고는 반드시 받아야 합니다. 가령 자신이 싫어한다고 해서 거절해서는 안 됩니다. 자기에게 필요 없는 것이나 자기가 먹지 않는 것이라고 해서 싫다고 거절해서는 안 됩니다. 이것은 주는 자의 공덕을 가로막는 것입니다.

보시를 받은 뒤에 자기가 어떻게 사용하건 그것은 받은 이후에 자신이 결정할 문제입니다. 그러므로 남의 보시를 받지 않음으로써 남의 공덕을 방해하지 말아야 합니다. 만약 자신의 입장만 내세운다면 이것은 어린아이의 마음과 하등에 다를 것이 없습니다. 그러므로 누군가가 무심히 먹을 것을 주었을 때 '나는 싫어'라고 말하지 말고 그냥 받아야 합니다. 만약 이런 문제가 생기지 않도록 하기 위해서 먼저 상대방의 입장을 물어서 주는 것도 바람직할 것입니다.

미얀마에서 비구들이 보시를 할 때는 반드시 각기 필요에 따른 의식이 있습니다. 일반적으로는 돈이나 먹는 것은 쟁반에 받쳐서 비구 앞에 놓고 비구가 손대지 않습니다. 왜냐하면 돈을 손대지 않는 것이 비구의 계율이기 때문입니다. 그러나 일용품일 경우에는 쟁반에 받쳐서 올리면 쟁반에 손을 대서 받는 의식을 취합니다. 그리고 "이 보시의 공덕으로 도과를 성취하기를 바랍니다" 하고 축원을 해줍니다. 물론 상황에 따라서 다양한 축원을 합니다.

이렇게 주고받는 의식을 행함으로써 주고받음이 분명하게 끝납니다. 그러면 보시를 행한 자나 보시를 받는 자가 서로의 역할을 한 것입니다. 그렇게 되면 다음에 보시를 한 것으로 인해서 생길 수 있는 잘못된 마음가짐이 일어날 수가 없습니다. 이러한 의식에서는 주는 자와 받는 자가 서로 빚이 없습니다. 주는 자는 자신의 공덕을 쌓고, 받는 자는 받은 것을 잘 사용하여 보시를 한 자에게 더 큰 공덕이 돌아가도록 유익하게 사용합니다. 이것이 보시의 바른 관계입니다.

그렇기 때문에 보시를 했다고 해서 개인적인 특별한 친밀감을 나타낼 필요가 없습니다. 그러므로 보시를 한 사람이 보시를 받은 사람의 태도에 대해서 바라는 것이 없어야 합니다. 만약에 보시를 했는데 상대가 감사하게 여기지 않는다고 불쾌해 하거나 당연한 것처럼 받는다고 언짢게 생각해서는 안 됩니다. 보시를 했는데 다음에 만났을 때 말이 없거나 몰라준다고 섭섭하게 생각해서도 안 됩니다. 왜냐하면 주고받음에는 각자의 역할이 있기 때문입니다.

또 받은 것을 지나치게 감사하게 여기면 다음에 다시 보시를 받기를 바라는 마음을 보이는 것이기도 합니다. 그러면 상대가 부담을 갖습니다. 그러므로 주고받음에도 일정한 예절이 필요합니다. 만약 보시를 하고 그 사람을 지배하려고 했다면 이는 오히려 불선업을 짓는 것입니다.

보시는 선한 행위로 누구에게나 반드시 필요한 덕목입니다. 남에게 베푸는 것은 자신을 위한 가장 큰 복을 얻는 것이며, 받는 사람에게도 복을 주는 것입니다. 순수하게 베풀 때의 마음은 기쁘고 즐겁습니다. 이것이 주고받는 사람이 즉석에서 받는 공덕의 과보입니다. 그러므로 항상 기쁜 마음으로 보시를 할 생각을 해야 합니다. 남을 위해서 사는 것이 자신을 위해 가장 바람직하게 사는 것입니다.

베풀 때는 편견이 없이 베풀어야 하고, 좋고 나쁨을 가리지 말고 베풀어야 합니다. 이익을 바라고 베풀면 오히려 정신적·물질적 손실이 옵니다. 그러므로 아무것도 바라지 말고 순수하게 베풀어야 합니다. 그렇게 베푸는 마음이 선한 종자가 되어 고스란히 자신에게 돌아옵니다. 바라지 않을 때 더 큰 공덕의 선과보가 돌아온다는 것을 잊지 말아야 하겠습니다. 사람들의 선한 행위와 선하지 못한 행위는 하는 순간에 일어나서 사라지지만 자기가 한 선과보와 선하지 못한 과보는 사라지지 않고 상속됩니다. 이것이 바로 윤회입니다. 그래서 선과보와 불선과보는 지금 이후에도 상속되고, 죽은 뒤에도 상속됩니다.

보시를 할 기회도 그렇게 많지 않습니다. 우리가 보시를 할 시간도 그렇게 많이 남아 있지 않습니다. 시간이 지나면 다음에는 하고 싶어도 하지 못합니다. 그러니 지금 베푸십시오. 순수한 마음으로 널리 베풀면 사람들의 칭찬이 따르고 두려움 없이 살 수 있으며, 누구에게나 미움을 받지 않습니다. 베푸는 사람의 마음은 항상 청정하여 하는 일이 잘 되고 행복하며, 다음 생까지 이 행복이 상속됩니다. 그러니 우리가 베풀지 않고 무엇을 해야 하겠습니까?

두 번째로 지계가 있어야 합니다. 지계는 계율을 지키는 행위입니다. 계율은 빨리어로 실라siila라고 합니다. 이 말은 본성, 습관, 도덕, 도덕적 의무, 도덕적 실천, 계戒라는 뜻으로 쓰입니다. 그러므로 불교에서의 계율은 매우 자율적인 것이며 탄력적인 것입니다. 이것은 어떤 절대자로부터 계시된 것이 아니고, 인간이나 집단이나 간에 선한 삶의 목표를 위해서 합의에 의해 조성된 약속입니다.

계율은 선한 의도라고 합니다. 그래서 선한 마음의 작용을 계율이라고 합니다. 또한 계율은 잘 막아서 보호하고, 범하지 않는 것을 말합니다. 계율은 무엇을 억지로 하지 말아야 한다는 강압적이기보다는 나와 남의 행복을 지켜주는 울타리 같은 것입니다. 그래서 선한 마음의 의도입니다.

그렇기 때문에 계율은 깨끗한 것이며 아름다운 것입니다. 사람들은 계율 안에 있을 때 상호신뢰하게 되고, 그래서 편안하고 행복합니다. 지계는 선한 마음을 갖는 데 반드시 필요한 덕목입니다. 계율을 지키는 행위는 도덕적인 것이며, 자애와 연관이 되어 있습니다.

계율을 지키는 것은 절제하는 것으로 정신적 훈련을 하는 것입니다. 계율을 지키는 것을 훈련처럼 하지 않으면 계율주의자가 되어 오히려 계율에 함몰되어 버립니다. 그러므로 피안으로 가는 수단으로 계율을 지켜야 합니다. 계율이 목적이 되면 계율을 지키지 못하는 것을 배척합니다. 그러면 스스로 계율에 속박당합니다. 그러므로 계율은 훈련이라고 말씀드리는 것입니다.

계율은 강제적인 의미도 있지만 이상을 가진 사람들이 선택하는 도덕적 의무가 있습니다. 그래서 계율은 깨달음을 얻고자 하는 수행자에게 가장 우선하는 근본입니다. 계율에 기초하지 않으면 고요함이 생기지 않아 지혜가 계발되지 않습니다. 그래서 계율은 수행의 시작입니다.

50년 동안 탐욕을 가지고 괴롭게 살아왔으면 50년 동안 알아차려야 괴롭지 않다는 마음가짐이 필요합니다. 100년, 1,000년 동안 탐욕을 가지고 살아왔으면 100년, 1,000년 동안 알아차려야 괴롭지 않다는 마음가짐이 필요합니다. 행해 온 날들이 길면 알아차리는 날들도 그만큼 필요합니다.

노력도 하지 않고 얻기를 바라는 것은 탐욕입니다. 씨를 뿌리지도 않고 거두려는 사람이 있는가 하면, 씨를 뿌리고 기다리지 않고 거두려는 사람도 있습니다. 탐욕으로 알아차리면 살아온 날들만큼 알아차렸다고 해도 번뇌가 소멸되지 않습니다. 바라지 않고 분명하게 알아차릴 때만이 시간을 뛰어넘는 결과를 얻을 수가 있습니다.

누구나 계율을 딱딱하게 생각하기 마련입니다. 그러나 계율은 가장 부드러운 것입니다. 그것이 도덕적이기 때문입니다. 그리고 계율은 막아서 보호하는 것이기 때문에 오히려 가장 필요한 것입니다. 계율이 딱딱하게 느껴지는 것은 자유분망한 마음이 침해받는다는 잘못된 생각 때문입니다.

그러나 사실은 그렇지 않습니다. 계율이 있기 때문에 자신의 자유분망한 마음이 보호를 받을 수 있는 것입니다. 계율은 자신을 억제하여 자신을 보호하고 자신으로 인해서 남이 피해를 받는 일이 없도록 하는 것입니다. 계율의 가장 큰 이익은 탐욕, 성냄, 어리석음이란 번뇌의 싹을 자른다는 것입니다.

무엇이나 좋은 일어남은 좋은 사라짐이 있습니다. 그것처럼 나쁜 일어남이 있으면 나쁜 사라짐이 있습니다. 이것은 자신에게서나 우리 주위에서 항상 볼 수 있는 크고 작은 많은 현상들입니다. 좋은 일어남은 좋은 출발이고, 계율이 있는 출발입니다. 그리고 팔정도에 입각한 출발입니다. 그리고 선업을 행하는 것으로 출발하는 것입니다. 이렇게 출발이 좋으면 결과도 좋습니다. 그러나 처음부터 출발이 좋지 않으면 반드시 결과가 좋지 않습니다. 그러므로 모든 것이 계율 안에 있을 때가 가장 안전하고 편안하고 행복한 것입니다.

그래서 선업의 과보는 매 순간 받는 것이고, 일생을 통해서 받는 것이고, 다음 생에도 받는 것이고, 그래서 온통 원인과 결과라는 과보밖에 없는 것입니다. 선업이 이러하니 악업 또한 마찬가지입니다. 사람이 죽으면 남는 것은 계율밖에 없습니다. 이 말은 죽어서 가지고 가는 재산은 물질이 아니고 선업과 악업의 과보인데, 계율을 지켰을 때는 선업의 과보를 가지고 가고, 계율을 지키지 못하면 악업의 과보를 가지고 간다는 말입니다.

이것이 바로 지은 대로 받는 것입니다. 얼굴이 예쁜 것은 전생에 남을 비난하지 않아서 칭찬을 한 아름다운 마음이 있었던 것이며, 부자는 전생에 남에게 베풀었던 결과이며, 병이 많거나 단명한 것은 전생에 살생을 많이 했던 결과입니다. 무엇이나 원인이 없는 결과는 없습니다. 바람이 불어야 나뭇잎이 흔들립니다. 이것을 조건이라고도 합니다.

그러므로 계율은 우리 생존의 기본 골격과 같은 것입니다. 특히 사람으로 태어났다는 것은 선업의 과보로 된 것입니다. 그렇다고 해서 다음 생에도 다시 사람으로 태어나리라는 보장은 없습니다. 사람으로 태어나기가 얼마나 어려운 것인지 경전에 기록되어 있습니다.

사람이 오늘을 산다는 절실한 의미는 새로운 선업을 쌓아서 좋은 원인을 만들고, 현재 있는 선업의 의식을 더 고양시키는 것입니다. 이것은 현재도 행복하고, 다음에도 행복을 보장합니다. 이것이 나의 행복과 남의 행복을 함께 일으키고 지켜주는 것입니다.

그래서 사람이 축생과 다르다는 것은 일정한 계율의 바탕에서 산다는 것이기도 합니다. 이런 원인으로 지고의 행복인 열반을 성취하게 되는 것입니다. 바로 이런 행위를 하는 것을 수행을 하는 것이라고 합니다.

계율은 왜 지켜야 하는 것일까요? 계율은 몸과 마음이 들뜨지 않고 편안하게 하기 위해서 지켜야 합니다. 그리고 괴롭지 않고 기쁨이 생기기 위해서 지켜야 합니다. 노력과 알아차리는 힘이 생기게 하기 위해서, 선정수행의 집중력을 키우기 위해서, 위빠사나 수행의 찰나집중을 위해서, 혐오스러워하지 않기 위해서, 통찰지혜로 알기 위해서, 선한 행위로 집착을 소멸하기 위해서, 사성제의 진리를 알기 위해서, 열반을 체험하기 위해서 계를 지켜야 합니다. 이런 모든 것들의 바탕에 항상 계율이 있습니다.

주석서에서는 지계의 이익을 다음과 같이 말합니다. 첫째, 세상에서 지계가 구족한 이는 잊어버림이 없는 마음으로 흐리지 않아서 큰 재산을 모을 수가 있습니다. 둘째, 지계가 구족한 이는 좋은 소문이 널리 퍼집니다. 셋째, 지계가 구족한 이는 왕들의 모임이나 지혜로운 브라만 대중, 거부장자, 비구, 수행자, 대중 등에게 가더라고 두려운 마음이 없이 밝은 얼굴이 될 수 있습니다. 넷째, 지계가 구족한 이는 임종 시에 허둥대지 않으며, 맑은 정신과 기쁜 마음으로 임종을 맞이합니다. 다섯째, 지계가 구족한 이는 죽은 다음에 선업이 있는 이들이 가는 곳, 행복한 곳에 태어납니다.

이외에도 계율을 지키면 건강이 좋아질 것이고, 사회적으로 신망을 얻어 정신적인 지도가 될 것이고, 늘 알맞은 이윤을 남겨 재산이 오래 유지될 것입니다. 이런 모든 것들이 사실은 모두 계율에 기인한 것입니다. 그래서 수행자에게 가장 우선하는 것이 계율입니다.

인간으로 살아가는 데 기본적으로 지켜야 할 다섯 가지 계율이 있습니다. 첫째, 살생을 하지 않는 것, 둘째, 도둑질을 하지 않는 것, 셋째, 문란한 성생활을 하지 않는 것, 넷째, 거짓말을 하지 않는 것, 다섯째, 술을 마시지 않는 것입니다. 이것이 바로 오계五戒입니다.

하나, 살아 있는 생명을 죽이지 말아야 하는 것에 대해서 말씀드리겠습니다. 생명은 누구에게나 소중한 것입니다. 내가 다른 생명을 빼앗을 권리를 가지고 태어나지 않았습니다. 인간은 생존을 위한다는 미명하에 불필요한 살생을 즐깁니다. 취미가 다른 생명을 죽이는 것이라면 이는 매우 잘못된 취미입니다. 다른 생명을 죽인 과보는 고스란히 자기가 받습니다. 작은 곤충조차도 살아갈 권리를 가지고 태어났습니다. 지구는 인간들만의 것이 아닙니다. 여러 생명이 공존하는 공간입니다. 모두 살기 위해서 태어났는데 그것을 죽인다면 그것은 삶을 역행하는 것이고, 그 과보는 고스란히 자신이 받습니다.

살생을 하지 않는 마음에는 자애와 연민의 마음이 있습니다. 그러나 살생을 하는 마음에는 자애와 연민의 마음이 없습니다. 살생을 하는 동물적 본능을 가지고 산다면 그는 사람이 아니고 동물과 다름이 없습니다. 동물과 다름이 없다면 그의 다음 생은 동물이거나 동물보다 낮은 단계의 세계에 태어날 것입니다.

자신의 목숨을 끊는 것도 살생입니다. 자신의 목숨을 끊으면 더 큰 살생의 과보를 받습니다. 이는 가장 어리석은 일이기 때문입니다. 죽어서 괴로움을 끝낼 수만 있다면 자살을 하는 것도 상관이 없을 것입니다. 그러나 스스로 생명을 끊었기 때문에 어리석은 과보로 인해 더 가혹한 고통을 겪어야 합니다. 이것이 문제입니다. 그러니 자신의 목숨을 끊는 것은 지금보다 더 혹독한 고통을 스스로 찾아서 가는 것입니다. 과연 이것보다 더 어리석은 일이 어디 있겠습니까? 고통에서 벗어나기 위해 더 큰 고통을 찾아간다는 것은 분명히 어리석은 일입니다.

누구나 선한 마음이 있어서 선행을 했습니다. 그리고 선하지 못한 마음이 있어서 선하지 못한 행위를 했습니다. 만약 고통스러운 일이 있다면 그것은 불선행의 과보를 받은 것입니다. 그러나 머지않아 선행을 한 과보도 올 것입니다. 그러니 기다려야 합니다. 내가 당한 고통이 아니고 단지 지금 이 순간의 마음이 괴로울 뿐입니다. 이것은 내가 당한 수모가 아닙니다. 단지 이 순간의 마음이 경험했을 뿐입니다. 그러니 괴로움을 나의 것이라고 생각하지 마십시오. 절망하지 말고 희망을 가져야 합니다.

지금 내가 괴로운 것이 아닙니다. 그러므로 괴로울 때는 괴로워하는 마음을 알아차려야 합니다. 그래서 괴로움을 객관화시켜야 합니다. 괴로움은 한낱 느낌일 뿐입니다.

그 느낌은 감각기관이 느끼는 것입니다. 그리고 그 느낌은 일어난 순간에 사라집니다. 그러나 이 느낌이 나의 느낌이라고 생각하고 이 느낌이 항상 하다고 생각하기 때문에 우리는 순간적으로 그 고통을 견디지 못하고 맙니다.

둘, 주지 않는 물건을 갖지 않아야 합니다. 남이 주지 않는 물건을 갖는 것은 도둑질입니다. 그리고 남에게 주어야 할 것을 주지 않는 것도 도둑질에 속합니다. 남의 것을 훔치면 고요함이 생기지 않으며, 남에게 손실을 입히는 것입니다. 도둑질도 그렇습니다. 내가 남의 물건을 훔치지 않는 것은 남도 내 물건을 훔치지 않는 것과 같은 것입니다. 내가 남에게 줄 것을 주는 것은 남도 내게 줄 것을 주는 것과 같습니다. 그래서 계율은 상호적인 것입니다.

주지 않는 것을 갖지 않는 것에 대한 기준은 다섯 가지가 있습니다. 첫째, 절도입니다. 남의 소유의 물건을 집에 침입하여 훔친다거나 소매치기를 하는 것입니다. 둘째, 강도입니다. 남이 소유한 물건을 폭력을 써서 강제로 빼앗거나 협박을 해서 빼앗는 것입니다. 셋째, 날치기입니다. 남이 소유한 물건을 반항할 틈을 주지 않고 갑자기 낚아채는 것입니다. 넷째, 사취입니다. 남이 소유한 물건을 자기 것이라고 거짓으로 속여서 차지하는 것입니다. 다섯째, 속임수입니다. 상대를 눈가림으로 속여서 이익을 취하는 것입니다.

이러한 행위는 반드시 행한 대로 과보를 받습니다. 훔친 물건의 가치에 따라서 불선과보가 생깁니다. 매우 소중한 것일수록 그 불선과보가 큽니다. 다음에 피해자의 도덕적 자질에 따라서 과보가 다릅니다. 피해자가 정신적 수준이 높으면 그것에 따라서 불선과보가 더 큽니다. 그리고 탐심으로 했는지 복수심이나 증오를 가지고 했는지에 따라서 불선과보가 다릅니다. 만약 단순한 탐심이 아니고 소유한 사람을 해치려는 의도를 가지고 했다면 불선과보가 더 큽니다.

셋, 삿된 음행을 하지 말아야 합니다. 누구나 배우자가 아닌 사람과 불륜행위를 해서는 안 됩니다. 특히 부모 형제, 친척들로부터 보호를 받는 사람, 여자 죄수 그리고 남과 약혼한 여자들과도 관계를 가져서는 안 된다고 경전에서 말합니다. 출가수행자는 독신 생활을 함으로써 이욕離慾을 통하여 정신적 함양을 꾀해야 합니다. 재가수행자가 음란

한 성행위를 하지 않는 것은 결혼관계를 보호하고, 부부가 상호간에 정신적 유대감을 가져 행복을 추구하는 목적을 지키는 것입니다.

남자에게는 세 가지 종류의 여자들과 부적절한 관계를 가져서는 안 됩니다. 다른 남자와 결혼한 여자, 아직 보호를 받고 있는 여자, 전통적으로 금지하고 있는 여자입니다. 여자에게 두 가지 종류의 남자들과 부적절한 관계를 가져서는 안 됩니다. 결혼한 남자, 독신을 선언한 남자입니다.

넷, 거짓말을 하지 말아야 합니다. 사실이 아닌 거짓말을 해서는 안 됩니다. 거짓말을 하는 것에는 두 가지 측면이 있습니다. 하나는 거짓말을 하지 않는 것입니다. 다른 하나는 진실을 말하는 것입니다. 이 두 가지 모두 이루어져야 비로소 거짓말을 하지 않는 것입니다. 이렇게 실천하면 스스로나 남에게 믿음이 생깁니다. 그러므로 자신의 이익을 위해서도, 남의 이익을 위해서도 또는 어떤 이익을 위해서도 거짓말을 해서는 안 되고 그리고 진실을 말해야 합니다.

거짓말에는 소극적인 경우와 적극적인 경우가 있습니다. 소극적인 측면일 경우에는 거짓말을 하지 않는 것이고, 적극적인 경우에는 진실을 말하는 것입니다. 거짓말은 남을 속이려는 의도로 하는 것이지만 거짓말의 동기가 다릅니다. 탐욕으로 거짓말을 하는 경우가 있고, 미움으로 거짓말을 하는 경우가 있고, 미혹으로 거짓말을 하는 경우가 있습니다.

그래서 거짓말의 종류에 따라서 그 과보가 다릅니다. 특히 성스러운 승가를 분열시키는 거짓말은 그 과보가 매우 크다는 사실을 알아야 합니다. 그리고 성스러운 사람을 속이는 것이 그 과보가 크다는 사실을 알아야 합니다.

수행이란 사다리를 오르는 것과 같습니다. 사다리를 오를 때 위를 보거나 아래를 내려다보면서 오르면 효과적으로 오를 수가 없습니다. 오직 사다리를 잡는 손과 발이 닿는 것만 알아차려야 위험하지 않게 오를 수가 있습니다.

수행을 할 때도 이처럼 다른 것을 생각해서는 안 되며, 오직 현재의 몸과 마음을 알아차려야 합니다. 위를 보는 것은 아직 오지 않은 미래를 생각하는 것이며, 아래를 보는 것은 이미 지나간 과거를 생각하는 것입니다. 위빠사나 수행은 오직 현재에 있는 것을 알아차려야 합니다. 현재에 있는 것만이 실재하는 것이며, 실재하는 것에 법의 성품이 있어서 지혜가 계발됩니다.

계속해서 선업의 두 번째 지계에 대해서 말씀드리겠습니다.

다섯, 정신을 혼미하게 하는 술이나 약물을 먹지 않아야 합니다. 술을 빨리어로 수라메라야맛자suraamerayamajja라고 합니다. 수라sura는 곡주穀酒이고, 메라야meraya는 과주果酒, 화주花酒, 목주木酒이고, 맛자majja는 술을 뜻합니다. 이와 같은 술은 사람을 취하게 합니다. 그래서 술은 마시면 정신이 흐려집니다. 약물도 이와 같습니다.

상좌불교에서 오계를 지키겠다는 서원을 세울 때 술에 관한 것에서는 "알아차리지 못하는 것의 원인이 되는 곡주, 과일주 등의 술을 마시지 않는 계행을 지키겠습니다"라고 말합니다. 이때 '알아차리지 못하는 것의 원인이 되는 술'이란 말에 주목할 필요가 있습니다. 결국 술을 마시지 말라는 것은 술이 알아차림을 방해하는 것이기 때문입니다.

그렇다면 알아차림이 없을 때는 술을 먹은 것과 같다는 말도 됩니다. 우리가 살면서 행한 크고 작은 잘못에는 술 때문에 생긴 일들이 많습니다. 모든 것이 느낌이듯이 술도 느낌입니다. 술을 마시는 것은 즐거운 느낌을 얻기 위한 것입니다. 느낌은 항상 더 좋은 느낌을 부릅니다. 이것이 바로 갈애입니다. 그래서 술이 술을 부릅니다.

그렇기 때문에 술을 마시고 싶을 때는 먼저 취하고 싶은 느낌을 알아차려야 합니다. 술을 마시려는 순간의 느낌은 감각적 쾌락을 추구하고 싶어 하는 마음입니다. 이때의 느낌은 짧은 순간에 일어나는데 이 유혹을 물리치지 못하기 때문에 술을 습관적으로 마시게 되고, 나중에는 술이 술을 마시게 됩니다. 이렇게 되면 육체적인 즐거움에서 정신적인 즐거움으로 발전한 것입니다. 사실 이런 감각적 쾌락은 짧은 한순간의 느낌을 알아차리는 훈련을 하면 이내 유혹으로부터 자유로워질 수가 있습니다.

그 짧은 한순간의 느낌을 알아차리지 못하기 때문에 반사적으로 술을 먹는 행위로 발전합니다. 이처럼 반사적인 행동을 하는 것은 과거에 술을 마시고 이완했을 때의 느낌을 기억하기 때문입니다. 그래서 과거에 술을 마시고 실수를 하고 고생을 했던 때를 기억해야 합니다. 그래야 술을 마시고 싶은 느낌을 제어할 수 있습니다.

술을 마시고 싶을 때 먼저 마시고 싶어 하는 마음을 알아차려야 합니다. 그리고 술을 마시고 싶어 하는 마음이 사라진 것을 알아차려야 합니다. 그런 뒤에 가슴에서 일어난 느낌을 주시해야 합니다. 마음은 비물질이라서 보이지 않지만, 몸을 통해서 느낌으로 알 수 있습니다. 가슴이 약간 두근거린다든가, 가슴이 뛴다든가, 어떤 형태로든 가슴에 느낌이 있습니다. 이 느낌은 거칠 수도 있고, 미세할 수도 있습니다. 어느 느낌이거나 가만히 주시해야 합니다. 얼마 동안 이렇게 주시하면 술을 마시고 싶은 생각이 한결 약해져서 제어될 수 있습니다. 술을 마시지 않고 알아차림으로 극복했다면 이때는 알아차리는 힘이 증장한 것입니다.

가슴에서 느낌을 알아차리기가 어려우면 가슴의 호흡을 알아차려도 좋습니다. 가슴에는 이런 유의 여러 가지 느낌과 호흡과 맥박, 진동이 있습니다. 느낌이 강하면 느낌을 알아차리고, 아니면 몸에 있는 다른 것이라도 대상으로 삼아서 알아차려야 합니다. 가슴에 느낌이 없는데도 반드시 가슴을 알아차려야 하는 것은 아닙니다. 그리고 대상의 위치는 중요하지 않습니다. 아무 곳에서나 강한 느낌이 있으면 그것을 알아차려야 합니다.

괴로운 일이 있을 때 마시는 술은 때로는 유익할 수도 있습니다. 그러나 괴로움을 술로 해결하는 것은 최선의 방법은 아닙니다. 수행자에게는 괴로움이 알아차릴 대상일 뿐입니다. 괴로움을 알아차리면 오히려 지혜가 납니다. 그래서 괴로움의 도피처가 술이 되면 알코올 중독자가 되기 때문에 괴로움을 있는 그대로 알아차리는 것이 더 유익한 결과를 가져옵니다.

수행자는 언제나 좋거나 싫거나 나타난 어떤 대상도 피하지 않습니다. 그냥 온몸으로 마주쳐서 알아차려야 합니다. 사실 피한다는 것은 현명한 대처가 아닙니다. 피할수록 더 문제를 일으키게 됩니다. 어떤 대상이나 있는 그대로 알아차리면 사실 별것도 아닙니다. 괴로움이 두려워서 피하려 하기 때문에 사실은 더 괴로운 것입니다. 이렇게 알아차리는 것이 계율을 지키는 것이고, 선업입니다.

불교의 계율은 매우 자율적으로 정해졌습니다. 『율장』을 보면 부처님께서 계율을 임의로 정하지 않으셨습니다. 어떤 문제가 제기되었을 때 비구들이 모여서 해결의 방편으로 자연스럽게 계율이 정해진 것입니다. 이렇게 합의된 상좌부 불교의 비구 계율이 227계입니다.

불교에서는 여러 가지 계율이 있지만 수행자에게는 알아차림 하나면 계율을 실천할 수 있습니다. 알아차림은 선한 행위이기 때문에 모든 선하지 못한 마음을 방어합니다. 그래서 알아차리는 것이 계율을 지키는 것입니다. 그러나 지나치게 계율을 의식하면 수행자가 스스로를 속박할 수 있습니다. 계율은 막아서 스스로와 남을 보호하는 의미가 있기 때문에 그냥 알아차리는 것이면 됩니다. 부처님께서도 계율이 목적이 되어서는 안 된다고 말씀하셨습니다. 그래서 계율은 청정한 수행을 하기 위한 수단이어야 합니다.

선업을 행하는 보시, 지계에 이어서 세 번째로 수행을 해야 합니다. 수행은 마음을 계발하는 것입니다. 수행을 명상이라고도 합니다. 수행은 대상을 알아차리는 행위입니다. 특히 수행을 한다는 것은 노력과 알아차림과 집중을 하는 것입니다. 그러므로 만약 수행이 잘 안 된다면 노력과 알아차림과 집중이 서로 조화를 이루지 못한 것입니다. 그래서 이 세 가지 중에서 무엇이 부족한지 그리고 지나치지는 않았는지 살펴봐야 합니다.

일반적으로 대상을 알 때는 알아차림이라는 행위가 없이 그냥 습관적으로 압니다. 그래서 있는 그대로 알아차리지 못합니다. 그러나 수행은 대상을 생각으로 아는 것이 아니고 깨어서 알아차리는 행위를 하는 것입니다. 이렇게 알아차려야 비로소 선입관 없이 있는 그대로의 대상을 알 수 있습니다. 바로 이것을 수행이라고 합니다.

수행의 종류는 대상과 하나가 되는 집중을 통해서 고요함을 얻는 사마타 수행이 있고, 대상을 분리해서 알아차리는 찰나집중을 하는 위빠사나 수행이 있습니다. 사마타 수행은 선정의 고요함이 있고, 위빠사나 수행은 지혜를 얻어 열반을 성취합니다.

사마타 수행은 40가지가 있는데 모두 대상과 하나가 되어서 선정을 키우는 것입니다. 사마타 수행은 색계 선정과 무색계 선정이 있습니다. 사마타 수행을 해서 색계 1선정일 때 현재에도 색계 1선정이 되고, 죽어서도 색계 1선정의 세계에 태어납니다. 선정은 무색계 4선정까지 있고, 그 위에는 없습니다. 선정의 세계는 윤회하는 세계이기 때문에 그곳에서 죽으면 다시 다른 세계에서 태어납니다.

위빠사나 수행은 몸, 느낌, 마음, 법을 대상으로 알아차리는 수행입니다. 그래서 현재 몸과 마음이 하고 있는 것을 알아차리는 수행입니다. 수행은 먼저 대상이 있어야 합니다. 그리고 대상에 마음을 보내는 알아차림이란 행위가 있어야 합니다. 그리고 이것을 아는 마음이 있어야 합니다. 이처럼 세 가지 조건이 성숙되었을 때 비로소 위빠사나 수행을 한다고 말할 수 있습니다. 이때 대상과 아는 마음 사이에 알아차림이라는 행위가 있어서 비로소 수행이 성립됩니다.

그러므로 알아차림이 있는 것을 수행이라고 말할 수 있습니다. 위빠사나 수행이라는 말은 대상을 분리해서 통찰한다는 뜻입니다. 이렇게 하기 위해서는 대상을 알아차려야 하고, 다음에 대상을 알아차리는 것을 지속해야만 합니다. 단순하게 알아차리는 것으로는 통찰지혜가 나지 않기 때문에 알아차림을 지속하는 것까지 포함되어야 비로소 위빠사나 수행이라고 말할 수 있습니다. 위빠사나 수행의 모든 방편이 먼저 대상을 알아차리고, 다음에 알아차림을 지속하기 위한 것입니다. 위빠사나 수행은 지혜수행으로 칠청정과 열여섯 단계의 지혜가 계발되어 탐욕, 성냄, 어리석음의 번뇌를 불태우는 것입니다. 그 결과로 열반에 이릅니다. 그래서 그 끝인 윤회가 끝나는 것입니다. 누구나 괴로움에서 벗어나서 행복하게 살기 위해서 수행을 해야 합니다.

선한 일은 생각으로는 안 됩니다. 실천하는 수행이 아니면 사변에 그치고 말기 때문에 선한 마음이라고 할 수가 없습니다. 지식으로 아는 진실은 완전하지 못해 두려움과 고통이 따릅니다. 그러나 지혜가 있는 자는 진실을 알기 때문에 두려움과 고통이 없습니다. 이렇듯이 수행을 하지 않고서는 선善에 이르기 어렵기 때문에 관용을 갖기 위해서는 반드시 위빠사나 수행을 해야 합니다. 그러나 바람이 있는 수행은 반쪽짜리 수행이라서 바람이 없는 위빠사나 수행을 해야 완전한 관용을 가질 수 있습니다.

수행을 하지 않는 사람은 감각적 쾌락에 빠져서 살기 때문에 관대한 마음을 가질 수 없습니다. 무엇인가를 성취하기 위해서 극단적 고행을 하는 사람도 관대한 마음을 가질 수 없습니다. 극단적인 것에는 항상 반대급부가 따르기 마련이라서 관용이 생길 수가 없습니다. 그래서 수행은 대결하는 것이 아니고 알아차려서 수용하는 것이어야 합니다.

수행을 할 때 남을 의식해서는 안 됩니다. 지금까지는 남의 눈치를 보면서 자신 있게 할일을 못했다면 이제는 자신의 길을 가야 합니다. 남을 의식하면서 살면 남의 인생을 사는 것입니다. 상대의 일은 상대의 일이라서 내가 상관할 것이 없고, 내 일은 내 일이라서 남이 상관할 것이 없습니다. 이렇게 알아차리면 상대의 어떤 행위도 단지 상대의 일로 보여서 알아차리는 힘을 온전하게 자신의 내면으로 돌릴 수 있습니다. 그러므로 남의 눈치를 볼 것이 없고, 아울러 남과 시비할 것도 없어야 합니다. 바른 알아차림이 있으면 자연스럽게 자신의 내면을 향할 수가 있습니다.

수행을 하려면 노력을 해야 합니다. 수행은 저절로 되는 것이 아닙니다. 수행이란 마음을 계발하는 것이라서 전에 없는 마음을 갖는 것입니다. 그러기 위해서는 현재의 습관적인 마음과 선하지 못한 마음을 뛰어넘을 수 있는 노력이 따라야 합니다. 이러한 노력에는 인내가 함께해야 합니다. 노력을 조금만 하고 큰 결과를 얻으려고 하는 것은 탐욕이지 관용이 아닙니다. 인내는 참고 견디는 것을 말하지만 수행에서는 노력하는 것을 의미합니다.

노력한다는 것은 마음을 기울이는 것으로 대상을 알아차리는 것이며, 알아차림을 지속하는 것입니다. 마음을 새로 내서 수행을 하고자 하는 의지를 갖는 것이 노력입니다. 대상에 빠져서 알아차림을 놓쳤을 때는 즉시 알아차리는 노력을 해야 합니다. 수행에서 가장 중요한 것이 알아차림과 집중인데, 이것들이 모두 노력으로 되는 것입니다.

노력하는 방법은 여러 가지가 있습니다. 좌선을 할 때는 현재의 마음가짐을 알아차리는 것이나 자세가 바른가, 몸에 힘은 들어가 있지 않은가, 하는 것들을 살피는 것도 노력입니다. 수행을 할 때 무조건 참는다고 다 좋은 것은 아닙니다. 수행자는 무엇이나 참아야 하지만 이것보다 더 좋은 것은 대상을 분명하게 알아차려서 알아차림을 지속하는 것입니다. 알아차림을 지속하면 자연스럽게 대상을 수용하게 됩니다. 이것이 관용이고, 수행의 미덕입니다.

지금까지 선하다고 하는 것을 말하는 보시, 지계, 수행에 대해서 말씀드렸습니다. 이 세 가지는 선심인 관용, 자애, 지혜를 실천하기 위해서 필요한 실천 덕목입니다. 완전한 선심을 갖기 위해서는 반드시 이상의 세 가지를 선행해야 합니다.

위빠사나 수행은 먼저 하고자 하는 진실한 의도가 있어야 합니다. 그런 뒤에 스승의 가르침에 따라 대상을 정확하게 알아차리고, 다음으로 알아차림을 지속해야 합니다. 이런 지속을 위해서는 알아차리는 것이 유용한지, 적합한지, 바른 대상인지, 미혹하지 않은지를 살펴봐야 합니다.

이와 같은 조건을 충족하기 위해서는 반드시 노력이 필요합니다. 그래야 비로소 수행의 지혜가 나서 이익을 얻습니다. 이처럼 위빠사나 수행은 먼저 의도가 있어야 하고, 알아차림과 함께 알아차림을 지속시키기 위한 네 가지의 분명한 앎이 있어야 합니다. 그래서 노력이 따라야 하고, 이러한 노력의 결과로 지혜가 생겨서 궁극의 자유를 얻습니다.

마음 보는 방법 네 가지 중 '하려는 마음 알아차리기'에 대하여 말씀드리겠습니다.

셋째, 하려는 마음 알아차리기입니다. 하려는 마음 알아차리기는 의도를 알아차리는 것입니다. 의도는 생각하는 것인데 한문으로는 사思라고 합니다. 무엇인가를 하려고 계획을 세우는 것이 의도입니다. 우리가 하는 행위는 의도에 의해서 일어납니다. 『논장』에서는 이 의도를 여러 가지로 설명합니다. 행위를 하는 것, 고무하는 것, 격려하는 것, 자극하는 것, 조정하는 것, 기억하여 행위를 하게 하는 것 등등이 있습니다. 이런 모든 것을 통틀어서 의도라고 합니다. 하려는 마음을 알아차리는 것도 여러 가지의 마음을 알아차리는 것들과 함께 중요한 대상입니다.

　의도는 마음에 의해서 일어나는 마음의 작용입니다. 그러므로 마음이 없으면 의도가 일어나지 않습니다. 이 의도가 바로 행行입니다. 행위를 업業이라고 하는데, 의도가 있는 행위를 바로 업이라고 말합니다. 이때의 의도란 분명하게 하려는 마음을 낸 것을 말합니다. 업은 반드시 그에 상응하는 과보가 따르는데 이때 의도가 없는 행은 업이라고 볼 수가 없습니다. 그래서 인식하지 못한 채로 모르고 불가피하게 하게 된 행은 업이 되지 않아서 과보를 받지 않습니다.

　12연기에서는 업이 두 가지가 있습니다. 과거의 업과 현재의 업입니다. 과거에 형성된 의도를 행이라고 합니다. 이때의 행이 바로 의도이고, 이것이 마음의 형성력입니다. 그러므로 과거의 행은 의도가 있기 때문에 업입니다. 그리고 현재 새로운 의도를 내서 하는 행위를 업의 생성이라고 합니다. 그래서 과거의 의도는 행이고, 현재의 의도는 업의 생성입니다. 하려는 마음을 알아차리기는 현재 무엇인가를 하려는 의도를 내는 그 마음을 알아차리는 것입니다. 그러므로 업의 생성에 속하는 것입니다. 그래서 현재 새로 생성하는 업의 의도를 알아차리는 것입니다.

　수행자는 과거에 형성된 업을 알아차리는 것이 아니고, 현재 새로 생성하는 업이 알아차릴 대상입니다. 업의 생성이란 업의 힘을 말합니다. 그래서 이것이 업력입니다. 현재 의도를 일으켜 업을 만들면 이 힘이 미래의 태어남을 만들기 때문에 업의 생성이라고 합니다. 이때 유념해야 할 것은 내가 미래로 옮겨가는 것이 아니고, 바로 이 업의 힘이 옮겨가서 태어남이 생기는 것입니다. 의도를 알아차리면 이런 인과관계를 알 수가 있습니다.

　그러므로 여기에 자아가 없습니다. 그래서 내가 다음 생에 태어나는 것이 아니고 단지 업의 생성, 그 힘이 옮겨가기 때문에 여기에 나라고 하는 자아는 존재할 수가 없습니다. 과거는 이미 지나간 것입니다. 그래서 과거는 원인으로서의 의미 이상은 없습니다. 과거는 관념이며 실재하는 것이 아니라서 수행자에게는 반면교사로서의 의미밖에 없습니다. 수행자는 항상 현재 여기에서 실재하는 것을 대상으로 알아차려야 합니다. 그 시작이 바로 의도입니다.

그렇다고 해서 수행자가 처음부터 항상 의도를 알아차려야 하는 것은 아닙니다. 물론 그렇게 할 수만 있다면 좋겠지만 처음부터 의도를 알아차리기는 어렵습니다. 그러므로 먼저 의도를 알아차리는 것이 인식과정의 단계에서 기본임을 알고, 의도를 알아차리는 힘이 생겼을 때 알아차리면 됩니다.

내가 살고 있는 것은 마음과 몸이 있어서 삽니다. 하지만 몸과 마음만 가지고 살 수는 없습니다. 마음과 함께 있으면서 마음에 의해서 일어나는 마음의 작용이 일을 하기 때문에 사는 것입니다. 마음은 대상을 아는 것으로서 하나이지만 다양한 형태의 마음의 작용이 있어서 마음이 그것을 압니다. 이때 의도가 이러한 여러 가지 마음의 작용 중의 하나입니다.

마음의 작용은 오온 중에서 수, 상, 행을 말합니다. 이 마음의 작용은 마음과 함께 일어나서 함께 소멸합니다. 그래서 어느 것이 먼저라고 할 것이 없습니다. 이것들이 오온으로 결합되어 있기 때문입니다. 그리고 마음의 작용은 동일한 대상을 가지고 있습니다. 육입六入이 육경六境과 부딪쳐서 육식六識을 하는 과정이 모두 동일한 대상입니다. 마음의 작용은 물질적인 것과 정신적이라는 것의 동일한 토대를 바탕으로 일어납니다.

그리고 마음의 작용은 항상 마음과 결합하여 일어납니다. 이렇게 일어나는 것을 마음이 받아들여서 아는 것입니다. 이러한 마음의 작용에 시간은 큰 의미가 없습니다. 왜냐하면 대상은 항상 현재 여기에 있는 것이기 때문입니다. 그래서 수행자는 과거나 미래를 알아차리지 않고, 현재 여기에 있는 자신의 몸과 마음을 알아차려야 하기 때문에 언제나 현재에 머뭅니다.

우리가 산다고 할 때 다른 것과 연관되어 나타나는 마음의 작용은 모두 열세 가지입니다. 그중에 모든 마음과 연관되어 나타나는 마음의 작용이 일곱 가지입니다. 이 일곱 가지는 언제든지 있기 때문에 기본이 되는 마음의 작용입니다. 그리고 연관될 때도 있고, 연관되지 않을 때도 있는 마음의 작용이 여섯 가지가 있습니다. 이것들은 조건이 성숙되었을 때만 나타납니다.

모든 것과 연관되어 나타나는 마음의 작용은 항상 여기에 있는 마음의 작용입니다. 그래서 이것이 없으면 정상적으로 사는 것이 성립되지 않습니다. 여기서 정상적이라는 것은 이 기능이 작용하더라도 이 중에 하나라도 결함이 있으면 바른 사고력을 갖기가 어렵기 때문입니다. 그러므로 정상적인 인지기능을 할 때 다음의 일곱 가지가 반드시 필요합니다. 이것이 바로 접촉, 느낌, 인식, 의도, 집중, 생명력, 숙고입니다. 이상의 일곱 가지가 바르게 작용할 때 정상적으로 사는 것입니다.

만일 여러분들이 정신적 장애가 있다면 이상의 일곱 가지의 기능이 제대로 작용하지 않고 있다는 것입니다. 우울증이나 분열증도 이상의 일곱 가지 기능이 원활하지 못하기 때문에 생긴 것입니다. 그러므로 자신에게 문제가 있을 때는 이것들을 하나씩 점검해 봐야 합니다. 그러므로 장애가 생겼을 때 다른 것들도 점검해 봐야 하겠지만 바른 의도를 가지고 있는지, 아니면 바른 의도를 가지고 있지 않은지를 알아차려야 합니다.

그래서 누구나 바른 의도를 갖도록 노력해야 합니다. 이것은 의식을 구성하는 기본요소이기 때문에 생존에 중요한 의미를 가지고 있습니다. 이상 일곱 가지가 마음의 작용 중에서 수, 상, 행입니다. 이때 접촉은 오온의 행이며, 느낌은 오온의 수이며, 인식은 오온의 상이고, 의도는 오온의 행이며, 집중은 오온의 행이고, 생명력은 오온의 행이며, 숙고도 오온의 행입니다.

마음의 작용은 모두 52가지가 있는데, 느낌과 인식을 빼고는 나머지가 모두 행에 속합니다. 이상 마음의 작용 중에서 기본이 되는 일곱 가지는 각각이 혼자서 존재하지 못합니다. 매 순간 일곱 가지가 함께 모여서 다시 마음과 몸과 함께 일어나서 함께 소멸합니다. 이것이 색온, 수온, 상온, 행온, 식온이라는 오온五蘊입니다. 그러므로 의도도 여러 가지 기능 중의 하나입니다.

마음을 알아차리는 위빠사나 수행자는 여기서 행위의 원인이 되는 의도를 알아차리는 것이 지금 우리의 수행의 목표입니다. 수행을 할 때 의도를 바르게 알아차리면 접촉,

느낌, 인식, 집중, 숙고가 모두 함께 바르게 작용합니다. 이처럼 의도 하나만 바르게 알아차리면 일곱 가지 기능이 모두 바르게 작용합니다. 왜냐하면 이것들은 서로 붙어 있기 때문입니다. 이것이 수행의 보이지 않는 이익입니다.

알아차림 하나면 여러 가지의 마음의 작용들이 함께 작용하는 것은 마음이 여러 가지의 복합적인 기능을 가지고 있기 때문입니다. 이것은 좋은 의미로 작용할 때는 좋은 가속도가 붙어서 더 좋아지고, 나쁜 의미로 작용할 때는 나쁜 가속도가 붙어서 더 나빠집니다. 우리가 산다는 것은 이런 기본적인 기능들이 바르게 작용하기 때문에 인식할 수 있습니다. 이런 기능은 자신의 의지와 상관없이 일어나는 현상입니다. 그래서 자신이 알든 모르든 상관하지 않고 항상 마음의 작용은 기능을 합니다.

그러나 지금 여기서 '하려는 마음을 알아차리는 것'은 지금까지 모르고 진행되던 이러한 과정을 이제부터라도 알아차리고 해야 하는 것을 말합니다. 그리고 이때 알아차릴 대상이 오직 마음인 것입니다. 의도가 마음이라서 마음이 마음을 대상으로 알아차리는 수행을 하는 것입니다. 마음이 모든 것을 이끈다는 것은 모든 행위가 이러한 의도에 의해서 일어나기 때문입니다. 그래서 하려는 의도를 알아차리면 이상의 일곱 가지 기능들이 모두 함께 일어납니다. 그래서 대상을 명확하게 알아차릴 수가 있습니다. 우리가 의도를 모르고 무심히 행할 때는 역시 일곱 가지 기능이 분명하지 않은 상태에서 행해진 것입니다. 그러므로 의도를 알아차리는 수행을 하면 이상 일곱 가지 마음의 작용에 알아차림이란 행위가 하나 더 포함되어서 매우 발전적인 수행을 하는 것입니다.

요약을 하자면 의도는 마음을 알아차리는 것이고, 모든 일은 마음이 하기 때문에 의도를 알아차리는 것은 모든 일을 하는 원인을 아는 것입니다. 그래서 의도를 알아차리면 의도와 함께 일어나는 일곱 가지의 기능도 함께 작용하여 수행을 향상시킬 수 있습니다. 이것은 마치 태풍의 눈을 알아차리고 그 움직임의 추이를 살피는 것과 같습니다.

다른 것과 연관되어 나타나는 마음의 작용 열세 가지 중에서 나머지 다양하게 결합하는 마음의 작용은 여섯 가지입니다. 이 여섯 가지 마음의 작용은 나타날 조건이 성숙되었을 때 나타납니다. 그래서 이것은 항상 있지 않고 때때로 나타납니다. 이 여섯 가지가 겨냥, 고찰, 결심, 정진, 희열, 열의입니다. 이때 겨냥은 일으킨 생각이고, 고찰은 지속적인 고찰이고, 결심은 확신에 찬 믿음을 가지고 결정하는 것입니다. 정진은 노력이고, 희열은 수행을 해서 만족하기 때문에 오는 기쁨입니다. 열의는 하고 싶은 의욕입니다.

마음의 작용 일곱 가지는 항상 있는 기본적인 것이지만 다양하게 나타나는 여섯 가지는 수행을 할 때 두드러지게 나타나는 것들입니다. 기본적인 마음의 작용의 바탕 위에서 의식을 고양시켜 지혜를 얻기 위해서는 나머지 여섯 가지의 마음의 작용이 계발되어야 합니다. 그러기 위해서는 처음에 말씀드린 일곱 가지의 기본 요건이 충분하게 갖추어져야 그다음에 여섯 가지를 실천할 수 있습니다.

이처럼 수행은 여러 가지 조건들이 성숙하면서 진행되는 것입니다. 그래서 어느 날 특별한 계시나 어떤 초능력이 생겨서 모든 것을 다 아는 그런 것이 아닙니다. 이것은 마치 태어난 지 얼마 되지 않은 아기가 특별한 능력을 부여받아 모든 것을 알 수 없는 그런 일과 같습니다. 그러므로 어느 날 갑자기 화들짝 깨달을 수가 없습니다. 그것은 깨달음이 아니고 선정수행에서 어느 단계의 집중에서 오는 현상일 수 있습니다. 이것을 깨달음으로 잘못 아는 경우가 많습니다.

위빠사나 수행에서도 열반이 아닌 유사열반이 다섯 가지가 있습니다. 그래서 위빠사나 수행이 아닌 선정수행에서는 깨달음이 아니고 어떤 상태에서 나타나는 현상에 불과하다고 알아야 합니다. 만약 선정수행을 해서 신통한 힘이 생긴다고 해도 그것은 지혜와는 무관한 하나의 현상일 뿐입니다.

그러므로 깨달음으로 가는 위빠사나 수행은 여러 가지의 마음들이 결합하여 조건이 성숙하면 단계적으로 지혜가 나타납니다. 그리고 이러한 지혜가 모여 차츰 더 큰 지혜로 발전합니다. 결국 이 지혜란 무상, 고, 무아를 얼마나 더 분명하게 아느냐 하는 것뿐입니다. 그러므로 수행자는 단지 이러한 조건을 성숙시키기 위해서 나타난 대상을 지켜보아야 합니다.

괴로울 때는 괴로워하네, 라고 알아차리십시오. 즐거울 때는 즐거워하네, 라고 알아차리십시오. 괴로움이나 즐거움은 원인이 있어서 생긴 결과이므로 그냥 있는 그대로 받아들여야 합니다. 어떤 경우에도 괴로움과 즐거움을 부정하지 마십시오. 부정할수록 더 커집니다.

괴로움을 알아차리면 괴롭지 않습니다. 즐거움도 알아차려야만 괴롭지 않습니다. 그러니 있을 수밖에 없는 현실을 수용하십시오. 알아차리는 순간에 알아차리는 새로운 마음이 일어나므로 있던 마음은 사라집니다. 그래서 알아차림을 지속해야 합니다. 이렇게 알아차려서 받아들이는 것만이 번뇌로부터 자유로울 수 있는 유일한 길입니다.

계속해서 '하려는 마음 알아차리기'에 대하여 말씀드리겠습니다.

마음의 작용을 분류할 때는 오직 이것들이 있느냐 없느냐 하는 것을 밝히는 것입니다. 그렇지 않고 이러한 마음의 작용이 많은가 적은가 또는 강한가 약한가를 밝히는 것은 아닙니다. 이것은 교학의 차원입니다. 그러나 어떤 것들이 있고, 그것들을 어떻게 강화하는가 하는 문제는 수행의 영역입니다. 그래서 일차적으로는 교학으로 분석한 사항을 바탕으로 필요한 부분을 강화하기 위해서 알아차리는 수행을 해야 합니다.

예를 들자면 의도가 왜 중요한가를 교학으로 분석한 자료를 통하여 파악한 뒤에 이제 의도를 알아차리는 수행을 중점적으로 할 필요가 있는 것입니다. 위빠사나 수행을 하면서 의도를 알아차리면 분명한 앎을 함께합니다. 마음이 일하려는 마음을 대상으로 알아차리면 일하는 마음의 본질에 접근하기 때문입니다.

알아차림과 분명한 앎이 함께하면 대상을 알아차릴 때 무엇이 이익이고 손실인지를 알 수 있으며, 시기와 장소를 판단할 수 있고, 필요한 것과 불필요한 것을 알 수 있으며, 어리석음과 지혜를 구별하는 힘이 생깁니다.

처음부터 의식의 깊은 곳에서 일어나는 기본적인 마음의 작용을 알아차리기가 쉽지 않습니다. 그러므로 의도를 보기 위해서는 먼저 몸을 알아차리는 수행을 통해서 집중력을 키우는 것도 하나의 방법입니다. 지금 여기에 있는 몸을 알아차리기도 어렵다면 보이지 않는 마음을 알아차리기는 더 어려울 수도 있습니다. 그러므로 수행을 시작한 뒤에 적절한 시기가 되어서 그때서야 의도를 알아차릴 수 있음을 가볍게 여겨서는 안 됩니다.

그렇지 않고 처음부터 의도를 알아차리려고 하면 의도를 알아차릴 수가 없어 실망하거나 수행을 포기할 수 있습니다. 하지만 조금만 수행을 하면 이내 의도를 알아차릴 수 있습니다. 때로는 자신의 성향에 따라서 몸을 알아차리는 것보다 의도를 알아차리는 것이 더 쉬운 수행자도 있을 것입니다. 그러나 이것은 일반적인 것이 아니고 예외적인 것입니다.

그러므로 의도를 알아차리기가 어려우면 하지 않아도 됩니다. 다만 의도가 자연스럽게 드러날 때 자세히 알아차려도 됩니다. 이런 자세는 수행에서 매우 중요합니다. 의도의 중요성을 알아서 아직 아는 힘이 없음에도 의도를 알아차리려고 하면 집착을 하는 것입니다. 그러다가 의도를 보기가 어려우면 싫증을 내거나 때로는 스스로를 자책하기도 합니다. 이것은 수행을 할 때 매우 좋지 않은 현상 중에 하나입니다. 이런 현상은 마음을 알아차리는 수행을 하면서 나타나는 과정의 하나입니다.

많은 수행자들이 마음을 알아차리기를 열망합니다. 그리고 마음을 알아차리지 못해서 때로는 고통을 겪기도 합니다. 바로 이러한 마음이 얻으려고 하는 갈애가 일어난 것이라고 알아야 합니다. 이런 갈애가 일어났을 때 갈애가 일어난 그 마음을 알아차리는 것이 바로 마음을 알아차리는 것입니다.

그런데도 마음이 특별한 것인 줄 알고 다른 데서 찾으려고 합니다. 그리고 마음은 비물질인데 모양으로 마음을 보려고 하기 때문에 마음을 알아차릴 수가 없습니다. 중요한 것은 마음을 알아차리는 것이 중요한 것이 아닙니다. 무엇이나 알아차리는 대상을 충실하게 하면 자연스럽게 그것을 이끄는 마음을 알아차릴 수 있을 때가 옵니다. 이렇게 알아차리는 힘을 키워서 마음을 알아차리면 이것이 결코 특별한 것이 아니라는 것을 압니다.

그리고 지금까지 마음의 속성을 모르기 때문에 헤맨 것입니다. 이처럼 마음을 알아차리는 것이 중요한 것이 아니고, 어떤 대상이나 집중을 해서 알아차리는 것이 중요하며, 마음을 알아차렸다고 해도 얼마나 계속해서 마음을 알아차리느냐 하는 것이 더 중요합니다.

한번 마음을 알아차렸다고 해서 모든 것이 해결되는 것이 아닙니다. 마음을 알아차리는 것은 누구나 때가 되면 할 수 있는 일입니다. 그러나 더 중요한 것은 마음을 알아차리는 수행을 계속할 수 있느냐 하는 것입니다. 그래서 한두 번 마음을 알아차리는 것으로는 지혜가 계발되지 않습니다.

하려는 마음을 알아차리는 것은 마음이 의도를 내는 것이고, 이것이 행으로 연결됩니다. 그래서 행은 한 번에 이루어지지 않습니다. 앞에서 먼저 의도가 일어나고, 그런 뒤에 직접적인 행위가 일어납니다. 이러한 과정은 처음에 생각하는 단계를 시작으로 다음에 말하는 단계입니다. 그리고 마지막으로 실제로 행위로 옮기는 일련의 과정을 거칩니다. 이것을 신구의身口意 삼업三業이라고 합니다. 이때 생각하는 단계가 의도입니다. 이때 무엇인가를 하기 위해서 생각하는 단계를 알아차리는 것이 바로 의도를 알아차리는 것입니다.

그러므로 하려는 마음을 알아차리는 것은 이런 단계적 과정에서 시작부터 알아차리는 것입니다. 보통의 경우는 이러한 미세한 과정을 모르고 행위를 합니다. 그렇기 때문에 행위를 한 뒤에 알기 마련이지만, 지금 우리가 하는 수행은 하기 전에 하려는 마음을 알아차리기 때문에 훨씬 일하는 마음의 본질에 접근하는 것입니다. 그래서 이렇게 의도를 알아차림으로써 모르고 할 때 저지를 수 있는 많은 위험으로부터 벗어날 수 있습니다.

우리가 사소한 행위를 할 때도 하는 것을 알아차리지 못하면 부주의한 상태에서 크고 작은 사고를 냅니다. 특히 운전을 할 때나 중요한 기계를 조작할 때나 한순간의 부주의로 돌이킬 수 없는 실수를 할 때가 있습니다. 이때는 하고 있는 일을 알아차리지 못하고 다른 생각에 골몰해 있을 때 일어나는 위험들입니다. 심지어 어떤 생각에 빠지면 숨 쉬는 것조차도 잠시 잊어버리고 있다가 한숨을 쉬기도 합니다. 그래서 반드시 하는 일을 알아차리면서 해야 합니다.

그래서 이런 때 대상을 알아차리는 것과 함께하려고 하는 의도를 알아차리면 더 분명한 알아차림을 확립할 수 있습니다. 좌선을 할 때도 움직이지 않고 있을 때 몸이 아프고 쑤시면 고통을 느낍니다. 그래서 성냄이 일어납니다. 이때 움직이고 싶은 의도가 일어납니다. 이때의 의도는 성냄에 의해서 일어나는 것이기 때문에 탐욕이 일어나서 움직입니다. 이때 성냄과 탐욕으로 움직이는 것을 알아차리지 못하는 것이 바로 어리석음입니다.

이처럼 우리가 작은 움직임 하나도 마음의 의도가 없으면 움직이지 못합니다. 그러나 마음을 알아차리지 못하기 때문에 어리석은 마음으로 습관적으로 움직이고 있는 것입니다. 이때의 마음은 미세해서 알아차리기 어렵기 때문에 이때의 어리석음도 미세한 번뇌라고 합니다.

행위는 몸에 속하지 않고 마음에 속합니다. 마음이 의도를 일으켜 몸이 움직이기 때문입니다. 12연기에서의 행도 몸이 아니고 마음입니다. 여기서 마음과 몸의 관계를 알 수가 있습니다. 몸은 저 스스로 움직일 수가 없습니다. 반드시 마음이 의도를 내야 합니다. 그러므로 우리가 무심히 움직인다고 할 때도 무심은 없습니다. 반드시 마음의 의도가 있어서 움직이는 것입니다.

그러나 마음은 보이지 않고 워낙 빠르게 일어났다 사라지기 때문에 마음에 의도가 있는지를 알지 못합니다. 자, 여러분들이 앉은 채로 팔을 천천히 위로 들어 올려 보십시오. 먼저 움직이기 전에 팔을 위로 들어 올리려는 의도가 있는지 살펴보십시오. 그러면 앞서서 팔을 들어 올리려는 의도가 있을 것입니다. 그리고 천천히 팔을 위로 들어 올려 보십시오. 이때 팔이 움직이는 모습을 볼 수 있습니다. 그러나 이때도 팔을 들어 올리려는 의도가 계속되고 있습니다. 하지만 이때 의도를 알아차리기가 어려운 것은 팔을 들어 올리는 동작이 더 분명하기 때문입니다. 그래서 의도는 잘 드러나지 않습니다.

그러나 이때에도 팔을 들어 올리려는 의도는 지속되고 있는 것입니다. 그러다가 더 이상 팔을 들어 올릴 수 없을 때 동작을 멈춥니다. 이때도 마음이 팔을 더 이상 들어 올릴 수 없다는 것을 판단하고 더 이상 들어 올리려는 의도를 중단합니다. 그래서 팔이 멈추는 것입니다. 그렇지 않고 몸이 스스로 알고 멈추는 것이 아닙니다. 팔을 들어 올리려는 시작도 마음이며, 그만 멈추어야겠다고 판단하는 것도 마음이 결정합니다. 이렇게 내린 판단에 따라서 팔의 움직임을 멈추는 것입니다.

이 모든 것이 마음이 조정하고 마음이 아는 것입니다. 이때 움직이는 것은 팔이지만 사실은 모두 마음이 의도를 일으켜 움직이는 것입니다. 마음이 의도를 일으켜서 팔을 움직이도록 시작했지만 결국 움직이는 팔을 아는 것은 마음입니다. 그래서 움직이는 팔을 아는 것이 마음이기 때문에 마음이 움직이는 것입니다.

그러나 마음은 보이지 않기 때문에 움직이는지를 알기가 어렵습니다. 그래서 마음이 움직이는 것을 아는 것은 사실 지혜로 본 것입니다. 마음을 알아차리는 것은 보이지 않기 때문에 보이는 현상을 통해서 추론적으로 아는 것입니다.

팔을 들어 올리려는 의도를 알아차리는 것은 마음을 알아차리는 수행입니다. 그리고 들어 올리는 팔을 알아차리는 것은 몸을 알아차리는 수행입니다. 팔을 들어 올릴 때 가볍고 무거운 것을 알아차리는 것은 느낌을 알아차리는 수행입니다. 팔이 움직일 때 진동하면서 변한다는 것을 알아차리는 것이 법을 알아차리는 수행입니다.

이처럼 하나의 동작 안에서 알아차릴 대상은 매우 많습니다. 그러므로 수행자는 필요에 따라서 여러 가지 대상을 염처별로 적절하게 알아차리는 것이 위빠사나 수행입니다.

팔을 들어 올릴 때도 들어 올리는 동작을 계속해서 주시하는 방법이 있고, 동작을 알아차리지 않고 들어 올리려는 의도를 계속해서 알아차리는 방법이 있습니다. 들어 올리는 동작에 주목하면 신념처나 수념처 수행을 하는 것입니다. 그러나 들어 올리려는 의도를 계속해서 지켜볼 경우에는 심념처 수행을 하는 것이며, 이로 인해서 무상을 알아차리면 법념처 수행을 하는 것입니다. 법념처 수행을 따로 떼어서 법념처라고 하지 않아도 법념처 수행을 하는 것입니다.

왜냐하면 대상을 알아차릴 때 대상이 이미 법이기 때문입니다. 그래서 몸, 느낌, 마음을 대상으로 하면 이미 법을 대상으로 수행을 하고 있는 것입니다. 하지만 이러한 대상으로서의 법이 지혜가 성숙되면 무상, 고, 무아의 진리를 아는 법으로 바뀝니다. 그래서 처음에는 대상의 법이 나중에는 진리의 법으로 바뀝니다. 그러므로 진리가 나타났을 때는 진리를 알아차리는 법념처 수행을 해야 합니다.

수행자가 대상을 알아차릴 때 처음부터 완벽하게 알아차릴 수는 없다고 말씀드렸습니다. 그러므로 대상을 시작부터 알아차리거나 중간에 알아차리거나 끝에서 알아차리거나 상관이 없습니다. 어느 때나 알아차리면 된 것입니다. 사실 이미 지난 뒤에 알아차리는 것도 훌륭한 알아차림입니다.

누구도 알아차리면서 살지 못하기 때문에 알아차렸다는 것만으로도 커다란 성과를 얻은 것입니다. 그러므로 지나고 나서 알아차렸다고 후회하지 마십시오. 아무리 후회를 해도 계속 지나고 나서야 알아차립니다. 그래서 이때는 후회하는 마음을 알아차리십시오. 그래야 스스로 자신을 비하하지 않습니다. 수행자는 어느 때나 자신의 마음을 속박해서는 안 됩니다. 어떤 경우에도 그것은 나의 마음이 아닙니다. 그 순간의 마음입니다.

그러므로 어떤 현상이 있더라도 단지 알아차리기만 하면 됩니다. 만약 나중에 알아차리는 것보다 빨리 알아차리는 것이 좋다고 하면 또 다른 갈애가 일어납니다. 그러므로 위빠사나 수행에서는 좋은 것, 나쁜 것이 없습니다. 그래서 알아차리느냐, 알아차리지 못하느냐 하는 행위만 있습니다.

그러므로 수행에서는 시간은 의미가 없습니다. 다만 기본에 접근하느냐, 하지 못하느냐 하는 것의 차이만 있습니다. 그런 의미에서 마음을 알아차리는 것은 본질에 접근하여 지혜를 얻는 데 도움이 될 수 있는 중요한 방법입니다.

수행이 잘 안 될 때는 '수행이 잘 안 되네' 하고 알아차려야 합니다. 잘 안 되는 수행을 잘하려고만 해서는 결코 개선되지 않습니다. 그러므로 먼저 잘 안 되는 것을 있는 그대로 알아차린 뒤에 이것으로 인해서 반응한 마음을 알아차려야 합니다. 반응한 마음을 알아차리는 순간 관용이 생겨서 새로운 조건이 만들어집니다. 잘하려고 하는 것이 욕망이고, 잘 안 되는 것을 받아들이는 것이 관용입니다.

수행을 할 때는 언제나 모든 것에 있어서 관용이 필요합니다. 안 될 때는 안 될 만한 조건이 있기 마련이지만 먼저 그것을 아는 마음이 우선해야 합니다. 자신에 관한 모든 문제는 자신의 마음으로부터 시작된 것이며, 그것을 개선하는 것도 자신의 마음가짐으로 개선할 수 있습니다.

◆◆◆◆◆

하려는 마음을 알아차리면 모든 것이 의도에 의해서 일어난다는 사실을 자각합니다. 이때 원인과 결과를 아는 지혜가 성숙됩니다. 위빠사나 수행을 할 때의 알아차릴 대상은 정신과 물질입니다. 마음이 몸에 있는 현상을 대상으로 알아차리고, 다시 마음이 마음을 대상으로 알아차리는 수행을 시작하면 처음으로 정신과 물질을 구별하는 지혜가 생깁니다.

몸은 몸이 가진 물질적 현상의 영역이 있고, 마음은 마음이 가진 정신적 현상의 영역이 있습니다. 지금까지는 이것을 하나로 보았습니다. 그래서 분리가 되지 않아 지혜가 생길 수가 없었습니다. 오히려 하나가 되기 위해서 무한한 노력을 하기까지 했습니다. 그래서 번뇌를 억누르는 집중을 할 수밖에 없었습니다.

그러나 몸과 마음을 분리해서 알아차리는 것은 전에 해보지 않아서 알 수 없었던 방법입니다. 그래서 이렇게 알아차리면 전혀 색다른 체험을 하기 시작합니다. 그래서 전에 보이지 않던 것들이 보이기 시작합니다. 이러한 출발이 없으면 결코 다음 단계의 지혜가 나타나지 않습니다. 그래서 누구나 수행을 시작하고 반드시 이런 단계적 지혜의 과정을 거쳐야 합니다. 지금까지 대상과 하나가 되어서 알아차리려고 노력한 것밖에 없었는데 대상을 분리해서 지켜보는 완전히 새로운 형태의 시각이 생긴 것입니다.

이렇게 해서 생겨난 정신과 물질을 구별하는 지혜를 바탕으로 몸과 마음을 계속해서 알아차리면 다음 단계로 원인과 결과를 아는 지혜가 성숙합니다. 이때 하려고 하는 마음을 알아차리면 자연스럽게 모든 것은 마음의 의도에 의해서 행위가 일어난다는 것을 분명하게 알게 됩니다. 이것이 원인과 결과를 아는 단초를 제공하는 것입니다.

원인과 결과를 아는 지혜는 정신과 물질을 연기적 구조로 이해할 수 있는 지혜입니다. 모든 것은 원인이 있어서 생긴 결과라고 알면 막혔던 검은 구름이 활짝 걷히고 밝은 빛을 볼 것입니다. 그간 막연했던 의심이 사라집니다. 모든 것이 외부의 힘에 의해서 결정되는 것이 아니고 자신의 내면에서 일어난 것이라고 압니다. 그래서 모든 것은 자신에 의해서 만들어졌다고 알게 됩니다. 그러므로 어떤 것이나 자신의 일에 대해서 억울할 것이 없습니다. 이제 매우 향상된 시각을 갖게 된 것입니다.

이처럼 하려는 마음인 의도를 알아차리면 원인과 결과를 아는 지혜가 생깁니다. 이러한 지혜의 핵심적 요점은 몸과 마음이라는 물질적·정신적 현상은 반드시 앞선 원인에 의한 결과로 생긴다는 것입니다.

그래서 눈이라는 원인이 물질이라는 대상을 알아차린 결과로 아는 마음이 일어납니다. 귀라는 원인이 소리라는 대상을 알아차린 결과로 아는 마음이 일어납니다. 모든 것들이 이처럼 원인에 의한 결과라고 안다면 다른 어떤 외부적 힘이 작용하는 것이 아니기 때문에 초월적 존재에 대한 신비가 사라집니다. 그리고 오직 현상계의 바른 질서만 있습니다.

여기서 비로소 무아의 싹이 틉니다. 수행자의 최종적 지혜가 무아인데, 이처럼 마음을 대상으로 알아차린 결과로 무아라는 지혜의 단초를 알기 시작한 것입니다. 의심이 풀린다는 것은 좋은 출발을 예고하는 것입니다. 그러나 아직 가야 할 길이 멉니다. 처음에 법을 보았지만 오랜 세월 동안 쌓인 무지와의 부딪침이 계속 기다리고 있습니다. 그래서 무지한 만큼의 고통을 겪는 과정을 거쳐야 합니다.

그래서 몸과 마음이 원인과 결과로 인한 것이라는 현상계에 관한 의심이 풀리고 나서 이제 본격적으로 법을 아는 지혜를 계발해야 할 때가 온 것입니다. 원인과 결과를 아는 지혜가 나면 다음 단계로 대상의 특성을 아는 지혜가 성숙됩니다. 그래서 현상을 바로 보는 지혜가 생깁니다. 이때 비로소 무상, 고, 무아를 압니다. 그러나 이때 현상을 바로 보는 지혜에서 대상의 깊은 성품을 알지는 못합니다. 그래서 이 단계에서는 무상, 고, 무아를 완전하게 파악하지는 못합니다. 그리고 계속해서 수행을 하면 여러 단계의 과정을 거쳐서 좀 더 깊은 차원의 무상, 고, 무아를 알고, 결국에는 열반에 이릅니다. 그러므로 수행자는 결과를 기다리지 말고 계속해서 나타나는 대상을 알아차리는 수행을 해야 합니다.

의도를 알아차리는 수행을 할 때는 처음에는 몸이 정지된 상태에서 움직이려는 의도를 알아차리는 것이 좋습니다. 경행을 할 때는 먼저 두 발을 땅에 딛고 선 채로 앞으로 나아가려는 의도를 알아차립니다. 그리고 오른발을 앞으로 내밉니다. 이때 계속해서 의도를 알아차리는 방법이 있고, 발의 움직임을 알아차리는 방법이 있습니다.

그러나 수행을 처음 시작할 때는 의도를 본 뒤에 발의 움직임을 알아차리는 것이 더 좋습니다. 다음에 일정한 거리를 간 뒤에 자리에 서려는 의도가 있습니다. 그리고 자리에 섭니다. 이때는 움직임이 강하기 때문에 의도를 알아차리지 않아도 됩니다. 그런 뒤에 선 채로 방향을 바꾸려는 의도를 알아차립니다. 그리고 오른발 왼발의 움직임을 알아차립니다. 이렇게 방향을 바꾼 뒤에 다시 선 채로 앞으로 나아가려는 의도를 알아차리고 앞으로 발을 내밉니다.

경행은 이러한 과정을 반복적으로 알아차리는 수행입니다. 그래서 경행을 할 때는 정지된 상태에서 의도를 알아차리고 나서 움직일 때는 움직임을 알아차리는 것이 수행에 도움이 될 것입니다. 그리고 나중에는 의도만 가지고 수행을 할 때가 있습니다. 그래서 모든 동작을 이때는 의도에만 초점을 맞출 수가 있습니다.

좌선을 할 때는 먼저 선 상태에서 앉으려는 의도를 알아차립니다. 그리고 천천히 자리에 앉아서 먼저 몸의 긴장을 풉니다. 그리고 현재의 마음을 알아차립니다. 이때 마음을 알아차리는 것은 현재 좌선을 시작하는 마음을 알아차리는 것으로 있는 마음을 알아차리는 것입니다. 이것은 일하는 마음의 마음가짐을 알아차리는 것입니다.

이렇게 앉아서 좌선을 계속하다가 통증이 일어나서 자세를 바꾸려고 할 때는 이때 자세를 바꾸려고 하는 의도를 알아차려야 합니다. 그리고 천천히 움직이는 동작 하나하나를 알아차립니다. 가려울 때는 가려움을 알아차리고 긁으려는 의도를 알아차린 뒤에 천천히 손을 들어서 가려운 곳을 긁습니다. 이렇게 알아차리면 긁으면서 탐욕과 성냄과 어리석음으로 긁지 않습니다. 그래서 가볍게 조금만 긁어도 매우 시원합니다. 그리고 다시 손을 내리려는 의도를 알아차린 뒤에 천천히 손을 내립니다. 보통의 경우에는 가려울 때 알아차리지 못하면 신경질적으로 긁어서 상처를 내는 수가 있습니다. 이때는 탐욕과 성냄과 어리석음으로 긁기 때문입니다. 이처럼 의도를 알아차리고 뒤이어서 움직임을 알아차리면 집중력도 생길 뿐만 아니라 지혜까지 계발됩니다.

좌선이 끝난 뒤에 알아차림을 지속하면 의도를 알아차리기에 매우 좋습니다. 좌선이 끝나고 일어서려고 하기 전에 '지금 내 마음이 어디로 가는가?'를 지켜봅니다. 그리고 계속해서 알아차림을 마음자리에 고정합니다. 이때는 몸의 움직임에 관심을 갖지 말고 계속해서 마음이 어디로 가고 있는지를 알아차려야 합니다. 좌선이 끝나고 '지금 내 마음이 어디로 가는가?'를 알아차리면 일어나려는 의도가 보입니다. 그리고 손을 짚고 몸을 움직이는 것을 봅니다. 이때도 알아차림을 일하는 마음에 두고 있기 때문에 의도가 보이면서 움직임이 함께 보입니다.

그리고 알아차림을 몸으로 가져가지 않고 계속해서 마음에 둡니다. 그러면 전면의 마음자리에서 몸의 움직임이 모두 나타납니다. 그리고 계속해서 진행되는 몸의 움직임에 대한 의도를 소상히 파악할 수 있습니다. 손을 천천히 짚고 일어나서 앞으로 걸어갈 때도 계속해서 '지금 내 마음이 어디로 가고 있는가?'를 주시합니다. 그러면 걸어가려는 의도가 보이고 걸어가고 있는 발의 움직임을 전면에서 모두 알아차리게 됩니다.

이런 상태가 전면의 마음자리에서 대상을 알아차리는 방법입니다. 이렇게 알아차리면 좌선을 하는 동작에서 경행을 하는 동작으로 알아차림이 자연스럽게 연결될 뿐만 아니라 전면에서 마음으로까지 알아차리는 수행을 하는 이익이 있습니다.

수행자들이 일상적으로 겪는 어려움 중의 하나가 하나의 동작이 끝나고 다음 동작을 할 때 알아차림을 놓친다는 것입니다. 가령 좌선을 하고 일어나서 경행을 할 때도 알아차림을 놓치기가 쉽습니다. 경행을 하다가 좌선을 하기 위해서 앉으려고 할 때도 알아차림을 놓치기 마련입니다. 그 외에도 일상에서 알아차림을 하다가 다른 동작을 할 때는 알아차림을 놓치기 쉽습니다.

그러나 하나의 동작에서 다음 동작으로 알아차림을 연결하면 집중력이 좋아집니다. 하지만 바로 이것이 어렵다는 것이 모든 수행자들에게 과제입니다. 그래서 '지금 내 마음이 어디로 가고 있는가?' 하고 알아차리면 마음을 집중할 수 있으며, 하나의 동작에서 다른 동작으로 옮겨가는 과정을 자연스럽게 지속해서 알아차릴 수가 있습니다. 이 방법은 매우 소중한 방법입니다.

우리가 말을 할 때도 모두 마음이 시켜서 말을 합니다. 지금 제가 원고를 빠르게 읽는 것도 모두 마음이 그만큼 빠르게 말하라고 지시를 해서 하는 것입니다. 이때 마음이 뇌에 있지 않습니다. 몸과 함께 있기 때문에 특별하게 몸의 어떤 부위에 의지해서 말하는 것이 아닙니다. 그러므로 뇌가 좋아서 그렇게 속도를 내서 말하는 것이 아닙니다. 그러므로 말을 할 때에도 말하려는 의도를 알아차리고 해야 합니다. 그러면 불필요한 말이나 악한 의도로 하는 말이 제어가 됩니다. 이렇게 말하려는 의도를 알아차리면 습관적으로 하는 말을 하지 않고 말로 인해서 생기는 고통과 손실로부터 자유로워질 수가 있습니다.

하품을 할 때도 하품을 하려는 의도를 알아차리면 입을 크게 벌리려다가 바로 입이 닫힙니다. 이처럼 일상의 모든 동작에서 의도가 있고, 이 의도를 알아차리면 부주의한 행동일 때는 행동이 제어가 됩니다. 그리고 바람직한 행동일 때는 그 행동을 더 충실히 할 수가 있습니다.

음식을 먹을 때도 먹기 전에 현재 있는 마음가짐을 알아차리고 먹을 수도 있습니다. 그리고 '지금 무슨 마음으로 먹으려 하고 있는가?' 하고 먹으려는 의도를 알아차리고 먹을 수도 있습니다. 이때 탐욕으로 먹거나 화를 내면서 먹으려는 의도가 보이면 수저를 들지 말아야 합니다. 그러고 나서 잠시 뒤에 다시 한 번 '지금 무슨 마음으로 먹으려 하는가?' 하고 알아차립니다. 그러면 처음에 나타났던 탐욕과 성냄이 없어지고 단지 대상을 아는 마음으로 먹을 수가 있습니다. 이것이 수행입니다.

그러면 의도를 알아차리는 방법을 두 가지로 구분하여 말씀드리겠습니다. 첫째, 하려는 마음을 알아차린 뒤에 몸의 동작을 지속적으로 알아차리는 방법이 있습니다. 이 방법도 다시 둘로 나눌 수 있습니다. 하려고 하는 의도를 한번 알아차린 뒤에 움직임을 계속해서 알아차리는 방법이 있고, 의도와 움직임, 의도와 움직임을 번갈아 가면서 알아차리는 방법이 있습니다.

둘째, 처음부터 '지금 내 마음이 어디로 가고 있는가?' 하고 알아차린 뒤에 계속해서 알아차림을 마음자리에 두고 알아차리는 것입니다. 이렇게 알아차리면 전면의 마음자리에서 움직임을 모두 알아차릴 수가 있습니다. 그러면 알아차림의 지속시간이 길어지고, 훨씬 객관적으로 대상을 지켜볼 수가 있습니다.

지금까지 '하려는 마음을 알아차리는 방법'에 대해서 말씀드렸습니다.

모든 행위는 하려고 하는 마음에 의해서 일어납니다. 이때의 마음은 그 순간의 마음이지 나의 마음이 아닙니다. 마음은 그 순간의 조건에 의해 빠르게 일어나서 사라져 버립니다. 이때 조금 전의 마음과 현재의 마음과 지금 이후의 마음 중에 어느 마음이 나의 마음일까요?

마음은 단지 조건에 의해서 일어나고 사라질 뿐이지 여기에 나의 마음은 없습니다. 그러므로 그 마음에 의해서 일어난 행위도 나의 행위가 아니고 그 순간의 행위일 뿐입니다. 그래서 행위에 의해 일어나는 과보를 받는 자도 없습니다. 마음에 의한 행위와 행위에 의한 과보가 저 스스로의 힘으로 굴러갈 뿐이지 내가 굴러가는 것이 아닙니다. 그러므로 모든 고통과 즐거움도 나의 것이 아닙니다. 단지 조건에 의해서 한순간에 일어났다가 사라지는 것일 뿐입니다.

◆◆◆◆◆

오늘은 넷째, 아는 마음 알아차리기에 대해서 말씀드리겠습니다.

'아는 마음을 알아차리기' 수행은 마음을 알아차리는 수행의 최종적 관문입니다. 그러므로 앞선 '있는 마음 알아차리기', '일어난 마음 알아차리기', '하려는 마음 알아차리기' 수행을 충분히 해서 네 번째인 '아는 마음 알아차리기' 수행까지 해야 합니다.

아는 마음 알아차리기는 앞선 세 가지 마음을 알아차리는 수행과 병행하여 할 수도 있고, 다른 수행을 익힌 뒤에 해도 좋습니다. 그러나 이 수행은 다른 수행에 비하여 집중력을 필요로 하기 때문에 이 수행을 할 수 있을 때 하는 것이 좋습니다. 그렇지 않고 안 되는 것을 억지로 하려고 해서는 안 됩니다. 아는 마음을 알아차리는 수행을 함으로써 마음을 알아차리는 수행을 한층 더 발전시킬 수 있으며, 마음을 알아차리는 수행이 가지고 있는 약점을 보완할 수 있습니다. 그래서 대상이 희미해질 때 더 분명하게 알아차릴 수가 있습니다.

아는 마음 알아차리기는 수행이 잘 안 될 때나 수행이 잘 될 때나 언제나 알아차려서 마음이 싫어하거나 좋아하지 않도록 균형을 잡아주어야 합니다. 그래서 마지막 지혜에 이르기 위해서 반드시 필요한 수행입니다.

수행을 해서 몸이 소멸하면 호흡과 느낌이 사라집니다. 이때 아는 마음을 알아차리는 수행을 해야 마지막 단계의 지혜를 얻을 수 있습니다. 그러므로 이 수행을 하지 않고서는 도과를 성취하기가 어렵습니다. 그러나 이 수행을 바르게 익히면 마지막에 별다른 장애 없이 도과를 성취할 수 있을 것입니다.

최종 단계의 마음은 매우 미세하므로 반드시 마음을 알아차리는 수행을 해서 그 미세한 마음을 지켜볼 수 있어야 합니다. 이 세상에서 도과를 얻는 것보다 더 중요한 일은 없습니다. 그러므로 이 단계의 과정을 평소에 소홀히 해서는 안 됩니다.

아는 마음 알아차리기는 대상을 알아차리고 있는 마음을 새로 알아차리는 수행입니다. 아는 마음 알아차리기를 다른 말로 하면 '알아차리는 마음을 지켜보기'라고 하거나 또는 더 줄여서 그냥 '앎'이라고 할 수도 있습니다. 이것은 뒤에 일어난 마음이 앞에 있는 마음을 알아차리는 수행입니다.

아는 마음 알아차리기에서 처음에 있는 '아는 마음'이란 마음이 대상을 알아차리는 1차 행위입니다. 그리고 다음에 있는 '알아차리기'란 대상을 알아차리는 그 마음을 대상으로 새로 알아차리는 2차적 행위입니다. 그래서 현재 일하고 있는 마음을 새로 알아차리는 수행입니다.

이렇게 알아차리기 위해서는 '지금 내 마음이 무엇을 하고 있는가?' 하고 알아차리거나 또는 '지금 내 마음이 무슨 일을 하고 있는가?' 하고 알아차려야 합니다. 그래야 아는 마음 알아차리기를 할 수 있습니다.

처음에 수행을 하는 수행자가 일하고 있는 마음을 알아차리기 위해서는 '지금 내 마음이 무엇을 하고 있는가?'라고 알아차리는 통로를 통해서 마음의 영역에 들어가야 합니다. 마음은 비물질이라서 보이지 않고 헤아리기 어렵기 때문에 처음에는 어떻게 할 줄 몰라서 실천하기가 어렵습니다. 그러므로 처음에는 이러한 문장을 통해서 마음에 접근하는 것이 필요합니다. 그래야 비로소 마음을 바르게 알 수 있습니다.

좌선 중에 '지금 내 마음이 무엇을 하고 있는가?' 하고 알아차렸다면 이때 호흡을 알아차리고 있는 것을 알 수도 있으며, 망상을 하는 것을 알 수도 있을 것입니다. 또는 아무것도 하지 않고 멍청하게 있는 것을 알기도 할 것입니다. 때로는 졸고 있거나 통증이나 가려움과 싸우고 있을 수도 있습니다. 이렇게 다양한 상황에 직면해 있을 때 마음을 새로 내서 이런 상태를 알아차리는 것이 바로 아는 마음을 알아차리기입니다.

이렇게 알아차린 뒤에 만약 수행을 하지 않고 멍청하게 있을 때는 즉시 대상을 알아차려야 합니다. 그러나 대상을 알아차리는 수행을 하고 있을 때는 계속해서 대상을 알아차려야 합니다. 대상을 알아차리고 있을 때 다시 한 번 일하는 마음을 알아차리면 대상을 면밀하게 알아차릴 수 있는 이익이 있으며, 대상을 지속적으로 알아차릴 수 있습니다.

'지금 내 마음이 무엇을 하는가?' 하고 알아차리는 것은 좌선을 할 때만 알아차리는 것이 아닙니다. 경행을 할 때나 일상생활을 할 때나 모두 적용됩니다. 그래서 항상 일하는 마음을 새로 알아차리는 수행을 해야 합니다. 그러면 새로 지켜보는 마음이 일하는 마음을 확인하고 감시하는 기능을 하기 때문에 일하는 마음이 망상을 하거나 다른 일로 크게 벗어나지 않습니다. 만약 망상을 했다고 하더라도 이내 알아차리는 마음으로 돌아올 수 있습니다.

'아는 마음 알아차리기'를 요약하면 두 가지 현상을 알 수 있게 되어 도움을 줍니다.

첫째, 마음이 수행을 하고 있지 않은 상태를 아는 것입니다. 알아차리지 못하는 상태에서는 여러 가지 생각에 빠집니다. 그리고 아무 일도 하지 않고 멍청한 상태로 있을 수도 있습니다. 때로는 대상과 싸우고 있을 수도 있고, 수행이 하기 싫어서 짜증을 낼 수도 있습니다. 어떤 상황이거나 현재의 상황을 있는 그대로 파악하는 것입니다. 이때 망상을 하고 있다면 망상을 문제 삼지 말고 단지 '지금 내 마음이 망상을 하고 있네' 하고 알아차려야 합니다.

둘째는 마음이 대상을 겨냥하는 수행을 하고 있는 상태에서 아는 것입니다. 호흡을 알아차리고 있거나 아니면 느낌을 알아차리고 있거나 어떤 대상을 알아차리고 있을 때 이렇게 알고 있는 마음을 다시 지켜보는 것입니다. 그러면 대상이 명확해지고 더 견고한 알아차림을 지속할 수 있습니다.

이상의 두 가지 현상 중에 어느 상태가 되었거나 일하는 마음을 다시 한 번 현재로 오게 하여 대상을 알아차리게 합니다. 그래서 수행을 지속하도록 이끌어 줍니다. 수행자는 이런 알아차림을 통해서 차츰 마음의 성품을 알 수 있습니다. 마음은 매 순간 항상 일어났다가 사라진다는 것과 새로운 마음이 일어나서 새로운 대상을 경험하는 것을 알 수 있습니다.

요약하자면 첫 번째 상태에서는 알아차리지 못하고 있다가 새로 알아차림을 일으키게 합니다. 두 번째 상태에서는 대상을 알아차리는 일차적 현상이 있는 상태에서 다시 한 번 대상을 알아차리는 이차적 현상을 만드는 것입니다. 그러므로 두 번째에 해당되는 경우에 수행자는 먼저 대상을 알아차려야 합니다. 그런 뒤에 알아차리고 있는 마음을 대상으로 다시 한 번 알아차리는 수행을 하는 것입니다.

처음에 수행을 하는 수행자들은 일반적으로 대상을 알아차리는 마음을 모릅니다. 대상을 알아차리는 것은 알 수 있으나 대상을 알아차리는 마음까지 알기는 어렵습니다. 그래서 먼저 있는 마음 알아차리기를 하고, 일어난 마음 알아차리기를 한 뒤에 하려는 마음 알아차리기를 해야 합니다. 그래야 모든 것은 마음이 하고 있다는 사실을 알 수 있습니다. 이렇게 마음이 일하는 것을 안 다음에 일하는 그 마음을 대상으로 알아차리는 수행을 하면 이것이 아는 마음 알아차리기를 실천하는 방법입니다.

아는 마음 알아차리기를 바르게 이해하고 실천하는 것을 돕기 위해서 약간의 저의 수행 경험을 말씀드리겠습니다. 한때 미얀마의 마하시 명상원에서 몇 년간 수행을 한 뒤에 쉐우민 명상원으로 옮겨서 수행을 시작했습니다. 쉐우민 사야도께서 마음을 알아차리는 수행을 지도한다고 해서 몇 년을 벼르다가 어렵게 기회를 만들었습니다.

쉐우민 본원은 너무도 환경이 열악하여 외국인 수행자를 받을 수 없을 정도여서 쉽게 허락하지 않았던 것입니다. 그처럼 열악한 환경에서 그처럼 훌륭한 법이, 그처럼 유명하지 않은 분에게 있을 줄은 몰랐습니다. 그래서 훌륭한 법 앞에 열악한 환경은 크게 문제가 되지 않았습니다.

처음에 쉐우민 사야도를 친견하고 마음을 알아차리는 수행에 대한 간단한 지도를 받았습니다. 이때 마음을 알아차리는 수행을 말씀하시면서 손으로 가슴을 가리키셨습니다. 그래서 저는 마음이 가슴에 있는 줄 알았습니다. 그래서 마음을 알아차리는 수행을 하기 위해서 항상 마음을 가슴에 두고 알아차리기 시작했습니다.

경행을 할 때도 마음을 가슴에 두고 경행하는 움직임을 알아차리려고 노력했습니다. 먹을 때도 마음을 가슴에 두고 알아차리기 위해서 노력했습니다. 이렇게 가슴을 통해서 하고 있는 일을 알아차리기 위해서 노력하다 보니 며칠 뒤부터 그만 가슴에 단단함이 생기고 숨을 쉴 수가 없게 되었습니다. 그래서 이내 마음을 알아차리는 수행을 포기할 수밖에 없었습니다.

그러고 나서 계속해서 마음을 알아차리는 수행을 할 엄두를 내지 못했습니다. 이렇게 2개월을 보낸 뒤에 어느 날 점심공양을 하기 위해 비구들이 줄을 서서 기다리고 있었습니다. 공양을 기다리는 대열은 법랍 순서로 서서 기다립니다. 이때 제 바로 앞에 서 있는 비구에게 언제 환속을 하고 집으로 돌아가느냐고 물으려 하다가 물으려고 하는 의도를 알아차렸습니다. 이렇게 물어보려고 하는 순간에 제가 물으려고 하는 저의 마음을 알아차리게 된 것입니다.

미얀마에서는 일시출가 제도가 있어서 일정기간 수행을 한 뒤에 집으로 돌아갑니다. 제 앞에 선 비구나 저나 바로 일시출가자로서 비구생활을 하고 있었던 것입니다. 그래서 이런 질문은 할 수 있는 질문이었습니다. 그런데 앞에 서 있는 비구에게 언제 집에 돌아가느냐고 물으려 하는 마음을 알아차린 순간 제 자신이 부끄럽고 참혹해서 견딜 수가 없었습니다.

제가 물으려고 했던 마음에는 앞에 서 있는 비구가 빨리 집으로 돌아가기를 바라는 마음이 있었던 것입니다. 그 비구가 집에 가면 제가 법랍이 높은 스님들과 한 걸음이라도 더 가까이 설 수 있기 때문이었습니다. 물론 제 뒤에도 많은 비구들이 있었지만 항상 앞에 있는 비구들만 본 것입니다. 일시 출가자가 법랍이 높은 비구들 행세를 하고 싶었던 것입니다. 이런 마음을 알아차린 뒤에 제 자신의 마음이 추악해서 견디기 어려웠습니다.

미얀마에서 위빠사나 수행을 한 지 5년이 되었는데도 아직도 이런 마음을 가지고 있다는 것을 용서할 수 없어서 제 자신에 대해서 화가 났습니다. 그래서 더 이상 참을 수가 없어서 수행을 포기하고 귀국을 하려는 생각을 했습니다. 그리고 이런 마음을 알아차린 뒤에 점심공양을 할 때 너무 참혹해서 음식이 입에 넘어가지를 않았습니다.

이튿날 면담시간에 사야도께 이 사실을 말씀드렸습니다. 그랬더니 사야도께서는 그것은 내 마음이 아니고 그 순간의 마음일 뿐이라고 했습니다. 이 말을 듣는 순간 즉시 괴로움에서 벗어날 수 있었습니다. 이때 정신이 번쩍 들면서 자아의 덫에 걸린 제 자신을 보았습니다. 스승께서 하신 이 말을 이론적으로는 저도 알고 있었지만 막상 제 자신이 직접 당하고 보니 이것을 내 마음이라고 생각한 것입니다. 이것도 바로 관념과 실재의 문제인 것입니다.

이처럼 생각으로는 아무리 알아도 자신의 문제에서는 실재를 적용하기가 어려운 것입니다. 이때 공양 대열에서 제가 알아차린 것이란 바로 말을 하려고 하는 제 마음의 의도를 알아차린 것입니다. 이렇게 2개월 만에 우연하게 마음을 알아차린 뒤에 마음을 알아차리는 수행을 순조롭게 시작했습니다. 그리고 마음이 가슴에 있는 것이 아니라는 것을 알았습니다. 마음은 몸과 함께 있지 뇌나 심장에 있지 않습니다. 이것은 부처님께 서 하신 말씀입니다.

그러므로 마음은 몸의 어느 특정한 위치에 있지 않습니다. 그래서 어느 곳이나 마음이 가는 곳에 마음이 있습니다. 만약 마음이 손을 주시한다면 이때 마음이 손과 함께 있습니다. 여기서 마음을 손에 보내는 행위가 있어야 마음이 손에 갑니다. 수행을 한다는 사실은 대상을 아는 것입니다. 그래서 여기서 대상과 알아차림과 아는 마음이란 세 가지가 항상 함께 있어야 하는 것입니다.

모든 것은 마음이 이끕니다. 마음이 있어 행위를 하고, 행위가 과보가 되어 다시 마음이 일어납니다. 이처럼 마음이 일어나고 사라지는 연속적인 과정이 윤회입니다. 과거의 무명이라는 마음이 있어 업을 형성하여 현재를 있게 한 것입니다. 현재는 재생연결식이라는 마음이 있어 정신과 물질이 생긴 것입니다.

현재와 미래의 원인이 되는 현재는 갈애라는 마음이 있어 집착을 하여 업을 생성합니다. 미래는 태어나는 마음이 있어 태어남이 생기고, 이로 인해 죽는 결과가 있습니다. 결국 마음이 있어 몸이 생기며, 몸이 생기면 죽어야 합니다. 이와 같이 모든 것을 이끄는 마음을 알아차려야 무아의 지혜가 납니다.

지난 시간에 이어서 계속해서 '아는 마음 알아차리기'에 대해서 말씀드리겠습니다.

저의 스승이신 쉐우민 사야도께서 손가락으로 가슴을 가리키신 것은 마음이 아니고 마음에 의해서 일어난 느낌을 알아차리라는 것이었습니다. 마음은 빠르게 일어나고 사라지기 때문에 처음에 수행을 할 때는 마음을 계속해서 알아차리기가 어렵습니다. 그러기 때문에 마음을 알아차린 뒤에 마음이 남긴 느낌을 가슴에서 계속 지켜보라는 것이었습니다. 그런 것을 마음이 가슴에 있는 것으로 잘못 알고 그만 고통을 겪었던 것입니다.

바로 이렇게 마음과 느낌을 알아차리는 수행이 마음을 알아차리는 수행과 느낌을 알아차리는 수행과 몸을 알아차리는 수행과 법을 알아차리는 수행을 전부 실천할 수 있는 수행방법입니다. 그래서 자연스럽게 사념처를 모두 실천할 수 있으며, 집중력을 키우는 훌륭한 방법인 것입니다.

예를 들어 물위에 돌을 던졌을 때 돌은 사라지고 돌로 인해서 생긴 파문이 일어납니다. 이때 물속에 가라앉은 돌은 마음에 비유할 수 있습니다. 마음은 이렇게 일어나는 순간에 돌이 물에 가라앉듯이 즉시 사라집니다.

그리고 물위에 돌을 던질 때 생긴 남아 있는 파문이 바로 가슴에서 일어난 느낌입니다. 그러나 이러한 느낌은 꼭 가슴이 아니고 머리에서 일어날 수도 있습니다. 아니면 때로는 몸의 어느 위치에서 나타날 수도 있습니다. 그러므로 어느 곳이나 강하게 나타나는 느낌이 있는 곳에서 마음이 남긴 흔적을 알아차리면 됩니다. 만약 이렇게 강한 느낌이 없을 때는 자연스럽게 덤덤한 느낌을 알아차리거나 호흡을 알아차리면 됩니다. 마음의 상태에 따라서 나타나는 느낌도 모두 다릅니다.

그리고 빨리 가슴으로 가서 알아차리면 아직 느낌의 영향이 적기 때문에 강한 느낌을 느끼지 않을 수도 있습니다. 이런 때도 그냥 그 상태의 느낌을 알아차리면 됩니다. 의외로 가슴에 느낌이 없는 수행자가 있을 수가 있으나 이런 경우에는 특별한 느낌을 찾기 때문입니다. 가슴에 있는 덤덤한 느낌도 중요한 느낌의 하나이므로 있는 그대로의 느낌을 알아차려야 합니다.

만약 아무런 느낌이 없으면 몸에 있는 다른 강한 대상을 찾아도 좋습니다. 그러나 아무런 느낌이 없더라도 마음을 그냥 가슴에 머물게 하는 것도 좋습니다. 그러면 언젠가 미세한 느낌을 알아차릴 수 있을 것입니다. 그리고 가슴에서 일어난 느낌은 강한 망상이 왔을 때는 강하게 일어나고, 그렇지 않은 경우에는 가슴의 느낌이 고요할 수 있습니다.

가슴의 느낌이 아니더라도 마음의 상태에 따라서 다른 곳에서 나타나는 호흡도 거칠거나 미세할 수 있습니다. 그래서 이때는 호흡을 알아차리는 것도 방법입니다. 그러므로 처음에 마음을 알아차리기 위해서 가슴만 지켜본 것은 달을 보지 않고 손가락만 본 것입니다. 사실 이것이 관념과 실재의 문제를 말하는 것입니다.

모든 일에는 겉으로 드러난 모양과 그 모양이 가지고 있는 실재가 있습니다. 이때 실재는 지혜의 눈으로 보아야 합니다. 그래서 가슴에 생긴 단단함으로 인해 얼마간 의도적으로 마음을 알아차리는 수행을 피하고 있었습니다. 그러다가 이처럼 마음을 알아차린 뒤에 이제는 본격적으로 마음을 알아차리는 수행을 시작했습니다. 그리고 여러 가지의 마음을 알아차리기 시작했습니다.

마음은 대상을 아는 것으로는 하나이지만 나타나는 상태가 다릅니다. 그리고 나타나는 마음의 종류도 다릅니다. 그래서 여러 가지 상황에서 다양하게 마음을 알아차리는 수행을 하면서 하나씩 기록으로 정리하기 시작했습니다. 물론 수년 동안 정리한 것이지만 이렇게 해서 '있는 마음 알아차리기', '일어난 마음 알아차리기', '하려는 마음 알아차리기'를 체계화한 뒤에 '아는 마음 알아차리기'까지를 완성시켰습니다.

얼마 동안 이렇게 마음을 알아차리기 시작하니 스승께서는 이제부터 '아는 마음 알아차리기'를 하라고 말씀하셨습니다. 사실 아는 마음을 알아차리라는 말은 선뜻 이해하기 힘든 말입니다. 마음은 분명하지 않은 것이라서 이 말이 무슨 뜻인지 복잡하게만 느껴졌습니다. 그러나 더욱 복잡할 수밖에 없는 것은 마음이 보이지 않는 것이기 때문입니다.

이 시기에 마음을 알아차리는 수행방법을 정리하면서 수행을 하고 있었지만 사실 마음이 무엇인지 드러내놓고 설명하기는 어려운 때였습니다. 그래서 스승이 '아는 마음을 알아차리기'를 말해 주어도 이것이 무슨 말인지 이해하기가 어려웠습니다. 바로 이것이 정신세계의 현실입니다. 일반적으로 보이지 않는 마음이나 지혜는 아무리 손에 쥐어주어도 무슨 말인지 헤아리기가 어려운 것입니다.

그래서 여러 차례나 아는 마음이 무엇이고, 어떻게 알아차리느냐고 물어도 사실 명쾌한 대답을 듣기가 어려웠습니다. 그래서 고심을 하면서 아는 마음 알아차리기를 하기 위해 수행을 했습니다. 그러던 중 어느 순간부터 아는 마음을 알아차리는 수행을 할 수 있었습니다. 그리고 이 사실을 사야도께 보고를 드렸습니다. 그래서 하기 어려운 아는 마음을 알아차리는 수행을 한다는 자부심에 더 열심히 정진을 했습니다.

이렇게 아는 마음을 알아차리기를 하면서 정진을 하는데 어느 날 새로운 사실을 발견하였습니다. 좌선을 하는 중에 문득 '지금 내 마음이 무엇을 하는가?' 하고 알아차려 보았습니다. 이렇게 일하고 있는 마음을 점검해 보니 그 순간에 마음이 대상을 알아차리고 있는 것을 알았습니다. 바로 이것이 아는 마음을 알아차리기를 하는 것이었습니다. 그러므로 처음에 아는 마음을 알아차리기를 한다고 했던 것은 사실이 아니었습니다. 그래서 이런 마음을 바로 알아차린 뒤에 지난번 것이 단지 생각으로 안 것이라고 확인을 할 수 있었습니다.

이처럼 '지금 내 마음이 무엇을 하는가?' 하고 지켜보니 호흡을 알아차리고 있는 마음을 뒤에 생긴 마음이 지켜본 것입니다. 바로 이때 일하는 마음을 알아차리기 위해서 마음을 새로 낸 것입니다. 사실 지금 여기서 설명하는 이러한 이론은 당시에는 알 수가 없었고, 한참 뒤에 이렇게 정리할 수 있었던 것입니다. 그래서 이때는 이런 이론 없이 그냥 막연하게 알아차릴 수밖에 없었습니다. 이처럼 당시에는 이런 상태를 자세하게 설명할 수 없었지만 이렇게 알아차리는 순간에 대상이 분명해지고 알아차리는 힘이 강해졌습니다.

이때 고요함과 함께 대상을 완전하게 밀착해서 밀밀하게 알아차릴 수가 있었습니다. 호흡의 부드러운 느낌 하나하나를 더욱 면밀하게 알아차리게 되어서 처음에는 깜짝 놀라서 얼른 알아차림을 풀었습니다. 전혀 새로운 경험이었기 때문입니다. 그러다 다시 호흡을 알아차리려고 하면 이런 상태가 거듭 계속되었습니다. 그러고 나서 이것이 아는 마음을 알아차리는 것이라는 것을 판단할 수 있었던 것입니다.

이렇게 알아차리기 전에 처음에 아는 마음을 알아차린다고 했을 때는 사실 제대로 알아차린 것이 아니었습니다. 그때는 이처럼 분명하게 알아차린 것이 아니고 생각으로 알아차린 것이었고, 이런 사실을 자세하게 표현할 수가 없어서 분명하게 검증을 받기가 어려웠던 것입니다. 이것이 정신세계에 대한 표현의 한계입니다.

얼마간 아는 마음을 알아차리는 수행을 하다가 귀국을 했습니다. 그리고 몇 달 뒤 다시 미얀마 쉐우민 명상원에 가서 수행을 시작했습니다. 그러던 어느 날 아는 마음을 알아차리는 수행을 하는 중에 이러한 집중의 상태가 한 시간 내내 계속되었습니다. 처음에는 아는 마음을 알아차리는 순간만 이런 집중현상이 잠시 생겼었는데 이제는 한 시간 내내 계속되었던 것입니다. 이때 불안한 마음이 일어났습니다. 이럴 수도 있는 가? 이것이 혹시 삿된 길로 가는 것은 아닌가? 하는 의구심이 생겼습니다. 그래서 얼른 이 상태에서 벗어났습니다.

그리고 다시 대상을 알아차리기 시작했는데 역시 똑같이 밀밀한 집중이 계속되었습니다. 그런 뒤에 한 시간 내내 이런 상태로 수행을 계속했습니다. 그리고 이러한 사실에 대해서 확신을 갖기가 어려웠습니다. 그래서 이 사실을 사야도께 보고했습니다. 그랬더니 사야도께서는 이제 한 시간 동안만 그렇게 수행을 할 것이 아니고 앞으로는 하루 종일 그렇게 수행을 하라고 말씀하셨습니다. 이 말을 듣고 그때서야 이렇게 하는 수행이 삿된 길이 아니고 바른 수행방법이라는 것을 알 수 있었습니다. 너무 밀밀하고 너무 분명해서 이것이 혹시나 잘못된 수행이 아닌가 하는 의심을 했던 것입니다.

수행자들은 새로운 것을 경험할 때 처음에는 그것이 바른 것인지 그렇지 않은 것인지를 판단하기가 어렵습니다. 그래서 반드시 스승에게 점검을 받는 과정이 필요합니다. 어떤 경우에는 좋다고 판단되는 것이 좋지 않은 것이라는 사실을 알게 될 때도 있습니다. 그리고 좋지 않은 것이 바른 것이라는 말을 듣기도 합니다. 지금까지 우리들이 경험에 의해서 하는 판단은 탐욕, 성냄, 어리석음이 많은 상태에서 경험한 것이라서 완전한 것은 아닙니다.

그리고 수행은 지금까지 경험하지 못한 새로운 정신세계를 탐험하는 것이라서 어떠한 속단도 금물입니다. 그래서 사야도께서는 항상 "수행자가 스스로 판단하지 마라. 판단은 내가 한다. 비구는 그냥 알아차리기만 해라." 이렇게 말씀하셨습니다. 그러므로 수행자는 법이 요구하는 길을 가야 합니다. 그러나 우리는 아직 법이 요구하는 길을 모르기 때문에 실패를 거듭하는 것입니다. 그러므로 반드시 경험이 있는 스승의 가르침이 없으면 수행의 발전이 불가능한 것입니다.

사야도의 말씀에 의해 이처럼 오랜 시간 동안 마음을 알아차리는 수행을 할 수 있다는 사실도 처음 알았습니다. 처음에 아는 마음을 알아차리는 수행을 했지만 오래 지속할 수 없었던 것은 아직 집중력이 생기지 않았기 때문이었습니다. 그리고 이런 수행을 한다는 사실에 대하여 약간의 흥분도 했을 것입니다. 그러나 이런 상태를 자연스럽게 받아들이게 되면서 이제는 한 시간 내내 이렇게 알아차릴 수가 있었습니다. 그리고 한 시간뿐이 아니고 어떤 경우에는 하루 종일 이렇게 마음이 '아는 마음을 알기'를 알아차릴 수가 있었습니다.

마음을 알아차리는 수행자들은 호흡이나 경행을 할 때 발의 움직임을 몸이 아닌 전면의 마음에서 알아차립니다. 이렇게 알아차리면 마음이 몸이 있는 곳에 가서 알아차리는 것보다도 알아차림을 지속하는 시간이 더 길어집니다. 또 이렇게 알아차리면서 망상이 들어오면 얼른 망상하는 마음을 알아차릴 수가 있어서 오랜 동안 망상에 빠지지 않습니다. 망상을 하더라도 얼른 망상에서 벗어날 수 있습니다. 왜냐하면 일하는 마음을 새로 일어난 마음이 지켜보고 있기 때문입니다. 그래서 망상을 하는 순간 빠르게 망상을 한다는 사실을 알아서 다시 대상에 마음을 기울일 수가 있습니다.

이렇게 전면의 마음자리에서 대상을 알아차리면 대상을 지속적으로 알아차릴 수가 있는 장점이 있습니다. 그러나 계속해서 전면의 마음자리에서 알아차리다 보면 몸에서 알아차리는 것보다 느낌이 분명하지 않을 수가 있습니다. 누구나 집중이 되면 알아차리는 힘보다 집중의 힘이 강해져서 마음이 점점 희미해지기 마련입니다. 이럴 때는 대상이 분명하지 않으면 전면에서 다시 몸으로 와서 알아차려서 대상을 알아차리는 힘을 키워야 합니다.

그러면 집중의 힘과 알아차리는 힘이 균형을 맞추게 됩니다. 이렇게 하는 것을 노력이라고 합니다. 그래서 이러한 노력이 알아차림과 집중의 균형을 맞추게 되는 것입니다. 그래서 마음을 알아차린다고 해서 항상 전면에만 두어야 하는 것은 아닙니다. 힘이 약하면 몸으로 와서 실재하는 대상을 알아차리는 것이 좋습니다.

　믿음은 바른 마음에서 나오는 청정한 행위입니다. 그러나 무조건 믿으면 맹신에 빠지므로 위험합니다. 맹신은 눈을 멀게 하는 어리석음이며, 선하지 못한 행위입니다. 이런 믿음은 자신의 복을 기원하기 때문에 생깁니다. 복은 자신이 만드는 것이지 누구도 줄 수 없는 것입니다. 그래서 먼저 대상을 분명하게 알아차린 뒤에 충분히 납득했을 때 확신에 찬 믿음을 가져야 합니다. 진정한 믿음은 모든 것이 원인과 결과로 일어나고 사라진다는 것을 확신하는 것입니다. 수행자가 해야 할 일은 새로운 선한 원인을 만드는 것밖에 없습니다.

　지난 시간에 이어서 계속해서 '아는 마음 알아차리기'에 대해서 말씀드리겠습니다.

　이렇게 알아차려서 노력과 알아차림과 집중이라는 세 가지의 균형이 적절해지면 몸의 느낌이 다시 강해집니다. 그러면 다시 전면의 마음자리로 와서 대상을 알아차려도 좋습니다. 그러므로 수행자는 전면에서 알아차리는 것과 몸에서 알아차리는 것을 적절하게 조절하면서 수행을 해야 합니다. 이것이 심념처와 수념처와 신념처를 고루 수행하는 것입니다. 그리고 이렇게 수행을 하는 것이 바로 법념처입니다.

　이처럼 전면에서 마음으로 알아차리는 힘이 약해지면 다시 몸으로 와서 알아차리는 힘을 키워야 합니다. 그런 뒤에 다시 전면으로 가서 마음으로 알아차리는 수행을 하는 것은 하나의 방편에 속하는 방법입니다. 이렇게 대상의 위치를 전환하는 것도 새로운 마음을 갖기에 좋습니다. 그래서 약간의 지루함을 덜 수 있습니다. 여기서 주목해야 할 것은 어떤 수행이나 항상 문제가 있기 마련이라는 점입니다.

여기서도 마음을 알아차리는 수행을 하다 보면 알아차림이 지속되는 장점이 있는 반면에 알아차림이 점점 약해질 수 있는 단점도 있습니다. 그래서 집중의 힘이 커져서 졸음에 빠질 수 있습니다. 대상의 느낌을 실재하는 곳에서 알아차리지 않고 마음자리에서 알아차리면 대상이 점점 희미해질 수 있습니다. 수행자가 알아차림이 지속되는 것을 집중이라고 하는데 집중이 되면 자연스럽게 알아차림을 약해지고, 집중의 힘이 커져서 결국에는 졸음에 빠질 수가 있습니다.

바로 이러한 상황을 극복하기 위해서 마음을 알아차리는 수행자가 다음 단계로 '아는 마음 알아차리기'를 시도하는 것입니다. 그래서 알아차리는 마음을 다시 한 번 지켜보아 집중력의 힘이 커져서 졸음에 떨어지지 않고 알아차림의 균형을 맞출 수 있도록 하는 것입니다. 아는 마음 알아차리기를 한 뒤에 이런 사실을 알 수 있었습니다. 이것이 바로 마음을 알아차리는 수행을 보완하는 차원의 수행방법이었습니다.

어떤 수행이나 완벽할 수는 없습니다. 그래서 그때마다 새로운 방편을 마련하는 것이 스승들의 몫입니다. 스승들의 이러한 경험을 통해서 수행자는 보다 안전한 길로 법을 향해서 갈 수 있는 것입니다. 마음을 알아차리는 수행을 계속하고 있을 때 사야도께서는 이제 아는 마음을 알아차리라는 다음 단계의 주제를 주었던 것입니다. 그러나 처음에 이 말이 명쾌하게 이해가 되지 않아 헤맬 수밖에 없었습니다. 논리적으로 이해가 안 되니 이런저런 방법을 다 사용해서 수행을 해도 사야도께서는 그것이 아니라고 하니 답답하기만 했던 것입니다.

그래서 아는 마음을 알아차리기가 한때는 화두가 되어서 마음을 떠나지 않았습니다. 이 말의 뜻을 이해하려고 노력하다가 여러 곳에서 통역을 해주신 한 지인의 도움을 받아서 뜻으로나마 정리를 할 수 있었습니다. 이때 쉐우민에서 아는 마음을 알아차리라고 하는 말이나 마하시 명상원에서 앎을 하라고 하는 말이 같은 뜻이라는 사실을 알았습니다.

어느 날 통역을 해주시는 한 분의 방문을 받았습니다. 그분께 아는 마음 알아차리기가 무엇인지 자세히 설명해 줄 것을 부탁드렸습니다. 그런데 뜻밖에도 쉐우민에서 '아는 마음 알아차리기'라고 하는 것과 마하시 명상원에서 '앎'이라고 하는 것이 같은 말이라는 사실을 알았습니다. 쉐우민에 오기 전에 마하시 명상원에서 수행할 때도 '앎'의 문제에 대하여 의문을 풀 수 없어서 제가 상기까지 와서 고생을 했던 경험이 있기 때문에 이 말에 눈이 번쩍 뜨였습니다. 그 뒤에 마하시에서 결국은 상기를 해결했던 터라 뜻밖의 사실에 놀라움과 반가움이 함께했습니다. 그리고 여기서도 다시 앎에 걸린 것을 알았습니다. 그냥 '앎'을 하라고 할 때와 '아는 마음 알아차리기'라고 할 때 이것이 같은 말이지만 내용이 다른 것인 줄 알고 고생을 했던 것입니다.

마하시 명상원에서 수행을 할 때는 앎을 하라고 합니다. 이때의 앎은 아는 마음입니다. 이때의 앎은 두 가지 뜻으로 사용합니다. 첫째, 대상을 아는 앎을 하는 것입니다. 이것은 수행이 잘 안 될 때는 잘 안 되는 것을 아는 앎입니다. 수행이 잘 될 때는 잘 되는 것을 아는 앎을 합니다. 누군가를 미워할 때는 미워하는 것은 아는 앎을 하는 것입니다. 화가 났을 때는 화가 난 것을 아는 앎을 하는 것입니다. 무엇을 하거나 일하고 있는 것을 아는 마음을 대상으로 알아차리는 것입니다. 이것이 마음을 알아차리는 수행입니다.

둘째, 호흡의 느낌과 몸의 느낌과 그리고 몸에 있는 호흡이 사라지고 아무것도 없을 때 마음이 마음을 대상으로 아는 앎을 하는 것입니다. 수행자가 몸의 느낌이 완전하게 사라져서 더 이상 몸을 대상으로 알아차리기 어려울 때가 있습니다. 이때 남아 있는 것은 마음밖에 없습니다. 그래서 다음 단계로 마음이 마음을 대상으로 알아차리는 방법이 바로 '앎'입니다. 이 앎이 아는 마음입니다. 그러므로 앎이라고 할 때는 마음이 마음을 대상으로 알아차리는 것의 준말인 것입니다.

마하시 명상원에서도 이상의 두 가지 수행을 지도하고 있기 때문에 마음을 알아차리는 수행을 하고 있습니다. 그래서 마하시라고 해서 몸을 알아차리는 수행만 하는 곳이 아니고 신수심법 사념처를 모두 수행하는 곳입니다. 다만 쉐우민처럼 집중적으로 마음을 말하지 않을 뿐이지 어느 명상원에서나 위빠사나 수행을 한다면 마음에 대한 알아차림을 빼놓을 수 없다는 사실을 유념해야 하겠습니다.

통역을 해주시는 지인에게 '아는 마음 알아차리기'와 '앎'이 어떻게 다른가를 물었습니다. 그리고 이것들이 명상원에서 사용하는 표현이 다를 뿐이지 같은 말이라는 것을 들었던 것입니다. 그래서 다시 이것이 무슨 뜻인지를 물었습니다. 그랬더니 지인께서는 '아는 마음 알아차리기'란 '노팅noting하는 것을 위칭watching'하는 것이라고 말해 주었습니다. 영어로 노트note는 주의하다, 주목하다는 뜻이고, 워치watch는 지켜보다는 말입니다. 그래서 이 말은 알아차리는 것을 다시 지켜보는 것입니다. 이 말을 듣고 나서야 '아는 마음 알아차리기'와 '앎'의 분명한 의미를 알게 되었습니다. 지금까지 불분명했던 말의 뜻이 한순간에 명쾌하게 이해가 되었습니다. 때로는 영어가 의미 전달을 하는 데 간결하게 뜻을 드러내기도 하였습니다.

이처럼 알아차리는 것을 다시 지켜보기 위해서는 알아차리는 힘이 있어야 합니다. 처음에 수행을 시작하는 수행자는 대상을 붙잡기도 어려운 상태에서 마음을 알아차리는 수행은 하기가 어렵습니다. 그래서 쉐우민에서도 일정기간 마음을 알아차리는 수행을 한 뒤에 다음 단계로 아는 마음을 알아차리라고 했던 것입니다.

그러므로 수행에서 가장 필요한 것이 단계적 과정을 거치는 것입니다. 수행을 시작한 뒤에 지금 여기에 있는 몸을 대상으로 하나하나 알아차려서 집중의 힘을 키우면 차츰 그 단계의 지혜가 성숙합니다. 그러면 다시 다음 단계의 지혜를 위해 계속해서 알아차려야 합니다. 이것이 수행의 바른 과정입니다.

아는 마음 알아차리기에 대한 보다 명쾌한 이해는 그 뒤에 쉐우민 사야도를 친견하고 확립할 수 있었습니다. 쉐우민에서 몇 년 동안 수행을 한 뒤에 마지막으로 쉐우민 사야도를 친견할 기회가 있었습니다. 다음은 쉐우민 사야도께 말씀드린 질문 내용과 사야도의 답변입니다.

제가 사야도께 말씀드렸습니다. "호흡이 사라졌습니다."
그러자 사야도께서는 "아니다. 호흡이 사라지지 않는다"라고 말씀하셨습니다.

"아닙니다. 몸의 느낌도 사라지고 호흡도 사라져서 아무것도 알아차릴 것이 없습니다."

그랬더니 쉐우민 사야도께서는 저를 쳐다보신 뒤에 "그런가, 그러면 이제 아는 마음을 알아차려라"라고 말씀하셨습니다.

그러자 제가 "아는 마음을 어떻게 알아차립니까?" 하고 물었습니다.

그랬더니 사야도께서는 "나중에 생긴 마음이 먼저 있는 마음을 알아차려라"라고 말씀하셨습니다.

그러자 즉시 제가 다시 질문을 했습니다. "나중에 생긴 마음이 먼저 있는 마음을 어떻게 알아차립니까?"

그랬더니 사야도께서는 "마음을 새로 내라." 이렇게 답변하셨습니다.

사야도의 말씀은 마음에 대한 가장 간결한 의미를 담고 있습니다. 마음이란 항상 일어나고 사라지는 것이라는 표현밖에 몰랐는데, 이 말은 마음을 한눈에 꿰뚫어볼 수 있는 매우 간결하고 정확한 표현이었습니다.

사야도의 이 말씀을 들은 뒤에 비로소 마음이 무엇인지 알 수 있었습니다. 그리고 어떻게 알아차려야 할 것인지에 대해서 정리를 할 수 있었습니다. 지금까지 나중에 생긴 마음이 먼저 있는 마음을 알아차리라는 것과 그러기 위해서는 마음을 새로 낸다는 말을 들어본 적이 없었습니다. 그래서 이 말씀을 통하여 마음에 대한 분명한 이해가 생겼던 것입니다. 마치 구름이 걷히고 달을 보듯이, 마음에 대한 뚜렷한 대상이 드러나기 시작했습니다.

나중에 생긴 마음이 먼저 있는 마음을 알아차릴 때 이 두 가지 마음은 같은 마음이 아닙니다. 그래서 이렇게 시간을 두고 일어나는 과정에서 입체적 현상이 생기게 됩니다. 예를 들자면 유체이탈이라고 하는 것도 마음이 몸을 떠날 수 없지만 나중에 생긴 마음이 먼저 있는 마음을 알아차리는 과정에서 시간과 공간이라는 입체적 현상이 생기는 것입니다.

그래서 누구나 평소에 집중이 될 때는 위에서 자신을 지켜보는 것 같은 경험을 할 수 있었던 것입니다. 이러한 상태에서 입체적인 인식이 가능한 것이 매 순간 마음이 새로 일어나기 때문에 마음이 마음을 분리해서 볼 수 있는 것입니다.

　현재 여기에 있는 마음은 앞에 있는 마음이고, 뒤에서 지켜보는 마음은 나중에 생긴 마음입니다. 그래서 시간적·공간적 형태가 만들어진 것입니다. 그렇지 않고서는 죽기 전에는 절대 마음이 몸 밖으로 나갈 수는 없기 때문에 이 문제는 달리 설명할 길이 없습니다. 누구나 어떤 상황에서 위에서나 또는 뒤에서나 또는 옆에서나 자신을 지켜보고 있는 것을 느낄 수 있을 때가 있습니다. 이러한 상태가 바로 아는 마음을 알아차리고 있는 상태입니다. 그러므로 어떤 경우에 우리가 이것을 행하고 있었다는 것입니다. 바로 이것이 나중에 생긴 마음이 먼저 있는 마음을 알아차리는 집중의 힘이 생긴 상태에서 가능한 것입니다.

　이것은 우리가 이미 경험하고 있다는 것을 다시 한 번 확인할 수 있습니다. 그러므로 반드시 위빠사나 수행을 해야 이런 현상을 체험할 수 있는 것은 아닙니다. 그중에서 마음을 알아차리는 수행자만이 아는 마음을 알아차리는 것을 하는 것도 아닙니다. 누구나 할 수 있고, 이미 경험한 것들입니다.

　부처님께서 펴신 법문은 이미 우리가 경험한 것들이거나 앞으로 경험할 수 있는 것들입니다. 그렇지 않으면 부처님께서 말씀하지 않으셨습니다. 그 이유는 누구나 자신의 몸과 마음을 대상으로 알아차리기 때문입니다. 다만 우리가 모르고 했던 것이나 앞으로 모르고 행할 여러 가지의 현상을 이제 알아차림을 가지고 확실하게 해서 지혜를 얻고자 하는 것이 위빠사나 수행입니다.

　사실 지금까지 마음에 대해서 말씀드린 내용이 모두 스승님들의 가르침에 근거해서 정리한 것들입니다. 쉐우민 사야도께서는 2003년 90세에 열반을 하셨는데 제게 마음을 새로 내라고 하신 이 말씀이 마지막 면담이 되었습니다. 스승님께서는 언제나 한두 마디로 저의 막힌 것을 뚫어주셨습니다. 그럴 때마다 '아! 이래서 큰 스승님이시구나'라고 생각했습니다.

과거의 내가 현재의 내가 아닙니다. 과거에도 나는 없었고, 그래서 현재에도 나는 없습니다. 단지 과거의 마음이 일어나서 사라지고 그 과보가 현재의 마음을 일으켰습니다. 이처럼 과거 원인의 연속이 현재 결과의 연속으로 전해져서 오온이 있습니다. 다시 현재 결과의 연속이 원인이 되어 미래 결과의 연속으로 전해집니다. 이것을 윤회라고 합니다. 그러므로 내가 있어서 다음에 내가 되지 않고, 단지 원인이 있어 결과가 있을 뿐입니다. 나와 원인은 다른 것입니다.

계속해서 아는 마음을 알아차리는 것에 대해서 말씀을 드리겠습니다.

저의 스승이신 쉐우민 사야도의 밑에서 수행을 할 때 일화가 매우 많습니다. 그러나 그것들 하나하나가 모두 귀감이 되는 내용이어서 수행자들에게 인식을 크게 개선해 주셨습니다.

일요일에 법당에 온 여자 수행자들이 좌선이 끝나고 여기저기 누워서 자기도 하고, 얘기를 하는 것을 보고 저의 작은 스승께 이것들을 시정해 주기를 말씀드렸습니다. 그랬더니 자기도 큰 스승께 이 말씀을 드렸더니 큰 스승께서 하신 말씀이 "애야, 그 사람들이 다른 곳에 가서 춤추고, 술 먹고 노는 것보다 여기 법당에 와서 자는 것이 더 좋지 않겠는가? 그러니 그들을 이해해라"라고 말씀하셨다고 합니다.

이미 말씀드린 것처럼 제가 귀국을 할 때 좀 더 집중을 하는 방법을 말씀해 주실 것을 부탁드렸더니 "왜 그렇게 집중을 하려고 하느냐?"라고 제게 가르침을 주셨습니다. 수행자가 집중을 원하여 가르침을 듣고자 했는데도 "왜 그렇게 집중을 하려고 하는가?" 하고 오히려 반문을 하신 것입니다. 사실 이 말씀을 듣는 순간에 이 말씀이 가장 집중을 잘할 수 있는 방법이라는 사실을 퍼뜩 깨달았습니다. 사야도께서는 제가 집중을 집착하고 있는 것을 보신 것입니다. 집착을 하는 한 바른 집중력을 얻을 수가 없다는 것입니다.

사야도께서는 마음을 알아차리는 수행을 하셨기 때문에 항상 일상적인 것을 뛰어넘는 깊은 통찰력을 가지고 말씀하셨습니다. 그래서 고정관념에서 벗어난 실재하는 현상을 깊은 지혜로 언제나 우리들에게 큰 가르침을 주셨습니다. 이러한 과정을 통해서 지금까지 말씀드린 마음을 알아차리는 수행을 이론적으로 정리할 수 있었습니다.

그러나 이것으로 그치지 않았습니다. 그 뒤에 모곡 사야도의 12연기 수행을 할 기회가 있었습니다. 그리고 모곡 사야도의 12연기 법문집인 『어디서 와서 어디로 가는가』 번역에 참여하였는데, 이 과정에서 마음을 알아차리는 수행에 대한 논리적인 설명이 완전하게 정리된 것을 읽을 수 있었습니다. 이때까지는 마음을 알아차리는 수행을 이론 없이 배웠는데 처음으로 글로 정리된 것을 접할 수 있었습니다. 그리고 모곡 사야도의 법문은 마음에 접근하는 방법이 조금 다를 뿐이지 이때까지 배운 마음에 대한 기본적 개념은 모두 같았습니다. 바로 이런 과정을 거쳐서 지금 여러분들에게 마음에 대한 말씀을 드릴 수 있게 되었습니다.

마음이란 매 순간 일어나고 사라집니다. 그래서 이런 마음을 알아차리기 위해서는 나중에 생긴 마음이 먼저 있는 마음을 알아차려야 합니다. 그러면 마음은 한순간에 하나밖에 없기 때문에 먼저 있는 마음은 사라지고 나중에 생긴 마음이 그 순간의 마음입니다. 이렇게 마음을 알아차리기 위해서는 반드시 마음을 새로 내야 합니다.

이때 가장 주목해야 할 것은 마음을 알아차리기 위해서 마음을 새로 내는 것입니다. 그렇지 않으면 마음을 알아차릴 수가 없습니다. 만약 수행자가 마음을 알아차릴 수가 없었다면 마음을 알아차리기 위해서 마음을 새로 내지 않은 것입니다.

그리고 하나를 더 보태면 마음을 알아차리라는 말을 많이 듣지 않았기 때문입니다. 마음을 알아차리라는 말을 많이 듣지 않으면 생각이 나지 않아서 알아차릴 수가 없습니다. 그래서 새로 마음을 낼 수가 없습니다. 그러므로 마음을 알아차리는 수행을 하라는 말을 귀에 딱지가 붙도록 들어야 단 한 번이라도 실천할 기회가 생깁니다. 왜냐하면 해보지 않은 것이라서 아무리 말을 들어도 실제 실천하기는 어려운 것이기도 합니다.

여기서 같은 말을 거듭 반복하는 것도 이러한 학습 효과를 얻기 위한 것입니다. 불교는 정신세계에 관한 것이라서 동의어를 계속해서 반복합니다. 이것은 부처님으로부터 전해진 교습법입니다. 그래서 싫증이 날 정도로 들어야 조금씩 입력이 된다는 사실을 이해해야 합니다. 그러므로 불교 수행을 접하려면 처음부터 인내가 필요합니다. 왜냐하면 같은 이야기들이 계속 반복되기 때문입니다.

이처럼 마음은 끊임없이 일어나고 사라지면서 새로운 마음이 일어납니다. 그러므로 어느 것이나 하나도 같은 것이 없습니다. 그리고 어느 마음이나 내 마음이라고 할 것이 없습니다. 내 마음이 변하기 때문에 알아차리는 대상도 같은 것이 하나도 없습니다. 왜냐하면 마음이 받아들여서 아는 것이기 때문입니다. 마음이 매 순간 변하기 때문에 받아들이는 대상도 매 순간 새로운 것일 수밖에 없습니다. 이것이 무상이고, 이것이 괴로움이고, 이것이 바로 무아입니다.

수행자는 이때 마음을 새로 낸다는 사실에 걸려서는 안 됩니다. 마음을 새로 낸다는 것은 어느 순간에 한 번이면 됩니다. 그러므로 새로 낸다는 것은 사실 이론입니다. 실제의 상황에서는 마음을 매 순간 새로 낼 수는 없습니다. 어떤 대상이나 계속해서 알아차리면 계속해서 대상을 새로 알아차리는 것입니다. 그러나 마음이 워낙 빠르게 진행되기 때문에 이것을 모두 알 수는 없습니다.

알아차리는 순간마다 새로, 새로, 새로, 라고 하면서 알아차릴 수는 없는 것입니다. 그러므로 마음을 새로 낸다는 것은 이론적인 설명이기 때문에 지혜로 알아야 합니다. 수행을 하면서 지속적으로 알아차리면 나타나는 대상이 모두 새로운 것이라는 사실을 알게 됩니다. 이것이 무상의 지혜입니다. 그래서 '새로'라는 것은 지혜로 알아야 합니다.

이것은 자동차의 바퀴가 굴러가면서 지면에 닿는 것과 같습니다. 바퀴가 굴러갈 때 바닥에 닿는 점은 한 부분이며, 이것들은 한순간이라서 이것은 매번 새로운 것들입니다. 하지만 이때 바퀴가 굴러가는 것만 알고 있으면 됩니다. 그러면 매 순간 새로운 것을 알아차리는 것입니다. 이것이 몸과 마음을 알아차리는 것에도 그대로 적용됩니다. 그러므로 처음부터 모든 것이 새로운 것이라고 알아야 하는 것은 아닙니다.

마음을 알아차리는 수행은 일하는 그 마음을 알아차리기 때문에 항상 현재에 머물 수 있지만 법의 성품을 알기에 반드시 거쳐야 하는 필요한 과정입니다. 그래서 법념처를 하기 전에 심념처 수행을 하는 것은 필수적입니다. 법은 대상으로서의 법이 있고, 진리로서의 법이 있는데, 마음을 알아차리는 수행을 통해서 진리의 법을 알아차릴 수 있는 기회가 더 가까이 온 것입니다.

마음과 느낌을 함께 알아차릴 수 있는 가슴은 아랫배에서 호흡을 위주로 알아차리는 수행자에게는 매우 훌륭한 신개척지입니다. 이때까지는 호흡을 위주로 하는 수직적이던 수행이 비로소 수평적으로 하게 되어 더 많은 대상을 알아차릴 수가 있었습니다. 수행을 하면서 어떤 경우에는 호흡을 알아차릴 수 없어서 고심을 하는 경우도 있습니다. 이때 가슴에 마음을 머물게 하면 여러 가지의 느낌을 느낄 수가 있어서 매우 좋습니다. 그래서 가슴을 알아차린다는 것은 위빠사나 수행의 또 다른 전기를 맞이하는 것입니다. 특히 가슴은 심장이 있어서 맥박도 느낄 수 있는 곳이고, 마음에 의해서 일어나는 느낌이 가장 잘 나타나는 곳입니다.

누구나 미세한 마음이 일어나고 사라지는 과정을 알기가 어렵습니다. 그러나 가슴에 마음을 머물게 하면 미세하게 일어나고 사라지는 마음을 모두 느낌으로 알 수 있습니다. 그리하여 가슴은 진리의 법을 알아차리는 수행까지 모두 해결할 수 있는 곳입니다.

아는 마음 알아차리기는 특별한 장소에서 특별한 시간에만 하는 수행이 아닙니다. 마음을 알아차리는 다른 모든 수행처럼 시간과 장소에 아무런 제약 없이 알아차릴 수 있습니다. 특히 수행을 하면서 아는 마음을 알아차리면 어떤 상황에서도 일하는 그 마음을 알아차릴 수 있습니다.

이때 마음이 대상을 알아차리거나 알아차리지 못하거나에 상관없이 어느 때나 할 수 있습니다. 만약 알아차리지 못하는 상태에서 아는 마음 알아차리기를 했다면 즉시 새로 수행을 시작할 수 있습니다. 그리고 알아차리고 있는 상태에서 아는 마음 알아차리기를 했다면 훨씬 강한 노력과 알아차림으로 더 힘이 있는 집중을 할 수 있습니다. 그리고 호흡과 몸의 느낌이 완전하게 사라졌을 때 아는 마음 알아차리기를 하면 더 높은 지혜의 단계에 이를 수 있습니다.

아는 마음 알아차리기는 마음을 알아차리는 다른 수행에 비하여 더 광범위하게 사용될 수 있으며, 지혜를 얻는 마지막 단계에서는 반드시 실천해야 할 수행방법입니다. 일부 수행자들이 몸의 느낌과 호흡이 사라진 상태에서 마땅한 지도를 받지 못해 수행을 계속하지 못하는 일들을 보았습니다. 이때는 반드시 아는 마음을 알아차리는 수행을 해서 좋은 결과를 얻을 수 있도록 해야 합니다.

그렇지 않으면 수행을 포기하거나, 아니면 자기가 최고라고 하는 상에 빠져서 오히려 수행으로 인해 더 교만해질 수도 있습니다. 대개 몸의 느낌과 호흡이 사라진 상태까지 간 수행자의 결과가 그렇게 좋아 보이지 않았습니다. 왜냐하면 마음을 알아차리는 바른 지도를 받지 못했기 때문입니다. 그래서 바른 말을 해주어도 받아들이지 않는 경향이 있었습니다. 이미 자기 나름대로의 잘못된 견해가 분명해진 것입니다.

수행도 때가 있습니다. 수행에 대한 열정이 식으면 다시 점화하기가 어려운 경우가 많습니다. 수행에 대한 열정이 식으면 선업의 양이 다한 것을 알아차려야 합니다. 선업의 과보가 다하면 다음에는 불선업의 과보가 들어온 것입니다. 이때 바르게 수행을 배웠으면 그렇지 않겠지만 바르게 지도를 받지 못했을 때는 수행에 대한 잘못된 편견이 생깁니다. 그래서 오히려 수행을 하지 않은 것만 못하게 되는 경우도 있습니다. 이것은 매우 애석한 일입니다.

지금까지 그토록 고생을 해서 다다른 상태를 마지막으로 더 발전시키지 못한 것은 선업이 부족한 탓이라고 아니할 수 없습니다. 그러므로 부족한 선업을 다시 일으키는 것은 계속해서 수행을 하는 것밖에 없습니다. 새로운 선업을 만드는 데 수행을 하는 것보다 더 큰 선업은 없습니다.

그러기 위해서는 평소에 '있는 마음을 알아차리는 수행'과 '일어난 마음을 알아차리는 수행'과 '하려는 마음을 알아차리는 수행'을 해야 하겠습니다. 그래서 몸의 느낌과 호흡이 사라졌을 때 아는 마음을 알아차리기를 할 수가 있습니다. 평소에 충분하게 숙련이 되지 않으면 매우 결정적이고 중요한 시기에 마음을 알아차리는 수행을 모르기 때문에 수행의 성공적인 결과를 얻을 수가 없습니다.

지금까지 말씀드린 아는 마음 알아차리기를 요약해 보겠습니다.

하나, '지금 내 마음이 무엇을 하고 있는가?' 하고 알아차립니다. 또는 '지금 내 마음이 무슨 일을 하고 있는가?' 하고 알아차립니다.
둘, 대상을 알아차리고 있을 때는 계속해서 대상을 알아차립니다. 이때 대상이 더 밀밀해지더라도 놀라지 말고 그냥 고요하게 끝까지 그 상태를 유지하는 것이 좋습니다.
셋, 대상을 알아차리지 않고 망상을 하거나 멍청하게 있거나 졸음에 빠져 있거나 통증과 싸우고 있거나, 어떤 경우에나 현재의 상황을 있는 그대로 알아차리고 나서 다시 몸에서 일어나는 제일 강한 대상을 알아차립니다.

수행자 여러분! 어느 때나 '지금 내 마음이 무엇을 하고 있는가?' 하고 알아차리십시오. 그러면 항상 현재로 돌아올 수 있습니다. 현재 당신의 마음이 무엇을 하고 있건 그것은 중요하지 않습니다. 그렇게 해서 항상 깨어 있는 삶을 살기를 바랍니다.

무명은 모르기 때문에 어리석은 일을 지속하고, 지혜는 알기 때문에 어리석은 일을 끊습니다. 무명으로 인해 일어나는 행위가 있고, 지혜로 인해 일어나는 행위가 있습니다. 무명으로 인해 일어나는 행위는 두 가지로 선한 행위와 선하지 못한 행위가 있습니다.

무명으로 인해 일어난 선한 행위는 좋은 일을 하되 부귀영화를 원하여 좋은 곳에 태어나고, 선하지 못한 행위는 탐욕, 성냄, 어리석음으로 인해 지옥, 축생, 아귀, 아수라의 세계에 태어나는 것입니다. 이것들은 모두 무명으로 인한 행위입니다.

선한 행위라고 해서 무명이 아니라고 말할 수 없습니다. 왜냐하면 윤회계를 벗어날 수 없기 때문입니다. 그러나 지혜로운 행위는 바라고 없애려는 것 없는 수행을 해서 나고 죽는 윤회의 고통에서 벗어나는 것입니다.

지금부터 마음을 알아차리는 수행에 대해서 전체적으로 요약을 해보겠습니다.

부처님의 가르침을 펴는 상좌불교는 『경장經藏』과 『율장律藏』의 가르침 그리고 존재를 분석한 『논장論藏』이 있으며, 『논장』을 『아비담마』라고도 합니다. 이 세 가지는 모두 부처님에 의해서 설해진 가르침입니다.

『경장』과 『율장』은 지혜와 자비를 바탕으로 하여 괴로움을 해결합니다. 그리고 『논장』

은 존재를 분석해 놓은 것으로, 이는 정신과 물질을 분석하여 존재의 실체가 무엇인지를 알아 근본적인 치유를 하도록 하였습니다. 그래서 불교에서는 『경장』과 『율장』과 『논장』에 근거하여 가르침을 폅니다. 이 세 가지를 합쳐서 삼장三藏이라고 합니다. 이것들을 모두 빨리어 경전이라고 합니다.

부처님의 가르침에 근거한다는 것은 오랜 세월이 흘렀지만 진리가 왜곡되지 않았다는 것을 뜻합니다. 이처럼 삼장만 있는 것이 아닙니다. 세월이 흐르면서 경전의 자의적 해석이나 왜곡을 막기 위해서 주석서들이 있어서 다시 주석서에 근거하여 경전을 해석합니다. 대표적인 주석서가 『청정도론』입니다. 지금도 위대하신 스승들에 의해 부처님의 가르침이 왜곡되지 않도록 주석서들이 씌이고 있습니다. 그러므로 이 가르침에 대한 믿음을 가져야 합니다.

그중에 『아비담마』에서는 마음을 121가지로 분류하였습니다. 그리고 마음의 작용은 52가지로 분류하였습니다. 이러한 분류는 단순한 분석에 그친 것이 아닙니다. 마음이 서로 결합하여 다양하게 나타나는 경로를 밝힌 것입니다. 마음이 우연히 일어나는 것이 아니고 각각의 조건에 의해 일어나는 것을 철저하게 분석하셨습니다. 이러한 분석은 오직 이것이 나의 마음이 아니라는 것에 초점이 맞추어져 있습니다. 무아를 알아야 모든 번뇌에서 벗어날 수 있기 때문에 오직 치유에 목적을 두고 이처럼 분석을 한 것입니다. 이러한 분석은 현대과학으로는 풀 수 없는 문제이며, 어떤 신앙으로도 풀 수 없습니다. 오직 자신의 몸과 마음을 통찰해서 얻는 해탈의 지혜로서만이 알 수 있는 것입니다. 보이지 않는 마음에 자아가 없다는 것은 일반적인 상식 수준을 벗어난 것이기 때문에 혜안으로밖에 설명할 수가 없습니다.

이러한 지혜는 특정한 사람만 소유하는 지혜가 아니고 누구나 일정한 과정을 거치는 수행을 하면 알 수 있는 지혜라는 것이 더 큰 의미가 있습니다. 그래서 진리는 보편타당하고 일반적 특성을 가지고 있는 것입니다. 이렇게 분석을 한 것은 이러한 분석에 의해 마음을 알아차리는 수행을 하면 모든 번뇌가 치유될 수 있는 방법을 제시하는 것입니다. 그래서 분석에 그치지 않고 그에 따른 방편을 제공하여 행복을 얻도록 한 것입니다.

이러한 분석이 『논장』이며, 이러한 방편이 위빠사나 수행입니다. 그리고 이것이 행복을 얻는 해탈의 자유입니다. 이처럼 불교는 지혜와 자비라는 수행과 함께 『논장』을 바탕으로 분석한 것이기 때문에 이미 모든 것이 완벽하게 밝혀져 있습니다.

이 길은 이미 2,500년 전에 밝혀진 길입니다. 그러나 사람들은 각기 다른 문화와 사상으로 인하여 이 법을 그대로 받아들이지 않고 왜곡하였지만, 오늘 우리가 듣는 법은 빨리어 경전에 의한 것이기 때문에 부처님의 말씀, 그 가르침을 그대로 따르고 있습니다.

지혜는 위빠사나 수행을 통해서 얻으며, 자비는 사마타 수행을 통해서 얻습니다. 그리고 『논장』은 정신과 물질을 분석하였습니다. 이러한 분석은 오직 정신적 치유에 목적을 둔 것입니다. 이 정신적 치유를 하기 위해서는 반드시 수행을 해야 합니다. 그래서 불교는 수행을 해서 지혜를 얻는 것을 최종목표로 삼고 있습니다. 그러므로 지혜를 얻는 수행을 하지 않으면 불교라고 말할 수 없습니다.

특히 정신과 물질이 무엇인가를 알아서 정신과 물질이 가지고 있는 번뇌를 해결하는 수행을 해야 합니다. 그런 의미에서 교학은 오직 수행을 돕는 역할을 하는 하나의 과정입니다. 그래서 불교는 교학과 수행과 지혜의 세 가지 단계로 완성됩니다.

불교에서는 정신과 물질을 오온五蘊으로 나누어서 분석합니다. 오온은 색온, 수온, 상온, 행온, 식온이라는 다섯 가지의 무더기를 말합니다. 이들 하나하나는 여러 가지의 구성요소로 결합되어 있어서 이것을 오온이라고 합니다. 이 다섯 가지 중에서 물질을 말하는 색온을 빼고는 나머지 네 가지가 정신에 관한 것입니다. 그러므로 불교가 정신에 대한 비중과 역할이 얼마나 큰 것인지를 간접적으로나마 알 수 있습니다. 이러한 분류는 마음의 중요성에 대한 하나의 반증이기도 합니다.

정신이란 마음을 말하는 것입니다. 마음은 하나만 있는 것이 아니고, 마음의 작용과 함께 있습니다. 마음은 오온의 식識이며, 마음의 작용은 오온의 수受, 상想, 행行입니다. 마음과 마음의 작용에 대한 분석은 오직 위없는 깨달음을 얻은 부처님만 알 수 있는

지혜입니다. 이렇게 완벽한 분석을 통하여 마음이 무엇인지를 알아야 비로소 마음에
든 병을 치유할 수 있습니다.

이렇게 마음을 분석해서 얻은 결론이 바로 무아입니다. 그러나 이 무아는 수행을
해서 통찰지혜가 나야 알 수 있는 최상의 지혜입니다. 그러므로 초보수행자가 무아에
대한 잘못된 견해를 말해서는 허물이 되므로 주의해야 하겠습니다. 수행자는 아직 모르
는 것에 대해서는 판단을 유보해야 합니다. 그래야 진리를 거부하는 잘못을 저지르지
않습니다.

이 세상에는 정신에 대한 것을 다루는 심리학이 있습니다. 그러나 이 심리학은 분석에
머물 뿐이지 치유에 대한 완벽한 대안을 제시하지는 못합니다. 지금까지 밝혀진 심리학
은 2,500년 전에 부처님께서 말씀하신 마음에 대한 분석의 극히 일부분에 불과한 것입니
다. 왜냐하면 보이지 않는 정신에 관한 것은 추론적이기 때문에 지혜가 없으면 밝힐
수가 없습니다.

현대에 이르러 이러한 정신분석에 근거한 수행방법이 있습니다. 그러나 이러한 방법
은 번뇌를 억누르는 효과가 있지 번뇌를 말려서 근본적으로 제거하는 방법을 제시하지
는 못합니다. 그래서 일시적으로 마음의 평온을 얻을 수는 있지만 해탈을 얻어 완전한
자유를 누릴 수는 없습니다.

『논장』은 마음을 낱낱이 분석해서 마음이 변하지 않고 항상 하는 것인지, 매 순간
일어나고 사라지는 무상한 것인지를 알게 합니다. 그래서 궁극에는 이 마음이 나의
마음이 아니고 단지 조건에 의해서 일어나고 사라지는 마음이라고 아는 지혜를 얻습니
다. 이러한 통찰지혜를 통하여 탐욕, 성냄, 어리석음을 불태워 열반을 성취합니다. 이러
한 차이가 현대의 심리학과 위빠사나 수행의 차이입니다.

위빠사나 수행은 몸을 알아차리는 힘을 얻어서 마음까지 알아차리는 수행을 합니다.
그냥 알아차리는 것이 아니고 대상을 분리해서 알아차립니다. 이것이 다른 수행방법과
다른 것입니다. 인류는 대상과 하나가 되어서 보는 방법밖에 몰랐습니다. 그러나 부처님

께서 수행하신 위빠사나를 통하여 비로소 대상을 분리해서 보는 방법이 밝혀졌습니다. 이렇게 마음을 알아차릴 때만이 마음의 병을 고칠 수가 있습니다. 그래서 과거로부터 내려온 잠재적 성향까지도 있는 그대로 알아차려서 이것의 힘이 약해지도록 합니다. 그러면 현재에도 괴롭지 않고, 미래에도 괴롭지 않을 것입니다.

위빠사나 수행은 대상을 분리해서 알아차립니다. 그래서 지혜를 얻습니다. 여기에 깊은 뜻이 담겨져 있습니다. 그래서 위빠사나 수행은 대상에 개입해서는 안 됩니다. 개입을 하면 어떻게 하려고 하는 자기 의지가 개입이 됩니다. 그래서 선입관을 가지고 보기 때문에 대상을 바르게 볼 수가 없습니다. 이렇게 대상을 개입하지 않고 지켜보아야 단지 대상과 아는 마음만 있습니다. 오직 대상과 아는 마음만 있을 때 내가 본다는 것이 없습니다. 만약 내가 본다고 하는 자아가 개입되면 바라는 것이 있어 이것은 사마타 수행이라서 통찰지혜를 얻지 못합니다. 그래서 위빠사나 수행에서는 알아차림은 있지만 알아차리는 자가 없습니다. 그러므로 깨달음은 있지만 깨달은 자가 없는 것입니다.

위빠사나 수행은 마음을 알아차려서 마음이 무엇인지를 알아 무지로부터 벗어납니다. 그래서 마음의 병을 치유합니다. 이러한 결과로 몸을 건강하게 합니다. 그러기 위해서는 바라지 않고, 없애려고 하지 않는 마음을 가져야 합니다. 이것이 다른 수행과 다른 위빠사나 수행만의 방법입니다. 이러한 방법에 의해서 결국에는 완전하게 번뇌를 소멸시킵니다.

마음이 모든 것을 이끕니다. 마음인 오온의 식이 마음의 작용인 수, 상, 행을 이끌고 몸인 색까지도 이끕니다. 그래서 어떤 마음을 갖느냐에 따라 다른 것들도 그대로 따라갑니다. 선한 마음이면 선한 말을 하고 선한 행동을 합니다. 선하지 못한 마음이면 선하지 못한 말을 하고 선하지 못한 행동을 합니다. 마치 바늘에 실이 따라가듯이 마음에 따라서 모든 행위가 일어납니다.

이러한 마음에는 현재의 선심과 불선심이 있습니다. 그리고 과거에 만들어진 선과보심과 불선과보심이 있습니다. 그래서 과거에 만들어진 선과보심이 현재의 선심을 만들기도 합니다. 그리고 과거의 불선과보심이 현재의 불선심을 만들기도 합니다.

그러나 위빠사나 수행을 하면 현재의 선심이 선과보심을 만들어 미래에도 선심이 일어나도록 합니다. 또 현재의 불선심이 불선과보심을 만들어 미래에도 불선심이 일어나도록 합니다. 이처럼 마음과 과보심이 서로 얽혀서 일어나고 사라집니다.

위빠사나 수행은 몸, 느낌, 마음, 법이라는 네 가지를 알아차리는 수행이라서 반드시 마음이 있어야 합니다. 그러나 일반적인 위빠사나 수행은 알아차리기 위해서 필요한 마음의 수준에 머뭅니다. 하지만 마음을 알아차리는 수행을 하면 마음이 마음을 대상으로 알아차리는 수행을 합니다. 이렇게 할 때라야 비로소 마음을 알아차리는 수행을 하는 것입니다.

현재 마음을 알아차리는 수행은 사실 널리 보급되어 있지 않습니다. 그래서 극히 일부의 스승들에 의해 전해지고 있습니다. 이것은 마음을 알아차리는 수행이 어렵기 때문입니다. 처음에 수행을 시작하면 몸을 알아차리기도 어려운 것이 현실입니다. 그렇다고 해서 마음을 알아차리는 수행을 포기해서는 안 됩니다. 마음을 알아차리는 수행은 반드시 다음 단계에서 알아차려야 할 대상입니다. 마음을 알아차리는 수행을 하지 않으면 결코 위빠사나 수행이 완성될 수가 없습니다.

위빠사나 수행은 알아차릴 대상이 많습니다. 그러므로 초기에는 반드시 마음을 알아차리는 수행이 필요한 것은 아닙니다. 그러나 수행을 할수록 장애가 생기고, 이러한 장애를 극복하기 위해서는 반드시 마음을 알아차리는 수행을 해야 합니다. 그리고 마지막에는 반드시 마음을 알아차리는 수행을 하지 않으면 도과를 성취하기가 어렵기 때문에 꼭 거쳐야 되는 과정입니다. 이 단계의 필요에 따라서 마음을 알아차리는 수행을 할 수도 있지만 평소에 해보지 않아서 생소하기 때문에 처음부터 마음을 알아차리는 수행을 준비해야 합니다.

그러므로 초보수행자라 할지라도 처음부터 마음을 알아차리는 수행을 해서 모든 것들을 준비하는 것이 바람직합니다.

옳은 것을 말하려면 단지 옳은 것을 말하면 됩니다. 옳은 것이라고 해서 극단적으로 주장을 해서는 안 됩니다. 그러면 옳지 않은 사람이 분개하여 더 나쁜 길로 갑니다. 옳지 않은 것을 말하려면 단지 옳지 않은 것을 말하면 됩니다. 옳지 않은 것이라고 해서 극단적으로 주장을 해서는 안 됩니다. 옳지 않은 것이라고 말할 때는 더욱 예절을 지켜야 합니다.

또한 내가 옳고 내가 나쁘다고 말하게 되면 말하는 자신도 옳지 않습니다. 옳고 그른 것은 단지 행위일 뿐입니다. 여기에 나와 너가 없습니다. 나와 너라는 자아로 판단하는 것은 바른 견해가 아닙니다. 이것을 모르면 영원히 사물의 본질에 접근할 수 없어서 완전한 답을 얻을 수 없습니다.

◆◆◆◆◆

위빠사나 수행은 반드시 스승에게서 배워야 한다는 전제가 있기 때문에 마음을 알아차리는 수행을 하고 싶어도 스승을 만나기가 어려운 것이 현실입니다. 원래 부처님의 정법이 있는 시대에 태어나기 어렵고, 태어나서 부처님의 정법을 만나기 어렵고, 부처님의 바른 법을 가르치는 스승을 만나기 어렵다고 합니다. 그러나 한 가지가 더 있습니다.

마음을 알아차리는 수행을 만나기가 어렵습니다. 그래서 이번 기회에 많은 수행자들에게 마음을 알아차리는 수행을 배울 수 있도록 말씀드리고 있습니다. 위빠사나 수행은 동의어 반복이 많습니다. 같은 말을 계속 들으면 모르는 것도 차츰 알 수 있기 때문에 여러 번 반복해서 말씀드리는 것을 이해하기 바랍니다.

지금까지 말씀드린 마음을 알아차리는 수행에 대한 여러 가지 내용을 다시 한 번 요약해 보겠습니다. 마음은 대상을 아는 것입니다. 마음이 대상을 알 때는 분명하게 알아차리지 않고 그냥 습관적으로 아는 것이 세상 사람들이 아는 것입니다.

그러나 위빠사나 수행자는 마음이 대상을 알 때 깨어서 압니다. 이때 깨어 있다는 것이 알아차림입니다. 그래서 대상과 알아차림과 아는 마음 세 가지가 있는 것을 수행이라고 합니다. 사람들이 그냥 대상을 알 때는 알아차림이 없는 상태이고, 수행을 할 때는 알아차림이 있는 상태입니다.

알아차림이란 대상이 마음에 와서 부딪칠 때 깨어서 알도록 돕는 행위입니다. 그리고 마음을 알아차리는 수행은 대상을 아는 마음을 대상으로 알아차리는 행위입니다. 이렇게 마음을 알아차리기 위해서 마음을 새로 내야 합니다.

예를 들자면 길을 걸을 때 걸어가는 것을 막연하게 아는 것이 일반적으로 안다는 것입니다. 걸을 때 걷는 것을 알고는 있지만 시선을 여러 곳에 두고 걷고 있거나 다른 생각을 하면서 걷기 때문에 정작 걷는 것을 확실하게 알고 걷는 것은 아닙니다. 그래서 이렇게 아는 것은 수행자들이 아는 것과는 다릅니다. 그러나 수행자가 길을 걸을 때는 오른발 왼발의 움직임이 일어나는 것을 하나하나 자세하게 압니다.

이때 대상과 아는 마음을 연결해 주는 알아차림이 있기 때문에 자세하게 아는 것입니다. 그래서 일반적으로 그냥 걷는 것은 걷는 것을 안다고 말할 수 없습니다. 이와 같은 알아차림이 있을 때 비로소 걷는 것을 안다고 말할 수 있습니다. 이것이 몸을 알아차리는 수행입니다. 그런 뒤에 걷고 있는 것을 아는 마음을 대상으로 알아차릴 때는 마음을 알아차리는 수행을 하는 것입니다. 이때는 마음이 발을 겨냥하지 않고 마음을 겨냥합니다. 이때 마음을 알아차린다는 것이 반드시 걷고 있는 것을 아는 마음을 알아차리는 것만을 말하지는 않습니다. 어느 때 무엇을 하거나 그 순간의 마음을 알아차리는 것을 마음을 알아차린다고 말할 수 있습니다.

그래서 대상을 알아차릴 때 몸을 알아차리면 신념처身念處이고, 마음을 알아차리면 심념처心念處라고 합니다. 위빠사나 수행을 할 때는 반드시 마음이 있어서 합니다. 이때는 마음이 있어서 대상을 아는 것이 일차적 현상입니다. 이때는 마음을 알아차리는 수행이라고 하지 않습니다. 그래서 몸을 알아차리는 수행이라거나 느낌을 알아차리는 수행이라거나 법을 알아차리는 수행이라고 합니다. 그러나 그냥 마음을 알아차리거나 또는 일하는 마음을 대상으로 알아차리는 이차적 현상을 마음을 알아차리는 수행이라고 합니다.

그러므로 초보수행자는 몸을 알아차리는 수행을 열심히 해서 다음 단계로 마음을 알아차리는 수행을 해야 합니다. 이러한 과정에 의하여 알아차리는 힘이 생기면 자연스럽게 법을 알아차리는 수행을 할 수 있습니다. 마음이 있어서 모든 것을 알 때는 마음이 신, 수, 심, 법이라는 사념처 수행의 범주 안에 있습니다.

사념처 수행이란 네 가지 대상을 알아차리는 수행입니다. 그러나 마음이 마음을 대상으로 알아차릴 때는 마음을 알아차리는 수행을 하는 것으로 이것이 심념처입니다. 물론 이때도 사념처가 모두 작용하지만 심념처는 두드러지게 마음을 대상으로 한다는 것이 다른 수행과 다릅니다. 위빠사나 수행은 여섯 가지 감각기관에 알아차림을 두고 여섯 가지 감각대상이 와서 부딪칠 때마다 대상을 있는 그대로 아는 행위입니다. 그래서 알아차림이란 문지기가 지키고 있기 때문에 번뇌가 침투하지 못합니다.

대상을 볼 때는 마음을 눈이라는 감각기관에 두고 알아차립니다. 그리고 소리를 들을 때는 마음을 귀라는 감각기관에 두고 알아차립니다. 냄새를 맡을 때는 마음을 코라는 감각기관에 두고 알아차립니다. 맛을 볼 때는 마음을 혀라는 감각기관에 두고 알아차립니다. 신체가 부딪칠 때는 마음을 몸이라는 감각기관에 두고 알아차립니다. 생각을 할 때는 마음을 생각이라는 감각기관에 두고 알아차립니다. 이처럼 각각의 감각기관에 마음을 두고 대상과 부딪칠 때 대상을 아는 것이 모두 똑같습니다.

그러나 마음을 생각이라는 감각기관에 두고 알아차리는 것이 바로 마음을 알아차리는 수행입니다. 그러므로 마음을 알아차린다는 것은 다른 감각기관에 마음을 두고 알아차리는 것과 하등에 다를 것이 없는 수행입니다. 왜냐하면 마음도 하나의 감각기관이기 때문입니다. 단지 몸이 아닌 마음이라는 것 때문에 마음을 알아차리는 수행이라고 말하는 것입니다.

그러므로 마음을 알아차린다는 것이 특별한 것이 아니고, 단지 몸이라는 감각기관이 아닌 마음이라는 감각기관을 대상으로 한다는 것이 다를 뿐입니다. 그러므로 마음을 알아차린다는 것은 누구나 경험할 수 있는 것이므로 결코 특별한 수행이 아닙니다. 다만 마음은 신체라는 감각기관이 아니고 정신이라는 감각기관이라서 보이지 않기 때문에 익숙하지 않은 것뿐입니다.

눈으로 대상을 받아들일 때 눈이라는 감각기관만 있는 것이 아닙니다. 마음이라는 감각기관도 함께합니다. 그래서 마음이라는 감각기관에 마음을 두고 알아차리는 것이 마음을 알아차리는 것입니다. 이것을 이론으로 설명해서 복잡해 보이지만, 사실은 다른 것을 알아차리는 것과 하등에 다를 것이 없습니다. 단지 몸의 감각기관이 아닌 마음이라는 감각기관에 마음을 둔다는 것이 조금 다를 뿐입니다.

그래서 마음을 알아차리는 수행은 대상을 볼 때 마음이라는 감각기관에 마음을 두고 알아차리는 것입니다. 귀로 소리를 들을 때 마음이라는 감각기관에 마음을 두고 알아차립니다. 코로 냄새를 맡을 때 마음이라는 감각기관에 마음을 두고 알아차립니다. 혀로 음식 맛을 볼 때 마음이라는 감각기관에 마음을 두고 알아차립니다. 몸으로 대상과 부딪칠 때 마음이라는 감각기관에 마음을 두고 알아차립니다. 그리고 마지막으로 마음이 생각을 할 때 마음이라는 감각기관에 마음을 두고 알아차리는 것이 모두 심념처 수행입니다. 그리고 이렇게 마음으로 대상을 알아차릴 때는 모두 전면의 마음자리에서 대상을 알아차린다는 특징이 있습니다.

일반적으로 감각기관이라고 하면 몸을 말하지만 몸과 더불어 있는 마음도 감각기관의 하나입니다. 감각기관은 여섯 가지가 있는데 안, 이, 비, 설, 신은 몸에 있는 감각기관이고, 나머지 의는 마음에 있는 감각기관입니다. 이 의를 빨리어로는 마노mano라고 합니다. 한문으로는 의意라고 하거나 의근意根이라고 합니다. 그래서 마음을 알아차리는 수행은 의라고 하는 마음을 감각기관으로 사용하는 것입니다. 몸에 있는 다섯 가지의 감각기관은 각각의 위치가 있습니다. 그러나 마음이라는 감각기관은 몸의 위치와 다릅니다. 마음은 몸의 어느 위치에 있지 않고 언제나 몸과 함께 있습니다.

여기서는 마음이 있는 위치를 편의상 '전면全面'이라고 합니다. 또는 '면전'이라고도 하고, '앞에서'라고 말하기도 하며 또는 '마음자리'라고도 합니다. 그러나 때로는 마음이 위에서 보는 것 같기도 하고, 뒤에서나 옆에서나 또는 앞에서 보는 것처럼 보일 수도 있습니다. 이것들이 모두 똑같습니다. 우리가 영화를 볼 때나 TV를 볼 때 전면에 있는 화면을 통해서 보듯이 마음도 이렇게 전면에서 아는 것입니다. 이것은 마음이 몸과 함께 있을 뿐이지 어느 위치에 있지 않기 때문에 생기는 현상입니다. 우리가 무엇을 생각할 때 뇌로 생각하는 것 같지만 사실 그렇지 않습니다. 몸이 아닌 앞이라는 공간에서 생각합니다. 그러므로 마음으로 안다고 할 때는 모두 전면에서 아는 것입니다. 그래서 특별하게 마음의 위치를 찾으려고 해서는 안 됩니다. 마음의 위치를 찾으려고 하는 마음도 사실은 전면에서 일어납니다.

마음을 알아차릴 때는 몸의 감각기관에서 느끼는 강하고 분명한 느낌처럼 알려고 해서는 안 됩니다. 마음으로 대상을 받아들일 때는 몸에서 느끼는 것보다 순화되어서 느껴집니다. 그래서 마음으로 볼 때는 대상의 느낌의 강도가 약합니다. 그러므로 수행을 할 때 이것을 주의해야 합니다. 이렇게 대상이 미세해짐에도 불구하고 마음을 알아차리는 것은 다른 이익이 많기 때문입니다. 마음은 몸을 알아차리는 것과 다르게 형체가 없는 비물질이기 때문에 이것을 받아들이는 방법도 달라야 합니다. 그래서 이때는 마음을 눈으로 보려고 하지 말고 느끼거나 마음으로 알아야 합니다.

느낌의 분류는 다양한데 몸의 느낌과 마음의 느낌으로 나누는 분류방법도 있습니다. 그렇기 때문에 마음을 알아차릴 때는 몸의 느낌이 아닌 마음의 느낌을 느낄 수 있어야 합니다. 일반적으로 수행을 할 때 아는 것도 단계가 있습니다. 처음에는 '본다'로 시작해서 다음에는 '느낀다'로 수행을 합니다. 그러다가 '안다'로 수행을 하게 됩니다. 어떤 대상이거나 단지 알고만 있으면 되는 단계가 오면 집중력이 생긴 것입니다. 그래서 이 상태가 되면 마음을 알아차리는 수행을 훌륭하게 할 수 있습니다.

대상을 본다고 하는 상태에서 수행을 할 경우에는 대상의 모양에 빠지거나 관념적으로 볼 수가 있습니다. 누구나 항상 모양으로 대상을 접근하면서 살아왔기 때문에 먼저 대상을 모양으로 보기 마련입니다. 그래서 눈을 감아도 모양으로 보려고 눈을 사용하게 됩니다. 오랫동안 이렇게 눈으로 보려고 하면 머리가 아픕니다. 좌선을 할 때 눈을 감고 수행을 하면 대상이 분명하지 않습니다. 그래서 자세하게 보려고 눈을 사용하면서 힘을 쓰기 때문에 장애가 생깁니다.

위빠사나 수행은 대상을 알아차릴 때 표상으로 보지 않고 느낌과 마음으로 알기 때문에 눈을 사용하지 않습니다. 그래서 위빠사나 수행을 한문으로는 관법觀法이라고 합니다. 우리가 한문으로 관觀한다고 할 때 사실은 눈으로 보는 것이 아니고 마음으로 보는 것을 말합니다. 그러므로 본다고 말할 때는 편의상 관용어로 쓰는 것입니다. 그래서 위빠사나 수행자는 느낀다거나 안다고 해야 언어가 주는 속박에서 벗어나서 눈을 사용하지 않습니다. 이렇게 수행을 해야 하는 이유는 모양 너머에 있는 실재하는 진실을 알아야 하기 때문입니다.

대상을 느끼는 것으로 알아차리기 시작하면 대상의 모양에 빠지지 않고 대상의 실재를 아는 것입니다. 대상을 느끼기 시작하면 이 단계에서 대상의 고유한 특성을 알기 시작합니다. 부처님께서 12연기에서 느낌을 발견하시고, 그 느낌을 대상으로 알아차린 결과로 법을 발견하시고 깨달음을 얻으셨습니다. 그래서 깨달음의 황금의자는 보리수 아래가 아니고 느낌과 갈애 사이에 있는 자리입니다. 느낌으로 인해 갈애가 일어나고, 이 느낌을 알아차려서 갈애로 넘어가지 않으면 느낌과 갈애가 모두 소멸하는 것이 열반입니다. 그래서 느낀다는 것은 대상의 실재를 아는 매우 훌륭한 수행을 하는 것입니다.

누구나 가지고 있는 축적된 성향은 바꿀 수 없습니다. 바뀌지 않는 축적된 성향을 바꾸려 하기 때문에 항상 괴로움이 따릅니다. 그러나 바꿀 수 있는 방법이 전혀 없는 것이 아닙니다. 바꾸지 않고 자신의 축적된 성향을 계속 있는 그대로 알아차리는 것입니다. 이것이 축적된 성향을 바꿀 수 있는 단 하나의 방법입니다. 바로 이것이 위빠사나 수행입니다.

오랫동안 쌓여 온 성향을 그대로 두고 '그렇네' 하고 대상을 분리해서 지켜보아야 합니다. 바꾸려고 하는 것은 욕망이고, '그렇네' 하고 지켜보는 것은 지혜입니다. 이것이 도저히 떨어질 수 없는 대상으로부터 자유로워지는 유일한 방법입니다. 이렇게 할 때만이 축적된 성향이 차츰 개선될 수 있습니다.

위빠사나 수행자가 느낌을 알아차리는 수행을 하면 자연스럽게 마음을 알아차리게 되고, 느끼는 것에서 아는 것으로 수행의 개념이 바뀝니다. 그래서 느끼는 것을 아는 상태가 되면 이때부터 마음을 알아차리는 수행을 하는 것입니다. 이처럼 느낌을 알아차리는 것 뒤에 그냥 대상을 아는 상태로 수행을 하면 고요함에 의해 집중력이 생기고 지혜가 나서 수행이 발전합니다.

어차피 우리의 정신상태도 언어로 표현할 수밖에 없다면 이러한 언어를 통해서 확실한 단계를 구별할 수 있는 것이 좋습니다. 그러므로 수행을 하면서 본다, 느낀다, 안다,

로 이해하고, 현재 자신이 어떻게 대상을 알아차리고 있는지를 살펴보는 것도 유익합니다. 수행을 하다 보면 자연스럽게 어느 단계에서 이런 의문이 생길 것입니다. 그때 바로 이러한 본다, 느낀다, 안다, 라는 과정이 있다는 것을 알기 바랍니다.

수행자가 대상을 알아차릴 때 반드시 감각기관에 두어야만 하는 것은 아닙니다. 경우에 따라서 감각대상에 마음을 두어야 할 때도 있습니다. 이런 경우에는 상대가 있을 때입니다. 그래서 수행자의 마음을 안에 두어야 할 때가 있고, 밖에 두어야 할 때가 있고, 안팎에 두어야 할 때가 있습니다. 그래서 상황에 맞게 대처해야 합니다. 혼자서 수행을 할 때라면 몰라도 그렇지 않고 사회생활을 하면서 대상을 알아차릴 때는, 즉 일을 하면서 알아차릴 때는 마음을 두는 위치가 상황에 맞게 달라야 합니다. 그래서 안에 둘 때도 있고, 밖에 둘 때도 있고, 안팎에 둘 때도 있어야 합니다.

그러나 수행자가 좌선이나 경행을 하면서 대상을 알아차릴 때는 대상을 감각기관에서 알아차리는 것이 우선해야 합니다. 그렇지 않고 감각대상에 마음이 가면 알아차림을 놓치게 됩니다. 마음이 감각대상에 머물면 대상에 즉각적으로 반응하는 마음이 일어날 수 있습니다. 그러므로 가능한 한 대상을 감각기관에서 알아차리는 것이 좋습니다. 이렇게 감각기관에서 알아차리는 수행을 하면 자연스럽게 마음을 알아차리는 수행을 할 수 있습니다. 그래서 수행 초기에는 단체로 모여서 지도를 받는 것이 마음을 알아차리는 수행을 익히는 데 도움이 될 것입니다.

마음을 알아차린다는 것은 마음이 여기저기로 쫓아다니면서 알아차리는 것이 아닙니다. 대상이 마음에 와서 부딪쳐서 아는 것입니다. 이렇게 알아차리면 마음이 들뜨거나 분주하지 않아서 고요하게 알아차릴 수가 있습니다. 이렇게 고요한 마음가짐에서 대상의 성품을 보는 지혜가 납니다. 이렇게 알아차리면 대상을 관념으로 알아차리지 않고 온전한 실재를 알아차릴 수가 있습니다. 하지만 이러한 고요함이 있는 만큼 노력이 함께 필요합니다. 그렇지 않으면 고요함이 지나쳐 졸음에 빠지게 됩니다. 그래서 지나치게 고요할 때는 그만한 노력을 해서 알아차림을 더욱 강화해야 합니다.

미세한 대상이 나타날 때는 노력과 알아차림과 집중이 적절한 조화를 이룬 상태입니다. 일반적으로 이 상태에서는 고요하기 때문에 집중의 힘이 더 커지기 마련입니다. 그러면 노력과 알아차리는 힘이 차츰 약해지는 것입니다. 그래서 집중의 힘이 커지면 졸음에 빠져버립니다. 그래서 이때는 집중으로 인해서 희미해진 마음을 알아차려서 알아차림을 더욱 강화해야 합니다.

수행자가 수행을 시작할 때는 누구나 거친 대상을 알아차립니다. 가령 통증이 나타났다거나 망상이 나타났다거나 가려움이나 졸음이 나타난 것도 모두 강하고 거친 대상입니다. 수행 초기에는 모든 힘이 약하기 때문에 강한 것을 대상으로 해서 알아차리는 힘을 키워야 합니다.

그러나 수행이 발전하고 알아차리는 힘이 강해졌을 때는 오히려 미세한 것을 대상으로 알아차려야 합니다. 강한 대상과 미세한 대상을 선택하는 것은 수행을 지도하는 스승들이 조언해 주기도 합니다.

지금부터는 오히려 미세한 대상을 알아차리려고 할 때는 집중력을 더 배가시키기 위한 시기입니다. 이때 미세한 대상을 알아차리기 위해서는 다른 때보다도 노력과 알아차리는 힘을 더욱 키워야 합니다. 수행자는 언젠가 반드시 이 관문을 거쳐야 합니다. 그래서 미세한 것을 대상으로 할 때는 거친 것을 대상으로 할 때보다도 더 고요하고, 부드럽고, 분명하게 알아차림을 겨냥해야 합니다. 그리고 이때는 대상의 변화를 주목하는 것이 좋습니다.

대상의 변화란 매 순간 다른 것을 아는 것으로 이것이 무상을 아는 것입니다. 그러므로 평소에도 반드시 거친 대상만을 선택하려고 해서는 안 됩니다. 알아차리는 힘이 약할 때는 거친 대상을 선택하고, 알아차리는 힘이 강할 때는 자신이 스스로 미세한 대상을 선택해서 알아차리는 것이 수행의 발전을 가져옵니다.

이때 미세한 것을 알아차리는 마음가짐이 중요합니다. 그러므로 미세한 것을 대상으로 할 때는 '지금 어떤 마음으로 알아차리는가?' 하고 살펴봐야 합니다. 미세한 것을 알아차리기 위해서는 더욱 노력과 알아차림이 집중되기 때문에 이런 상태의 노력이 수행을 발전시킬 수 있습니다.

수행자가 일하는 마음을 알아차리면 그 순간 일하는 마음은 정지가 되고, 일하는 마음을 알아차리는 새로운 마음이 일어납니다. 이 순간에 전에 있던 대상을 알아차리는 마음은 끊어집니다. 그리고 새로운 대상을 아는 마음만 있습니다. 그래서 새로 일어난 마음이 있는 마음을 지켜봅니다. 그러나 이것도 짧은 순간에 사라지고, 오직 현재를 아는 마음만 있습니다. 이러한 일련의 과정은 마음이 오직 한순간에 하나밖에 없기 때문에 나타나는 현상입니다.

가령 망상을 했을 때 망상한 것을 알아차리면 그 순간에 망상은 사라집니다. 왜냐하면 망상을 알아차린 새로운 마음이 나타났기 때문입니다. 그렇기 때문에 흔히 하는 말로 '보면 사라진다'고 말하는 것입니다. 하지만 이때 망상이 완전하게 소멸한 것이 아닙니다. 망상하는 마음이 기억 속에 종자로 저장되어 있습니다. 그래서 완전하게 소멸된 것이 아닙니다.

이때 알아차림이 약해지면 사라진 망상이 다시 일어나거나 아니면 또 다른 망상을 하기도 합니다. 그러므로 망상한 것을 알아차리고 다시 망상한 마음을 알아차려야 합니다. 망상이 기억 속에 저장되어 있다가 다시 나타나지 않게 하는 길은 오직 새로운 대상을 계속해서 알아차리는 것밖에 없습니다.

이처럼 마음이 한순간에 하나밖에 없다는 것을 아는 것이 마음을 이해하는 데 매우 중요한 지혜로 작용합니다. 마음이 한순간에 하나밖에 없기 때문에 무상을 알 수가 있으며, 이 무상을 통해서 무아를 알 수 있습니다. 마음이 항상 같은 마음이라면 결코 이런 지혜가 날 수 없습니다. 그래서 마음을 알아차려서 마음이 무엇인지를 알아야 마음은 한순간에 하나밖에 없다고 알고, 이것을 통해서 무상을 알고, 다시 무아를 아는 지혜가 납니다.

마음이 한순간에 일어나고 사라지는 현상은 수행자 여러분이 높은 지혜가 나지 않아도 알 수 있는 일입니다. 여러분의 마음이 상황에 따라서 매 순간 변하는 것을 알 수 있을 것입니다. 방금 좋았다가도 불쾌한 일이 생기면 방금 싫어집니다. 방금 싫었다가도 이익이 있을 때는 방금 좋아집니다. 이때 전에 있던 마음과 다음에 생긴 마음은 분명히 다른 마음입니다. 이처럼 마음은 조건에 의해서 빠르게 변합니다. 그리고 이 마음 중에서 과연 어느 마음이 나의 마음입니까? 현재를 아는 마음이 나의 마음이라고 해도 현재는 현재라고 하는 순간에 이미 과거가 되고 미래를 향해서 갑니다. 이렇게 빠른 시간의 흐름에서 변하지 않는 것은 없습니다. 이런 모든 것들을 알기 위해서 마음을 알아차려야 합니다.

현재를 아는 마음일 때는 현재에 있는 모든 것들이 다 대상이 될 수 있습니다. 전면의 마음자리에서 마음을 알아차릴 때 반드시 마음만 있는 것이 아닙니다. 수행자는 현재 여기에 있는 대상이라면 무엇이나 알아차릴 수 있습니다. 이 말은 여섯 가지 감각기관에 부딪치는 모든 대상이 다 알아차릴 대상이라는 것입니다.

예를 들어 소리가 들린다면 소리도 알아차릴 대상입니다. 냄새가 난다면 냄새도 알아차릴 대상입니다. 만약 현재 고요함이 있다면 고요함도 알아차릴 대상입니다. 현재를 지켜보는 것이 마음이라고 알 때는 마음도 알아차릴 대상의 하나입니다.

그러므로 마음은 언제나 여러 가지 대상 중의 하나입니다. 그래서 마음도 알아차리고 몸도 알아차려야 합니다. 이때의 마음은 보이지 않기 때문에 추론적인 대상입니다. 그래서 마음을 알아차리는 수행을 추론적 위빠사나라고 합니다. 하지만 이 마음은 몸을 토대로 하여 일어난 것이기 때문에 실재하지 않는 것에 근거한 추론이 아니고, 오직 실재하는 것에 근거한 추론에 속합니다.

마음은 몸과 함께 있으면서 몸이 가지고 있는 성품을 그대로 가지고 있습니다. 다만 몸은 육체적인 영역에 속하는 것이고, 마음은 정신적인 영역에 속하는 것으로 우리가 산다는 것은 이 두 가지의 결합으로 살고 있는 것입니다. 그래서 위빠사나 수행을 한다는 것은 이 두 가지가 어떻게 결합하여 일어나고 사라지는가를 아는 것입니다.

그러므로 수행자는 전면에서 마음으로 알아차리더라도 몸의 영역에 관한 것이나 마음의 영역에 관한 것이나 모두 대상으로 알아차려야 합니다. 어떤 대상이 나타났을 때 이것은 몸의 영역에 관한 것이라고 알아차려야 합니다. 그리고 이것은 마음의 영역에 관한 것이라고 알아차려야 합니다. 그러면 두 가지의 조건에 의해서 일어나고 사라지는 것이라는 것을 알아 원인과 결과를 아는 지혜가 성숙합니다.

만약 고요함과 함께 시간이 흐르는 것이 느껴지면 시간이 흐르는 것도 알아차릴 대상입니다. 그리고 현재 여기에 있는 몸이 나타나면 이때는 몸이 알아차릴 대상입니다. 그러므로 위빠사나 수행자가 대상을 알아차릴 수가 없다고 괴로워할 것이 없습니다. 반드시 몸에 있는 호흡만 대상이 아니라는 사실을 알아야 합니다.

수행자는 어떤 대상을 알아차려야 할지 고민할 필요가 없습니다. 몸에서 알아차릴 것이 없을 때는 알아차릴 것이 없어서 방황하는 마음을 알아차리면 됩니다. 이것이 아는 마음을 알아차리는 것입니다. 이 대상과 저 대상 중에서 어떤 대상을 알아차릴까 선택의 고민을 할 때는 이것 자체가 알아차릴 대상입니다. 그래서 이때는 '지금 내 마음이 무엇을 알아차려야 할지 망설이고 있네' 하고 이 사실 자체를 알아차려야 합니다.

몸과 마음에 관한 모든 것이 대상입니다. 감각기관에 접수되는 모든 것이 대상이 될 때 수행자의 선택의 폭이 넓어져 싫증을 내지 않고 자유롭게 수행을 할 수 있습니다. 이렇게 수행을 할 수 있을 때 사념처 수행을 균형 있게 할 수 있습니다.

수행자가 호흡을 알아차릴 때는 호흡과 알아차림과 아는 마음 세 가지가 함께 있습니다. 그러나 알아차림은 늘 부족하기 마련입니다. 그래서 대상과 대상을 연결해 주는 가교 역할을 하는 알아차림이 부족하면 마음이 대상에 머물지 않고 다른 곳으로 가 버립니다. 그래서 평소처럼 자연스럽게 다른 생각을 하게 됩니다. 그러면 대개는 과거나 미래로 가서 불필요한 생각들을 합니다.

그러나 이때 대상을 아는 그 마음을 대상으로 알아차리면 마음이 다른 곳으로 달아나는 빈도가 현저하게 줄어듭니다. 왜냐하면 나중에 생긴 마음이 일하는 마음을 지켜보고 있기 때문입니다. 이것이 마음을 알아차리는 수행의 이익입니다.

괴로움은 외부로부터 오는 괴로움과 내부에서 일어나는 괴로움이 있습니다. 외부로부터 오는 괴로움은 감각기관을 통해서 들어오며, 내부의 괴로움은 자신의 마음에 탐욕과 성냄과 어리석음이 있을 때 일어납니다. 어떤 괴로움이거나 괴로움이 일어났다고 알아차리면 그 괴로움은 사라집니다.

그러나 오랫동안 지속된 괴로움이므로 알아차렸다고 해서 완전하게 소멸하지는 않습니다. 알아차림을 지속할 때만이 그 괴로움이 다시 나타나지 않습니다. 이때 괴로움은 소멸된 것이 아니고 알아차림에 의해 잠시 물러나 있다가 다시 나타날 기회를 노리고 있습니다. 그래서 수행자는 알아차리는 것과 함께 언제나 알아차림을 지속해야 합니다.

마음을 알아차리는 행위는 전면의 마음자리에 마음을 두는 것입니다. 이때 마음을 알아차린다고 해서 반드시 마음만 대상으로 삼아서 알아차리는 것이 아닙니다. 전면에 마음을 고정하면 있는 마음은 사라지고 전면을 지켜보는 마음만 있습니다. 이때 지켜보는 마음이 특별한 감정이나 마음의 동요가 없는 한 지켜보는 마음밖에 없습니다.

그래서 이때는 현재 가장 분명한 대상이 전면에서 나타납니다. 그러므로 호흡이나 통증 등 강한 대상이 있을 때는 전면의 마음자리에 이 대상들이 나타납니다. 경행을 할 때도 마음을 전면에 두면 발의 모양을 발이 있는 곳이 아닌 전면에서 알아차릴 수 있습니다. 이 상태는 몸에 있는 대상을 알아차리는 것보다 집중력이 있는 때입니다.

그러므로 호흡이나 몸에서 일어나는 현상을 몸에서 알아차릴 수도 있고, 전면의 마음자리에서 알아차릴 수도 있습니다. 이때 호흡을 몸에서 알아차리면 신념처 수행을 하는 것입니다. 그러나 호흡을 전면에서 알아차리면 심념처 수행을 하는 것입니다. 그러므로 마음을 알아차리는 수행을 한다고 해서 반드시 마음만을 대상으로 하는 것이 아닙니다.

마음을 알아차리면 매 순간 일어나고 사라지면서 나타나는 다양한 마음이 있는 것을 알 수 있습니다. 특히 마음을 알아차리면 많은 종류의 불선심이 두드러지게 나타납니다. 그럴 때마다 혼란이 올 수 있습니다. 이때 이 마음은 나의 마음이 아닙니다. 그리고 마음의 종류가 아무리 많다고 해도 수행자는 상관할 것이 없습니다. 어떤 마음이 되었거나 언제나 현재에 있는 마음을 알아차리면 됩니다. 현재에는 항상 하나의 마음밖에 없으므로 마음의 종류가 아무리 많다고 해도 수행자가 괴로울 이유가 없습니다.

만약 여러 가지의 마음으로 인해 괴로움을 겪는다면 이 마음을 나의 마음이라고 생각했기 때문입니다. 그러면 이때 '이것이 누구의 마음인가?' 하고 알아차려야 합니다.

수행자는 언제나 현재의 마음을 알아차리면 알아차리는 것에 마침표를 찍지 않습니다. 알아차림에 마침표를 찍으면 알아차림을 놓친 것입니다. 그리고 생각에 빠진 것입니다. 현재는 항상 계속되고 있는데 현재의 알아차림을 놓치면 과거가 되어서 대상이 관념이 되어 버립니다. 그러므로 항상 현재로 오기 위해서는 먼저 몸을 알아차려야 합니다. 그러나 몸을 알아차리는 것을 놓쳤을 때는 '지금 내 마음이 대상을 놓쳤네' 하고 놓친 그 마음을 다시 알아차리면 즉시 현재로 돌아옵니다.

마음을 대상으로 알아차리면 궁극의 진리인 무상, 고, 무아라는 법을 알기가 쉽습니다. 결국 아는 것이 마음이고 그 마음이 빠르게 일어나고 사라지는 것을 알아차릴 수 있어야 비로소 무상을 압니다. 이렇게 무상함으로 인해 오는 정신적 방황을 통해서 괴로움의 실재를 알 수 있습니다. 그리고 이 괴로움을 해결하기 위해 노력을 해도 해결되지 않는 것을 알아야 비로소 무아를 알 수 있습니다.

마음을 알아차리면 그것이 단지 대상이지 나의 마음이 아니라는 것을 아는 지혜가 나서 최종적으로 무아를 아는 지혜가 성숙합니다. 이때의 마음은 느낌과 함께 있습니다. 그래서 느낌과 마음을 알아차리면 진리의 법을 볼 수 있는 기회가 가까이 온 것입니다.

수행자 여러분! 마음을 알아차릴 수 없다고 안타까워하지 마십시오. 지금 이 순간에 마음을 알아차리려고 한 그 마음이 있는 것을 아는 것이 마음을 알아차리는 것입니다. 지금 알아차리지 못해서 안타까워하는 마음이 있는 것을 아는 것이 바로 마음을 알아차리는 것입니다. 그러므로 수행자는 마음을 다른 곳에서 찾지 마십시오. 마음은 특별한 것이 아니고 항상 지금 여기에서 현재를 알고 있는 것입니다. 이때는 현재를 대상으로 알아차려야 합니다.

마음은 항상 현재 일하고 있으며, 대상을 알고 있는 것이 마음입니다. 그러므로 지금 이 순간을 아는 것이 마음을 알아차리는 것입니다. 만약 마음을 알아차리기 어려우면 가만히 현재를 지켜보십시오. 이때 아무것도 알려고 하지 말고 오직 현재에 마음을 고정하십시오. 얼마간 이렇게 지켜보다가 현재 무엇이 현재를 지켜보고 있는지 알아차려 보십시오. 그러면 현재를 지켜보고 있는 것이 마음이라고 알게 될 것입니다. 이때 현재를 지켜보는 마음을 알아차린 것입니다.

마음을 알아차리는 수행은 알아차림과 집중의 힘이 있으면 자연스럽게 알 수 있습니다. 알아차리는 힘과 집중의 힘을 배양하는 것이 바로 노력입니다. 그러므로 노력이 앞에서 이끌어야 마음을 알아차릴 수 있습니다. 노력을 해서 알아차림을 지속하는 것이 집중입니다. 집중은 다른 것이 아니고 대상에 마음을 오래 머물게 하는 것입니다.

그러나 마음이 저 스스로 머물지 않습니다. 마음은 살아온 습관에 의해 잠시도 한곳에 머물지 않고 달아납니다. 이때 이러한 마음을 머물게 하는 것이 노력입니다. 그러므로 노력과 알아차림은 항상 하나로 결속되어서 항상 함께 일을 해야 합니다. 알아차림이란 말에 기억이라는 뜻이 포함되어 있는데, 이것은 알아차릴 대상을 기억하여 잊지 않는다는 것으로 이것이 바로 노력을 하는 것입니다.

이러한 노력과 알아차림은 먼저 몸을 대상으로 해야 합니다. 만약 몸이 긴장하고 있다면 이 긴장을 통하여 마음을 알아차릴 수 있습니다. 몸은 마음에 의해서 이끌립니다. 그러므로 몸이 긴장하고 있다는 것은 바로 마음이 긴장하고 있는 것입니다. 그래서 몸을 알아차리는 힘을 키우면 자연스럽게 몸에 직접적인 영향을 주는 마음을 알 수 있습니다. 우리가 몸을 움직이려고 할 때는 움직이려고 하는 마음이 있어서 움직이는 것을 알아차려야 합니다. 그러므로 몸을 통하여 마음을 알아차릴 수도 있습니다.

몸과 마음의 관계에서 마음이 몸에 영향을 주기도 하고, 몸이 마음에 영향을 주기도 합니다. 그래서 몸을 알아차리면 마음을 알 수가 있고, 마음을 알아차리면 몸의 상태를 알 수 있습니다. 이러한 몸과 마음은 항상 함께 있으면서 밀접하게 연결되어 서로 반응합니다. 이렇게 몸과 마음이 상호적인 관계에 있는 것을 알아차리면 지혜를 얻습니다.

이때 몸과 마음을 하나로 보아서는 안 됩니다. 몸과 마음이 하나라고 보는 것은 기존의 생각입니다. 몸과 마음을 분리해서 볼 수 있을 때 비로소 대상의 바른 성품을 알 수 있습니다. 몸은 몸의 고유한 영역이 있습니다. 마음은 마음의 고유한 영역이 있습니다. 몸은 몸의 역할이 있고, 마음은 마음의 역할이 있습니다. 그러므로 언제든지 물질적 영역에서 물질적 현상이 있는 것과 정신적 영역에서 정신적 현상이 있는 것을 알아야 합니다. 이들 두 가지를 서로 분리해서 볼 수 있을 때 비로소 바른 지혜가 납니다.

마음을 알아차릴 때 반드시 어떤 조건하에서만 알아차릴 수 있는 것은 아닙니다. 고요할 때 집중력이 있어야 마음을 알아차릴 수 있지만 반드시 고요할 때만 마음을 알아차릴 수 있는 것은 아닙니다. 화가 났을 때는 고요할 수가 없습니다. 그러나 화가 났을 때 오히려 화가 난 마음을 알아차리기가 좋습니다. 그러므로 반드시 고요해야만 마음을 알아차린다거나 지혜가 있어야만 마음을 알아차리지는 않습니다. 다만 어느 때고 마음을 알아차리려는 의도를 내는 것만 있으면 됩니다. 그리고 대상이 분명할 때 대상에 반응한 마음을 알아차릴 수 있습니다.

고요할 때는 고요한 마음을 알아차릴 수 있습니다. 흥분했을 때는 흥분한 마음을 알아차릴 수 있습니다. 마음은 항상 있는 것이고, 그래서 그 마음은 언제나 알아차릴 수 있습니다. 그러나 일반적으로 고요할 때보다 화가 났을 때, 미움이 일어났을 때,

괴로울 때, 부끄러울 때, 후회할 때 이런 강력한 마음이 일어났을 때 알아차리기가 좋습니다. 강력한 대상이 일어나면 즉시 마음이 반응하기 때문에 오히려 마음을 알아차릴 수 있는 좋은 기회가 온 것입니다.

수행자 여러분! 대상을 알아차릴 때 겨냥이 잘 되지 않을 경우에는 명칭을 사용해도 좋습니다. 호흡의 경우에는 '일어남, 꺼짐'이라고 명칭을 붙여서 알아차리거나 경행을 할 때는 '오른발, 왼발'이라고 명칭을 붙일 수 있습니다. 하지만 수행의 발전이 있을 때 마음이나 느낌을 알아차리기 위해서는 명칭을 사용해서는 안 됩니다. 마음과 느낌은 미세한 대상입니다. 명칭은 거친 대상이기 때문에 거친 대상으로 인해 미세한 대상이 가려져 버립니다. 그래서 명칭을 붙이면 마음과 느낌을 알아차릴 수가 없습니다.

일반적으로 대상을 알아차릴 때 대상과 알아차림과 아는 마음이라는 세 가지 조건이 성숙되어야 알 수 있다고 말씀드렸는데, 명칭을 사용할 경우에는 대상과 명칭과 알아차림과 아는 마음이라는 네 가지 조건이 갖추어져야 합니다. 그래서 명칭을 붙일 때는 마음이 대상의 실재를 알아차리지 않고, 마음이 명칭을 대상으로 알아차리는 경우가 있습니다.

가령 호흡의 일어남과 꺼짐을 알아차릴 때 호흡의 일어나는 순간에 꺼짐이라고 명칭을 붙여서 알아차리고, 호흡이 꺼지는 순간에 일어남이라고 명칭을 붙일 수 있습니다. 이때는 대상을 알아차리는 것이 아니고 명칭을 알아차리는 것입니다. 그래서 대상과 상관이 없는 것을 입으로 외울 수 있습니다.

마찬가지로 오른발을 들어 올릴 때도 왼발이라고 명칭을 붙이거나 왼발을 들어 올릴 때도 오른발이라고 명칭을 붙일 수 있습니다. 그러므로 실재하는 현상을 대상으로 하지 않고 명칭을 대상으로 하면 이것은 위빠사나 수행을 하는 것이 아닙니다. 이렇게 수행을 하면 집중력이 생기지만, 실재를 보지 않아서 지혜가 생기지 않습니다.

명칭은 거칠기 때문에 대상을 붙잡는 장점도 있습니다. 하지만 오히려 명칭 자체가 대상의 성품을 가로막을 수 있습니다. 수행자들이 염불을 외울 때 아무 뜻도 모르고 외우면 근본집중의 효과가 있습니다. 그러나 이때는 실재하는 마음이나 느낌을 알 수 없습니다. 근본집중은 대상과 하나가 되는 집중이라서 법을 보지 못합니다. 그러나 명칭 없이 느낌으로 알아차리면 찰나집중을 해서 비로소 법의 성품을 알 수 있습니다.

이처럼 명칭이 대상을 겨냥하는 효과를 얻었다고 해서 계속해서 이러한 효과를 기대해서는 안 됩니다. 알아차린 결과로 수행의 효과를 얻어야지 명칭의 효과로 수행의 결과를 얻을 수는 없습니다. 몸을 알아차리는 위빠사나 수행을 할 때는 명칭이 크게 장애가 되지 않습니다. 하지만 마음을 알아차리는 수행을 할 때는 이와 같이 명칭이 장애가 될 수 있음을 유념하여야 되겠습니다.

위빠사나 수행은 몸이라고 하는 물질적 현상과 그것을 아는 마음인 정신적 현상이 함께 있는 것을 말합니다. 이때 이 두 가지를 연결하는 알아차림이란 행위가 있어서 수행을 하는 것입니다. 알아차림이란 깨어서 마음을 대상에 보내는 행위입니다. 만약 몸이라는 물질현상에 알아차림이란 행위가 없으면 아는 마음인 정신현상이 없기 때문에 수행이라고 말할 수 없습니다. 몸이라는 대상과 그것을 알아차리는 행위에 의해 아는 마음이 있습니다. 그러므로 위빠사나는 정신과 물질의 알아차림을 확립하는 수행입니다. 이것이 정신과 물질을 구별하는 지혜입니다.

오늘로 마음을 알아차리는 수행을 마지막으로 말씀드리겠습니다.

사마타 수행을 거치지 않고 처음부터 위빠사나 수행을 시작할 때는 얼마간 명칭을 사용해도 좋습니다. 그러나 적당한 시기부터는 명칭을 사용하지 않는 것이 바람직합니다. 만약 명칭이 떨어지지 않고 습관적으로 붙을 때는 명칭을 붙이려고 하는 마음을 알아차려야 합니다. 그러면 수행자가 명칭을 집착하고 있는 마음을 알아차릴 수 있습니다. 이렇게 마음을 알아차리면 차츰 명칭이 붙지 않습니다.

명칭이 자동적으로 붙는다고 말하지만 사실은 자기 마음이 좋아서 습관적으로 붙이고 있는 것입니다. 그러나 이런 마음을 알아차리면 쉽게 개선될 수 있습니다. 명칭이 저절로 제거될 수 있다면 좋겠지만 그렇지 않다면 반드시 명칭을 붙이는 마음을 알아차려서 집착하고 있는 것을 알아야 합니다. 수행자가 명칭을 붙이는 것을 집착하고 있다는 사실을 알면 쉽게 명칭이 떨어진다는 사실을 경험하기 바랍니다.

위빠사나 수행의 궁극의 목표는 정신과 물질이 가지고 있는 일반적 특성인 무상, 고, 무아를 아는 것입니다. 그러나 이러한 목표를 초보수행자가 생각하기는 어렵습니다. 이것은 바르게 알아차린 결과로 나타나는 것이기 때문입니다. 그래서 누구나 괴롭지 않기를 바라는 마음으로 수행을 시작하는 것이 자연스러운 것입니다. 그렇지 않고 처음 부터 해탈이나 열반을 생각할 수는 없습니다.

아직 법이 무엇인지를 헤아리기가 어렵기 때문에 단지 괴롭지 않기를 바라는 것으로 수행을 시작하는 것이 바람직합니다. 만약 누가 그런 원대한 목표를 세우고 수행을 시작했다면 사실은 그것이 무엇인지 모르고 하나의 막연한 바람일 뿐입니다. 그것보다 는 절실한 현재의 괴로움을 없애려고 하는 것이 더 실제적인 수행을 하는 데 도움이 될 것입니다.

오히려 무엇인가를 바라고 시작한다면 결코 궁극의 목표에 도달할 수가 없습니다. 아무런 바람이 없어야 비로소 대상의 바른 성품을 볼 수 있기 때문입니다. 바라는 것이 있으면 탐욕과 어리석음으로 보기 때문에 대상을 지혜의 눈으로 볼 수가 없습니다. 그래서 수행자에게 이상은 있어야 하지만 행함에 있어서는 바라는 마음 없이 해야 합니다. 이렇게 알아차릴 때 마지막에 최고의 지혜가 납니다.

우리들에게 이상은 필요합니다. 그러나 이상은 단지 이상이어야 합니다. 그 이상을 실제 알아차릴 때 가지고 있다면 그것은 실재하는 현상을 볼 수 없습니다. 그래서 이상 은 이상으로 그쳐야 하고, 알아차릴 때는 단지 단순하게 대상을 지켜보아야 하겠습니다.

부처님께서 깨달음을 얻으시고 이렇게 선언하셨습니다.

"전에 들어보지 못한 법들에 대한 눈[眼]이 일어났다. 지혜[智]가 일어났다. 통찰지[慧] 가 일어났다. 명지[明]가 일어났다. 광명[光]이 일어났다."

이것은 몸과 마음을 통하여 무상, 고, 무아를 알고 나서 깨달음을 얻은 지혜를 말씀하신 것입니다. 이상 말씀드린 것들이 모두 지혜에 관한 것입니다. 부처님께서는 이러한 선언을 하신 뒤에 전법을 시작하셨습니다.

이러한 이상을 실현하는 데 여러 단계의 과정이 필요하지만 그중에 마음을 알아차리는 단계를 반드시 거쳐야 합니다. 모든 것은 마음이 하는데 그 마음의 역할을 모른다면 대상을 바르게 아는 것이 아닙니다. 그래서 항상 우리는 등잔 밑이 어두운 것입니다. 여기서 궁극의 진리에 이르기 위해서 마음을 알아야 한다는 것은 법의 바른 성품인 무아를 알아야 하는 것을 말합니다.

수행자가 대상을 알아차릴 때는 이 대상은 법입니다. 그러나 사실은 대상을 아는 마음이 있어서 대상이 성립되는 것입니다. 아는 마음이 없는 대상은 이미 대상이 아닙니다. 그러므로 대상이 아무리 많이 있어도 그것을 보고 아는 마음이 없으면 대상이라고 할 수가 없습니다. 그래서 사실은 대상이 법이 아니고 대상을 아는 마음이 법입니다. 이때 대상은 단지 아는 마음을 위해서 있는 것입니다.

대상을 아는 마음이 없으면 대상이 법이 될 수가 없습니다. 그래서 최종적인 법은 대상을 아는 마음입니다. 만약에 대상만 있다면 대상이 변하는 실재를 알기가 어렵습니다. 그러므로 큰 의미에서는 대상과 아는 마음이 모두 법의 범주에 있지만 사실 법의 실재는 대상을 아는 마음입니다.

그래서 모든 것은 마음으로부터 시작되는 것입니다. 이때의 대상도 반드시 자신의 몸과 마음이어야 합니다. 수행자가 자신의 몸과 마음을 알아차릴 때만이 대상의 실재를 알 수 있습니다. 물론 밖에 있는 낙엽이 떨어지는 것을 보고 무상을 알 수는 있습니다. 하지만 이때 내가 낙엽을 본다는 유신견으로 보는 것이지 있는 그대로의 낙엽을 보지 못합니다.

낙엽을 볼 때 낙엽이 주는 감성적 정보가 먼저 작용하여 있는 그대로의 대상을 알아차릴 수가 없습니다. 마찬가지로 부모님의 죽음을 볼 때도 있는 그대로의 무상을 보기가 어렵습니다. 그동안 살면서 생긴 수많은 생각들이 부모님의 죽음의 의미를 가려버립니다. 그래서 누구를 막론하고 오직 자신의 몸과 마음을 바르게 알아차릴 때만이 유신견이 없이 바른 성품으로 볼 수가 있습니다.

세상에 있는 것이 모두 법이라는 견해도 잘못된 것입니다. 오직 몸과 마음을 대상으로 하지 않으면 법이 나타날 수 없습니다. 인식의 영역을 벗어난 것은 이미 법이 아닙니다. 증명할 수 없기 때문입니다. 그리고 대상을 아는 마음이 없으면 그것은 법이 아닙니다. 단지 대상을 있는 그대로 알아차리는 마음이 있어야 그 대상들이 법을 성숙시킬 수 있습니다.

12연기의 원인과 결과의 지혜와 위빠사나 수행의 통찰지혜로 보면 모든 것은 조건에 의해서 일어나고 사라지는 것만 있지 이것을 주관하는 어떤 존재도 없습니다. 마음을 알아차릴 때 바른 알아차림을 하면 내 몸, 내 마음이라는 생각 없이 알아차릴 수 있습니다. 이처럼 바른 알아차림이 있으면 단지 대상과 아는 마음만 있지 나라고 하는 자아가 개입될 여지가 없습니다.

그래서 이때는 유신견이 붙지 않습니다. 그러나 이때 완전하게 무아를 아는 지혜가 난 것은 아닙니다. 마음을 알아차릴 때만이 내가 본다는 유신견이 없이 볼 수 있습니다. 이렇게 유신견이 없이 볼 때라야 완전한 무상의 지혜가 납니다. 바로 이 무상의 지혜는 마음이 매 순간 변한다는 사실을 통해서 압니다. 이때의 마음은 대상이지만 이것을 알고 있는 것도 바로 마음입니다.

그래서 알아차릴 대상에 법이 있는 것이 아니고 알아차리고 있는 마음에 법이 있습니다. 이처럼 대상은 법을 알게 하는 원인이고, 결과는 법을 아는 마음입니다. 그래서 대상이 법이 아니고 마음이 법입니다. 그렇기 때문에 법을 찾아서 다른 것을 대상으로 삼을 필요가 없습니다. 오직 자신의 몸과 마음을 대상으로 할 때만이 실재하는 바른 법을 볼 수가 있습니다.

위빠사나 수행이 몸과 마음을 대상으로 알아차리는 이유가 여기에 있습니다. 이제

272

수행자는 대상을 좇아서 여기저기로 가서 이것저것을 기웃거리지 말아야 합니다. 수행자가 어디에 있거나 어느 시간에나 자신의 몸과 마음을 대상으로 해야 합니다. 그리고 먼저 알아차리기 쉬운 몸을 대상으로 알아차린 뒤에 차츰 마음을 대상으로 알아차려야 합니다. 이렇게 마음을 알아차릴 때만이 알아차리는 자아가 없고, 단지 그 순간의 마음이 대상을 알아차리는 것이라는 지혜가 납니다.

수행자가 머물러야 할 장소가 있습니다. 이 장소를 벗어나면 온갖 괴로움의 가시밭길을 가야 합니다. 이것이 몸과 마음입니다. 이 몸과 마음이란 여섯 가지 감각기관과 여섯 가지 감각대상이 부딪치는 12처입니다. 이것을 12가지 장소라고 합니다. 그리고 여섯 가지 아는 마음이 일어나는 것을 합쳐서 18계라고 합니다. 이것이 정신과 물질의 세계입니다. 모든 번뇌를 해결하기 위해서는 이 18가지 세계의 영역 안에 있는 것을 대상으로 삼아야 합니다. 벗어나면 우주를 떠도는 나그네가 되어서 끝없는 윤회를 계속해야 합니다.

이러한 지혜가 나도 지혜를 얻은 자는 없습니다. 단지 그 순간의 마음에 의해 지혜가 있을 뿐입니다. 그래서 이 지혜는 나의 지혜가 아닙니다. 위빠사나의 지혜라는 것이 자아가 없는 것을 아는 것이라서 자연스럽게 이러한 지혜를 얻습니다. 내가 없다는 지혜가 나지 않고서는 집착으로부터 영원히 자유로울 수 없습니다. 그렇지 않고서는 어떤 방법으로도 어리석음을 이길 수가 없습니다.

그래서 최종적으로는 어리석은 나도 없다고 알아야 합니다. 그래야 자유인이 됩니다. 그러므로 수다원이라는 정신적 지혜는 있어도 수다원을 얻은 자는 없습니다. 아라한이라는 정신적 지혜는 있어도 아라한을 얻은 자는 없습니다. 자아가 없는 것이 최고의 깨달음이기 때문입니다.

이제 마음을 풀어놓지도 말고, 그렇다고 마음을 속박하지도 말아야 합니다. 풀어놓는 것도 과보심에 의해 조정되는 것이고, 속박하는 것도 과보심에 의해 조정되는 것입니다. 이제 우리는 이런 과보심의 지배에서 벗어나 스스로 알아차리는 마음을 만들어야 합니다.

우리는 지금까지 마음에 대해서 잘 몰랐습니다. 마음이 변하지 않고 항상 하는 것인 줄 알았습니다. 그러나 이 세상에 변하지 않는 것은 아무것도 없습니다. 그래서 마음은 매 순간 일어나고 사라집니다. 그렇다면 이 마음이 나의 마음이 아닌 것이며, 그래서 이 마음을 집착할 것이 없습니다. 이 세상에 변하지 않는 것이 없다는 것은 모든 것이 원인과 결과로 진행된다는 것입니다.

이것은 모든 사람들에게 새로운 희망입니다. 그렇다면 누구나 오랜 질곡에서 벗어날 수 있습니다. 자신이 노력해서 새로운 원인을 만들면 현재에도 자유로울 수 있으며, 미래에도 자유를 얻을 수 있을 것입니다.

위빠사나 수행은 지혜수행이라서 대중적이지 못합니다. 그리고 마음을 알아차리는 수행은 더욱 접하기 어렵지만 하기도 어려운 수행입니다. 많은 사람들이 지혜보다 사회적 명예나 감각적 쾌락을 원합니다. 하지만 선업의 과보가 있으면 감각적 쾌락보다는 지혜에 마음을 기울일 것입니다. 이제 이 길을 가십시오. 이 길은 혼자서 가는 고독한 길입니다. 하지만 그 끝은 지고의 행복을 얻는 길입니다.

수행자 여러분! 이제 사념처 위빠사나 수행을 통해서 모든 성인들이 가신 길을 함께 갈 것을 권합니다. 특히 마음을 알아차리는 수행을 해서 하루빨리 번뇌의 괴로움에서 벗어나기를 기원합니다.

마음을 알아차리는 수행은 첫째, 있는 마음 알아차리기, 둘째, 일어난 마음 알아차리기, 셋째, 하려는 마음 알아차리기, 넷째, 아는 마음 알아차리기입니다. 이 방법 외에 또 다른 마음 알아차리기를 스스로 계발해서 얼마든지 자기 자신이 가지고 있는 현재의 마음을 알아차릴 수가 있습니다.

모든 수행자들이 마음을 알아차리는 수행을 통해서 지고의 행복을 얻기 바랍니다.

법을 알아차림[法念處]
─법념처 개요

법은 대상의 법과 진리의 법이 있습니다. 어느 것이나 알아차릴 대상에 속합니다. 법은 항상 있는 것이지만 손에 쥐어주어도 알기가 어렵습니다. 아직 조건이 성숙하지 않았기 때문입니다. 법은 준비된 사람에게만 법입니다. 법은 알아차리는 사람에게만 법입니다. 준비되지 않은 사람에게는 법이 아닙니다. 그러므로 알아차리지 않는 사람에게는 법이 아닙니다.

수행을 시작한다는 것은 대상의 법을 맞이하는 것이며, 수행의 결과는 진리의 법을 맞이하는 것입니다. 그러나 어느 경우에도 좋은 결과를 기대해서는 안 됩니다. 좋은 결과는 준비하는 것으로 그친 자에게만 나타납니다.

오늘부터 법을 알아차리는 수행에 대해서 말씀드리겠습니다. 이 수행을 법념처法念處라고 합니다. 지금까지는 몸을 알아차리는 수행과 느낌을 알아차리는 수행과 마음을 알아차리는 수행을 공부했습니다. 이제 마지막으로 법을 알아차리는 수행에 대해서 공부하겠습니다. 이상의 네 가지 대상을 알아차리는 수행을 모두 합쳐서 사념처四念處라고 합니다.

몸을 알아차리는 수행은 들숨과 날숨의 호흡을 알아차리는 수행을 시작으로 해서 네 가지 자세를 알아차리는 수행, 네 가지 분명한 앎을 하는 수행, 32가지 몸을 싫어하는 마음을 일으키는 수행, 네 가지 요소를 알아차리는 수행, 아홉 가지 묘지에서 알아차리는 수행에 대해서 공부를 했습니다.

느낌을 알아차리는 수행은 기본적으로 즐거운 느낌, 괴로운 느낌, 덤덤한 느낌이 있습니다. 그러나 느낌을 자세하게 분류하면 맨 느낌, 육체적 느낌, 정신적 느낌으로 나눕니다. 그래서 몸의 느낌과 마음의 느낌이 있습니다. 느낌을 통해서 육체적인 것과 정신적인 것을 알 수 있기 때문에 느낌이 차지하는 비중은 매우 큽니다. 특히 느낌은 위빠사나 수행의 대상이며, 깨달음으로 가는 가장 중요한 길목에 있는 대상입니다. 몸과 마음을 느낌으로 알기 때문에 느낌이 중요하기도 하지만, 느낌을 통하여 찰나삼매가 생겨 대상을 분리해서 알아차리는 위빠사나 수행이 발견되었기 때문입니다. 오직 느낌을 통해서만이 무상無常, 고苦, 무아無我의 법을 알 수 있기 때문에 느낌을 깨달음의 황금의자라고 하는 것입니다.

마음을 알아차리는 수행에 대해서는 부처님께서 자세하게 설하지는 않으셨습니다. 그래서 『대념처경』에서는 열여섯 가지 마음을 알아차리는 것으로 그치셨습니다. 그러나 사실 열여섯 가지의 마음 안에 모든 마음이 포함되어 있기 때문에 반드시 소홀하다고 말할 수는 없습니다. 다만 마음에 대한 것은 『논장』에서 자세하게 밝혔기 때문에 『대념처경』에서는 간략하게 말씀하셨습니다. 뿐더러 마음을 알아차리는 수행이 가장 중요한 수행이지만 수행자들에게는 어려움이 있기 때문에 몸과 느낌을 알아차리는 수행보다는 자세하게 다루지 않으신 것으로 이해됩니다.

사실 『논장』도 대중들이 이해하기 어렵기 때문에 대중들에게는 설하지 않고 천인들에게 설하신 법문입니다. 그리고 지혜가 수승한 사리뿟따 존자에게만 설하셨습니다. 2,500년 전에 몸을 알아차리기도 힘든 시기에 보이지 않는 마음까지 알아차리는 것이 결코 쉬운 수행방법은 아니었을 것입니다. 그러나 이 『대념처경 주석서』에서는 마음에 대해서 다각도로 접근해서 좀 더 구체적으로 밝혔습니다. 그러므로 이번에 밝힌 내용은 경전에 없는 내용을 많이 보완하였습니다.

마음을 알아차리는 수행에서는 처음에 마음이 무엇인가에 대하여 『논장』에 있는 내용을 요약하였습니다. 그리고 부처님께서 설하신 열여섯 가지 마음을 알아차리는 방법을 공부하였습니다. 그리고 모곡 사야도의 열세 가지 마음을 알아차리는 방법을 공부했습니다. 그리고 마지막으로 한국 명상원에서 마음을 알아차리는 수행방법 네 가지를 공부했습니다. 그러므로 마음이 무엇인가를 아는 것에서부터 마음을 알아차리는 방법이 다양하게 제시되었기 때문에 심념처心念處 수행에 한 걸음 가까이 가실 수 있을 것입니다. 이렇게 마음을 알아차릴 수 있을 때 다음 단계인 법에 대한 바른 견해를 얻을 수 있습니다. 마음을 알아차림으로 인해 법이 완성되어야 비로소 도과道果를 성취하여 행복을 얻을 것입니다.

지금부터 법을 알아차리는 수행을 말씀드리겠습니다. 법法을 빨리어로 담마dhamma라고 합니다. 빨리어에서 담마라는 말처럼 다양하게 쓰이는 말이 없을 것입니다. 빨리어 사전에는 담마에 대한 해석이 무려 30여 가지가 있을 정도입니다. 그중에 일부만 소개하면 담마라는 뜻이 법, 진리, 이론, 정리正理, 상태, 성질, 사물, 도道 등등이 있습니다.

이 담마를 산스크리트어로 말하면 다르마dharma라고 합니다. 이 법이라는 말을 크게 두 가지로 요약하면 진리로서의 법이 있고, 마음의 대상으로서의 법이 있습니다. 진리로서의 법은 무상, 고, 무아입니다. 마음의 대상으로서의 법은 사념처 수행입니다. 수행자가 수행을 하기 위해서는 반드시 대상이 있어야 하는데 이때 알아차릴 대상을 마음의 대상이라고 합니다. 이것이 바로 법인 것입니다.

일부 학자들 사이에서는 진리의 법으로 쓸 때는 영어 첫 글자를 대문자로 써서 담마Dhamma라고 표기합니다. 그리고 마음의 대상으로 쓸 때는 영어의 첫 글자를 소문자로 써서 담마dhamma라고 표기하기도 합니다.

법을 나눌 때 관념적인 법이 있고, 궁극적인 법이 있습니다. 관념적인 법은 세속의 관점에서 본 진리입니다. 궁극의 법은 출세간의 관점에서 본 진리입니다. 이것을 세속의 법과 출세간의 법이라고 합니다. 여기서 간과해서는 안 되는 것이 있습니다. 세속에 있는 실재하는 것이라면 그것도 진리라는 것입니다. 그래서 이것이 세속의 진리인 것입니다. 그러므로 진리의 개념은 매우 포괄적인 것입니다. 그것이 좋건 나쁘건 실제로 있는 것이라면 진리라고 할 수 있습니다. 이것이 위빠사나 수행에서 가져야 할 바른 인식입니다. 이런 인식으로부터 출발하지 않으면 결코 궁극적 진리에 도달할 수가 없습니다.

어떤 것에 대해서나 선입관을 갖지 않고 수행을 시작하는 것이 기본자세입니다. 우리가 알고 있는 기존의 관념의 벽을 뛰어넘기 위해서는 반드시 이런 알아차림이 필요합니다. 예를 들어서 우리가 크다고 했을 때도 크다는 것은 관념입니다. 크다는 기준은 온전하게 자신의 판단에 의한 것입니다. 무엇에 비해서 크다는 것인가요? 기준이 있다면 그것은 자신이 설정한 기준일 뿐입니다. 작다는 것도 마찬가지입니다. 무엇에 비해서 작다는 것입니까?

사회통념과 진실은 항상 다른 것입니다. 이처럼 대상이 가지고 있는 진실을 알기 위해서는 무엇이 되었거나 있는 그대로의 실재를 알아차려야 합니다. 수행자에게 법이라고 할 때는 먼저 알아차릴 대상으로서의 법을 말합니다. 이것이 사념처로 몸, 느낌, 마음, 마음의 대상인 법입니다. 이렇게 네 가지 대상을 알아차려서 지혜가 성숙되면 자연스럽게 무상, 고, 무아를 알게 됩니다. 이때 진리로서의 법을 알아차리는 것입니다.

그러므로 처음에는 대상으로서의 법이 나중에 수행을 해서 지혜가 나면 진리의 법이 됩니다. 신념처身念處 수행에서는 기본적으로 몸을 대상으로 알아차리고, 수념처受念處 수행에서는 느낌을 대상으로 알아차리고, 심념처心念處 수행에서는 마음을 대상으로 알아차리는 수행을 합니다. 그러나 법념처 수행에서는 신념처와 수념처와 심념처를 모두 포함합니다. 법념처는 이상 세 가지 수행을 모두 포함할 뿐만 아니라 세 가지 수행을 하면서 나타나는 다양한 장애와 지혜를 모두 알아차리는 수행입니다. 그래서 수행의 완성은 법념처로 이루어집니다.

이처럼 알아차림을 확립하는 위빠사나 수행의 대상이 네 가지라서 이것을 사념처라고 합니다. 사실 알아차릴 대상은 몸과 마음입니다. 그런데 여기에 느낌이 포함됨으로써 수행이 구체화된 것입니다. 그리고 이들 세 가지가 모두 알아차릴 대상이기 때문에 자연스럽게 법념처가 포함되어 완벽한 수행체계가 이루어진 것입니다.

마음은 대상이 없으면 일어나지 않기 때문에 대상을 가진다는 것이 수행의 기본적인 조건입니다. 그런 의미에서 대상이 갖는 의미가 중요합니다. 만약 알아차릴 대상이 없다면 수행이라고 말할 수 없습니다. 그래서 법이 없는 수행은 없습니다. 수행을 할 때는 왜 네 가지 대상을 알아차려야 하는지 이해해야 합니다. 그래야 수행자가 과연 무엇을 알아차리고, 어떻게 알아차릴 것인가를 알 수 있습니다.

일반적으로 수행을 말할 때 '무엇이' 중요하다는 것만 강조합니다. 그래서 관념에 머무는 수가 많습니다. 위빠사나 수행은 대상을 '어떻게' 알아차릴 것인가를 구체적으로 제시하고 있습니다. 그래서 관념에 머물지 않고 실재를 알아차리도록 합니다. 사실 관념의 입장에서는 실재를 알 수가 없기 때문에 구체적 실천방법을 제시할 수 없는 한계가 있습니다. 알면 말할 수 있지만 모르기 때문에 그냥 관념에 그치고 마는 것입니다.

법은 알아차릴 대상입니다. 그 대상이 바로 사념처입니다. 그런데 이 사념처에 포함된 것은 좋은 것과 나쁜 것을 구별하지 않습니다. 그래서 수행의 대상은 선심이나 선행만을 대상으로 하는 것이 아닙니다. 불선심이나 불선행만을 대상으로 하지도 않습니다. 몸과 마음을 가지고 수행을 할 때는 몸과 마음에 나타나는 모든 것이 대상입니다. 그래서 특정한 것만을 대상으로 하지 않는 것이 위빠사나 수행의 특징입니다.

그래서 위빠사나 수행의 대상은 선악이 없고 좋고 나쁜 것이 없습니다. 그것들은 모두 대상입니다. 그러므로 수행을 할 때 몸과 마음을 가지고 살면서 나타나는 모든 것들을 모두 대상으로 삼아야 합니다. 만약 이 대상들 중에서 어떤 것은 되고, 어떤 것은 안 된다고 한다면 이것은 실재를 알아차리는 수행이 아닙니다. 몸과 마음을 가지고 살면서 나타나는 모든 것이 수행의 대상이어야 비로소 사실에 입각한 것이라고 말할 수 있습니다. 사실에 입각한 것이어야 그것들의 진실을 알 수 있습니다. 이렇게 알아차릴 대상에 대해서 차별이 없는 것이 위빠사나 수행입니다.

그래서 위빠사나 수행에서만 대상을 있는 그대로 볼 수 있습니다. 위빠사나가 아닌 사마타 수행에서는 대상을 있는 그대로 볼 수가 없습니다. 왜냐하면 관념을 대상으로 수행을 하기 때문입니다. 그리고 어떤 목적을 가지고 수행을 하기 때문입니다. 이렇게 대상에 차별을 두지 않는 것이 수행을 시작할 때부터 바른 견해를 가지고 시작하는 것입니다.

위빠사나 수행은 있는 그대로의 것을 알기 위해서 하는 수행입니다. 그래서 대상이 가지고 있는 성품이 무엇인지를 알아 근본적인 방법으로 대처하는 수행입니다. 수행자들이 처음부터 이런 시각을 가지고 수행을 하기는 어렵습니다. 누구나 윤회하는 생명은 불선업의 과보를 받아서 사는 것이기 때문에 이 세계를 벗어난 정신세계는 알지 못합니다. 그래서 부처님의 가르침을 통해서 자신의 내면을 통찰하여 스스로 길을 찾아야 합니다.

위빠사나 수행의 법념처는 다섯 가지 장애로부터 시작됩니다. 일반적으로 법이라고 하면 진리를 연상하기 마련인데, 법의 첫 번째 대상이 다섯 가지 장애라는 것입니다. 다섯 가지 장애는 불선심과 불선과보로 인해서 일어나는 현상들입니다. 이처럼 다섯 가지 장애가 법의 첫 번째 대상이라는 사실은 매우 중요한 의미를 가지고 있습니다.

우리가 다섯 가지 장애 속에서 살아왔다면 우리들이 가지고 있는 고정관념은 다섯 가지 장애 속에서 성숙된 것들입니다. 그러므로 우리가 가지고 있는 견해는 이러한 불선심과 불선행의 정보를 바탕으로 두고 형성된 것들입니다. 그래서 법이 아무리 좋은 것이라고 해도 대상을 바르게 받아들일 수 있는 토양이 조성되어 있지 않았기 때문에 반드시 스승의 지도를 받아야 합니다.

법은 알아차릴 대상이고, 그 대상은 실재하는 것으로 어떤 것이나 진실한 것입니다. 그러므로 고정관념으로 판단하지 말고 있는 그대로 알아차리는 것이 바르게 법념처를 수행하는 것입니다.

법을 알아차림[法念處]
─다섯 가지 장애[五蓋]를 알아차림

말에는 말하는 자와 듣는 자의 상호의 입장이 있습니다. 상대를 바꾸기 위해서 말하지 말아야 합니다. 그러면 괴로움이 옵니다. 어느 말이나 일방적일 때는 말의 기능이 떨어집니다.

옳은 것을 말하기 위해서는 다른 사람의 잘못을 배척해서는 안 됩니다. 상대가 몰라서 그런 것입니다. 자신이 옳다는 것도 단지 자신의 생각일 뿐입니다. 자신이 옳다는 확신으로 상대를 차별한다면 오히려 바르지 못한 것입니다.

상대의 잘못을 핍박하면 상대나 자신이나 다를 것이 없습니다. 그렇다면 모르기는 서로 마찬가지입니다. 어떤 말이나 모두 알아차릴 대상입니다. 어떤 말이나 오직 '그렇네!' 하고 알아차려야 합니다. 이것이 대상을 분리해서 알아차리는 위빠사나 수행입니다.

◆◆◆◆◆

지난 시간에 이어서 법에 대하여 말씀드리겠습니다.

첫째, 다섯 가지 장애를 알아차림입니다. 선하다는 것은 보시와 지계와 수행을 하는 것입니다. 그러나 선한 행위를 하고자 해도 할 수가 없습니다. 이들 행위를 하려고 하면 반드시 갖가지 장애가 나타나기 때문입니다. 그래서 수행의 시작은 장애와 만나는 것으로부터 출발합니다. 그러므로 수행에서 아름다운 환상을 가져서는 안 됩니다. 수행은 과거의 정신적 습관으로부터의 탈출이기 때문에 수행을 시작하면 즉시 고통이 기다리고 있습니다.

법을 알아차리는 수행의 첫 번째가 다섯 가지 장애를 알아차리는 것입니다. 물론 이 장애는 자신의 내면에 있는 선하지 못한 마음과 선하지 못한 과보심으로 인해서 나타나는 것들입니다. 그리고 때로는 선한 마음과 선한 과보심이 장애가 될 수도 있습니다. 알아차림이 없다면 선한 것이 오히려 더 장애로 나타날 수도 있습니다. 그래서 알아차릴 대상에는 선과 불선이 따로 없습니다.

우리의 정신적 향상을 가로막은 장애는 한두 가지가 아니고 헤아릴 수 없이 많습니다. 자신의 성향에 따라서 여러 가지의 장애가 있을 수 있으며, 상대적 조건에 따라서 나타나는 장애도 모두 다를 것입니다. 하지만 수행을 하려고 하면 나타나는 장애는 대표적으로 다섯 가지를 꼽습니다. 소소한 장애는 이 다섯 가지 장애 속에서 다른 형태로 나타납니다.

다섯 가지 장애는 감각적 욕망, 악의, 나태와 혼침, 들뜸과 후회, 회의적 의심입니다. 다섯 가지 장애를 한문으로 오개五蓋라고 합니다. 오개는 청정을 덮어버리는 다섯 가지의 덮개라는 뜻입니다. 이상의 다섯 가지가 마음의 청정을 더럽혀서 오염에 물들게 합니다. 하지만 이 다섯 가지 장애는 법法입니다. 법은 없애야 할 대상이 아니고 오직 알아차려야 할 대상입니다. 장애를 완전하게 극복하기 위한 단 하나의 방법은 장애를 극복하려고 하지 않고 있는 그대로 알아차려서 지혜를 얻는 것입니다. 장애의 힘은 크기 때문에 없애려고 해도 결코 없어지지 않습니다. 오랜 세월 동안 쌓여온 것이라서 이 장애는 쉽게 소멸되지 않습니다. 그래서 알아차리는 힘을 키워서 장애가 저 스스로 소멸되도록 해야 합니다. 이 알아차리는 힘이 바로 지혜입니다.

청정이란 여섯 가지 감각기관이 여섯 가지 감각대상과 부딪칠 때 어떤 번뇌도 스며들지 못하도록 있는 그대로의 대상을 보는 것을 말합니다. 그러나 다섯 가지 장애가 이것을 막아서 청정하지 못하도록 합니다. 그래서 다섯 가지 장애는 수행자들을 세속의 번뇌에 붙들어 매는 족쇄와 같은 것입니다.

다섯 가지 장애는 불선심으로 수행을 방해하기 때문에 이것들을 있는 그대로 알아차려야 합니다. 하지만 누구나 처음부터 있는 그대로의 대상을 알아차릴 수가 없습니다. 완벽하게 있는 그대로 알아차리려면 사실 아라한이 되어야 합니다.

있는 그대로 알아차린다는 것은 궁극의 목표이고, 수행은 있는 그대로 알아차리는 것에 얼마나 접근하느냐 하는 것입니다. 그래서 다섯 가지 장애를 극복하기 위해서 다양한 방법을 사용해야 합니다. 특히 다섯 가지 장애 중에서 어떤 장애가 자신에게 더 두드러지게 나타나는지 알아서 그것에 알맞은 대처가 필요합니다. 이것을 명상주제라고 합니다.

명상주제가 분명해지면 그것을 대상으로 지속적으로 알아차려야 합니다. 만약 이렇게 알아차려서 개선이 되지 않는다고 해도 이것을 대상으로 삼고 있는 것만으로도 상당한 효과가 생깁니다. 그러므로 장애는 이렇게 단계적으로 극복해야 합니다.

다섯 가지 장애는 저 스스로를 자양분으로 삼아서 더 커집니다. 그러므로 이것들이 나타나면 나타난 것을 있는 그대로 알아차려야 합니다. 없애려고 하면 없애려고 하는 만큼 더 커집니다. 감각적 욕망은 감각적 욕망을 자양분으로 삼아서 더 커집니다. 악의는 악의를 자양분으로 삼아서 더 커집니다. 나태와 혼침은 나태와 혼침을 자양분으로 삼아서 더 커집니다. 들뜸과 후회는 들뜸과 후회를 자양분으로 삼아서 더 커집니다. 회의적 의심은 회의적 의심을 자양분으로 삼아서 더 커집니다. 그러므로 이것들이 일어난 순간에 일어난 것을 있는 그대로 알아차려야 합니다. 그것만이 바른 수행방법입니다.

누구도 다섯 가지 장애를 뛰어넘지 않고서는 정신적인 향상을 도모하기 어렵습니다. 이 장애를 극복하지 못하면 선정의 단계에 이를 수가 없으며, 위빠사나 수행의 청정과 지혜가 나지 못해 결코 도과를 성취하지 못합니다. 뿐더러 선정만이 아니고 선정에 들기 이전의 수준인 정신적 고양을 얻기도 어렵습니다. 그래서 이 장애는 선하게 살고 싶은 모든 사람들이 반드시 건너야 할 고통의 바다입니다.

이 괴로움의 바다를 건너기 위해서는 배가 있어야 하는데 이것이 팔정도입니다. 그리고 사마타 수행과 위빠사나 수행을 해야 합니다. 사마타 수행으로 장애를 잠재운 뒤에 위빠사나 수행의 통찰지혜로 이 장애를 제거해야 합니다.

우리가 장애를 제거한다고 했을 때 좌선을 할 때 나타나는 현상에 국한된 것이 아닙니다. 물론 좌선을 할 때 움직이지 않아서 생기는 현상이나 고요함으로 인해 나타나는 현상들이 두드러지지만 수행은 좌선을 할 때만 하는 것이 아닙니다. 그러므로 다섯 가지 장애는 수행자의 모든 생활 속에서 드러나는 것으로 알아야 합니다. 눈을 뜨고 잠자리에서 일어나면서부터 장애가 시작되며 잠자리에 들 때까지 모두 장애가 계속됩니다. 잠을 자면서도 꿈으로 인해 괴로움을 겪습니다. 그러므로 살고 있는 동안에는 이런 장애 속에서 사는 것이라고 알아야 하겠습니다.

장애는 특별한 시간에만 오는 것이 아니고 원래 있는 것인데 여기서 벗어나려고 수행을 하기 때문에 있는 것이 나타나는 것입니다. 수행자가 앞으로 나아가는 길은 장애의 늪지대이고, 뚫고 나가는 힘은 오직 알아차림 하나입니다. 경전에서는 다섯 가지 장애가 제거되었을 때 스스로 빚에서 헤어난 사람, 병이 쾌유한 사람, 감옥의 굴레에서 풀려난 사람, 자유인, 안전한 곳에 다다른 사람이라고 말합니다.

그러면 『대념처경』의 법을 알아차리는 다섯 가지 장애에 대한 부처님의 말씀을 들어 보겠습니다.

"비구들이여, 어떻게 비구가 법法 dhamma에서 법을 알아차리는 수행을 하면서 지내는가? 비구들이여, 여기 비구는 다섯 가지 장애[五蓋]의 법에서 법을 알아차리는 수행을 하면서 지낸다. 비구들이여, 어떻게 비구가 다섯 가지 장애의 법에서 법을 알아차리는 수행을 하면서 지내는가?
비구들이여, 여기 비구는 감각적 욕망이 있을 때 내게 감각적 욕망이 있다고 안다. 감각적 욕망이 없을 때 내게 감각적 욕망이 없다고 안다. 비구는 전에 없던 감각적 욕망이 어떻게 일어나는지 안다. 일어난 감각적 욕망이 어떻게 사라지는지 안다. 사라진 감각적 욕망이 어떻게 하면 앞으로 다시 일어나지 않는지 안다.
비구는 악의가 있을 때 내게 악의가 있다고 안다. 악의가 없을 때 내게 악의가 없다고 안다. 비구는 전에 없던 악의가 어떻게 일어나는지 안다. 일어난 악의가 어떻게 사라지는지 안다. 사라진 악의가 어떻게 하면 앞으로 다시 일어나지 않는지 안다.

비구는 나태와 혼침이 있을 때 내게 나태와 혼침이 있다고 안다. 나태와 혼침이 없을 때 내게 나태와 혼침이 없다고 안다. 비구는 전에 없던 나태와 혼침이 어떻게 일어나는지 안다. 일어난 나태와 혼침이 어떻게 사라지는지 안다. 사라진 나태와 혼침이 어떻게 하면 앞으로 다시 일어나지 않는지 안다.

비구는 들뜸과 후회가 있을 때 내게 들뜸과 후회가 있다고 안다. 들뜸과 후회가 없을 때 내게 들뜸과 후회가 없다고 안다. 비구는 전에 없던 들뜸과 후회가 어떻게 일어나는지 안다. 일어난 들뜸과 후회가 어떻게 사라지는지 안다. 사라진 들뜸과 후회가 어떻게 하면 앞으로 다시 일어나지 않는지 안다.

비구는 회의적 의심이 있을 때 내게 회의적 의심이 있다고 안다. 회의적 의심이 없을 때 내게 회의적 의심이 없다고 안다. 비구는 전에 없던 회의적 의심이 어떻게 일어나는지 안다. 일어난 회의적 의심이 어떻게 사라지는지 안다. 사라진 회의적 의심이 어떻게 하면 앞으로 다시 일어나지 않는지 안다.

이와 같이 그는 법에서 법을 안으로 알아차리는 수행을 하면서 지낸다. 혹은 법에서 법을 밖으로 알아차리는 수행을 하면서 지낸다. 혹은 법에서 법을 안팎으로 알아차리는 수행을 하면서 지낸다.

비구는 법이 일어나는 현상을 알아차리는 수행을 하면서 지낸다. 혹은 법이 사라지는 현상을 알아차리는 수행을 하면서 지낸다. 혹은 법이 일어나고 사라지는 현상을 알아차리는 수행을 하면서 지낸다.

비구는 단지 법이 있다는 알아차림을 확립할 때까지 법의 현상들에 대한 분명한 앎과 알아차림을 확립하고, 유지한다. 비구는 갈애와 잘못된 견해에 의지하지 않고 지낸다. 그는 세상에서 아무것도 집착하지 않는다.

비구들이여, 이와 같이 비구는 법에서 법을 알아차리는 수행을 하면서 지낸다.”

그 다섯 가지 장애 중에 첫 번째가 바로 감각적 욕망입니다. 감각적 욕망은 탐욕입니다. 그러나 여섯 가지 감각기관이 감각대상과 부딪쳐서 일어나기 때문에 이것을 감각적 욕망이라고 합니다. 그래서 형상[色], 소리[聲], 냄새[香], 맛[味], 접촉[觸], 생각[法]을 할 때 다양한 형태의 욕망이 일어납니다. 누구나 산다는 것은 여섯 가지 감각기관을 가지고 사는 것이라서 여섯 가지 이상의 다른 감각적 욕망은 없습니다.

감각적 욕망이 있을 때는 있는 것을 있는 그대로 알아차려야 합니다. 욕망이 없을 때는 없는 것을 있는 그대로 알아차려야 합니다. 이때 감각적 욕망이 없기를 바라거나 없애려고 해서도 안 됩니다. 단지 있는 것을 있는 그대로 알아차리는 것이 위빠사나 수행입니다. 비단 감각적 욕망뿐이 아닙니다. 다른 장애가 일어났을 때 일어난 모든 것을 있는 그대로 알아차려야 합니다.

다섯 가지 장애는 와서 보라고 나타난 대상입니다. 그래서 이것은 모두 법입니다. 부처님께서 '감각적 욕망이 있을 때 욕망이 있는 것을 안다. 없을 때는 없는 것을 안다'라고 하신 말씀은 단순하게, 이것 때문에 다른 것을 바라거나 없애려고 하지 않고 이것을 있는 그대로 알아차리라는 말입니다.

왜냐하면 있는 그대로 알아차리는 순간 이미 있는 것은 소멸하기 때문에 이것이 가장 훌륭한 정공법이기 때문입니다. 애써 다른 방법을 끌어들일 하등의 이유가 없습니다. 이것이 위빠사나 수행의 가장 중요한 특징이며, 대상을 제거하는 데 가장 훌륭한 방법인 것입니다. 수행자 여러분! 있을 때는 있는 것을 대상으로 알아차리는 것이 가장 훌륭한 방법입니다. 왜냐하면 알아차리는 순간 그것은 이미 사라지기 때문입니다.

후회는 선하지 못한 행위입니다. 후회는 성냄, 질투, 인색과 함께 때때로 나타나는 행위에 속합니다. 후회는 지난 일에 대한 괴로움과 상심을 드러내는 것으로 욕망과 어리석음까지 포함되어 있습니다. 후회는 선하지 못한 행위이기 때문에 개선되지 않고 오히려 괴로움이며, 이루지 못한 것에 대한 회한으로 자책하는 마음과 함께하기 때문에 아무런 소득이 없습니다. 오히려 괴롭고 해로울 뿐입니다.

그러나 참회는 선한 행위입니다. 참회는 믿음과 알아차림을 가지고 하는 행위로써 양심과 수치심이 있는 행위입니다. 참회를 함으로써 탐욕과 성냄이 없어지고 중도의 마음을 가질 수가 있습니다. 후회는 바람이 있는 마음이지만 참회는 바람이 없는 마음입니다. 이것이 불선업과 선업의 차이입니다.

◆◆◆◆◆◆

지난 시간에 이어서 감각적 욕망에 대해서 말씀드리겠습니다.

감각적 욕망이 있을 때는 있는 것을 알아차리면 새로 알아차리는 마음이 일어나서 감각적 욕망은 그 순간에 사라집니다. 그러므로 수행자는 있는 그대로 알아차리는 것 외에 달리 할 것이 없습니다. 감각적 욕망이 있는 것에 개입해서 어떻게 해결하려고 한다면 이것이 또 다른 욕망을 일으키는 것입니다.

감각적 욕망이 없을 때도 없는 것을 알아차리면 감각적 욕망이 다시 들어올 위험이 없어집니다. 감각적 욕망이 없는 것을 알아차리는 새로운 마음이 일어났기 때문입니다. 그래서 있는 것을 있는 그대로 알아차리는 것이 가장 합리적인 대처방법입니다. 대상이 나타나면 개입하지 말고 있는 그대로 알아차려야 합니다.

과연 왜 이렇게 해야 하는 것일까요? 이렇게 하는 것이 최상의 이익을 얻는 방법이기 때문에 하는 것입니다. 대상을 있는 그대로 알아차리면 그 순간에 있는 대상은 사라집니다. 그러니 애써서 이것을 없앨 다른 방법을 선택할 필요가 없는 것입니다. 그러면 없애려고 하는 새로운 욕망과 성냄이 일어나지 않아도 자연스럽게 해결됩니다. 그래서 이것이 있는 그대로 알아차리는 것의 이익입니다.

감각적 욕망이 없는 것도 똑같이 알아차려야 합니다. 감각적 욕망이 없는 것을 알아차리면 원래 감각적 욕망이 없는 것을 알아차렸거나, 아니면 욕망이 일어났다가 사라진 것을 알아차린 것입니다. 원래 감각적 욕망이 없는 것을 알아차렸다고 해도 이 감각적 욕망이 완전하게 소멸한 것은 아닙니다. 그래서 조건이 성숙되면 일어날 여지를 가지고 있습니다.

그래서 감각적 욕망이 없을 때에도 없는 것을 알아차려야 합니다. 그래야 다시 더 일어날 여지가 없어집니다. 감각적 욕망이 일어났다가 사라져서 없는 것을 알아차렸을 때도 욕망이 다시 일어날 여지는 항상 가지고 있습니다. 그래서 없는 것을 알아차리면 감각적 욕망이 다시 일어날 여지가 없어집니다. 그래서 감각적 욕망이 있어도 알아차릴 대상이고, 없어도 이것은 알아차려야 할 대상입니다.

수행자는 없던 감각적 욕망이 어떻게 일어나는지 알아야 합니다. 그리고 일어난 감각적 욕망이 어떻게 사라지는지 알아야 합니다. 사라진 감각적 욕망이 어떻게 하면 앞으로 다시 일어나지 않는지도 알아야 합니다.

생각은 두 가지가 있습니다. 현명하지 않은 생각과 현명한 생각입니다. 현명하지 않은 생각은 해로운 생각이고, 현명한 생각은 이로운 생각입니다. 현명하지 못한 생각은 영원하지 않은 것을 영원한 것으로 알고, 불만족을 만족으로 알고, 자아가 없는데 자아가 있는 것으로 알고, 아름답지 못한 것을 아름다운 것으로 압니다.

그러므로 감각적 욕망이 일어나는 것은 현명하지 못한 생각을 해서 해로운 것을 일으킨 것입니다. 감각적 욕망이 사라지는 것은 현명한 생각을 해서 이로운 것을 선택한 것입니다. 현명한 생각은 영원하지 않은 것을 영원하지 않은 것으로 알고, 불만족을 불만족으로 알고, 자아가 없는 것을 자아가 없다고 알고, 아름답지 못한 것을 아름답지 못하다고 아는 것입니다. 그러므로 감각적 욕망이 사라지는 것은 현명한 생각을 해서 이로운 것을 일으킨 것입니다.

사라진 감각적 욕망이 다시 일어나지 않게 하기 위해서는 두 가지 방법이 있습니다. 하나는 대상을 있는 그대로 알아차리는 것입니다. 감각적 욕망이 있으면 있는 것을 알아차리고, 없으면 없는 것을 알아차립니다. 알아차림이라는 문지기가 지키고 있는 한 잠재적인 성향의 감각적 욕망도 나타나지 못합니다. 만약 나타났다면 다시 나타난 것을 알아차리면 됩니다. 그래서 항상 알아차리기만 하면 감각적 욕망이 나타나지 못합니다. 이렇게 알아차리면 지혜가 나서 차츰 감각적 욕망이 일어나지 않습니다.

다른 하나는 감각적 욕망의 더러움을 알아차리는 것입니다. 감각적 욕망은 더럽고 혐오스러운 것이며 괴로움뿐이라고 알아차립니다. 이렇게 감각적 욕망을 알아차리는 것을 부정관이라고 합니다. 이렇게 수행을 하면 감각적 욕망의 더러움에 대한 개념이 생겨서 선정을 얻게 되어 번뇌를 억누를 수 있습니다. 범부는 감각적 욕망의 즐거움으로 삽니다. 그러나 성자들은 감각적 욕망의 괴로움을 압니다. 그래서 감각적 욕망이 일어났을 때 알아차려서 다시 맨 느낌으로 돌아옵니다. 그러나 아라한은 처음부터 감각적 욕망이 일어나지 않습니다. 그래서 다시 태어날 원인이 사라져 윤회가 끝납니다.

감각적 욕망을 즐기는 재미도 있지만 이 욕망을 제어하는 재미는 훨씬 더 큰 것입니다. 이처럼 인간은 감각적 욕망을 어떻게 하느냐에 따라서 스스로 행복과 불행을 결정합니다. 이것은 온전히 누구의 힘에 의해서 선택되는 것이 아니고, 온전하게 자기 자신이 선택해서 스스로 얻는 것입니다.

감각적 욕망은 여섯 가지 감각기관을 통해서 일어나는 느낌이 갈애를 일으키는 것인데, 이 중에 보는 것과 함께 먹는 것에서도 감각적 욕망이 많이 일어납니다. 그러므로 수행자는 먹을 때 알아차리고 먹어야 합니다. 먹을 때 알아차리고 먹으면 탐욕으로 먹지 않고 계율로 먹는 것입니다. 수행자가 음식을 먹을 때는 먼저 지금 무슨 마음으로 먹는가를 알아차려야 합니다.

그리고 음식을 먹을 때 즐기거나 자만하거나 몸을 윤택하게 만들거나 또는 몸을 가꾸기 위해서 먹어서는 안 됩니다. 오로지 이 몸을 유지하고 지탱하기 위해서 먹어야 합니다. 그리고 모든 위험으로부터 벗어날 수 있는 수행을 하기 위해서 음식을 먹어야 합니다. 그럼으로써 과거의 모든 고통으로부터 벗어날 뿐만 아니라 새로운 고통이 일어나지 않을 것입니다.

감각적 욕망을 제거하기 위해서는 다음 여섯 가지 방법이 있습니다. 하나, 부정관을 배울 것, 둘, 부정관을 전념할 것, 셋, 여섯 가지 감각기관을 알아차려서 잘 간수할 것, 넷, 식사를 절제할 것, 다섯, 훌륭한 도반을 사귈 것, 여섯, 감각적 욕망을 제거할 수 있는 적절한 대화를 할 것 등등입니다.

경전에서는 감각적 욕망에 대해서 다음과 같이 비유합니다.

"여기 통 속에 빨강, 노랑, 파랑, 적황색의 물감이 섞인 물이 있다면 정상적인 시력을 가진 사람이 그곳을 들여다본다 해도 거기에 비친 자신의 얼굴을 제대로 알아볼 수 없을 것이다. 마찬가지로 어떤 사람의 마음이 감각적 욕망에 사로잡히고, 감각적 욕망에 짓눌려 있을 때는 이미 일어난 욕망으로부터 벗어나는 길을 제대로 볼 수 없을 것이다. 그러면 그는 자신의 행복이나 남의 행복이나 자신이나 남의 행복을 올바로 이해하거나 보지 못할 것이다. 또한 이미 오래전부터 마음에 새겨두었던 가르침도 상기하지 못하는데 하물며 새겨두지 않은 가르침을 상기할 수는 없다."

주석서에서는 감각적 욕망에 대해서 다음과 같이 말합니다.

"어떤 사람이 빚을 얻어다가 탕진을 해버렸다고 하자. 이제 그는 채권자들이 빚을 갚으라고 거친 말로 다그치며 괴롭히고 때린다고 해도 대들지도 못하고 모두 감수해야 할 것이다. 이렇게 참을 수밖에 없도록 만드는 것은 곧 그 빚 때문인 것이다.

마찬가지로 어떤 사람이 누군가를 향한 감각적 욕망으로 가득 차 있다면 그 사람은 욕망의 대상에 대해 애착이 가득한 나머지 그 대상에 집착하게 된다. 이렇게 되면 그 상대로부터 호된 소리를 듣고, 괴로움을 당하고, 매를 맞는다고 해도 이를 모두 견디는 수밖에 없다. 이처럼 감각적 욕망은 마치 빚을 지고 있는 것이나 같은 것이다.

어떤 사람이 빚을 내어 장사를 해서 번창하게 되었다. 그는 이 빚이 고민의 원인이라고 생각하여 이자와 함께 빚을 갚고, 빚 문서도 찢어버렸다. 그 뒤로부터 대금업자에게 심부름꾼을 보내거나 편지를 보내는 일도 없다. 이제 그들을 만난다고 해도 인사를 하려고 자리에서 일어나거나 일어나지 않거나 자기 마음대로 할 수 있다. 왜 그런가? 그는 더 이상 그들에게 매이거나 의지하지 않기 때문이다.

마찬가지로 한 수행자가 감각적 욕망이 장애의 원인이라고 생각하여 감각적 욕망을 포기할 수 있는 여섯 가지 방법을 닦아 감각적 욕망의 장애를 제거한다. 그러면 마치 빚을 청산한 사람이 예전의 채권자를 만나도 더 이상 두렵거나 걱정하지 않는 것처럼 감각적 욕망을 버린 사람 또한 욕망의 대상에 더 이상 집착하거나 구속당하지도 않는다. 설령 천상의 미녀를 보고도 열정에 시달리지 않을 것이다. 이런 까닭에 세존께서는 감각적 욕망을 버리는 것을 빚을 청산한 것이라고 비유한 것이다."

다음에는 두 번째가 악의惡意입니다. 악의는 선하지 못한 생각입니다. 그래서 악한 의도입니다. 그래서 다양한 형태로 나타나는데 성냄, 분노, 미움, 두려움, 무서움, 걱정, 긴장, 후회, 인색 등등이 있습니다. 그러므로 악의가 있을 때는 악의가 있는 것을 알아차려야 합니다. 그렇지 않으면 악한 생각이 행동으로 옮겨져 불선행을 일으킵니다. 이러한 악의는 현명하지 못한 생각에서 오는 해로운 것들입니다.

누구나 선심과 불선심을 함께 가지고 있습니다. 이 마음은 과보심에 의해 조정을 받기도 합니다. 그래서 습관적으로 악한 마음을 가질 수 있습니다. 이때 이러한 마음을 알아차리지 못하면 악한 마음에 가속도가 붙습니다. 그래서 자신도 제어할 수가 없습니다.

그래서 악의가 일어날 때는 악의가 일어난 것을 알아차려야 합니다. 그런 뒤에 악의를 가진 마음을 알아차려야 합니다. 다시 악한 의도가 사라진 것을 알아차려야 합니다. 악한 의도가 사라진 것을 아는 것이 악의가 없는 것을 아는 것입니다. 그렇지 않으면 악의는 항상 기회를 노리고 있다가 습관적으로 다시 나타날 것입니다.

수행자는 전에 없던 악의가 어떻게 일어나는지 알아야 합니다. 그리고 일어난 악의가 어떻게 사라지는지 알아야 합니다. 사라진 악의가 어떻게 하면 앞으로 다시 일어나지 않는지도 알아야 합니다. 수행자가 악한 의도를 알아차리면 악한 의도는 현명하지 못한 생각을 하기 때문에 일어난 것이라고 알 수 있습니다. 그리고 악의를 가진 마음을 알아 차리면 그 마음이 나의 마음이 아니고 그 순간에 일어나서 순간에 사라지는 마음이라고 알 수 있습니다. 왜냐하면 악의를 가진 마음이 사라지고, 악의가 사라진 것을 아는 마음이 일어났기 때문입니다. 이렇게 알아차려서 악의를 분리해서 지켜볼 수 있어야 합니다.

악의가 사라지는 것은 알아차림이 있기 때문입니다. 그리고 알아차림에 의해서 자애 로운 마음이 일어나면 자연스럽게 악의가 사라집니다. 악한 의도가 있을 때는 자애가 없으며, 자애가 있을 때는 악한 의도가 생길 수 없습니다. 그러므로 악의를 알아차려서 이것이 나의 마음이 아니고 단지 이 순간의 마음이라고 알아야 합니다. 그렇지 않고 이것이 나의 마음이라고 알면 이 결과로 자신을 학대하거나 더 나쁜 쪽의 결과로 가게 될 것입니다. 그러므로 악의가 일어났을 때는 '악의가 일어났네'라고 알아차리고, 악의 가 일어난 그 마음을 알아차리는 것이 좋습니다.

누구나 생각을 하면서 삽니다. 그러나 생각은 선한 생각과 선하지 못한 생각이 있습니다. 선한 생각은 지적 욕구를 충족시키려는 마음으로부터 시작됩니다. 하지만 궁극의 선을 얻기 위해서는 통찰지혜를 얻는 위빠사나 수행을 해야 합니다. 선하지 못한 생각은 어리석음이기 때문에 항상 더 나쁜 결과를 향해서 갑니다.

이러한 생각은 '내가 있다'는 유신견 때문에 일어납니다. 자신의 이익을 위해서 잘못된 것과 타협하면 이익을 얻는 것이 아닙니다. '나'라는 생각이 살아가는 힘인 것 같지만 사실은 잘못된 길을 가게 하는 범인입니다. 내가 없는 곳에 관용, 자애, 지혜가 있고, 내가 있는 곳에 탐욕, 성냄, 무지가 있어서 고통과 슬픔이 끊이지 않습니다.

◆◆◆◆◆◆

지난 시간에 이어서 '악한 의도'에 대해서 말씀드리겠습니다.

악한 생각은 도과를 성취한 수다원과 사다함에서도 남아 있습니다. 아나함이 되어야 악의가 소멸됩니다. 아나함은 유신견, 회의적 의심, 계율이나 금지조항에 대한 집착, 감각적 욕망, 악의가 완전하게 소멸합니다. 그래서 인간으로 다시 태어나지 않고 색계의 정거천에 태어나서 아라한이 되어 윤회가 끝납니다.

악의를 제거하기 위해서는 다음 여섯 가지 방법이 있습니다. 자애관을 배울 것, 자애관에 전념할 것, 자기 자신이 바로 자기 행위의 주인이며, 상속자임을 알아차릴 것,

이것에 관해서 자주 반성을 할 것, 훌륭한 도반을 사귈 것, 악의를 제거할 수 있는
적절한 대화를 할 것 등등입니다.

경전에서는 악의에 대해서 다음과 같이 비유했습니다.

"여기 불 땐 솥에 물이 펄펄 끓고 있다면, 정상적인 시력을 가진 사람이 그 속을
들여다보더라도 거기에 비친 자기 얼굴을 제대로 알아볼 수 없을 것이다. 마찬가지로
어떤 이의 마음이 악의에 차 짓눌려 있을 때 그는 이미 일어난 악의에서 벗어날 길을
제대로 볼 수 없을 것이다. 그러면 그는 자신의 행복이나 남의 행복이나 자신이나 남의
행복을 올바로 이해하고 보지 못할 것이다. 또한 이미 오래전부터 마음에 새겨두었던
가르침도 상기하지 못하는데, 하물며 새겨두지 않은 가르침을 상기할 수는 없다."

주석서에서는 악의에 대해서 다음과 같이 말합니다.

"만약 어떤 사람이 쓸개에 이상이 생겨서 앓고 있다면, 설령 꿀이나 설탕을 입에
넣어도 이 담즙 병 때문에 토해내며 쓰다고 불평을 하며, 맛을 알 수가 없을 것이다.
마찬가지로 화를 잘 내는 기질을 가진 사람은 스승이 좋은 뜻으로 가볍게 타일러도
귀찮게 여기며 불평을 하며, 그분의 충고를 받아들이지 않고 승가에서 나가거나 이리저
리 떠돌아다닐 것이다.
　마치 담즙 병을 앓는 사람이 꿀이나 설탕 맛을 알 수 없는 것처럼 화를 내는 병에
걸린 사람은 부처님이 베푸시는 선정의 행복을 맛볼 수가 없을 것이다. 이렇게 악의는
병을 앓는 것과 같다.
　마치 담즙 병에 시달리다가 약을 써서 낫게 된 사람이 꿀과 설탕 맛을 되찾듯이,
수행자는 악의는 많은 해악의 씨앗이라고 생각하여 그것을 떨쳐버리게 하는 방법을
닦아 악의라는 장애를 제거한다. 병이 나은 사람이 제대로 꿀과 설탕 맛을 볼 수 있는
것과 같이 이 수행자 또한 경외심으로 계율을 받아 계율의 진가를 인식하여 이를 준수한
다. 이런 까닭에 세존께서는 악의를 버리는 것을 건강을 회복하는 것으로 비유하신
것이다."

　다음은 세 번째, 나태와 혼침입니다. 나태와 혼침은 게으름과 졸림입니다. 수행을 하면 나른함, 권태로움, 무기력함, 선하품, 식곤증, 까라짐 등등이 일어납니다. 그러므로 나태와 혼침이 일어날 때는 이것이 일어난 것을 있는 그대로 알아차려야 합니다. 졸음이 올 때는 희미해지는 마음과 무거운 몸을 대상으로 알아차리는 것이 좋습니다. 그러지 않고 졸음과 싸우면 더 빨리 졸음에 빠지게 됩니다.

　나태와 혼침이 있을 때 있는 그대로 알아차려서 이것들이 사라졌을 때는 나태와 혼침이 사라진 것을 알아차려야 합니다. 나른함과 졸음에서 벗어나면 반드시 이것을 극복했다는 기쁨이 생기기 마련입니다. 그러면 혼침으로부터 벗어난 것을 기뻐하는 마음을 알아차려야 합니다. 수행에서 가장 문제가 되는 것이 좋아하는 것입니다. 만약 수행자가 좋아하면 그 순간에 알아차림을 놓치게 됩니다. 그러면 갑자기 졸음에 떨어지고 맙니다. 이때는 알아차림이 없기 때문에 언제 졸았는지도 모르게 잠에 떨어집니다.

　수행자들이 좌선을 할 때 움직이지 않으면 당연히 무기력해지고 졸음이 오기 마련입니다. 이때 법이 나타난 것입니다. 이 법은 와서 보라고 나타난 것이므로 있는 그대로 지켜보아야 합니다. 수면욕은 본능이기 때문에 누구나 알아차리려고 하기보다 오히려 잠을 청할 수도 있습니다. 그러면 상황이 종료됩니다. 그러므로 졸음도 와서 보라고 찾아온 손님이므로 졸음이 오는 것을 희미하나마 그대로 지켜보아야 합니다.

　수행자는 전에 없던 나태와 혼침이 어떻게 일어나는지 알아차려야 합니다. 일어난 나태와 혼침이 어떻게 사라지는지 알아차려야 합니다. 사라진 나태와 혼침이 어떻게 하면 앞으로 다시 일어나지 않는지 알아차려야 합니다. 수행자가 나태함과 졸음에 떨어지는 것은 권태로움과 무기력함과 졸음에 대한 현명하지 못한 생각을 가지고 있기 때문입니다. 왜냐하면 수행자가 스스로 이러한 상태를 방치하기 때문입니다.

　하지만 현명한 생각은 스스로 노력을 하게 하여 나태함과 졸음에서 벗어나게 합니다. 이러한 노력은 마음의 노력과 몸의 노력이 함께 이루어져야 합니다. 졸릴 때 희미한 마음을 알아차리는 것이 마음의 노력이며, 나른하고 무거운 몸을 알아차리는 것이 몸의 노력입니다. 이때는 몸의 미세한 변화를 주목하는 것이 좋습니다.

나태함과 졸음이 오는 이유는 많습니다. 호흡을 알아차릴 때 매번 같은 호흡이 아니고 항상 새로운 호흡인데 같은 호흡이 반복된다고 생각하면 싫증이 나고 재미를 느끼지 못합니다. 그래서 호흡의 변화를 주목해야 합니다. 호흡의 강약과 장단과 바람의 압력 등등이 매 순간 다르다는 것을 알아야 합니다. 그리고 집중이 되면 노력과 알아차림이 약해져서 졸음에 떨어질 수 있으므로 집중이 되는 만큼 노력과 알아차림을 더 강화해야 합니다. 나태와 혼침은 아라한이 되어야 완전하게 소멸합니다. 그러므로 범부는 물론이고 수다원, 사다함, 아나함도 졸음으로부터 자유로울 수 없습니다.

수행자가 대상을 알아차릴 때 대상에 재미를 느껴야 합니다. 재미를 느끼기 위해서는 대상이 단순하게 반복되는 것이 아니고 매번 새롭게 일어난다는 사실을 알아야 합니다. 그렇지 않고서는 단순한 동작이 거듭된다고 볼 때는 마음이 싫증을 내서 달아나 버리거나 혼침에 빠지기 마련입니다.

나태와 혼침을 극복하는 여섯 가지 방법은 다음과 같습니다. 과식이 혼침의 원인이므로 음식을 적절하게 섭취할 것, 수행 중에 자세를 바꿀 것, 빛을 볼 것, 즉 너무 어두운 곳에 있지 말고 밖으로 나갈 것, 훌륭한 도반을 사귈 것, 악의를 제거할 수 있는 적절한 대화를 할 것, 나태와 혼침을 제어할 수 있는 적절한 대화 등을 할 것입니다.

경전에서는 나태와 혼침에 대해서 다음과 같이 비유했습니다.

"여기 통 속에 물이 있어 이끼와 풀로 덮여 있다면 정상적인 시력을 가진 사람이라도 거기에 비친 자신의 얼굴을 제대로 알아볼 수 없을 것이다. 마찬가지로 어떤 사람의 마음이 나태와 혼침에 사로잡혀 짓눌려 있을 때 그는 이미 일어난 나태와 혼침으로부터 벗어날 길을 제대로 볼 수 없을 것이다. 그러면 그는 자신의 행복이나 남의 행복이나 자신이나 남의 행복을 올바로 이해하고 보지 못할 것이다. 또한 이미 오래전부터 마음에 새겨두었던 가르침도 상기하지 못하는데, 하물며 새겨두지 않은 가르침을 상기할 수는 없다."

주석서에서는 나태와 혼침에 대해서 다음과 같이 말합니다.

"어떤 사람은 축제가 있는 날 감옥에 갇혀 있었기 때문에 축제를 하는 행사의 시작도 중간도 끝도 볼 수 없었다. 만약 그 사람이 다음날 감옥에서 풀려나왔을 때 사람들이 '어제 축제는 참 즐거웠지' 하며 노래며 춤에 관해서 이야기를 해도 대꾸를 할 수 없을 것이다. 왜 그런가? 그는 축제를 즐기지 못했기 때문이다. 마찬가지로 설령 아무리 감동적인 설법이 진행되고 있다고 하더라도 어떤 수행자가 나태와 혼침에 빠져 있다면 그는 법문의 시작도 중간도 끝도 모르게 될 것이다. 법문이 끝난 뒤에 '그런 법문을 들었으니 얼마나 기쁜 일인가, 법문의 주제도 흥미로운 것이었지만 비유들은 또 얼마나 좋은가'라고 찬탄하는 말을 들어도 그는 아무 말도 할 수 없다. 왜 그런가? 그는 나태와 혼침에 빠져 그 법문을 듣지 못했기 때문이다.

이렇게 나태와 혼침은 감옥에 갇히는 것에 견줄 수 있다. 지나간 축제기간 동안 감옥에 갇혔던 사람이 있다. 그는 감옥에서 풀려나 다음 축제에 참가한 뒤에 '예전에는 부주의했던 탓에 감옥에 갇혀 축제를 즐기지 못했지만 이제 정신을 바짝 차려야지' 하고 다짐한다. 이렇게 어떤 해로운 생각이 마음속에 들어올 수 없도록 자신의 행위에 신중을 기한다. 그는 이렇게 축제를 즐기고 나서 '아! 얼마나 멋진 축제인가'라고 말한다.

마찬가지로 어느 수행자가 나태와 혼침이 큰 해를 끼치는 것임을 알고 그것에 대적할 여섯 가지 사항을 닦아서 나태와 혼침이라는 장애를 제거한다. 마치 감옥에서 풀려난 사람이 7일 동안의 축제기간을 즐기는 것처럼 이렇게 나태와 혼침을 떨쳐버린 수행자는 진리의 축제를 시작과 중간과 끝의 극치를 즐길 수 있다. 그래서 마침내는 사무애해四無碍解와 함께 아라한과를 성취한다. 이런 이유로 세존께서는 나태와 혼침을 떨쳐버리는 것을 감옥에서 풀려나는 것으로 비유할 수 있다고 말씀하신 것이다."

나태와 혼침은 무기력한 것이고, 또 다른 측면으로 보면 어리석음에 속합니다. 게으름에 빠져 있으면 아무것도 발전할 수 없습니다. 게으름은 노력의 반대입니다. 그리고 어리석음은 지혜의 반대입니다. 그러므로 수행자는 나태와 혼침으로부터 벗어나기 위해서는 대상을 있는 그대로 알아차려야 합니다. 그리고 대상의 변화를 주목해야 합니다.

다음에는 네 번째, 들뜸과 후회입니다. 들뜸은 마음이 하나의 대상에 머물지 못하는 것을 말합니다. 후회는 나쁘거나 옳지 않은 것을 한 것과 좋은 것을 하지 않은 것에 대한 죄책감을 말합니다. 후회는 과거에 한 일들에 대한 회한입니다.

하려고 하는 노력이 지나쳐도 들떠서 마음이 대상에 머물지 못합니다. 그래서 적절한 노력을 해야 합니다. 의욕이 지나쳐서 탐욕으로 하면 들떠서 불안정한 상태가 됩니다. 마음이 안정되지 못해서 들떠 있기 때문에 자연스럽게 후회까지 합니다. 후회를 하는 것은 마음의 동요가 해로운 것인지를 몰라서 하게 되는 현명하지 못한 생각입니다. 그래서 들뜨지 않으면 후회도 하지 않습니다.

들뜸과 후회는 모두 불선심으로 인해서 생기는 불선행입니다. 그러므로 들떠 있을 때는 들떠 있는 것을 알아차려야 합니다. 그리고 후회할 때는 후회하는 것을 알아차려야 합니다. 들뜸이 사라지고 고요하고 안정된 상태가 되면 들뜸이 사라진 것을 알아차려야 합니다. 후회를 하다가 후회를 하지 않을 때는 후회를 하지 않는 것을 알아차려야 합니다. 들뜸이 없는 것을 알아차리거나 후회하지 않는 것을 알아차리는 것은 다시 이것들이 완전한 소멸이 아니기 때문에 다시 일어날 여지를 막는 것입니다.

선업과 불선업은 섞이지가 않습니다. 선심은 선행을 하여 선과보를 받고, 이 과보가 다시 선심을 일으킵니다. 불선심은 불선행을 하여 불선과보를 받고, 이 과보가 다시 불선심을 일으킵니다. 이처럼 원인과 결과로 지속되는 것을 윤회라고 합니다.

잘못된 행위로 해서 괴로움을 겪는 것은 불선과보를 받는 것입니다. 이때 더 나쁜 쪽으로 가거나 좋은 쪽으로 가는 것은 과보가 영향을 미치기 때문에 생기는 현상입니다.

괴로울 때 인생을 포기하는 것은 불선과보를 받는 것이고, 위빠사나 수행을 하는 것은 선과보를 받는 것입니다. 수행은 통찰지혜를 얻어 번뇌를 끊기 때문에 최고의 선과보입니다. 그러므로 위빠사나 수행은 불선과보가 아니고 선과보의 지혜가 선택하는 것입니다.

◆◆◆◆◆

지난 시간에 이어서 들뜸과 후회에 대해서 계속해서 말씀드리겠습니다.

수행자는 전에 없던 들뜸과 후회가 어떻게 일어나는지 알아차려야 합니다. 일어난 들뜸과 후회가 어떻게 사라지는지 알아차려야 합니다. 사라진 들뜸과 후회가 어떻게 하면 앞으로 다시 일어나지 않는지 알아차려야 합니다.

들뜸은 믿음이 없고 탐욕이 많기 때문에 일어나며 노력이 지나쳐도 일어납니다. 그러므로 바른 알아차림을 하지 못하고, 지혜가 없기 때문에 들뜸과 후회가 일어나므로 사물을 통찰하는 바른 견해를 가져야 합니다. 들뜸은 아라한이 되어야 완전하게 소멸됩니다. 그러므로 수다원, 사다함, 아나함의 단계에서는 아직도 들뜸이 있습니다. 그러나 도과의 단계가 높을수록 들뜸이 약해집니다. 후회는 아나함이 되면 소멸합니다.

들뜸과 후회를 극복하는 여섯 가지 방법은 다음과 같습니다. 첫째, 부처님의 가르침을 배울 것, 둘째, 교리에 대해서 탐구하여 허용되는 것과 되지 않은 것을 알 것, 셋째, 계율을 아는 것, 넷째, 연륜과 경험이 있는 분을 가까이할 것, 다섯째, 훌륭한 도반을 사귈 것, 여섯째, 들뜸과 후회를 제거할 수 있는 적절한 대화를 할 것 등입니다.

경전에서는 들뜸과 후회에 대하여 다음과 같이 비유했습니다.

"여기 통 속에 물이 있는데 바람이 불어서 흔들리고 출렁거려서 파문이 일어난다면 정상적인 시력을 가진 사람이라도 거기에 비친 자기의 얼굴을 제대로 알아차릴 수 없을 것이다. 마찬가지로 어떤 사람의 마음이 들뜸과 후회를 해서 짓눌려 있을 때는 그는 이미 들뜸과 후회에서 벗어나는 길을 제대로 볼 수 없을 것이다. 그러면 그는 자신의 행복이나 남의 행복이나 자신이나 남의 행복을 올바로 이해하고 보지 못할 것이다. 또한 이미 오래전부터 마음에 새겨두었던 가르침도 상기하지 못하는데, 하물며 새겨두지 않은 가르침은 상기할 수 없다."

주석서에서는 들뜸과 후회에 대해서 다음과 같이 말합니다.

"축제에 끼고 싶었던 하인에게 주인이 말했다. '이러이러한 곳으로 빨리 가거라. 거기에 급한 일이 있다. 만약 가지 않으면 손발이나 귀, 코를 자를 것이다.' 이 말을 듣고 하인은 주인이 시킨 대로 서둘러 가야 되고, 축제의 일부도 즐길 수 없게 될 것이다. 이는 그가 다른 사람에게 매여 있기 때문이다.
이것은 『율장』을 숙지하지 못하면서 외진 곳에서 지내고자 깊은 숲 속에 들어간 수행자와도 같다. 가령 어떤 문제가 생겼을 때, 이를테면 허용된 고기가 무엇인가 사소한 문제에 부딪쳐도 자기가 먹은 고기는 허용되지 않은 것이라는 생각이 들 때 그는 자신의 행위를 정화하기 위해서 벽지생활을 중단하고 『율장』에 밝은 비구에게 찾아가야 할 것이다. 따라서 그는 외진 곳의 행복도 즐길 수 없게 될 것이다. 이는 그가 들뜸과 후회에 덮여 있기 때문이다. 이렇게 들뜸과 후회는 마치 종살이와 같은 것이다.

한 종이 있는데 친구의 도움으로 주인에게 돈을 치르고 자유인이 되어 이제 자기가 하고 싶은 대로 할 수 있게 된다. 마찬가지로 들뜸과 후회로 인해 일어나는 엄청난 장애를 인식할 수 있는 수행자는 거기에 대처할 여섯 가지 사항을 닦아 들뜸과 후회를 떨쳐버린다. 그것을 버리고 난 수행자는 이제 진정한 의미의 자유인으로 자기가 바라는 대로 할 수 있게 된다. 그 누구도 자유인이 자기가 하고 싶은 대로 하는 것을 막을 수 없는 것처럼 이제 들뜸과 후회도 이 수행자의 행복한 출리의 길을 걷는 것을 더 이상 막지 못한다. 이런 까닭에 세존께서는 들뜸과 후회를 버리는 것이 종살이에서 자유를 얻는 것과 같다고 밝히신 것이다.”

다음으로 다섯 번째가 회의적 의심입니다. 회의적 의심은 대상에 대하여 의혹을 갖는 것입니다. 회의적 의심을 당혹이라는 뜻으로도 설명하며 또는 이해가 불확실한 것을 말합니다. 그러므로 어떤 결정을 내릴 수가 없어 곤혹스러운 상태를 회의적 의심이라고 합니다. 그래서 의심은 결단력이 부족한 것입니다. 지혜의 능력이 없으면 결단력이 부족하여 의심을 합니다. 그래서 의심은 혼란한 상태로 인해 고민을 하는 것입니다.

일반적으로 회의적 의심은 부처님에 대한 의심, 부처님의 가르침에 대한 의심과 부처님의 가르침을 따르는 승가에 대한 의심이라고 하는데, 반드시 그런 것만은 아닙니다. 왜냐하면 불교도가 아니어도 의심을 제거하여 선정이나 지혜를 얻을 수 있기 때문입니다. 그러므로 의심이라는 것은 부처님의 가르침을 포함하여 자기가 하는 수행방법에 대한 믿음이 없어서 불신을 하는 상태를 말합니다. 부처님께서는 맹목적 믿음을 강요하지 않으셨습니다. 그래서 먼저 대상을 탐구해 보라고 하셨습니다. 이때의 대상은 자기 자신의 몸과 마음입니다. 그래서 얻은 결론을 가지고 확신에 찬 믿음을 가질 것을 말씀하셨습니다.

수행자가 회의적 의심을 할 때는 지금 내가 회의적 의심을 하고 있는 것을 알아차려야 합니다. 누구나 의심을 하기 마련입니다. 그러나 의심을 생각으로 풀려고 하지 말고 대상을 있는 그대로 알아차리는 것으로 해결해야 합니다. 생각으로는 완전한 답을 얻을 수 없습니다. 그래서 이때는 의심하고 있는 것 자체가 알아차릴 대상입니다. 이렇게 알아차리는 힘을 키우면 지혜가 나서 자연스럽게 의심이 해소됩니다. 의심이 나도 모른다고 해서 그 자리에 멈춰서 답을 얻으려고 해서는 안 됩니다. 답은 지혜이기 때문에 알아차린 결과로 나타나는 것입니다. 회의적 의심이 없을 때는 내게 회의적 의심이 없다고 알아차려야 합니다.

자신의 몸과 마음을 알아차리는 위빠사나 수행은 먼저 몸과 마음을 분리해서 알아차립니다. 이렇게 알아차린 결과로 원인과 결과라는 지혜가 생깁니다. 그러면 비로소 의심에서 벗어날 수 있습니다. 모든 것이 원인과 결과로 인해 일어나고 사라지는 것이라고 아는 지혜가 나면 검은 구름이 벗겨지고 밝은 곳에서 사물의 이치를 확실하게 알게 됩니다. 그러면 의심에서 해방되는 청정에 이릅니다.

수행자는 전에 없던 회의적 의심이 어떻게 일어나는지를 알아차려야 합니다. 그리고 일어난 회의적 의심이 어떻게 사라지는지를 알아차려야 합니다. 사라진 회의적 의심이 어떻게 하면 앞으로 다시 일어나지 않는지를 알아차려야 합니다.

의심이 일어나는 원인은 정신과 물질을 구별하는 지혜가 없기 때문입니다. 우리는 태어나면서부터 배운 것이 자신의 정체성을 확립하는 것이었습니다. 그래서 자아를 강화하는 교육을 받았습니다. 그리고 어떤 절대적인 존재에게 막연하게 기대하면서 살았습니다. 이런 상태에서는 사물의 이치를 통찰할 수가 없습니다. 그래서 어리석음이 의심을 일으킵니다. 이러한 어리석음이 사라져 지혜가 나야 비로소 의심이 해소됩니다. 하지만 아직 완전한 지혜가 아니기 때문에 지속적으로 수행을 하지 않으면 새로운 의심에 직면하게 될 것입니다.

어떻게 해야 할지를 몰라서 결정하는 능력이 없을 때는 수행을 해서 지혜를 얻어야 합니다. 수행자가 알아차릴 대상을 겨냥한 뒤에 대상을 지속적으로 알아차리면 차츰 단계적인 지혜를 얻습니다. 그래서 수다원의 도과를 성취하면 회의적 의심이 제거됩니다. 수다원의 도과를 성취하는 열반을 체험해야 비로소 사물의 자연스러운 이치를 알 수 있습니다.

회의적 의심을 극복하는 여섯 가지 방법은 다음과 같습니다. 첫째, 부처님의 가르침을 배울 것, 둘째, 교리에 대해서 탐구하여 허용되는 것과 되지 않은 것을 아는 것, 셋째, 계율을 아는 것, 넷째, 불법승 삼보에 대한 확고한 신념을 갖는 것, 다섯째, 훌륭한 도반을 사귈 것, 여섯째, 회의적 의심을 제거할 수 있는 적절한 대화를 할 것 등입니다.

경전에서는 회의적 의심에 대해서 다음과 같이 비유했습니다.

"여기 한 통의 흙탕물을 휘저어 어두운 곳에 두었다면 정상적인 시력을 가진 사람이라도 거기에 비친 자기의 얼굴을 제대로 알아볼 수 없을 것이다. 마찬가지로 어떤 사람의 마음이 의심에 싸여 짓눌려 있을 때 그는 이미 일어난 의심으로부터 벗어나는 길을 제대로 볼 수 없을 것이다. 그러면 그는 자신의 행복이나 남의 행복이나 자신이나 남의 행복을 올바로 이해하고 보지 못할 것이다. 또한 이미 오래전부터 마음에 새겨두었던 가르침도 상기하지 못하는데, 하물며 새겨두지 않은 가르침을 상기할 수는 없다."

주석서에서는 회의적 의심에 대해서 다음과 같이 말합니다.

"어떤 사람이 사막을 가고 있다. 여행자들이 강도들에게 약탈을 당하고 살해를 당하기도 하는 것을 아는 그는 나뭇가지나 새 소리에도 '강도가 왔구나!' 하고 불안과 두려움에 떨 것이다. 몇 발자국 걷고는 다시 두려움에 걸음을 멈추는 식으로 여행을 계속하거나 혹은 도중에 되돌아갈지도 모른다. 걷는 일보다 멈추는 일이 더 많은 고생 끝에 겨우 안전한 곳에 도달하거나 아예 도달하지 못할 수도 있다.
그것은 마치 여덟 가지의 의심 중에 어떤 것에 대해 의심이 생긴 사람의 경우와도 같다. 부처님이 깨달음을 얻은 분인지 아닌지 의심을 하기에 그는 사실을 확신할 수 없는 일로 믿고 받아들이지 못한다. 그는 확신을 할 수 없기 때문에 성스러운 도를 이룰 수 없다. '거기에 강도들이 있을까, 없을까' 하고 반신반의를 하는 여행자처럼 의혹에 찬 수행자의 마음속에는 잇달아 동요와 주저가 일어나고 결단력도 부족해지며 근심만 생길 뿐이다. 그래서 그는 안전한 성지에 도달할 수 없도록 자기 내면에다 장애물을 스스로 설치하고 있는 것이다.

이렇게 회의적 의심은 마치 사막을 여행하는 것과 같다. 여기 한 건장한 사람이 있어서 짐 보따리를 챙겨들고 무장을 잘한 채 무리를 지어서 사막을 간다. 멀리서 강도들이 본다면 제풀에 달아날 것이다. 그러면 무사히 사막을 건너서 안전한 곳에 이르러 그는 무사히 도착한 것을 기뻐하게 된다.

마찬가지로 수행자는 회의적 의심이 큰 해악의 원인임을 알아 거기에 대한 해독제로 여섯 가지 사항을 닦아 의심을 떨쳐버린다. 마치 무장을 하고 동료들과 어울린 건장한 사내가 강도들을 땅바닥의 풀처럼 대하듯이 대수롭지 않게 생각하고 사막을 빠져나와 안전한 곳에 다다른 것처럼, '악행의 사막'을 건넌 수행자는 마침내 가장 안전한 경지, 불사의 영역, 열반에 이르게 된다. 이러한 이유로 세존께서는 회의적 의심을 떨쳐버리는 것을 안전한 곳에 도달하는 것으로 비유한 것이다."

회의적 의심을 제거하기 위해서는 먼저 대상을 알아차릴 때 정신과 물질을 구별하는 지혜가 나야 합니다. 그 뒤에 12연기의 원인과 결과를 아는 지혜가 나면 모든 사물의 이치가 반드시 원인이 있어서 생긴 결과라는 사실을 알아 모든 의문에서 풀려납니다. 이렇게 풀려날 때 비로소 대상의 성품을 바로 보는 무상, 고, 무아의 지혜가 날 수 있습니다.

법을 알아차림[法念處]
-다섯 가지 집착의 무더기[五取蘊]를 알아차림

위빠사나 수행은 현재에서 실재하는 것을 알아차립니다. 이것이 '지금 여기에서'입니다. 실재하는 것은 오직 현재에서만 알아차릴 수 있습니다. 과거는 이미 지나간 것이고, 미래는 아직 오지 않은 것이라서 현재가 아니며 실재하는 것이 아닙니다. 그러나 과거나 미래를 생각한 것을 알아차리면 그 순간 현재로 돌아온 것입니다.

또한 현재를 알아차린다는 것은 단 한순간의 현재만 아는 것이 아니고 현재를 지속해서 알아차리는 것을 말합니다. 현재는 현재라고 아는 순간 이미 과거가 되므로 알아차림이 지속될 때만이 현재에 머물게 됩니다. 그래서 위빠사나 수행은 현재 있는 것을 알아차리고, 다시 알아차림을 지속하는 것까지를 포함합니다.

◆◆◆◆◆◆

법을 알아차리는 수행의 두 번째 '다섯 가지 집착의 무더기'에 대해 말씀드리겠습니다.

수행을 시작하면 제일 먼저 나타나서 수행자의 갈 길을 막고 발목을 잡는 족쇄가 다섯 가지 장애입니다. 그래서 법을 알아차리는 수행의 첫 번째가 다섯 가지 장애를 알아차리는 것이었습니다. 법을 알아차리는 수행의 두 번째는 다섯 가지 집착의 무더기입니다. 다섯 가지 장애가 일어나는 것은 다름 아닌 오온을 가지고 있기 때문에 생기는 현상입니다. 오온을 나의 것이라고 생각해서 몸과 마음을 집착하기 때문에 다섯 가지 장애가 생깁니다. 그러므로 법념처의 첫 번째인 다섯 가지 장애를 제거하기 위해서는 다섯 가지 집착의 무더기에 대해서 분명하게 알아야 합니다.

위빠사나 수행은 오온을 대상으로 알아차리는 수행입니다. 그래서 오온을 모르고서는 오취온이 계속되므로 수행이 한 발도 앞으로 나아갈 수 없습니다. 그러므로 수행의 시작도 오온의 알아차림이고, 수행의 끝도 오온의 소멸입니다.

두 번째, 다섯 가지 집착의 무더기[五取蘊]를 알아차림입니다. 다섯 가지 집착의 무더기를 한문으로 오취온五取蘊이라고 합니다. 오취온은 정신과 물질이라는 다섯 가지 무더기인 오온을 집착하는 것입니다. 그래서 오취온을 이해하기 위해서는 먼저 오온이 무엇인지를 알아야 합니다. 한 인간은 오온이 있어서 사는 것입니다. 만약 오온이 없다면 이 세상에 있는 다른 것들은 아무런 의미가 없습니다. 오온은 한 인간의 실재하는 진실이며, 하나의 세계입니다. 오온을 모르고서는 진실을 모르는 것입니다. 또한 오온을 알아야 비로소 오온을 가지고 살면서 생긴 문제들에 대해서 바르게 대처할 수 있습니다.

부처님께서는 이 세상에 존재하는 생명을 말씀하실 때는 법문을 듣는 사람들에게 무엇인가를 말하고자 하는 내용에 따라서 말씀하기도 하고, 또는 듣는 사람들의 이해력에 따라서 각각 다르게 표현하셨습니다. 경전에서는 일관되게 정신과 물질이라고 하셨지만 사념처 위빠사나 수행을 할 때는 마음과 몸이라고 하셨습니다. 그리고 정신과 물질을 필요에 따라서 오온이라고도 말씀하셨으며, 이것을 집착하는 것을 오취온이라고 하셨습니다. 때로는 정신과 물질을 감각기관으로 표현할 때는 육내처六內處와 육외처六外處를 합쳐서 12처라로 하셨습니다. 그리고 여섯 가지 감각기관과 여섯 가지 감각대상과 여섯 가지 아는 마음을 합쳐서 18계라고 하셨습니다. 이것이 불교의 세계관입니다. 또 정신과 물질을 원인과 결과로 설명하실 때는 고집멸도苦集滅道인 사성제四聖諦로 설명하셨습니다. 이상의 모든 것들이 모두 정신과 물질을 설명하기 위한 것입니다.

그러면 오온의 특성에 대해서 몇 가지로 나누어서 살펴보겠습니다. 하나, 마음과 마음의 작용을 분류하기 위해서 오온이라고 합니다. 부처님께서 정신과 물질을 오온이라고 할 때는 마음과 마음의 작용을 밝히고자 분류하신 것입니다. 정신과 물질을 다섯 가지로 나누셨는데 색온色蘊, 수온受蘊, 상온想蘊, 행온行蘊, 식온識蘊입니다. 이때의 색온은 물질입니다. 그리고 수온, 상온, 행온은 마음의 작용이고, 식온은 마음입니다. 그러므로 오온이라고 할 때는 마음과 마음의 작용을 설명하기 위해서 나누신 것입니다.

그냥 정신과 물질로 나누지 않고 마음의 작용인 수온, 상온, 행온을 포함시켜서 오온이라고 한 의미는 매우 큽니다. 마음은 마음의 작용과 함께 있으면서 마음의 역할이 있고, 마음의 작용의 역할이 있어서 우리가 사는 것입니다. 부처님께서는 보이지 않는 마음을 혜안으로 살펴보신 뒤에 마음만 있는 것이 아니고 마음의 작용인 수온, 상온, 행온이 있는 것을 아셨습니다. 그러므로 마음의 작용을 찾아내신 지혜는 오직 부처님의 혜안이 아니면 발견할 수 없는 지혜입니다. 그러므로 마음의 작용을 발견하심으로 인해서 마음이 더 철저하게 분석된 것입니다.

오온의 색色은 국민이고 나라입니다. 그리고 수, 상, 행은 나라를 운영하는 각료입니다. 그리고 식識은 최고의 통치자입니다. 그러므로 오온이라고 할 때는 하나의 국가가 운영되는 거대한 조직에 비유할 수도 있습니다. 사실은 하나의 조직을 이끄는 것은 많은 행정 관료들이 있어서 움직이는 것처럼 마음의 작용인 수, 상, 행이 모든 일을 합니다. 그리고 지도자가 결재를 하는 것과 같습니다. 그래서 주석서에서는 마음의 작용을 신하로 비유하고 마음을 왕에 비유합니다.

둘, 오온은 각각의 무더기들이 모여서 결합된 것을 밝히는 의미에서 오온이라고 합니다. 부처님께서 정신과 물질을 오온이라고 밝히신 것은 다섯 가지가 모두 무더기로 구성되어 있는 것을 밝히기 위한 것입니다. 다섯 가지 요소들이 각각의 무더기로 구성되었다는 것은 이러한 진실이 밝혀져 정신과 물질에 자아가 있는 것이 아니고 무아라는 것을 밝히고자 하는 큰 뜻이 있습니다.

오온五蘊의 온蘊은 무더기를 뜻합니다. 그래서 무더기, 모음, 무리, 쌓임이라는 존재의 요소를 말합니다. 오온은 단독으로 일어나지 못하고 반드시 여러 가지의 요소들이 결합되어 무리지어 나타납니다. 이러한 분석적 사실에 입각해서 본다면 이것들은 조건에 의해서 결합되어 조건에 의해서 소멸하는 것일 뿐이지, 이것을 일으키는 어떤 주체가 있어서 일으키게 하고 또는 소멸시키게 하는 것이 아닌 것입니다.

우리는 내가 있다고 생각하거나 자신의 몸과 마음을 내 것이라고 생각합니다. 마음은 변하지 않고 항상 하며 그래서 영혼이라고 생각합니다. 그리고 몸을 자신의 소유로 생각합니다. 그러나 부처님께서는 몸과 마음을 통찰해 보시니 자아가 있는 것이 아니고 매 순간 조건에 의해서 일어나고 사라지는 연속적 현상밖에 없다는 것을 아셨습니다. 그래서 몸과 마음은 여러 가지의 조건으로 결합된 것일 뿐이지 여기에 자아가 있거나 자아가 있어서 소유하지 않는다는 것을 아셨습니다. 이것을 밝히기 위한 가장 정확하게 분석하신 것이 무더기들의 결합이라는 것입니다.

예를 들자면 몸이라고 하는 것도 여러 가지의 부속물들의 결합으로 구성된 물질에 불과한 것입니다. 이것을 만든 어떤 주체가 있는 것이 아니고 또는 이것을 소유하는 어떤 주체가 있는 것이 아닌, 단지 조건에 의한 결합물인 것입니다. 그러므로 편의상 몸이라고 할뿐이지 이것이 나의 몸이 아닌 것입니다. 예를 들어 자동차가 수많은 부품들로 결합되어서 자동차이지 처음부터 자동차로 태어난 것이 아닙니다. 몸도 이와 같다면 단지 몸이라고 명칭을 붙인 물질에 불과한 것이지 나의 몸은 아닌 것입니다. 몸과 함께 마음도 똑같은 요소로 구성되어 있습니다. 이 몸과 마음이 나의 몸과 마음이라고 생각하기 때문에 이 몸과 마음을 집착하여 괴로움이 생깁니다. 그래서 오온을 있는 그대로 알아차려야지 그렇지 않고 나의 몸과 마음이라고 생각하면 반드시 집착을 해서 업을 생성하기 때문에 나쁜 과보를 받아야 하며, 다시 태어나는 괴로움을 겪어야 합니다.

오온은 조건에 의해서 만들어진 것입니다. 조건에 의해서 만들어진 것은 조건에 의해서 소멸합니다. 이것이 원인과 결과라는 조건의 특성입니다. 그러므로 이 세상에 변하지 않는 것이 없기 때문에 항상 하는 그런 자아는 없습니다. 단지 일어났다가 사라지는 정신과 물질만 있습니다. 이것을 오온이라는 무더기의 결합으로 이해할 수 있습니다.

오온의 색온은 물질로서 이 형상은 일어났다가 사라지는 한 조각의 거품입니다. 수온은 느낌으로 하나의 물방울처럼 순간에 일어나서 순간에 사라집니다. 상온은 관념으로 한 편의 아지랑이처럼 어른거리면서 일어났다 사라집니다. 행온은 마음의 작용으로 파초나무와 같이 구체적 실체가 없습니다. 식온은 아는 마음으로 마치 요술의 환상과 같이 갖가지로 나타납니다. 이렇듯 오온의 그것 자체가 완전한 것이 아니고 끊임없이 일어났다가 사라지는 연속적 현상의 무더기에 불과한 것입니다.

셋, 오온은 함께 일어나서 함께 사라집니다. 오온은 마음과 마음의 작용을 드러내기 위해서 분류한 것이고, 이들 요소들은 모두 무더기로 모여서 구성된 것입니다. 이렇게 모여진 다섯 가지인 색, 수, 상, 행, 식은 함께 일어나서 함께 소멸하는 특성을 가지고 있습니다. 오온의 구성요소들은 무엇이 먼저이고, 무엇이 나중이 없습니다. 흔히 마음이 모든 것을 이끈다고 하는 생각으로 마음이 먼저이고 색, 수, 상, 행이 나중에 일어난다고 생각하기 쉬운데 그렇지 않습니다.

마음에 종자가 있어서 다음 마음에 과보를 전하기 때문에 마음이 먼저 일어나고 나머지는 뒤따르는 것이 아닙니다. 마음에 있는 종자 안에 색, 수, 상, 행이 모두 포함되어 있으므로 오온은 항상 함께 일어나서 함께 소멸합니다. 다만 마음이 몸을 겨냥할 때 몸에 있는 현상이 두드러지게 나타나는 것입니다. 마음이 느낌을 겨냥할 때 느낌이 두드러지게 나타는 것일 뿐입니다. 다른 것들도 이와 마찬가지입니다. 그러므로 마음이 몸을 알아차릴 때에도 색, 수, 상, 행, 식은 모두 작용하고 있습니다. 마음이 느낌을 알아차릴 때에도 색, 수, 상, 행, 식이 모두 작용하고 있다는 것을 우리가 다시 한 번 알아야 하겠습니다. 그렇지 않으면 몸에 있는 것을 인식할 수 없습니다.

여기서 우리는 마음이란 한순간에 하나밖에 알아차릴 수 없다는 사실을 이해해야 합니다. 가령 좌선 중에 몸에 통증이 나타나서 알아차리고 있는 중에 다른 망상이 떠올랐을 때는 통증은 있지만 의식할 수 없습니다. 왜냐하면 이 순간에 마음이 통증이 아닌 다른 생각을 하고 있기 때문입니다. 그러나 망상이 사라지면 있던 통증이 다시 나타납니다. 그러므로 이때 오온이 모두 작용하고 있는 것입니다. 만약 망상과 통증이 함께 있는 것을 경험한다면 마음이 빠르게 망상과 통증을 오고 가면서 알고 있는 것입니다.

이런 원리를 이용하여 다섯 가지 장애가 나타났을 때 하나의 대상에 강력하게 마음을 집중하면 근본집중이 힘이 생겨서 장애를 억누를 수 있습니다. 이때의 마음은 오직 하나의 대상에 집중되어 있기 때문에 다른 번뇌가 들어올 틈이 없습니다. 이것이 선정수 행입니다. 그러나 위빠사나 수행은 하나의 대상을 고집하지 않고, 마음을 억제하지 않고, 나타나는 모든 대상을 자연스럽게 알아차립니다.

자신의 자유를 속박하는 것은 다름 아닌 자신의 고정관념입니다. 관념은 두꺼운 호두 껍데기 같은 것으로 외부와의 소통을 막습니다. 소통이 없으면 일방적이기 때문에 독단에 빠집니다. 관념은 대상의 실재를 보지 않고 이미 저장된 선입관에 의해서 결론을 내립니다. 이런 결론의 피해자는 자신입니다. 문제는 이런 그런 정보가 자신의 탐貪, 진嗔, 치恥에 의해서 만들어졌다는 것입니다.

국가, 종교, 인종, 혈연, 가족, 직위, 학벌, 빈부, 미추美醜, 모양 등의 관념을 가지고 대상을 보면 대상의 실체를 있는 그대로 볼 수가 없습니다. 그래서 사람이 세상을 사는 것이 아니고 관념이 세상을 삽니다. 지금 수행자 여러분들은 어떤 세상을 살고 있습니까? 실재하지 않는 허구의 세상을 살고 있습니까? 아니면 실재하는 진실한 세상을 살고 있습니까?

계속해서 오취온五取蘊에 대해서 말씀드리겠습니다.

오온은 함께 일어나서 함께 사라지기 때문에 이것을 구생법俱生法이라고 합니다. 그러므로 수행자가 몸과 마음에서 나타나는 다양한 현상에 대해서 놀라서는 안 됩니다. 수행을 하면 차츰 고요해지고 집중력이 커져서 아는 힘이 생깁니다. 그러면 전에는 몰랐던 몸과 마음에 있는 현상을 새로 알아차리게 됩니다. 그러나 이것은 전에 없던 것이 나타난 것이 아니고 항상 있던 것을 새로 알아차리는 것뿐입니다.

위빠사나 수행자는 오온에서 일어나는 현상을 일어난 즉시 알아차려야 합니다. 만약 시간이 지나고 나서 알아차리면 실재하는 현재를 알아차리는 것이 아니라서 생각으로 아는 것입니다. 뿐더러 일어난 즉시 알아차리지 못하면 그 순간에 어떤 선입관을 가지고 대상을 봅니다. 또한 나타나는 대상을 빠르게 좋다거나 싫다는 반응을 해버립니다. 그래서 있는 그대로의 대상을 알아차릴 수가 없습니다.

넷, 오온을 『논장』에서는 근본법根本法으로 분류합니다. 근본법을 빨리어로는 빠라마타 담마paramattha dhamma라고 합니다. 이는 궁극적 진리, 최승의법最勝義法, 절대적 실재 등등으로 부릅니다. 근본법은 네 가지가 있는데 마음, 마음의 작용, 몸, 열반입니다. 그러므로 오온과 열반을 합쳐서 근본법이라고 말합니다.

근본법은 최고의 가치를 지닌 것으로 가장 진실한 실재입니다. 그래서 누구나 이 길을 통하여 해탈로 나아가야 합니다. 사실 정신세계에서는 모든 사물의 기본이 자신의 오온입니다. 그러므로 실재하는 오온을 알아차리는 것이 수행자의 기본임무입니다.

근본법은 위빠사나 수행의 대상이기 때문에 최고의 법입니다. 아무리 좋은 대상이 있더라도 그것을 알 수 있는 오온이라는 실재가 없으면 무가치한 것입니다. 최고의 진리라고 하면 우리가 모르는 특별한 것인 줄 알지만 사실은 최고의 진리는 정신과 물질이며, 정신과 물질을 소멸시키는 열반이 최고의 진리인 것입니다.

근본법의 처음 세 가지인 마음, 마음의 작용, 몸은 오온으로 이것을 유위법有爲法이라고 합니다. 이 유위법은 알맞은 조건이 성숙되면 새로운 원인이 일어나서 사라지는 결과가 생깁니다. 그래서 항상 번뇌와 함께 있습니다. 이것이 윤회하는 세계의 생명입니다. 그러므로 붓다, 벽지불, 아라한을 제외한 모든 생명이 여기에 포함됩니다.

네 번째는 열반입니다. 열반은 원인과 결과가 사라진 무위법無爲法입니다. 무위법은 원인과 결과가 사라졌기 때문에 단지 작용만 하는 마음을 가지고 있습니다. 그래서 유위법에서는 선심과 불선심을 함께 가지고 있지만 무위법에서는 원인과 결과가 끊어진 단지 마음만 있습니다. 그래서 이때의 마음을 무인작용심無因作用心이라고 합니다.

이 마음이 부처님과 아라한의 마음입니다.

우리가 수행을 한다는 사실은 오온을 알아차려서 원인과 결과가 끊어진 마음을 갖는 것입니다. 이것이 괴로움이 끊어진 지고의 행복이기 때문입니다. 그러므로 수행자는 항상 자신의 오온을 알아차리는 것에 대한 중요성을 간과해서는 안 됩니다. 그러므로 오온을 알아차린다는 것은 부처님의 가르침을 따르는 것이며, 궁극적 진리를 얻기 위해서 누구나 반드시 가야 하는 길입니다.

다섯, 오온이 가지고 있는 법은 무상, 고, 무아입니다. 정신과 물질이 가지고 있는 가장 일반적 특성은 변한다는 것입니다. 이것이 바로 무상입니다. 그래서 오온은 항상 일어나서 사라지는 특성을 가지고 있습니다. 정신과 물질의 본성은 매 순간 계속해서 변하는 것입니다. 이 세상에 진동하지 않는 것이 없듯이 자신의 몸과 마음은 항상 끊임없이 진동하면서 변하고 있습니다. 그래서 같은 것이 하나도 없습니다. 만약 변하지 않는 것이 있다면 '변한다는 것'이 변하지 않습니다. 그러므로 절대 불변하는 그런 것은 이 세상의 어디에도 없습니다.

그러므로 항상 하는 것은 없기 때문에 영원한 것이 없으며, 그래서 영혼이 없습니다. 단지 변하는 정신과 물질만 있습니다. 정신과 물질이 바뀐다는 것은 있던 것이 없어지고, 없던 것이 새로 생기는 것입니다. 아프지 않다가 아프고, 아프다가 아프지 않은 것도 변하는 것입니다. 몸이 뜨겁다가 차가와지고, 차갑다가 뜨거워집니다. 좋아하다가 싫어지고, 싫어하다가 좋아하는 것도 변하는 것입니다.

누구나 이러한 변화를 두려워하거나 항상 하지 않은 것에 불만족을 갖습니다. 없어서 괴롭고, 있으면 없어질까 봐 괴롭고, 더 얻지 못해서 괴롭습니다. 이것을 괴로움이라고 합니다. 이 괴로움을 불만족이라고 합니다. 누구나 느낌으로 사는데 이 느낌은 매 순간 변하면서 항상 더 좋고, 더 많은 것을 원합니다. 누구나 생명으로 태어난 이상 무명과 갈애의 지배를 받고 살기 때문입니다. 그래서 오온을 가진 자체가 불만족인 것입니다.

몸과 마음은 있습니다. 그러나 이 몸과 마음은 조건에 의해서 변하는 몸과 마음이므로 이것을 소유하거나 마음대로 할 수 있는 자아는 없습니다. 몸은 있습니다. 마음도 있습니다. 그러나 이것은 내 마음대로 할 수 있는 몸과 마음이 아닙니다. 그래서 몸과 마음이 나의 마음이 아니라서 무아라고 합니다. 몸과 마음이 나이고 내가 몸과 마음을 소유할 수 있다면 적어도 자신의 몸과 마음에 관해서는 자기 마음대로 할 수 있어야 합니다.

그러나 그러고 싶은 뜻은 있을 수 있지만 실제로 몸과 마음을 자기 마음대로 할 수는 없습니다. 만약 몸과 마음이 자신의 소유이고 자신의 마음대로 할 수 있다면 죽기 전에 호흡을 멈추지 않고 계속해서 숨을 쉬어야 합니다. 그러나 어떤 누구도 그렇게 할 수는 없는 것입니다. 이것이 바로 무아인 것입니다.

여섯, 오온이 무더기로 모여 있는 것을 하나씩 살펴보겠습니다. 오온은 색온이라고 하는 몸의 무더기, 수온이라고 하는 느낌의 무더기, 상온이라고 하는 인식의 무더기, 행온이라고 하는 마음의 형성의 무더기, 식온이라고 하는 아는 마음의 무더기들이 모여서 이루어진 것들입니다. 그리고 이 각각의 무더기가 다시 하나의 무더기로 모여서 오온을 이룹니다.

이들 다섯 가지 무더기는 정신 현상의 무더기와 물질 현상의 무더기입니다. 그리고 이들 무더기는 과거와 현재와 미래라는 시제를 함께 가지고 있습니다. 오온은 시간의 흐름 속에서 진행됩니다. 그래서 항상 과거, 현재, 미래라는 조건하에서 일어나고 사라집니다.

또한 내부에서 일어나는 현상과 외부에서 일어나는 현상을 함께 가지고 있습니다. 모든 것은 대상을 아는 감각기관과 대상을 알도록 하는 감각대상의 부딪침이라는 무더기들이 포함되어 있습니다. 이런 모든 것들을 원인과 결과에 의해서 일어나고 사라지는 것이라고 하며 또는 조건 지어진 것이라고 합니다. 이때 모든 것들이 이와 같은 과정에 의해서 일어나고 사라지는 것들이지 오온을 주도하는 어떤 존재도 없습니다.

그래서 위빠사나 수행을 통해서 궁극에는 자아가 없다는 것을 알아야 합니다. 이렇게 자아가 없다고 알 때만이 오온을 집착하지 않습니다. 누구나 오온을 집착하는 이유가 이것이 나의 오온이라고 생각하기 때문입니다. 이것이 오온을 분석하는 가장 중요한 이유인 것입니다.

색온은 몸의 무더기입니다. 모든 생명의 신체는 여러 가지 부분들로 결합되어 있습니다. 몸은 관념으로서의 몸과 실재로서의 몸이 있습니다. 관념으로서의 몸은 몸을 구성하는 32가지의 부분들이 있습니다. 머리카락, 몸의 털, 손톱과 발톱, 이빨, 살, 힘줄, 뼈 등등 32가지로 나눕니다. 물론 이 32가지는 부처님께서 부정관을 하시기 위해서 말씀하신 내용이라서 완전하게 몸을 구성하고 있는 부분이라고 할 수는 없지만, 어쨌건 이것은 몸을 만드는 부분들인 것은 사실입니다.

그리고 실재로서의 몸은 지地, 수水, 화火, 풍風이라는 네 가지 요소가 있습니다. 이것이 몸을 인식할 수 있는 실재입니다. 몸에는 단단함과 부드러움을 나타내는 땅의 요소가 있습니다. 그리고 물의 요소가 있습니다. 그리고 뜨거움과 차가움의 불의 요소가 있습니다. 그리고 진동하는 바람의 요소가 있습니다. 이들 요소들의 결합으로 몸을 인식할 수 있는 것입니다. 이상 네 가지의 요소 외에 여러 가지의 파생된 물질이 스물네 가지가 있습니다. 이렇듯 몸을 구성하는 부분도 다양하며, 몸을 인식하는 요소도 다양합니다.

이들 몸의 요소는 항상 변하며, 이것들은 불만족이고, 여기에 자아는 없습니다. 그래서 나의 몸이 일어난 것이 아니고 단지 색온이 일어난 것입니다. 몸은 단지 부르기 위한 명칭이지 이것이 나의 몸은 아닙니다. 존재하고 있는 자신의 몸은 있습니다. 그래서 유신은 있으나 이 몸이 나의 몸이라고 할 때는 유신견인데 이러한 유신견은 없습니다. 그러므로 유신견을 잘못된 견해라고 합니다.

이러한 잘못된 견해를 가지면 자아가 강해서 이기심이 생깁니다. 그리고 자신이 최고라는 우월감을 갖기 마련이라서 법의 성품을 보지 못하고 오온을 집착하게 됩니다. 무명無明 중에서 가장 나쁜 무명이 내 몸과 마음이라고 하는 유신견입니다. 살인을 해도 법을 알아차리면 도과를 성취하여 열반을 얻을 수가 있습니다. 그러나 유신견을 가지면 내가 본다는 견해를 가지고 보기 때문에 영원히 법의 성품을 볼 수가 없어 도과를 성취할 수 없습니다. 그러므로 수행자 여러분은 자아가 있다고 하는 어떤 견해에 대해서도 동조를 해서는 안 됩니다. 그것이 유신견이기 때문입니다.

수온은 느낌의 무더기입니다. 누구나 여섯 가지 감각기관을 가지고 여섯 가지 대상과 부딪칠 때 느낌이 일어납니다. 그래서 대상을 안다는 것은 대상을 느끼는 것입니다. 느낌은 마음의 작용이고, 아는 것은 마음입니다. 마음과 마음의 작용은 항상 함께 일어나기 때문에 아는 마음이 있을 때는 느낌도 함께 있습니다. 느낌의 종류는 매우 많습니다. 아는 마음이 다양한 만큼 느낌의 종류도 똑같습니다.

느낌을 크게 나누면 맨 느낌, 육체적 느낌, 정신적 느낌으로 분류합니다. 맨 느낌은 여섯 가지 감각기관을 통해서 느낌이 일어나면 좋다거나 싫다고 반응하지 않은 순수한 느낌입니다. 그리고 육체적인 느낌과 정신적인 느낌은 즐거운 느낌, 괴로운 느낌, 덤덤한 느낌으로 나눕니다. 사실 108번뇌는 108가지의 느낌에 속합니다. 행복과 불행도 느낌이고, 슬픔과 비탄도 느낌입니다.

이 느낌의 본성은 일어나고 사라지는 것입니다. 그래서 무상합니다. 그리고 느낌은 변하기 때문에 괴로움입니다. 그리고 이 느낌은 자신의 의지와 상관없이 일어나서 사라지기 때문에 무아입니다. 느낌은 감각기관이 느끼는 것이지 내가 느끼는 것이 아닙니다. 그러므로 행복과 불행도 나의 행복과 불행이 아닙니다. 단지 일어나고 사라지는 순간적인 느낌입니다. 그래서 나의 느낌이 일어난 것이 아니고 단지 수온이 일어난 것입니다.

　사형수를 죽인 사람은 누구인가요? 사형수를 죽인 것은 집행관입니다. 그러나 사형수를 죽인 것은 집행관이 아닙니다. 사형언도를 내린 판사가 죽였습니다. 그러나 판사가 사형수를 죽인 것이 아닙니다. 판결을 내리도록 한 국가의 형법이 죽였습니다. 그러나 사형수를 죽인 것이 국가의 형법이 아닙니다. 사형수를 죽인 것은 사형수의 행위입니다. 그러나 사형수를 죽인 것이 사형수의 행위가 아닙니다. 사형수에게 행위를 하게 한 사형수의 마음이 죽였습니다. 그러나 사형수의 마음이 사형수를 죽인 것이 아닙니다. 사형수에게 잠재해 있는 불선과보심이 불선한 마음을 먹게 하여서 사형수를 죽인 것입니다. 이처럼 모든 것은 원인과 결과로 상속됩니다. 이것을 우리는 윤회라고 말합니다.

　지난 시간에 이어 오온에 대하여 말씀드리겠습니다.

　상온想蘊은 지각의 무더기입니다. 상온이라는 무더기는 여러 가지의 기능을 가지고 있습니다. 기억, 인식, 지각, 표상작용, 표시, 상상 등등의 요소를 가졌습니다. 우리가 대상을 볼 때 선입관을 가지고 보는 것도 상想의 작용입니다. 그래서 없는 것을 만들어서 보는 상의 기능이 있습니다. 그리고 실재하는 것을 보는 상의 기능이 있습니다. 그래서 없는 것을 만들어서 보는 상이 있으며, 있는 것을 그대로 보는 상이 있습니다.

　인간은 유정물이나 무정물을 보고 먼저 인식합니다. 대상의 색깔, 크기를 인식한 뒤에 그것을 기억합니다. 마음은 대상이 있으면 받아들이고, 그다음에 상이 나서서 이와 같은 역할을 합니다. 그래서 인지하고, 기억하고, 표시를 해서 이것은 무엇이라고 분류를 합니다. 예를 들면 불은 뜨겁고 얼음은 차갑다고 분류를 합니다. 이때 무엇은 좋다거나 싫다고 인식하면 이것을 저장하여 기억한 뒤에 고정관념을 만듭니다. 이때 인식하는 것은 상의 역할이며, 의식하는 것은 식識의 역할입니다.

그러므로 인식하는 것은 기억하여 판단하는 것이고, 의식하는 마음이 받아들여서 아는 것이라서 인식과 의식이 서로 다릅니다. 인식은 만들어서 보는 것으로 마음의 작용이고, 의식은 인식한 것을 받아들여서 아는 마음입니다.

인식은 무엇이라고 꼬리표를 붙여서 보관합니다. 이렇게 보관했다가 저장한 것을 꺼내서 보는 것이 기억입니다. 그러므로 상온은 기억의 저장탱크입니다. 고정관념이 많으면 잘못된 정보가 많은 것이고, 수행을 해서 지혜가 나면 실재하는 정보를 많이 가지고 있는 것입니다. 상온은 마음과 함께 일어나서 함께 사라집니다. 그러므로 상온은 무상한 것입니다. 이러한 상온은 끊임없이 변하므로 불만족이며 괴로움입니다. 잘못된 것을 기억해서 괴롭고 끊임없이 변해서 괴롭습니다. 이러한 상온은 자신의 의지와 상관없이 저 스스로의 힘으로 일어나고 사라집니다. 그래서 내가 기억하고 인식하는 것이 아니고 상온이 기억하고 상온이 인식하는 것입니다. 그러므로 무아입니다. 그래서 나의 인식이 일어난 것이 아니고 단지 상온이 일어난 것입니다.

행온行蘊은 마음의 형성력의 무더기입니다. 행온은 마음의 형성력입니다. 그래서 의도 또는 의지를 말합니다. 이처럼 의도에 의해서 행위가 일어나는 것을 행이라고 합니다. 그러므로 행이라고 할 때 몸의 움직임을 지칭하는 것이 아니고 몸을 움직이게 하는 의도를 말합니다.

그래서 행은 몸에 관한 것이 아니고, 의도가 있어서 몸이 움직이기 때문에 마음의 작용에 속합니다. 마음의 작용은 52가지가 있는데 수, 상을 제외하고 행은 50가지가 됩니다. 수와 상은 워낙 많은 수효라서 분류할 수가 없어 단순하게 하나씩으로 나누고, 나머지 행은 두드러진 것이라서 50가지로 분류합니다.

이 50가지는 모두 고유한 특성을 가지고 있습니다. 그래서 50가지는 모든 것들과 함께 있는 기본적인 행과 선행과 불선행으로 분류합니다. 이때 의도가 있는 행을 업이라고 합니다. 그래서 선한 마음이 선업을 행하면 선과보가 생깁니다. 그리고 불선한 마음이 불선행을 하면 불선과보를 받습니다. 그래서 우리가 태어났다는 것은 과거의 업으로 인해 재생연결식이 생겨서 태어난 것입니다. 그러나 무인작용심으로 태어날 업을 만들지 않으면 재생연결식이 생기지 않아서 윤회가 끝납니다.

누구나 자신이 한 행위를 한 그대로 받는데 이것이 바로 업자성業自性의 법칙입니다. 수행자는 어떤 행위가 일어날 때 단순하게 겉모양의 행위만 볼 것이 아니고 그 행위를 일으키게 한 그 마음을 보아야 합니다. 행위는 마음이 일으키므로 매 순간 조건에 의해서 일어나고 사라집니다. 그래서 무상입니다. 이러한 무상은 괴로움입니다. 그리고 행위를 일으키는 마음은 나의 의지대로 되지 않기 때문에 무아입니다. 그래서 나의 의도가 일어난 것이 아니고 단지 상온이 일어난 것입니다.

식온識蘊은 아는 마음의 무더기입니다. 식온은 대상을 아는 마음입니다. 마음은 대상을 아는 것으로는 하나이지만 태어난 곳에 따라서 태어난 생명의 수준에 따라서 매우 많습니다. 마음에 대한 분류는 많습니다. 마음을 분류할 때 89가지 또는 121가지로 분류하기도 합니다.

마음은 하나이지만 쓰임새에 따라서 심心, 의意, 식識으로 나눕니다. 심은 오온에서 마음과 마음의 작용을 설명할 때 사용하는 마음입니다. 의는 여섯 가지 감각기관 중의 하나로 생각하는 마음을 말합니다. 식은 대상을 아는 마음을 말합니다.

여기서 주의할 것이 있습니다. 이러한 마음의 분류는 조건에 따라서 다양하게 일어나는 마음을 말하는 것이지 마음의 종류가 여러 가지가 있는 것이 아니라는 전제가 필요합니다. 그래서 마음은 단지 대상을 아는 기능을 가지고 있다는 것에서 벗어나서는 안 됩니다. 이것이 식識의 기능입니다. 가령 121가지의 마음이 있다면 이러한 종류의 마음이 일어났을 때 마음은 단지 이것을 아는 역할을 합니다. 그러므로 조건에 따라서 다양하게 일어나는 마음의 종류가 아무리 많다고 해도 아는 마음은 하나입니다.

마음은 매 순간 빠르게 일어나서 사라집니다. 그래서 마음은 한순간에 일어나서 한순간에 사라지기 때문에 무상합니다. 무상하기 때문에 필연적으로 괴로움이 따르기 마련입니다. 그래서 마음은 괴로움입니다. 이러한 마음은 나의 의도와 상관없이 조건에 의해서 일어나고 사라집니다. 그래서 무아입니다. 그래서 나의 마음이 일어난 것이 아니고, 단지 식온이 일어난 것입니다.

이상 오온에 대해서 하나씩 살펴보았습니다.

이러한 오온을 나의 몸과 마음이라고 생각하는 잘못된 견해 때문에 오온을 집착하게 됩니다. 오온을 집착하면 느낌에서 갈애를 일으켜 집착을 하고 업을 생성하여 윤회를 계속합니다. 그러나 나의 오온이 아니라고 생각하면 느낌에서 갈애를 일으키지 않아 느낌과 괴로움이 소멸하는 열반에 이르게 됩니다.

일곱, 『대념처경』의 '다섯 가지 집착의 무더기[五取蘊]를 알아차림'은 다음과 같습니다.

"다시 비구들이여, 여기 비구는 다섯 가지 집착의 무더기라는 법에서 법을 알아차리는 수행을 하면서 지낸다. 비구들이여, 어떻게 비구가 다섯 가지 집착의 무더기라는 법에서 법을 알아차리는 수행을 하면서 지내는가?
비구들이여, 여기 비구는 이것이 물질적 형상[色]이다. 이것이 물질적 형상의 일어남이다. 이것이 물질적 형상의 사라짐이라고 안다. 이것이 느낌[受]이다. 이것이 느낌의 일어남이다. 이것이 느낌의 사라짐이라고 안다. 이것이 인식[想]이다. 이것이 인식의 일어남이다. 이것이 인식의 사라짐이라고 안다. 이것이 마음의 형성[行]이다. 이것이 마음의 형성의 일어남이다. 이것이 마음의 형성의 사라짐이라고 안다. 이것이 의식[識]이다. 이것이 의식의 일어남이다. 이것이 의식의 사라짐이라고 안다.
이와 같이 그는 법에서 법을 안으로 알아차리는 수행을 하면서 지낸다. 혹은 법에서 법을 밖으로 알아차리는 수행을 하면서 지낸다. 혹은 법에서 법을 안팎으로 알아차리는 수행을 하면서 지낸다.
그는 법이 일어나는 현상을 알아차리는 수행을 하면서 지낸다. 혹은 법이 사라지는 현상을 알아차리는 수행을 하면서 지낸다. 혹은 법이 일어나고 사라지는 현상을 알아차리는 수행을 하면서 지낸다.

그는 단지 법이 있다는 알아차림을 확립할 때까지 법의 현상들에 대한 분명한 앎과 알아차림을 확립하고, 유지한다. 그는 갈애와 잘못된 견해에 의지하지 않고 지낸다. 그는 세상에서 아무것도 집착하지 않는다. 비구들이여, 이와 같이 비구는 법에서 법을 알아차리는 수행을 하면서 지낸다.”

다음은 다섯 가지 집착의 무더기에 대해서 부처님의 가르침을 하나씩 살펴보겠습니다.

“비구들이여, 여기 비구는 이것이 물질적 형상[色]이다. 이것이 물질적 형상의 일어남이다. 이것이 물질적 형상의 사라짐이라고 안다.” 부처님께서 이렇게 말씀하셨는데, 여기서 물질적 형상을 한문으로 색色이라고 합니다.

수행자는 몸을 알아차릴 때 몸에서 일어나는 모든 현상을 단지 물질적 형상이라고 알아차려야 합니다. 단지 물질적 형상이라고 알아차리는 것에는 이것들이 무더기로 구성되었다는 것이 포함됩니다. 그러므로 이러한 물질적 형상은 단지 일어나고 사라지는 법의 성품을 가지고 있습니다.

위빠사나 수행의 최종 목표는 지혜입니다. 지혜만이 번뇌를 부술 수 있기 때문입니다. 그래서 처음에 알아차림이 필요하고, 다음에 알아차림을 지속해서 집중을 해야 합니다. 이러한 집중에 의해서만이 일어나고 사라지는 무상의 법을 알 수 있습니다. 이때 무상의 법을 알면 단순하게 무상의 법을 아는 것에 그치지 않습니다. 무상의 지혜가 나면 다음 단계인 괴로움이 있는 것을 아는 지혜가 성숙됩니다. 그런 뒤에 최종적으로 무아의 지혜가 납니다.

이러한 최종 목표에 이르기 위해서 시작부터 반드시 기본적인 조건이 성숙되어야 합니다. 몸에서 일어나는 호흡을 알아차릴 때 들숨과 날숨이나 일어나고 꺼지는 호흡은 단지 물질적 현상의 무더기에 속합니다. 이때 수행자의 알아차림은 이것 이상의 관심을 두어서는 안 됩니다. 단지 나타난 대상이 물질적 현상인 것만을 알아차려야 합니다.

호흡을 알아차릴 때 호흡이 일어나고 사라지는 것에 집중을 해야지 '이 호흡은 왜 일어나고 사라지는가?'라는 식의 의문을 가지고 알아차려서는 안 됩니다. 몸에서 일어나는 호흡과 함께 몸의 네 가지 자세에 대해서나 네 가지 분명한 앎에 대해서나 몸의 네 가지 요소인 지, 수, 화, 풍에 대해서 어떤 것이나 몸에서 일어나는 것은 단지 물질적 현상의 하나라고 알아야 합니다. 그래서 몸에서 일어나는 현상은 다만 물질적 현상의 영역에서 일어나는 대상 이상의 의미가 없다는 것을 분명하게 알아야 합니다. 그래야 이것들이 일어나고 사라지는 것에 불과하다는 지혜가 성숙됩니다.

수행을 하면 전에 모르던 많은 현상들이 나타나기 마련입니다. 그래서 어떤 현상이 나타날 때마다 놀람과 두려움과 의혹을 갖기 마련입니다. 이때 이런 마음이 일어나면 그 순간의 알아차림을 놓친 것입니다. 그리고 생각에 빠져서 집중력이 흐트러진 것입니다. 그러므로 어떤 현상이 나타나거나 단지 대상으로 알아차리는 것으로 끝내야 합니다. 만약 나타난 현상으로 인해 놀라거나 근심걱정을 했다면 '지금 내 마음이 걱정을 하고 있네' 하고 알아차려서 이것 자체를 대상으로 삼아야 합니다.

그렇지 않고 무수하게 나타나는 현상을 하나하나 문제로 삼으면 아직 갈 길이 먼 수행자가 갈 길을 가지 못합니다. 그래서 이렇게 나타나는 것들이 모두 장애인 것입니다. 그러나 수행자는 장애가 나타난 것을 장애라고 보지 말고, 단지 대상으로 알아차리면 쉽게 여러분들이 목표로 하는 도과를 성취할 수 있을 것입니다.

　내가 상대를 보고 하는 말이나 행위는 모두 자신의 마음을 반영한 것입니다. 상대는 단지 대상일 뿐이며, 실제는 말하는 자신의 마음을 말하고 있는 것입니다. 내가 세상에 대하여 말하거나 또는 자신에 대해서 말하거나 간에 모두 자신의 마음을 드러낸 것이지 결코 다른 대상을 말하고 있는 것이 아닙니다. 누구나 오직 자신의 마음을 말합니다.

　대상은 단지 자신의 마음을 말하기 위한 수단일 뿐입니다. 그러므로 어떤 말을 하거나 말하는 그 마음을 알아차려야 합니다. 그래야 모든 것은 자신의 마음으로 시작된다는 원인을 압니다. 이렇게 마음을 알아차리면 그 마음이 자신의 마음이 아니고 단지 그 순간의 조건에 의해서 일어나고 사라지는 마음이라고 알 수 있습니다. 이것이 지혜를 얻는 방법입니다.

　수행자 여러분! 수행자는 나타난 대상을 단지 있는 그대로 알아차리는 것에서 벗어나서는 안 됩니다. 이렇게 단순하게 있는 그대로 알아차리는 순간에 어떤 선입관이나 번뇌가 침투하지 않고 온전하게 대상과 아는 마음만 있게 됩니다. 이렇게 청정한 상태에서 고요함이 생깁니다. 이러한 고요함에 의해 비로소 대상을 지속적으로 알아차릴 수 있습니다. 이러한 집중의 상태에서 무상의 지혜가 납니다. 이러한 지혜가 나야 나의 몸이라는 생각에서 벗어날 수 있습니다. 이렇게 되어야 몸에 대한 집착이 일어나지 않습니다.

알아차림에서 일관되게 강조하는 것은 대상을 있는 그대로 알아차리라고 하는 것입니다. 만약 바라거나 없애려고 하거나 어떤 선입관으로 대상을 보면 대상이 가지고 있는 본래의 성품을 알 수가 없습니다. 이것은 마치 흙탕물에서는 자신의 얼굴을 비쳐볼 수가 없는 것과 같습니다. 그래서 단순하게 오직 거기에 대상이 있어서 지켜보아야 합니다. 그럴 때만이 자신의 마음이 정화되고 있는 그대로의 대상을 알아차릴 수가 있습니다.

물질적 형상은 아는 마음과 함께 일어나며 일어난 순간에 사라집니다. 그래서 색色은 무상한 것입니다. 색이 일어난 순간 즉시 알아차리지 못하면 어떤 의미를 부여하여 실재를 왜곡합니다. 그러므로 색이 일어나는 순간에 알아차려야 합니다. 일어났다가 사라지는 색은 괴로움입니다. 색은 그 순간의 감각기관이 하는 것으로 나의 색이 아닙니다. 그래서 무아입니다.

다음 경전 구절은 느낌입니다. "이것이 느낌[受]이다. 이것이 느낌의 일어남이다. 이것이 느낌의 사라짐이라고 안다." 여기서 말하는 느낌을 한문으로 수受라고 합니다. 수행자가 대상을 알아차릴 때는 모두 느낌으로 압니다. 그러나 느낌을 단지 느낌으로 알아차리면 대상을 법으로 알아차리는 것입니다.

그러나 느낌이 일어났을 때 일어난 느낌으로 인해서 새로 반응한 느낌이 일어나면 대상을 있는 그대로 알아차린 것이 아닙니다. 느낌을 알아차릴 때는 단지 아는 느낌 이외의 느낌으로 변화시키지 말아야 합니다. 일반적으로 느낌은 즉시 더 좋아하는 느낌으로 진행되거나 더 싫어하는 느낌으로 진행되거나 느낌을 알아차리지 못하는 무지하고 덤덤한 느낌으로 머물기 마련입니다.

느낌은 언제나 갈애를 동반합니다. 그래서 감각적 욕망에 대한 갈애와 존재에 대한 갈애와 비존재에 대한 갈애를 일으킵니다. 이처럼 더 좋은 느낌을 원하고, 더 잘살기를 원하고, 더 좋은 곳에 태어나기를 원하고, 아니면 때로는 죽기를 원합니다. 이것이 모두 바라는 것입니다. 감각적 욕망은 물론이고 더 좋은 곳에 태어나고 싶은 것도 바람직한 것이 아닙니다. 윤회를 계속하기를 바라는 것이기 때문입니다. 죽기를 원하는 것도 죽는 것을 좋아서 바라는 갈애에 속합니다. 이것들이 모두 느낌을 느낌으로 알아차리지 못하고 새로 반응한 것입니다.

그러므로 위빠사나 수행자는 대상과 아는 마음이 부딪칠 때 항상 알아차림을 일치시켜야 합니다. 조금이라도 뒤에 알아차리면 이미 느낌이 빠르게 반응하기 때문에 좋거나 싫은 느낌으로 진행됩니다. 우리가 일반적으로 맨 처음에 느끼는 느낌은 좋아하거나 싫어나는 느낌이 아닙니다. 이때 일어난 느낌을 알아차리지 못해서 좋아하거나 싫어하는 느낌으로 진행된 것입니다.

부처님께서는 느낌이 일어났을 때 느낌으로 알아차리라고 말씀하셨습니다. 이것은 있는 그대로의 느낌을 알아차리는 것을 말합니다. 느낌을 느낌으로 알아차리지 못하면 즉시 반응합니다. 느낌을 느낌으로 알아차리지 못하면 이것이 나의 느낌이라고 압니다. 그래서 내가 느끼는 것이 아니고 감각기관이 느끼는 것인지를 알지 못합니다.

느낌을 느낌으로 알아차리지 못하면 느낌은 일어난 순간에 사라지는 것을 알지 못합니다. 그래서 느낌이 항상 하거나 영원한 것으로 압니다. 느낌의 실제는 우리가 알고 있는 것과 다릅니다. 느낌은 항상 하지 않고 매 순간 일어나고 사라집니다. 느낌은 즐겁지 않고 불만족스러운 것입니다. 느낌은 깨끗한 것이 아니고 더럽고 혐오스러운 것입니다. 느낌은 나의 느낌이 아니고 단지 조건에 의해서 일어나는 느낌이며, 내가 느끼는 것이 아니고 감각기관이 느끼는 것입니다. 그래서 느낌은 무아입니다.

다음 경전 구절은 인식입니다. "이것이 인식[想]이다. 이것이 인식의 일어남이다. 이것이 인식의 사라짐이라고 안다." 인식을 한문으로 상想이라고 합니다. 수행자는 인식이 일어날 때 이것이 인식이라고 알아차려야 합니다. 인식은 지각, 표상작용, 명칭, 상상력입니다. 인식은 느낌[受]과 마음의 형성[行]과 함께 마음의 작용입니다. 이러한 인식은 물질적 형상[色]이나 느낌처럼 분명하게 나타나는 대상이 아닙니다. 그래서 인식은 미세한 대상이기 때문에 사실 알아차리기가 어렵습니다.

일반적으로 인식은 대상이 나타날 때 감각기관의 문을 통해서 들어오는 것들에게 어떤 의미를 부여하는 정신적 과정을 말합니다. 그러므로 대상을 아는 마음과는 다릅니다. 그래서 대상을 인식할 때는 인식한 사실을 알아차려야 합니다. 그간에 저장되어 있는 정보에 의해 어떤 선입관을 가지고 안다면 바로 이 사실을 알아차려야 합니다. 꾸며서 대상을 보거나 선입관을 가지고 대상을 보면 실재하는 현상을 알아차릴 수가 없습니다.

인식은 아는 마음과 함께 일어나며 일어난 순간에 사라집니다. 그래서 인식은 무상한 것입니다. 인식이 일어난 순간 즉시 알아차리지 못하면 어떤 의미를 부여하게 되어 실재를 왜곡합니다. 그러므로 인식을 하는 순간에 알아차려야 합니다. 일어났다가 사라지는 인식은 괴로움입니다. 인식은 내가 인식하는 것이 아니고 감각기관이 인식하는 것입니다. 그래서 무아입니다.

경전의 다음 구절은 마음의 형성[行]입니다. "이것이 마음의 형성[行]이다. 이것이 마음의 형성의 일어남이다. 이것이 마음의 형성의 사라짐이라고 안다." 마음의 형성을 한문으로 행行이라고 합니다. 또 다른 말로는 의도가 있는 행이기 때문에 업業이라고 합니다. 오온의 행은 과거의 행이 있고, 현재의 행이 있습니다. 과거의 행은 업의 형성이고, 현재의 행은 업의 생성입니다. 현재는 과거의 행에 의해서 생겼습니다. 그리고 미래는 현재의 행에 의해서 생깁니다.

수행자는 오직 미래의 원인이 되는 현재의 행을 알아차려야 합니다. 수행자는 과거의 행을 알아차릴 것이 아니고 항상 현재의 행을 알아차려야 합니다. 그리고 현재 하고자 하는 의도를 알아차리는 것이 행을 알아차리는 것입니다. 그러므로 행을 알아차릴 때는 먼저 하고자 하는 의도를 알아차려야 합니다. 그리고 이러한 의도를 알아차린 뒤에 현재 하고 있는 행위 그 자체를 알아차려야 합니다.

마음의 형성은 아는 마음과 함께 일어나며, 일어난 순간에 사라집니다. 그래서 행은 무상한 것입니다. 행이 일어난 순간 즉시 알아차리지 못하면 어떤 의미를 부여하게 되어 실재를 왜곡합니다. 그러므로 행이 일어나는 순간에 알아차려야 합니다. 일어났다가 사라지는 행은 괴로움입니다. 행은 그 순간의 감각기관이 하는 것으로 나의 행이 아닙니다. 그래서 무아입니다.

경전의 마지막 구절은 식識입니다. "이것이 의식[識]이다. 이것이 의식의 일어남이다. 이것이 의식의 사라짐이라고 안다." 의식을 한문으로 식識이라고 합니다. 식은 대상을 아는 마음입니다. 마음은 마음과 마음의 작용으로 구별할 때의 마음인 심心이 있고, 감각 기관의 마음인 의意가 있으며, 대상을 아는 마음인 식識이 있다고 말씀드렸습니다. 이들 세 가지는 모두 같은 마음입니다. 다만 쓰이는 용도에 따라서 다르게 부를 뿐입니다.

아는 마음은 여섯 가지 감각기관에 들어오는 대상을 모두 알아차립니다. 그러므로 여섯 가지의 아는 마음이 있습니다. 아는 마음은 몸과 마음의 작용인 수, 상, 행과 함께 일어나며 일어난 순간에 사라집니다. 그래서 마음은 무상한 것입니다. 마음이 일어난 순간 즉시 알아차리지 못하면 탐욕, 성냄, 어리석음이 일어납니다. 그러므로 의식을 하는 순간에 알아차려야 합니다. 일어났다가 사라지는 마음은 괴로움입니다. 아는 마음은 내가 아는 것이 아니고 감각기관이 아는 것입니다. 그래서 무아입니다.

위빠사나 수행자는 어느 특정한 오온을 선택하지 않고 나타나는 모든 현상을 자유롭게 알아차립니다. 몸을 대상으로 알아차리거나 느낌을 대상으로 알아차리거나 인식을 대상으로 알아차리거나 마음의 형성을 알아차리거나 이것을 아는 마음을 알아차리거나 어떤 것이나 상관하지 않습니다.

수행을 시작할 때 처음에는 강한 대상을 알아차려서 차츰 집중력을 키워야 합니다. 그리고 알아차리는 힘이 생기면 미세한 대상을 알아차려도 좋습니다. 그래서 위빠사나 수행을 시작하면 처음에는 강한 대상을 알아차린 뒤에 차츰 대상이 미세해지면 미세한 대상을 알아차려야 합니다. 오온을 알아차릴 때 먼저 자신의 오온을 알아차립니다. 이런 방식으로 자신에게 있는 것처럼 상대에게도 있는 오온을 똑같이 알아차립니다.

그리고 자신의 오온과 상대의 오온을 번갈아 가면서 알아차려도 좋습니다. 그래서 수행을 할 때는 먼저 안에 있는 것을 알아차리고, 다음에는 밖에 있는 것을 알아차리고, 그다음에는 안팎을 알아차립니다. 이런 알아차림의 위치를 선택하는 것은 수행자가 여러 가지 상황에서 적절하게 선택해야 합니다.

수행자가 오온을 알아차린다는 것은 오온의 궁극의 실재인 무상함을 아는 것입니다. 그러고 나서 괴로움으로 불리는 불만족을 아는 것입니다. 그리고 자아가 있는 것이 아니고 무아를 아는 것입니다. 이렇게 무상, 고, 무아를 알아야 비로소 오온五蘊을 알 수 있다고 말합니다.

오온의 궁극의 실재는 나의 것이 아닙니다. 그들은 단지 조건에 의해서 일어나고 조건에 의해서 소멸하는 것, 그것밖에 없습니다. 이제 우리가 이러한 오온의 실재를 알아서 나의 오온이라고 집착하지 않아야 그 자리에 지고의 행복인 열반이 드러날 것입니다.

법을 알아차림[法念處]
─여섯 가지 안팎의 감각장소[十二處]를 알아차림

수행은 마음으로 하는 것입니다. 그래서 바른 마음가짐을 가져야 합니다. 특히 위빠사나 수행은 바라거나 없애려는 마음으로 해서는 안 됩니다. 바라거나 없애려는 마음은 탐욕과 성냄으로 이것은 반드시 괴로움을 주기 때문입니다. 바라거나 없애려는 순간 이기적인 마음이 생겨 원하는 것을 얻지 못하면 후회하거나 미워해서 평온을 얻을 수가 없습니다. 바라거나 없애려는 마음이 있는 한 대상을 있는 그대로 볼 수가 없습니다. 그래서 늘 다툼이 끊이지 않습니다.

이것이 윤회의 원인입니다. 바라거나 없애려는 마음이 없으면 아무것도 못할 것 같아도 오히려 더 많은 일을 바르게 할 수가 있습니다. 왜냐하면 바라지 않아서 자연스러움과 부드러움으로 할 수 있기 때문입니다.

◆◆◆◆◆

법을 알아차리는 수행의 세 번째는 '여섯 가지 안팎의 감각장소를 알아차림'입니다. 오늘은 이에 대하여 말씀드리겠습니다.

셋째, '여섯 가지 안팎의 감각장소[十二處]를 알아차림'입니다. 앞서 밝힌 것처럼 불교의 세계관은 한 인간의 정신과 물질에 국한합니다. 이러한 정신과 물질을 표현할 때 오온이라고 하기도 하고, 12처라고 하기도 하고, 18계라고 하기도 합니다. 오온은 다섯 가지 정신과 물질의 무더기라고 할 때 사용합니다. 12처는 여섯 가지 감각기관과 여섯 가지 감각대상을 합쳐서 열두 가지의 영역이라는 뜻으로 사용합니다. 18계는 이상의 열두 가지 영역에 여섯 가지 아는 마음을 포함할 때 사용합니다. 그러므로 모두 같은 말인데 쓰임에 따라서 다르게 사용합니다. 오온은 무더기라는 것과 마음과 마음의 작용을 밝히기 위해서 사용하지만, 12처는 감각기관과 감각대상이 부딪치는 것을 말합니다.

12연기에서 보면 정신과 물질을 원인으로 육입이 일어납니다. 이때의 육입이 여섯 가지 감각기관입니다. 다시 육입을 원인으로 접촉이 일어납니다. 이때의 접촉이 여섯 가지 감각대상입니다. 이는 감각기관인 안, 이, 비, 설, 신, 의가 감각대상인 색, 성, 향, 미, 촉, 법과 접촉하는 것을 말합니다. 여섯 가지 안팎의 감각장소를 한문으로는 12처十二處라고 합니다. 12처는 여섯 가지 안에 있는 감각장소가 여섯 가지 밖에 있는 감각대상과 부딪친 것을 합쳐서 말하는 것입니다. 이는 육내처六內處와 육외처六外處가 접촉하여 12처가 생긴 것입니다.

그러므로 우리가 살고 있는 것은 12처의 접촉으로 여섯 가지 아는 마음이 일어나서 살고 있는 것입니다. 이러한 분류는 인간이 살아가는 데 가장 기본이 되는 과정을 밝힌 것입니다. 그러므로 인간은 여섯 가지 감각기관으로 들어오는 정보를 통해서 의식하기 때문에 사는 것입니다. 그래서 행복도 이러한 경로를 통해서 들어오며, 불행도 이러한 경로를 통해서 들어옵니다. 그리고 깨달음도 이러한 경로를 통해서 들어옵니다. 그렇지 않고 이것 외에 다른 통로는 절대 없습니다.

위빠사나 수행자가 수행을 하는 것은 여섯 가지 감각기관의 문에 여섯 가지 감각대상이 접촉할 때마다 알아차림을 확립하는 것입니다. 그러면 여섯 가지 아는 마음과 함께 느낌이 일어날 때 갈애로 진행시키지 않아서 스스로 번뇌를 제거하는 것입니다. 여섯 가지 감각기관은 육입六入이라고도 하며 또는 육문六門이라고도 합니다. 이는 감각대상이 감각기관에 와서 부딪치는 것을 말합니다. 수행자가 일차적으로 알아차려야 할 장소는 밖에 있는 감각대상이 아니고, 여섯 가지 감각장소라는 뜻에서 육입 또는 육문이라고 합니다.

여섯 가지 감각기관은 생존의 기본조건입니다. 눈이 없으면 형상을 볼 수가 없으며, 형상을 보는 마음이 생길 수 없습니다. 눈이 빛에 의해서 형상을 보고 아는 마음이 일어나는 네 가지를 조건이라고 합니다. 그리고 이것을 원인과 결과라고 합니다. 이러한 조건들이 성숙하기 위해서는 각각의 영역에서의 역할이 필요합니다. 눈을 제외한 나머지 감각기관도 이와 마찬가지 조건을 가지고 아는 마음이 생깁니다.

이러한 과정에서 수행자가 할 일은 눈이 빛에 의해서 형상을 아는 마음이 생길 때마다 알아차림을 하는 것입니다. 일반적으로 눈이 빛에 의해서 형상을 알 때 알아차림이 없는 상태에서 대상을 받아들입니다. 이때 알아차림이 없으면 느낌이 일어날 때 갈애가 일어납니다. 이 갈애가 열 가지 족쇄를 불러들입니다. 그러면 생명을 윤회의 수레바퀴에 붙들어 매게 됩니다.

감각기관이 감각대상과 부딪쳐서 아는 마음이 일어날 때 알아차림이 없으면 다섯 가지 장애보다 더 구체적인 열 가지 족쇄가 윤회의 세계에 발목을 붙들어 맵니다. 열 가지 족쇄는 감각적 욕망, 악의, 아만, 사견, 의심, 계율과 의식에 대한 집착, 존재에 대한 욕망, 질투, 인색, 무명입니다. 이 열 가지 족쇄는 감각기관이 감각대상과 접촉할 때 일어납니다.

눈이 대상을 볼 때 달콤한 감각적 욕망이라는 족쇄가 일어납니다. 만약 원하지 않는 대상이 나타나면 대상을 싫어하는 악의라는 족쇄가 일어납니다. 그리고 내가 아니고서는 누구도 이 대상을 알 수 없을 것이라는 아만의 족쇄가 일어납니다. 이 형상은 항상 견고하다고 생각할 때 사견의 족쇄가 일어납니다. 이 형상이 중생인가, 아니면 중생의 것인가를 의심하면 의심의 족쇄가 일어납니다. 미래에도 더 좋아지기 위해서 계율이나 의식에 대해서 집착할 때 계율과 의식에 대한 족쇄가 일어납니다. 더 나은 존재를 집착할 때 존재에 대한 욕망의 족쇄가 일어납니다. 이 형상을 다른 사람이 얻지 못하기를 바랄 때 질투의 족쇄가 일어납니다. 자신이 얻은 것을 남에게 베풀지 않을 때 인색의 족쇄가 일어납니다. 이 모든 것이 무지로 인해서 생기는 것을 모를 때 무명의 족쇄가 일어납니다. 이렇듯 우리가 대상을 알아차리지 못하면 매 순간마다 이러한 족쇄들이 나타나기 마련입니다.

이상이 육내처가 육외처와 접촉할 때 알아차리지 못하면 일어나는 족쇄들입니다.

위빠사나 수행자가 대상을 알아차리는 것은 바로 이 족쇄의 사슬에 묶이지 않기 위해서입니다. 만약 알아차리지 못한다면 윤회의 수레바퀴에 밧줄로 묶이는 신세를 면하기가 어렵습니다. 이것이 위빠사나 수행을 해야 하는 가장 절실한 이유입니다. 그러니 우리가 이 세상을 살면서 가장 중요하게 여기는 것이 무엇이며, 왜 그것을 해야 하는지를 우리는 여기서 다시 한 번 깨달아야 되겠습니다.

『대념처경』에 있는 '여섯 가지 안팎의 감각장소[十二處]를 알아차림'이라는 경전의 구절은 다음과 같습니다.

"다시 비구들이여, 여기 비구는 여섯 가지 안팎의 감각장소라는 법에서 법을 알아차리는 수행을 하면서 지낸다. 비구들이여, 어떻게 비구가 여섯 가지 안팎의 감각장소라는 법에서 법을 알아차리는 수행을 하면서 지내는가?
비구들이여, 여기 비구는 눈[眼]을 알아차리고, 형상[色]을 알아차리고, 이 두 가지를 조건으로 일어난 족쇄를 알아차린다. 비구는 전에 없던 족쇄가 어떻게 일어나는지 안다. 일어난 족쇄가 어떻게 사라지는지 안다. 사라진 족쇄가 어떻게 하면 앞으로 다시 일어나지 않는지 안다.
비구는 귀[耳]를 알아차리고, 소리[聲]를 알아차리고, 이 두 가지를 조건으로 일어난 족쇄를 알아차린다. 비구는 전에 없던 족쇄가 어떻게 일어나는지 안다. 일어난 족쇄가 어떻게 사라지는지 안다. 사라진 족쇄가 어떻게 하면 앞으로 다시 일어나지 않는지 안다.
비구는 코[鼻]를 알아차리고, 냄새[香]를 알아차리고, 이 두 가지를 조건으로 일어난 족쇄를 알아차린다. 비구는 전에 없던 족쇄가 어떻게 일어나는지 안다. 일어난 족쇄가 어떻게 사라지는지 안다. 사라진 족쇄가 어떻게 하면 앞으로 다시 일어나지 않는지 안다.
비구는 혀[舌]를 알아차리고, 맛[味]을 알아차리고, 이 두 가지를 조건으로 일어난 족쇄를 알아차린다. 비구는 전에 없던 족쇄가 어떻게 일어나는지 안다. 일어난 족쇄가 어떻게 사라지는지 안다. 사라진 족쇄가 어떻게 하면 앞으로 다시 일어나지 않는지 안다.
비구는 몸[身]을 알아차리고, 접촉[觸]을 알아차리고, 이 두 가지를 조건으로 일어난 족쇄를 알아차린다. 비구는 전에 없던 족쇄가 어떻게 일어나는지 안다. 일어난 족쇄가 어떻게 사라지는지 안다. 사라진 족쇄가 어떻게 하면 앞으로 다시 일어나지 않는지 안다.

비구는 마음[意]을 알아차리고, 마음의 대상[法]을 알아차리고, 이 두 가지를 조건으로 일어나는 족쇄를 알아차린다. 비구는 전에 없던 족쇄가 어떻게 일어나는지 안다. 일어난 족쇄가 어떻게 사라지는지 안다. 사라진 족쇄가 어떻게 하면 앞으로 다시 일어나지 않는지 안다.

이와 같이 그는 법에서 법을 안으로 알아차리는 수행을 하면서 지낸다. 혹은 법에서 법을 밖으로 알아차리는 수행을 하면서 지낸다. 혹은 법에서 법을 안팎으로 알아차리는 수행을 하면서 지낸다.

비구는 법이 일어나는 현상을 알아차리는 수행을 하면서 지낸다. 혹은 법이 사라지는 현상을 알아차리는 수행을 하면서 지낸다. 혹은 법이 일어나고 사라지는 현상을 알아차리는 수행을 하면서 지낸다.

비구는 단지 법이 있다는 알아차림을 확립할 때까지 법의 현상들에 대한 분명한 앎과 알아차림을 확립하고, 유지한다. 비구는 갈애와 잘못된 견해에 의지하지 않고 지낸다. 그는 세상에서 아무것도 집착하지 않는다. 비구들이여, 이와 같이 비구는 법에서 법을 알아차리는 수행을 하면서 지낸다.”

다음은 여섯 가지 안팎의 감각장소를 알아차림에 대해서 부처님의 가르침을 하나씩 살펴보겠습니다.

“비구들이여, 여기 비구는 눈[眼]을 알아차리고, 형상[色]을 알아차리고, 이 두 가지를 조건으로 일어난 족쇄를 알아차린다. 비구는 전에 없던 족쇄가 어떻게 일어나는지 안다. 일어난 족쇄가 어떻게 사라지는지 안다. 사라진 족쇄가 어떻게 하면 앞으로 다시 일어나지 않는지 안다.” 먼저 부처님의 이 말씀을 살펴보겠습니다.

수행자가 눈으로 대상을 볼 때는 눈이라는 감각기관과 형상이라는 감각대상이 부딪쳐서 보는 것이 성립됩니다. 모든 것은 이처럼 안에 있는 감각기관과 밖에 있는 감각대상이 있어서 일어납니다. 이때 이것을 알기 위해서는 물질적 영역과 정신적 영역에서 서로가 역할을 하기 때문에 아는 것으로 이해해야 합니다. 이렇게 알아야 정신과 물질을 구별해서 보는 지혜가 나며, 그다음으로 원인과 결과를 아는 지혜가 성숙됩니다.

수행자는 항상 대상과 아는 마음이라는 두 가지 기능이 작용하고 있다는 것을 알아야 합니다. 이처럼 두 가지 요소들이 각각의 영역에서 기능을 하는 것을 알아야 사견에 빠지지 않습니다. 그렇지 않으면 대상을 볼 때 내가 본다는 생각을 가지고 보기 때문에 법을 볼 수가 없습니다. 그래서 유신견에 사로잡히게 됩니다.

만약 알아차려서 열 가지 족쇄가 일어나지 않으면 일어나지 않은 상태에서 알아차림을 계속해야 합니다. 그러나 이미 반응을 해서 족쇄가 일어났다면 다시 족쇄가 일어난 것을 알아차려야 합니다. 그런 뒤에 족쇄에 걸린 것을 아는 마음을 알아차립니다. 그리고 가슴으로 와서 족쇄에 걸린 마음으로 인해서 일어난 느낌을 알아차립니다. 이것은 모든 대상이 나타났을 때 이렇게 알아차려야 하는 일련의 과정입니다.

전에 없던 족쇄가 일어났으면 일어난 것을 알아차려야 합니다. 이때 왜 전에 없던 족쇄가 일어났는지를 아는 것이 바로 지혜입니다. 그러므로 족쇄가 일어났을 때 생각으로 족쇄가 일어난 것을 궁금하게 여겨서는 안 됩니다. 단지 족쇄가 일어난 것을 알아차려서 조건이 성숙되면 나중에 지혜가 나서 족쇄가 일어난 원인을 알 수 있습니다. 수행자는 언제나 대상이 일어날 때 또 다른 번뇌가 들어오기 전에 즉시 알아차려야 합니다. 그리고 계속해서 대상을 알아차리면 결국에는 왜 이런 족쇄가 일어났는지를 지혜로 알 수 있습니다.

　마음에는 종자가 있어서 마음을 알아차리면 그 마음이 다음 마음에 전해집니다. 마음을 알아차리는 순간에는 선한 마음이 되고, 이 선한 마음의 종자가 다음 마음에 상속됩니다. 그래서 마음을 알아차리면 행복하게 살 수가 있습니다. 그러나 알아차리지 못하면 선하지 못한 마음이 다음 마음에 전해져서 괴로움 속에서 살아야 합니다.

　무슨 일을 시작하거나 처음에 일하는 마음을 알아차리면 그 순간의 청정한 마음으로 바뀌어 다음 마음이 청정한 상태로 일을 합니다. 그러나 마음을 한번 알아차렸다고 해서 언제까지나 청정한 마음이 계속되는 것은 아닙니다. 알아차림을 지속할 때만 청정한 마음이 상속되어서 항상 행복할 수 있습니다.

　모든 것의 근본원인은 무명과 갈애입니다. 어리석음과 바라는 마음이 있으면 알아차림을 확립할 수가 없습니다. 그러므로 누구나 지혜가 없다면 필연적으로 열 가지의 족쇄가 일어납니다.

　수행자는 일어난 족쇄가 어떻게 사라지는지를 알아야 합니다. 눈에 보이는 대상을 보는 즉시 알아차리면 열 가지 족쇄가 일어나지 않습니다. 이렇게 알아차리는 힘을 키우면 지혜가 나서 차츰 족쇄의 힘이 약해지고 나중에는 저 스스로가 사라집니다. 그렇지 않고 이러한 족쇄를 없애려고 하거나 이것을 없애기 위해서 다른 것을 바란다면 족쇄를 완전히 소멸시킬 수 없습니다.

수행자는 사라진 족쇄가 어떻게 하면 앞으로 다시 일어나지 않는지를 알아야 합니다. 다시 족쇄가 일어나지 않도록 하기 위해서는 족쇄가 일어난 원인을 제거하면 됩니다. 그러기 위해서는 족쇄가 일어난 것을 알아차려야 하며, 알아차린 결과로 족쇄가 사라진 것을 다시 알아차려야 합니다. 족쇄가 어떻게 사라졌는지를 알아차리는 이러한 일련의 과정을 거치면 사라진 족쇄가 다시 일어나지 않습니다.

만약 이때 다시 이러한 번뇌가 나타난다면 처음부터 이러한 과정을 다시 되풀이해서 시작해야 합니다. 언제나 번뇌의 힘은 큽니다. 오랫동안 생성되어 온 것이라서 제거하려 고 해도 제거되지 않습니다. 이 번뇌를 제거하는 유일한 방법은 알아차리는 것이고, 알아차림을 지속하는 것입니다. 이것밖에 다른 길이 없습니다. 만약 쉽게 결과를 얻으려 고 하면 오히려 번뇌의 힘을 키우는 결과가 생깁니다. 이러한 악순환이 모든 사람들의 삶의 방법입니다. 그러나 이러한 방법으로는 결코 바람직한 결과를 얻을 수 없습니다.

사라진 족쇄가 확실하게 다시 일어나지 않게 하기 위해서는 지혜가 나서 도과를 성취해야 합니다. 이것은 생각이 아닌 위빠사나 수행의 실천을 통해서 얻는 것입니다. 수다원의 도과를 성취하면 사견, 의심, 계율과 의식에 대한 집착이 소멸됩니다. 사다함 의 도과를 성취하면 사견, 의심, 계율과 의식에 대한 집착이 소멸되고, 감각적 욕망과 악의가 약해집니다. 아나함 도과를 성취하면 사견, 의심, 계율과 의식에 대한 집착, 감각 적 욕망과 악의가 완전하게 사라집니다. 마지막으로 아라한의 도과를 성취하면 열 가지 족쇄가 모두 소멸합니다.

도과를 성취한다는 것은 열반을 의미합니다. 열반은 번뇌가 불타버린 최고의 집중의 상태입니다. 그러나 수다원의 열반과 사다함의 열반과 아나함의 열반과 아라한의 열반 의 종류가 다릅니다. 그래서 어떤 열반이냐에 따라서 번뇌가 불타는 종류가 달라집니다. 이렇듯이 번뇌도 도과의 지혜에 따라서 소멸되는 종류가 다릅니다.

그러므로 인간이 살아가면서 번뇌가 없기를 바란다면 위빠사나 수행을 해서 도과를 성취해야 합니다. 이 길은 부처님께서 체험하시고 직접 저희들에게 드러내 보이신 길입 니다. 그래서 이 길이 아닌 곳에서는 괴로움을 피할 방법이 없습니다. 지금까지 몰라서 이 길을 가지 못했다면 이제 알았으니 이 길로 가야 합니다.

법은 다른 곳에 있지 않습니다. 법은 지금 여기에 있는 자신의 몸과 마음에 있습니다. 그러므로 이 순간의 몸과 마음을 알아차리는 것이 도과를 얻는 출발입니다. 우리가 진리가 무엇인지 알아도 그 진리를 실천하지 않고서는 진리이지 못합니다. 그러므로 위빠사나 수행을 하지 않고서는 진리가 무엇인지를 알 수가 없습니다.

예외적으로 도과를 성취하지 않아도 12연기법을 철저하게 숙지한다면 의심에서 해방되는 지혜를 얻습니다. 그러면 지옥, 축생, 아귀, 아수라의 사악도에서 태어나지 않을 수가 있습니다. 수다원의 도과를 성취해야 사악도에서 태어나지 않지만 12연기법을 숙지하였다면 사악도에서 태어나지 않을 가능성이 많습니다. 왜냐하면 불선행을 하면 불선과보를 받는다는 원인과 결과를 알기 때문에 12연기를 공부한 사람은 사악도에 떨어질 악행을 범하지 않을 가능성이 많기 때문입니다.

이제 수행자는 알았습니다. 번뇌는 여섯 가지 감각기관의 문을 통해서 들어온다는 것을 알았습니다. 모든 것은 원인이 있어서 생긴 결과이므로 모든 원인은 감각기관이 있기 때문에 일어납니다. 이러한 감각기관을 감각영역, 감각장소, 감각기반, 감각토대 등으로 부릅니다. 무엇이나 어떤 기반을 토대로 일어납니다. 그래서 기반에 대한 알아차림을 확립해야 합니다. 그래서 알아차림은 여섯 가지 감각기관을 지키는 문지기입니다. 만약 문지기가 없으면 번뇌가 자신의 몸과 마음을 제집 드나들듯이 들락거릴 것입니다. 그래서 번뇌와 함께 동거하지 않을 수 없습니다.

이제 수행자는 한 가지를 더 알았습니다. 도둑이 들어와 주인 행세를 하지 않도록 하기 위해서는 여섯 가지 감각기관에서 알아차려야 한다는 것입니다. 수행자가 얼마나 문지기 역할을 충실히 했는가 하는 것으로 수행의 기준을 삼을 수 있습니다. 그리고 이것이 바로 지혜를 계발하는 기준입니다. 그러므로 수행자는 번뇌가 들어오면 들어온 것을 알아차리고, 번뇌가 사라졌으면 사라진 것을 알아차리고, 번뇌가 들어오지 않았으면 들어오지 않은 것을 알아차리면 됩니다. 이런 단순한 알아차림만이 끈질긴 번뇌와의 다툼에서 구출되어 살아남을 수 있습니다.

경전의 다음 구절은 귀에 관한 것입니다. "비구는 귀[耳]를 알아차리고, 소리[聲]를 알아차리고, 이 두 가지를 조건으로 일어난 족쇄를 알아차린다. 비구는 전에 없던 족쇄가 어떻게 일어나는지 안다. 일어난 족쇄가 어떻게 사라지는지 안다. 사라진 족쇄가 어떻게 하면 앞으로 다시 일어나지 않는지 안다."

수행자가 소리를 들을 때는 귀라는 감각기관과 소리라는 감각대상이 부딪쳐서 소리가 나는 것이라고 알아야 합니다. 이때 귀라는 감각기관과 소리라는 감각대상이 부딪친 것을 다시 아는 마음이 받아들여서 아는 것입니다. 이러한 일련의 과정에서 알아차림이 있으면 번뇌가 침투하지 못합니다. 그러면 시끄러운 소리라고 화를 내거나 달콤한 소리라고 감각적 욕망에 빠지지 않습니다. 소리는 단지 소리일 뿐입니다. 소리는 일어날 만해서 일어난 것입니다. 일어날 만해서 일어난 소리를 자신의 입장에서 들으면 일어날 만한 당위성을 용납하지 못하는 것입니다. 그렇다면 그에 따른 고통이 일어나기 마련입니다.

소리를 알아차리지 못하면 어떤 소리는 내게 유익하고, 어떤 소리는 내게 유익하지 않을 수 있습니다. 그래서 유익한 것에 좋은 느낌이 일어나고, 유익하지 않은 것에 대해서는 싫은 느낌이 일어납니다. 이것은 소리하고 상관없이 온전히 자신이 만든 것입니다. 이때의 소리는 단지 원인을 제공했을 뿐이지 결과는 자신이 만드는 것입니다.

만약 소리로 인해 어떠한 느낌이 일어났다면 대상을 있는 그대로 알아차리지 못한 것입니다. 이때 일어난 좋은 느낌이나 싫은 느낌이 바로 족쇄입니다. 족쇄라는 것이 다른 것이 아니고 바로 반응한 느낌입니다. 이러한 느낌이 다양한 형태의 번뇌로 번집니다. 그러나 이것은 단지 느낌일 뿐입니다. 소리라는 단순한 느낌에 여러 가지 형태로 반응했다면 이것은 자신의 유신견으로 인한 어리석음 때문입니다.

귀라는 감각기관과 소리라는 감각대상이라는 두 가지 조건은 원인과 결과입니다. 귀라는 원인이 있어서 소리라는 결과가 있습니다. 다시 귀와 소리라는 원인이 있어서 이것을 아는 마음이란 결과가 있습니다. 이것은 단순하게 소리를 듣고 아는 과정에 관한 것입니다. 수행자는 여기서 새로운 원인과 결과를 알아야 합니다. 귀와 소리와 아는 마음이라는 원인이 있어서 이것을 깨어서 아는 결과가 수행입니다.

여섯 가지 감각기관이 여섯 가지 감각대상과 부딪쳐서 여섯 가지 아는 마음이 일어나는 것은 일반적 의식과정입니다. 수행자는 여기에 새로운 형태의 과정을 만들어야 합니다. 이렇게 일반적으로 아는 것에 알아차림이란 원인을 만들어서 깨어서 아는 결과를 만들어야 합니다. 그러므로 수행자가 아는 것은 일반적으로 아는 것과는 다릅니다. 알아차림이란 새로운 원인이 있기 때문입니다. 이러한 과정에서만 통찰지혜가 성숙됩니다. 수행자는 반드시 이러한 지혜가 계발되는 마지막까지 인내를 가지고 노력해야 합니다. 그래서 도과를 성취해야 비로소 노력한 결과가 분명하게 드러날 것입니다.

수행자에게는 두 가지 선택만 있습니다. 감각기관을 기반으로 해서 들어오는 번뇌를 알아차려서 일어나지 못하도록 할 것인가, 아니면 감각기관을 기반으로 해서 번뇌가 들어와도 좋으니 알아차림을 할 필요가 없는가 하는 두 가지의 선택입니다. 하나는 아는 마음이고, 하나는 모르는 마음입니다. 이것의 선택은 온전하게 자신의 마음이 합니다.

이처럼 눈으로 형상을 볼 때와 귀로 소리를 들을 때와 마찬가지로 코로 냄새를 맡을 때나 혀로 맛을 볼 때나 몸으로 접촉할 때나 모두 똑같은 방식으로 알아차려야 합니다. 이것을 벗어난 어떤 실재하는 진실은 없습니다. 이와 같이 수행자는 대상을 알아차릴 때 안으로 알아차리는 수행을 해야 하며, 혹은 대상을 알아차릴 때 밖으로 알아차리는 수행을 해야 합니다. 혹은 대상을 알아차릴 때 안팎으로 알아차리는 수행을 하기도 해야 합니다.

하루 중에 수행자가 처한 상황은 다양합니다. 어떤 때는 조용히 혼자만 있을 때도 있을 것입니다. 그리고 어떤 때는 상대가 있기도 할 것입니다. 그리고 자신이 맡은 일을 해야 할 때도 있을 것입니다. 이때마다 알아차리는 방법을 달리해야 합니다. 그래서 알아차림을 감각기관에 두고 알아차릴 수도 있으며, 때로는 감각대상에 두고 알아차릴 수도 있습니다. 그리고 알아차림을 감각기관과 감각대상에 동시에 안팎에 두고 알아차릴 수도 있습니다.

수행자가 자신의 감각기관에 마음을 두어야 한다는 것을 고집하면 남을 배려하는 마음이 없어집니다. 상대가 있을 때는 마음을 상대에 두고 알아차려야 합니다. 상대가 말을 하는데 마음을 자신의 감각기관에 두고 있으면 상대의 말이 귀에 들어오지 않습니다. 그러면 상대를 배척하는 것입니다. 이것은 위빠사나 수행이 아닙니다.

위빠사나 수행은 중도적 관점에서 조화를 이루는 것입니다. 그래서 위빠사나 수행을 팔정도라고 말하기도 하고, 중도中道라고 말하기도 하는 것입니다. 그래서 나와 남을 모두 함께 배려하는 마음으로 수행을 해야 합니다. 수행자의 기본적인 알아차림은 항상 자신의 감각기관에 두되 여러 가지 상황에 따라서 탄력적으로 대처하는 것이 바른 수행을 하는 것입니다. 어느 곳에 마음을 두거나 대상을 깨어서 알아차리는 마음만 있으면 훌륭한 수행을 하는 것입니다. 언제나 대상은 중요하지 않습니다. 대상을 알아차리는 마음만 있으면 됩니다.

위빠사나는 진리의 성품을 알기 위해서 네 가지 대상을 알아차리는 수행입니다. 첫째, 몸을 알아차려서 매 순간 변하는 무상의 성품을 압니다. 둘째, 느낌을 알아차려서 고통의 성품을 압니다. 셋째, 마음을 알아차려서 자아가 아니라는 무아의 성품을 압니다. 넷째, 몸과 느낌과 마음을 알아차려서 존재하는 것들의 일반적 특성인 무상, 고, 무아의 성품을 압니다. 이렇게 신身, 수受, 심心, 법法이라는 네 가지 대상을 알아차려서 무상, 고, 무아의 세 가지 자각이 일어나면 갈애가 끊어져서 해탈의 자유를 얻을 것입니다.

법을 알아차림[法念處]
—일곱 가지 깨달음의 요소[七覺支]를 알아차림

일어나는 것은 사라집니다. 나쁜 일어남은 나쁜 사라짐이 있고, 좋은 일어남은 좋은 사라짐이 있습니다. 이것이 원인과 결과입니다. 이처럼 일어났다가 사라지는 것을 무상이라고 합니다. 그러나 일어났다가 사라지지 않는 것은 영원이라고 합니다. 과연 일어났다가 사라지지 않는 것이 있을까요? 조건에 의해서 일어난 것은 반드시 조건에 의해서 사라집니다. 여기에 원인과 결과라는 조건만 있습니다.

일어났다가 사라지는 것이 불교의 무상입니다. 일어나서 사라지지 않는 것은 항상하는 것으로 다른 종교에서 말하는 영원입니다. 무상은 자아가 없지만 변하지 않는 영원은 자아가 있습니다. 그래서 자아가 있으면 집착을 끊을 수가 없습니다. 그래서 자아가 있는 곳에서는 해탈이 없습니다. 오직 일어나고 사라지는 무상에서만 자아가 없다는 것을 자각할 수 있기 때문에 해탈의 자유를 누릴 수 있습니다.

◆◆◆◆◆

법을 알아차리는 수행의 네 번째는 '일곱 가지 깨달음의 요소[七覺支]를 알아차림'입니다.

넷째, 일곱 가지 깨달음의 요소[七覺支]를 알아차림입니다. 법념처를 시작한 이래 지금까지 처음 수행을 시작하면서 나타나는 장애를 알아차렸습니다. 다음 단계로 수행을 하는 기본조건인 오온과 12처를 알아차리는 수행을 했습니다. 이러한 과정을 충실히 알아차리면 다음 단계로 일곱 가지 깨달음의 요소가 성숙됩니다.

일곱 가지 깨달음의 요소란 법에 대한 철저한 이해를 말합니다. 이는 위빠사나 수행의 대상인 정신과 물질에 대한 철저한 이해를 바탕으로 차츰 지혜가 계발되는 것을 말합니다. 이 말을 한문으로는 칠각지七覺支라고 합니다. 누구나 처음에 위빠사나 수행을 시작하면서부터 초보과정의 지혜가 생기기 시작합니다. 하지만 일곱 가지 깨달음의 요소가 계발되기 시작하면서 도과를 성취하는 데 필요한 지혜가 더욱 구체적으로 계발되기 시작합니다.

위빠사나 수행자가 도과를 성취하는 과정은 반드시 정해진 길을 갑니다. 이 길이 아닌 다른 길로 가서는 깨달음으로 가는 열반을 성취할 수가 없습니다. 이러한 과정이 경전에서는 여러 가지 형태로 서술되고 있습니다. 다음에 소개하는 과정들은 모두 같은 길이지만 필요에 따라서 약간 기술을 달리한 것들입니다.

수행자가 도과를 성취하기 위해서는 일곱 가지 깨달음의 요소를 알아차려야 합니다. 이러한 과정을 거치는 동안 일곱 가지 청정이 수반되어야 합니다. 부처님께서는 지혜가 계발되는 과정을 열 가지로 설명하셨습니다. 붓다고사의 『청정도론』에서는 지혜가 계발되는 과정을 열여섯 단계로 나누었습니다. 이외에도 열 가지 위빠사나 수행에 따른 번뇌를 알아차리는 과정이 있습니다. 그리고 열 가지 족쇄를 소멸하는 과정이 있습니다. 이상의 과정은 모두 하나의 열반을 향해서 갈 때 나타나는 다양한 형태의 과정들입니다. 가는 길은 하나지만 나타나는 장애나 지혜에 따라서 분류한 것들입니다.

여기서 주목해야 할 것은 도과를 성취하는 길이 낱낱이 밝혀져 있다는 사실입니다. 그러므로 수행자가 무엇인지도 모르고 막연하게 가는 길이 아니고 이미 정해진 길을 부처님의 가르침에 따라서 가는 것입니다. 위빠사나 수행자가 수행을 하면 매 단계마다 나타나는 현상이 있기 때문에 스승은 이것을 기준으로 가르침을 폅니다. 그리고 수행자에 따라서 발전의 속도가 약간씩 다르긴 하지만 반드시 누구나 이러한 과정을 거쳐야 합니다. 그래서 깨달음으로 가는 이 길은 이미 정해진 길입니다.

부처님께서 처음으로 찾아내신 12연기도 이미 있는 법을 찾아내신 것이지 부처님이 만드신 것이 아닙니다. 부처님은 우리와 똑같은 인간일 뿐만 아니라 똑같은 것을 경험하

고 똑같이 무수한 윤회를 거치셨습니다. 다만 다른 것이 있다면 부처가 되기를 서원을
세우고 오랜 세월 동안 보살로서 바라밀 공덕을 쌓은 과보로 부처가 된 것이 다릅니다.

깨달음으로 가는 지혜의 단계는 부처님께서 만드신 것이 아닙니다. 앞서가신 역대의
모든 부처님과 벽지불과 아라한과 수많은 성인들이 가신 길을 고따마 부처님께서도
똑같이 가신 것입니다. 그리고 수다원, 사다함, 아나함, 아라한의 도과도 부처님께서
만드신 것이 아닙니다. 원래 있는 이 길을 단지 찾아내서 가신 것입니다.

일곱 가지 깨달음의 요소 중에서 첫 번째인 알아차림의 깨달음의 요소와 두 번째인
법에 대한 고찰의 깨달음의 요소와 세 번째인 정진의 깨달음의 요소는 지혜의 계발이라
고 하기보다는 수행을 시작할 때 필요한 깨달음의 요소들입니다. 이상 세 가지의 깨달음
의 요소가 성숙되면 본격적으로 지혜의 계발단계에 이르는데 이것이 네 번째인 희열의
깨달음의 요소입니다. 어쨌거나 이러한 깨달음의 과정을 가기 위해서는 반드시 일곱
가지의 과정들을 거치는 것을 우리는 주목해야 합니다.

『대념처경』에 있는 '일곱 가지 깨달음의 요소[七覺支]를 알아차림'은 다음과 같습니다.

"다시 비구들이여, 비구는 일곱 가지 깨달음의 요소라는 법에서 법을 알아차리는
수행을 하면서 지낸다. 비구들이여, 어떻게 비구가 일곱 가지 깨달음의 요소라는 법에서
법을 알아차리는 수행을 하면서 지내는가?
첫째, 비구들이여, 여기 비구는 알아차림의 깨달음의 요소[念覺支]가 있을 때 내게
알아차림의 깨달음의 요소가 있다고 안다. 알아차림의 깨달음의 요소가 없을 때 내게
알아차림의 깨달음의 요소가 없다고 안다. 비구는 전에 없던 알아차림의 깨달음의 요소
가 일어나면 그것을 안다. 일어난 알아차림의 깨달음의 요소가 수행을 통해서 완성되면
그것을 안다.
둘째, 비구는 법에 대한 고찰의 깨달음의 요소[擇法覺支]가 있을 때 내게 법에 대한
고찰의 깨달음의 요소가 있다고 안다. 법에 대한 고찰의 깨달음의 요소가 없을 때는
내게 법에 대한 고찰의 깨달음의 요소가 없다고 안다. 비구는 전에 없던 법에 대한
고찰의 깨달음의 요소가 일어나면 그것을 안다. 일어난 법에 대한 고찰의 깨달음의

요소가 수행을 통해서 완성되면 그것을 안다.

셋째, 비구는 정진의 깨달음의 요소[精進覺支]가 있을 때 내게 정진의 깨달음의 요소가 있다고 안다. 정진의 깨달음의 요소가 없을 때 내게 정진의 깨달음의 요소가 없다고 안다. 비구는 전에 없던 정진의 깨달음의 요소가 일어나면 그것을 안다. 일어난 정진의 깨달음의 요소가 수행을 통해서 완성되면 그것을 안다.

넷째, 그는 희열의 깨달음의 요소[喜覺支]가 있을 때 내게 희열의 깨달음의 요소가 있다고 안다. 희열의 깨달음의 요소가 없을 때 내게 희열의 깨달음의 요소가 없다고 안다. 비구는 전에 없던 희열의 깨달음의 요소가 일어나면 그것을 안다. 일어난 희열의 깨달음의 요소가 수행을 통해서 완성되면 그것을 안다.

다섯째, 비구는 평안함의 깨달음의 요소[輕安覺支]가 있을 때 내게 평안함의 깨달음의 요소가 있다고 안다. 평안함의 깨달음의 요소가 없을 때는 내게 평안함의 깨달음의 요소가 없다고 안다. 비구는 전에 없던 평안함의 깨달음의 요소가 일어나면 그것을 안다. 일어난 평안함의 깨달음의 요소가 수행을 통해서 완성되면 그것을 안다.

여섯째, 비구는 마음집중의 깨달음의 요소[定覺支]가 있을 때 내게 마음집중의 깨달음의 요소가 있다고 안다. 마음집중의 깨달음의 요소가 없을 때 내게 마음집중의 깨달음의 요소가 없다고 안다. 비구는 전에 없던 마음집중의 깨달음의 요소가 일어나면 그것을 안다. 일어난 마음집중의 깨달음의 요소가 수행을 통해서 완성되면 그것을 안다.

일곱째, 비구는 평등의 깨달음의 요소[捨覺支]가 있을 때 내게 평등의 깨달음의 요소가 있다고 안다. 평등의 깨달음의 요소가 없을 때 내게 평등의 깨달음의 요소가 없다고 안다. 비구는 전에 없던 평등의 깨달음의 요소가 일어나면 그것을 안다. 일어난 평등의 깨달음의 요소가 수행을 통해서 완성되면 그것을 안다.

이와 같이 그는 법에서 법을 안으로 알아차리는 수행을 하면서 지낸다. 혹은 법에서 법을 밖으로 알아차리는 수행을 하면서 지낸다. 혹은 법에서 법을 안팎으로 알아차리는 수행을 하면서 지낸다.

그는 법이 일어나는 현상을 알아차리는 수행을 하면서 지낸다. 혹은 법이 사라지는 현상을 알아차리는 수행을 하면서 지낸다. 혹은 법이 일어나고 사라지는 현상을 알아차리는 수행을 하면서 지낸다.

그는 단지 법이 있다는 알아차림을 확립할 때까지 법의 현상들에 대한 분명한 앎과 알아차림을 확립하고, 유지한다. 그는 갈애와 잘못된 견해에 의지하지 않고 지낸다.

그는 세상에서 아무것도 집착하지 않는다. 비구들이여, 이와 같이 비구는 법에서 법을 알아차리는 수행을 하면서 지낸다."

다음은 일곱 가지 깨달음의 요소[七覺支]를 알아차림에 대해서 부처님의 가르침을 하나씩 살펴보겠습니다.

"첫째, 비구들이여, 여기 비구는 알아차림의 깨달음의 요소[念覺支]가 있을 때 내게 알아차림의 깨달음의 요소가 있다고 안다. 알아차림의 깨달음의 요소가 없을 때 내게 알아차림의 깨달음의 요소가 없다고 안다. 비구는 전에 없던 알아차림의 깨달음의 요소가 일어나면 그것을 안다. 일어난 알아차림의 깨달음의 요소가 수행을 통해서 완성되면 그것을 안다."

여기서 말하는 알아차림을 빨리어로는 사띠sati라고 합니다. 사띠의 뜻은 크게 두 가지 의미를 가지고 있는데 하나는 기억이고, 다른 하나는 알아차림입니다. 기억이라는 말은 현전하는 것입니다. 현전이란 눈앞에 있는 현재를 말합니다. 그래서 현재 여기에 있는 것을 잊지 않고 기억해서 알아차린다는 뜻입니다.

이것은 평소에 알아차릴 것을 잊지 않고 항상 알아차려야 하는 것과 함께 현재 알아차리는 것을 잊지 않고 지속해서 알아차리는 것을 말합니다. 그러므로 수행에서 말하는 알아차림은 단순히 알아차림 하나로 그치지 않고, 반드시 알아차린 뒤에 알아차림을 지속하는 것까지를 포함하고 있습니다.

누구나 현재 여기에 있는 것에 마음을 두고 살지 못합니다. 지나간 과거에 매달려 후회하거나 그리워합니다. 또 오지 않은 미래를 생각하면서 불안해 하거나 꿈을 가지고 삽니다. 이것들은 모두 생각에 빠진 것으로 실재하는 진실이 아니고 관념입니다. 생각은 생각에 그칠 뿐이며, 결코 생각으로는 통찰지혜를 얻을 수 없습니다.

위빠사나 수행에서의 알아차림은 단지 대상을 겨냥하여 아는 것에 그치지 않고, 반드시 대상에 마음을 머물게 하여 지속적으로 알아차리는 것을 포함합니다. 이럴 때만이 고요함에 의해 통찰지혜가 계발되기 때문입니다.

알아차림은 위빠사나 수행에서 가장 중요한 기본요소 중의 하나입니다. 알아차림은 마음이 깨어 있는 상태라서 계율을 지키는 행위입니다. 대상을 잊지 않음으로 인해 혼란한 상태가 아니고 항상 각성된 상태라서 청정한 마음가짐입니다.

알아차림은 선한 마음의 작용으로 선한 행위에 속합니다. 그래서 알아차림이 있을 때는 여섯 가지 감각기관이 여섯 가지 감각대상과 부딪칠 때 행동, 말, 좋음, 싫음, 기호, 판단, 생각 등등에 얽매이지 않고 대상을 있는 그대로 받아들여서 압니다. 그래서 마음이 대상을 받아들일 때 깨어 있는 상태에서 대상을 있는 그대로 아는 것입니다. 누구나 대상과 마주할 때 깨어 있는 상태로 마주하기 못하기 때문에 모든 번뇌가 일어납니다. 그러나 알아차림이 있을 때는 어떠한 번뇌도 침투하지 못합니다.

알아차림의 특성은 흔들리지 않고, 대상의 표면 위에 떠다니지 않고, 대상에 깊이 들어가서 대상을 철저하게 아는 것입니다. 그것의 기능이 기억하는 것입니다. 그래서 수행자가 부주의함에 빠지지 않도록 수행자를 보호하는 것으로 나타납니다. 이러한 알아차림은 신, 수, 심, 법이라는 사념처 수행을 확립하는 것이 가까운 원인입니다. 그래서 알아차릴 대상은 몸, 느낌, 마음, 법이라는 사념처입니다.

　부모에게는 자식이 모르는 고통이 있습니다. 책임자에게는 책임이 없는 사람이 모르는 고통이 있습니다. 지혜가 있는 자는 지혜가 없는 자가 모르는 고통이 있습니다. 그러나 자식에게도 부모가 모르는 고통이 있습니다. 책임이 없는 사람에게도 책임이 있는 사람이 모르는 고통이 있습니다. 지혜가 없는 자에게도 지혜가 있는 자가 모르는 고통이 있습니다.

　누구나 각자의 위치에서 저마다의 고통을 가지고 삽니다. 어떤 경우이거나 나의 고통이 있는 것처럼 상대에게도 고통이 있다는 사실을 알아차려야 합니다. 나의 고통만 고통이고, 남의 고통은 고통이 아니라고 한다면 나의 고통이 더 커집니다. 나의 고통처럼 남의 고통을 헤아리면 이미 그것은 고통이 아닙니다.

◆◆◆◆◆

　알아차림의 깨달음의 요소에 대해서 계속 말씀드리겠습니다.

　수행의 시작은 먼저 알아차림을 가지고 출발하는 것입니다. 그러나 알아차림은 반드시 대상이 있어야 하는데 이때의 대상이 사념처입니다. 누구나 지금까지 자신의 몸과 마음을 대상으로 삼아 본 적이 별로 없습니다. 그래서 처음에는 자신의 몸과 마음을 대상으로 삼는 것이 생소합니다. 그러므로 수행자는 알아차릴 대상이 자신의 몸과 마음이라는 사실을 다시 한 번 분명하게 인식해야 합니다. 일반적으로 위빠사나 수행이 어렵다고 말하거나 수행이 잘 안 된다고 하는 경우는 자신의 몸과 마음을 알아차리지 못했기 때문에 오는 결과입니다.

수행자가 대상을 알아차릴 때는 알아차림의 깨달음의 요소가 있을 때 알아차림의 깨달음의 요소가 있는 것을 알아차려야 합니다. 처음에는 대상을 알아차려야 하며, 알아차린 뒤에는 대상을 지속적으로 알아차려야 합니다. 수행자의 역할은 대상을 알아차리는 것입니다. 그리고 알아차림을 지속하는 것입니다.

수행자가 대상을 알아차리지 못할 때는 알아차림의 깨달음의 요소가 없는 것을 알아차려야 합니다. 그래서 항상 알아차림의 깨달음의 요소가 생기도록 잊지 않고 노력해야 합니다. 알아차리지 못하는 것은 마음을 대상에 겨냥하지 못한 것입니다. 그러면 대상을 깨어서 지켜보는 것이 아닙니다. 깨어서 보지 못한다면 수행이라고 할 수가 없습니다. 수행을 한다는 것은 바로 알아차림이 있느냐 없느냐 하는 것으로 구별할 수 있습니다.

수행자 여러분! 잠시 두 손바닥을 마주 대보십시오. 이때 손이 닿은 것을 아는 것이 알아차리는 것입니다. 그러나 단지 손을 아는 것은 관념으로 아는 것입니다. 이것은 위빠사나 수행이 아닙니다. 이때 손이 닿은 느낌을 아는 것이 위빠사나 수행입니다. 같은 알아차림이라도 모양으로의 손을 알 때는 관념으로 아는 것이며, 손이 아닌 손에 있는 느낌을 아는 것이 바로 실재를 아는 것입니다.

잠시 두 손이 닿은 느낌을 느껴 보십시오. 따뜻한 느낌이 있을 것입니다. 아니면 건조하거나 축축한 느낌도 있을 것입니다. 또는 단단함이나 부드러움이 있을 수도 있습니다. 그리고 진동을 느낄 수도 있고, 무거움을 느낄 수도 있습니다. 이것이 모두 느낌입니다. 이때 알아차림이 있는 것이고, 이것이 위빠사나 수행을 하는 것입니다.

알아차림에는 두는 알아차림이 있고, 있는 알아차림이 있습니다. 처음 수행을 시작할 때는 열심히 대상을 알아차려야 합니다. 이것이 두는 알아차림입니다. 이렇게 알아차리면 차츰 지혜가 나서 알아차림과 지혜가 함께 있게 됩니다. 이 상태에서는 있는 알아차림이 생겨 알아차리는 힘이 커집니다. 이것이 바로 있는 알아차림입니다. 그래서 이때는 알아차리고 있는 것을 다시 알아차릴 수도 있습니다.

　수행자의 다섯 가지 근기인 믿음, 노력, 알아차림, 집중, 지혜 중에서 믿음과 노력과 집중과 지혜는 적절해야 하며 균형이 있어야 합니다. 그러나 알아차림 하나는 아무리 많아도 부족합니다. 그래서 알아차림은 많을수록 좋습니다. 이 말은 아무리 노력을 해도 원하는 만큼 알아차리기가 어렵다는 것입니다. 일반적으로 알아차리지 못했다가 알아차림을 시작해도 이 알아차림을 지속하기가 어렵습니다. 그래서 알아차리기 시작한 뒤에 알아차림을 지속하기 위해서는 알아차리고 있다는 사실을 다시 알아차리는 것이 필요합니다.

　이처럼 알아차림은 항상 부족하기 마련이라서 알아차림과 함께 분명한 앎을 해야 합니다. 알아차림이 하나의 바퀴라면 다른 하나의 바퀴는 분명한 앎입니다. 알아차림이란 겨냥과 분명한 앎이라는 이해가 함께 결합되어야 비로소 더 확실한 알아차림을 할 수가 있습니다.

　알아차림에는 알아차리지 못했을 때 알아차리는 것과 알아차림을 지속하기 위해서 알아차리고 있는 것을 다시 알아차리는 것이 있습니다. 그러므로 알아차리고 있을 때는 알아차리고 있는 것을 알고, 알아차리지 못했을 때는 알아차리지 못한 것을 알고 즉시 알아차려야 합니다. 이때도 주의해야 합니다. 단지 알아차리지 못한 것을 아는 것으로 그쳐서는 안 됩니다. 일반적으로 알아차리지 못한 것을 알고도 다시 알아차림을 지속하지 못하기 때문입니다. 그래서 알아차리지 못한 것을 알고 새로 알아차림을 지속하기 위해서는 가슴에 있는 호흡이나 가슴의 느낌을 알아차리는 것이 효과적입니다.

　알아차림은 그냥 이루어지는 것이 아닙니다. 먼저 믿음이 있어야 합니다. 믿음이 있어서 생긴 현명한 성찰이 있어야 알아차릴 수 있습니다. 알아차림이 없는 상태가 무지한 상태라면 이는 믿음이 없기 때문에 현명한 성찰이 없어서 알아차리지 못하는 것입니다. 알아차리기 위해서는 이러한 믿음과 함께 노력이 따라야 합니다. 노력이 없으면 알아차릴 수도 없고, 알아차렸다고 해도 이 알아차림을 지속할 수가 없습니다.

　'일곱 가지 깨달음의 요소'라는 것은 깨달음을 얻기 위해 반드시 필요한 것들을 말합니다. 그 첫 번째 깨달음의 요소가 바로 알아차림입니다. 그러므로 알아차림 자체가 깨달음이 아니고, 알아차림이란 행위가 있어서 깨달음의 길을 가는 것이 시작되는 것입니다.

알아차림에 의해 일어나는 깨달음의 요소는 항상 하다고 알았던 것을 항상 하지 않다고 아는 것입니다. 즐거움이라고 알았던 것을 괴로움이라고 아는 것입니다. 자아가 있다고 알던 것을 무아라고 아는 것입니다. 그래서 알아차림에 의해 지혜가 성숙되었을 때는 다시 지혜가 성숙된 것을 알아차려야 합니다. 그래야 더 높은 지혜로 향해서 갑니다.

수행에서 만족이나 안주는 없습니다. 오직 대상과 아는 마음만 있습니다. 그러므로 어떤 지혜가 나도 그것도 하나의 과정일 뿐입니다. 이와 같이 '일어난 알아차림의 깨달음의 요소가 수행을 통해서 완성되면 그것을 안다'는 것은 도과를 성취했을 때도 알아차려야 하는 것을 말합니다. 지혜가 나도 알아차릴 대상이며, 도과를 성취해도 알아차릴 대상입니다. 수다원에서부터 아라한의 도과를 성취해도 이것이 모두 알아차릴 대상입니다. 그래서 수행은 알아차림으로 시작해서 알아차림으로 끝이 납니다. 이 이상은 없습니다. 이때 끝은 끝이 아니고 알아차림이 계속되는 것을 말합니다.

미얀마에서 아라한으로 알려진 큰스님께 법문을 요청하면 항상 첫째 인사가 알아차리라는 말이셨습니다. 그리고 법문도 알아차리라는 말이 법문이셨습니다. 그리고 마지막 헤어질 때 인사도 알아차리라고 하는 말로 끝내셨습니다. 이토록 위빠사나 수행자에게 있어서는 알아차림이 전부인 것입니다.

수행자가 알아차림의 깨달음의 요소를 확립하기 위해서는 알아차림과 함께 분명한 앎을 해야 합니다. 그리고 들뜨고 혼란스러운 마음을 가진 사람을 피하고, 알아차리는 수행을 하는 사람과 사귀어야 합니다. 무엇보다도 중요한 것은 알아차리기 위해서 노력을 하는 것입니다. 알아차림은 저절로 생기는 것이 아닙니다. 잊지 않고 노력을 해야 알아차릴 수 있으며, 계속해서 노력해야 알아차림이 지속됩니다.

지금까지 말씀드린 알아차림의 깨달음의 요소에 대해서 알아차린 것과 똑같은 방법으로 나머지 여섯 가지의 깨달음의 요소도 알아차려야 합니다. 일곱 가지 깨달음의 요소는 모두 최고의 지혜로 가는 과정의 지혜이므로 알아차리는 방법이 동일합니다. 그리고 이러한 과정의 지혜가 모두 알아차릴 대상입니다. 마지막 일곱 번째 단계의 깨달음의 요소인 평등의 깨달음의 요소가 이루어져야 비로소 그 다음 단계인 도과를 성취할 수 있습니다.

두 번째, 법에 대한 고찰의 깨달음[擇法覺支]의 요소입니다. 법은 알아차릴 대상입니다. 그리고 고찰은 대상을 조사하고 탐구하는 것입니다. 이 말은 먼저 대상을 알아차리고 난 뒤에 마음을 대상에 머물게 하여 대상이 가지고 있는 성품을 알아차리는 것을 말합니다.

부처님께서는 맹목적인 믿음을 갖지 말고, 먼저 자신의 몸과 마음을 탐구해 본 뒤에 지혜가 나면 그때 확신에 찬 믿음을 가질 것을 권하셨습니다. 이때 대상의 탐구가 바로 법에 대한 고찰입니다. 이것은 의심을 가지고 탐구하는 것을 말하는 것이 아니고, 아무런 선입관 없이 있는 그대로 알아차려서 대상이 가지고 있는 실재하는 성품이 무엇인지를 아는 것입니다. 이때 무엇인가를 찾으려고 알아차리는 것이 아닙니다. 단지 있어서 알아차리는 것입니다.

법에 대한 고찰이라고 할 때의 법은 대상을 말합니다. 이때의 대상이 정신과 물질입니다. 여기서 정신과 물질을 고찰한다는 것은 정신과 물질이 있는 것을 아는 것이 아닙니다. 이것은 정신이고, 이것은 물질이라고 구별해서 아는 것입니다. 정신과 물질이 하나가 아니고 정신적 영역과 물질적 영역이 있어서 서로의 영역에서 각각의 역할을 하는 것을 아는 것입니다. 이렇게 정신과 물질을 고찰하면 이것들이 일어나고 사라지는 것을 알 수 있습니다.

수행자는 먼저 호흡이 일어나고 사라지는 것을 알아차려서 다음 단계로 호흡을 알아차리는 마음도 일어나고 사라지는 것을 알아야 합니다. 그래서 물질도 일어나서 사라지는 것이면 바로 정신도 일어나서 사라지는 것을 알 수 있습니다. 이것은 집중에 의해 지혜가 계발되면 자연스럽게 알 수 있습니다.

이렇게 대상의 실재하는 성품인 일어나고 사라지는 것을 알기 위해서는 법을 고찰할 때는 관념이 아닌 실재를 알아차려야 합니다. 몸을 알아차릴 때는 모양으로서의 몸이 아닌, 몸이 가지고 있는 실재인 지, 수, 화, 풍을 알아차려야 합니다. 이것은 느낌으로 드러납니다. 이렇게 대상을 느낌으로 알아차리면 '나'라거나 '너'라고 하는 개념으로 알아차리지 않습니다. 그래서 예쁘다거나 밉다고 하는 개념으로 보지 않습니다. 이렇게 관념이 아닌 실재를 알아차리는 것이 대상의 고유한 특성을 알아차리는 것입니다. 바로 이렇게 알아차릴 때만이 대상이 가지고 있는 궁극의 실재를 알게 됩니다. 그러면 법을 바르게 고찰한 것입니다.

법에 대한 고찰은 팔정도의 바른 견해[正見]와 같습니다. 그러므로 법의 고찰은 바른 지혜를 말합니다. 법에 대한 고찰은 정신과 물질을 있는 그대로 보아서 무상, 고, 무아를 아는 것입니다. 그리고 팔정도의 바른 견해도 정신과 물질을 있는 그대로 보아 무상, 고, 무아를 아는 것입니다.

법에 대한 고찰은 유익한 것이나 해로운 것을 아는 것입니다. 그리고 나무랄 것이 없는 것과 나무라야 할 것을 아는 것입니다. 닦아야 할 것과 닦지 않아야 할 것, 고상한 것과 천박한 것, 옳은 것과 옳지 않은 것을 아는 것입니다. 이렇게 해서 할 일과 하지 않아야 할 일을 숙고하면 아직 일어나지 않은 법에 대한 고찰이 일어나도록 하고, 이미 일어난 법에 대한 고찰을 더 커지게 합니다. 그래서 법에 대한 고찰이 깨달음으로 가는 수행자에게 자양분이 되게 합니다.

분에 넘치는 것을 바라지 마십시오. 좋다고 해서 모두 좋은 것이 아닙니다. 자신에게 맞는 옷을 입어야 합니다. 아무리 좋은 것이라고 해도 아직 조건이 성숙되지 않았다면 자신의 것이 아닙니다. 감당하기 어려운 것을 탐욕으로 차지했다면 이것은 독배를 받은 것입니다. 탐욕의 끝은 괴로움입니다. 때로는 얻지 못한 것이 행복이 될 수도 있습니다. 어리석은 자는 생각도 없이 무조건 얻으려고 하지만 지혜로운 자는 옥석을 가려서 선택합니다.

우리는 어디서 와서 왜 여기에 사는지 모릅니다. 그리고 이렇게 살다가 어디로 가는지도 모릅니다. 그리고 이 생으로 끝인지 다음 생이 있는지도 모릅니다. 저마다 여러 가지 말들을 하지만 그것들을 모두 믿을 수도 없고, 그렇다고 믿지 않을 수도 없는 채로 살아왔습니다. 우리는 아무것도 모르기 때문입니다. 그래서 두려움에 떨어야 하며, 무엇인가에 구원을 받으려고 하면서 살았습니다. 이것이 과거부터 내려온 인류의 역사이고, 앞으로도 이 범주에서 벗어나기가 쉽지 않을 것입니다.

그러나 우리가 이러한 무지에서 벗어나기 위해서는 지금 여기에 있는 몸과 마음을 대상으로 알아차려야 합니다. 몸과 마음으로부터 시작된 모든 문제의 답은 오직 몸과 마음에 있습니다. 이것이 법에 대한 고찰입니다. 그러므로 깨달음으로 가기 위해서는 먼저 알아차림의 깨달음의 요소를 가지고 정신과 물질을 대상으로 알아차리는 깨달음의 요소를 실천해야 합니다.

정신과 물질이라는 대상을 고찰하면 몸과 마음이 무엇인지를 압니다. 몸은 대상을 인식하지 않기 때문에 단지 몸입니다. 마음은 대상을 향해서 기울어지기 때문에 단지 마음입니다. 이렇게 분명하게 몸과 마음의 영역을 알아차리면 대상의 역할을 꿰뚫어서 알게 됩니다. 그러면 몰랐던 의문이 풀리고 지혜가 나서 두려움이 사라집니다. 이렇게 해서 알게 되는 것이 원인과 결과이며 무상, 고, 무아입니다.

이 지혜는 말로는 대상의 진정한 뜻을 알 수가 없습니다. 오직 몸과 마음을 알아차린 결과로 오는 통찰지혜로 꿰뚫어야 이해할 수 있습니다. 만약 이런 지혜가 나면 어둠에서 붉을 밝히는 등불처럼 대상의 성품을 명료하게 알 수 있습니다. 그래서 흔들리지 않고 혼란스럽지 않습니다. 이것이 대상을 탐구해서 본 결과로 생긴 지혜입니다. 이러한 지혜로 인해 확신에 찬 믿음을 갖습니다.

혼란스럽지 않으면 들뜸과 의심에서 해방된 것입니다. 그러면 비로소 갈 길이 분명하게 보여서 무엇을 어떻게 해야 할지를 알게 됩니다. 그러므로 법에 대한 고찰은 어둠에서 빛을 발견하는 것으로 등불을 밝히는 등대와 같은 것입니다.

수행자는 위빠사나 수행을 할 때 법에 대한 고찰의 깨달음의 요소가 있을 때는 법에 대한 고찰의 깨달음의 요소가 있다고 알아차려야 합니다. 만약 법에 대한 깨달음의 요소가 없을 때는 법에 대한 깨달음의 요소가 없다고 알아차려야 합니다. 그래서 항상 법에 대한 깨달음의 요소가 생기도록 잊지 않고 노력해야 합니다.

법에 대한 깨달음의 요소가 확립될 수 있도록 하기 위해서는 다음과 같은 일곱 가지 방법들이 있습니다. 첫째, 부처님의 가르침, 오온, 12처, 사대四大, 사성제에 대해서 질문을 해야 합니다. 둘째, 알아차림을 통하여 몸과 마음을 정화해야 합니다. 셋째, 오근五根의 기능이 균형을 이루도록 해야 합니다. 넷째, 어리석은 사람을 피해야 합니다. 다섯째, 현명한 사람과 사귀어야 합니다. 여섯째, 부처님의 가르침을 공부해야 합니다. 일곱째, 항상 대상에 마음을 기울여서 고찰을 해야 합니다.

세 번째, 정진의 깨달음의 요소[精進覺支]입니다. 정진精進을 노력이라고 하는데 이것은 마음을 기울여서 애를 쓰는 것입니다. 수행은 노력을 하는 것입니다. 수행을 하는 것은 대상에 마음을 기울이는 것인데 노력이 없으면 마음이 대상에 머물지 않고 달아납니다. 그래서 알아차림을 놓칩니다.

수행을 시작하는 것도 노력이 있어야 하며, 수행을 지속하는 것도 노력이 있어야 합니다. 수행에서 노력과 알아차림과 집중은 중요한 세 가지 기능입니다. 이 세 가지의 기능이 조화를 이루게 하는 것은 바로 노력입니다. 알아차림도 노력이 있어야 하며, 집중도 노력이 있어야 합니다. 집중이란 알아차림을 지속하는 것인데 이때 노력을 해야 알아차림이 지속됩니다. 마음은 그냥 저절로 머물지 않습니다. 반드시 머물도록 노력을 할 때만이 하나의 대상을 지속적으로 알아차릴 수가 있습니다. 그러므로 노력이 없으면 아무것도 성립되지 않습니다.

하지만 노력도 적절해야 합니다. 지나치게 노력을 하면 들떠서 오히려 대상에 마음을 기울일 수가 없어서 바르게 일을 하기가 어렵습니다. 또 노력이 부족하면 게으름에 빠져 아무것도 이룰 수가 없습니다. 그래서 노력이 지나치면 산만해지고, 노력이 부족하면 나태해지고 졸음에 빠지므로 항상 적절한 노력이 필요합니다. 노력은 오근에서도 나타나며, 오력에서도 나타납니다. 팔정도의 정정진이 바른 노력입니다. 그리고 일곱 가지 깨달음의 요소에서도 노력이 있어야 합니다.

이러한 노력은 마음의 노력과 몸의 노력이 있습니다. 노력은 마음이 열심히 하고자 하는 의도를 내는 것이라서 정신적인 것입니다. 그러나 이러한 정신만으로는 노력을 완성할 수 없습니다. 정신적인 노력에 육체적인 노력이 함께 따라주어야 합니다. 정신적인 노력만 있으면 생각으로 그치고 맙니다.

그래서 육체적인 실천이 따라야 합니다. 그러므로 위빠사나 수행에서 정진력을 키우기 위해서는 경행을 해야 합니다. 경행은 정진력을 키우고, 좌선은 집중력을 키웁니다. 그래서 위빠사나 수행에서 노력한다고 하는 것은 경행을 하는 것입니다. 이렇게 정신적 노력과 육체적인 노력이 병행될 때 몸과 마음이 건강해지고 정신적으로 튼튼해집니다. 이러한 튼튼함이 법에 대한 고찰을 받쳐줍니다. 그래서 수행자들이 좌절하거나 수행에서 멀어지지 않도록 합니다. 그러므로 바른 노력이 깨달음으로 가는 가장 중요한 힘인 것입니다.

모든 생명은 시작을 알 수 없는 시기부터 윤회를 거듭합니다. 그래서 각각 지은 업대로 태어나고 죽습니다. 이렇게 윤회를 하는 동안 스스로 노력을 해서 정신을 고양시킬 수 있는 기회는 인간에게만 주어집니다. 사악도와 욕계 천상과 색계, 무색계에서는 노력을 할 수가 없습니다. 정해진 업의 길을 가야 합니다.

그러므로 노력은 인간에게만 주어진 특권입니다. 그래서 지금이 노력을 하기에 가장 적절한 시기입니다. 인간은 선한 노력을 해서 더 향상된 삶을 살거나 고통뿐인 윤회에서 벗어날 수도 있습니다. 아니면 선하지 못한 노력을 해서 더 고통뿐인 삶을 살아가기도 합니다. 어떤 노력을 하겠습니까?

수행자는 위빠사나 수행을 할 때 정진의 깨달음의 요소가 있을 때는 정진의 깨달음의 요소가 있다고 알아차려야 합니다. 만약 정진의 깨달음의 요소가 없을 때는 정진의 깨달음의 요소가 없다고 알아차려야 합니다. 그래서 항상 정진의 깨달음의 요소가 생기도록 잊지 않고 노력을 해야 합니다.

정진의 깨달음의 요소가 확립될 수 있도록 하기 위해서는 다음과 같은 열한 가지 방법들이 있습니다.

첫째, 악처惡處에 태어나 비참한 생활을 하는 것을 생각합니다.
둘째, 노력을 해서 얻는 이익을 알아야 합니다.
셋째, 부처님으로부터 벽지불과 모든 아라한과 성자들이 가신 길을 생각해야 합니다.
넷째, 수행을 할 수 있도록 후원해 준 것에 감사해야 합니다.
다섯째, 부처님으로부터 전해져 내려온 정법의 위대함에 대해서 생각해야 합니다.
여섯째, 부처님의 가르침을 전해 주는 스승에 대한 감사한 마음을 가져야 합니다.
일곱째, 자신이 비구이거나 수행자이거나 수행을 할 수 있도록 된 신분을 소홀히 하지 않아야 합니다.

여덟째, 부처님의 제자들이나 훌륭한 동료 수행자들의 가르침을 생각해야 합니다.

아홉째, 게으른 사람을 멀리해야 합니다.

열째, 부지런한 사람과 선을 행하려고 하는 사람과 사귀어야 합니다.

열한째, 열심히 노력하는 일에 모든 마음을 기울여야 합니다.

네 번째, 희열의 깨달음의 요소[喜覺支]입니다. 희열은 기쁨, 열정, 환희 등으로 불립니다. 희열은 수행자가 원하는 대상을 얻은 것에 대한 만족으로 나타나는 현상입니다. 위빠사나 수행을 시작하고 일정기간이 지나서 알아차림의 깨달음의 요소와 법의 고찰에 대한 깨달음의 요소와 정진의 깨달음의 요소가 계발되면 다음 단계인 희열의 깨달음의 요소가 일어납니다. 이때 만족하는 마음으로 인해 몸에 여러 가지 형태의 느낌이 일어나는데, 이 현상을 희열이라고 합니다. 이것을 빨리어로는 삐띠piti라고 합니다. 이러한 희열은 행복과는 다릅니다.

희열은 위빠사나 수행을 시작한 뒤에 적절한 집중력이 생기면 나타나는 현상이지만 행복은 즐거운 느낌에 속합니다. 그래서 희열은 정신적 현상에 속하고, 행복은 느낌에 속합니다. 여행자가 사막에서 오아시스를 발견한 것은 희열에 속하고, 오아시스에서 발견한 물로 갈증을 해소하는 것이 행복이라고 주석서에서는 비유합니다. 그래서 처음에는 희열을 얻게 된 뒤에 위빠사나 수행의 알아차림을 계속하면 나중에 행복한 느낌을 얻게 됩니다.

수행자가 수행을 계속하면 자신도 모르는 여러 가지의 현상들이 나타나기 마련인데 희열도 그중의 하나입니다. 그러므로 수행 중에 어떤 현상이 나타나더라도 놀라지 말고 그냥 있는 그대로의 대상을 알아차려야 합니다. 만약 이런 현상으로 인해 놀라거나 또는 이런 현상이 나타나기를 바란다면 다음 단계의 깨달음의 요소가 계발되지 못합니다. 그래서 수행이 답보상태에 빠지거나 아니면 퇴보합니다.

희열은 수행자의 의지와 상관없이 저 스스로 일어납니다. 그리고 빠르게 일어난 순간에 사라지고 다시 일어납니다. 그래서 몸에 희열이 나타나는 현상을 자신이 제어할 수가 없습니다. 그러므로 처음에는 단지 나타나는 현상을 지켜볼 수밖에 없습니다.

364

가령 고개가 한쪽으로 휙휙 돌아간다든가, 잠자리에서 발이 위로 ‘들썩’ 하고 들리는 현상도 있습니다. 그리고 작은 바늘로 온몸을 찌르는 것 같은 느낌도 있으며, 전기에 감전된 것과 같은 찌릿함과 전율이 일어나기도 합니다. 그러나 일정 기간 이런 현상이 나타나는 것을 있는 그대로 알아차리면 다음 단계의 지혜로 발전하기 때문에 다시 나타나지 않습니다.

그러나 수행을 하면서 더 높은 단계의 지혜에 있다가 낮은 단계의 지혜로 떨어질 때는 이런 희열이 다시 나타나기도 합니다. 이때도 희열이 나타났으면 다시 있는 그대로 알아차려야 합니다. 수행 경험이 많은 수행자는 집중수행을 할 때 일정한 시간이 지나면 희열이 나타나는 과정을 압니다. 그리고 이러한 희열로 인해 현재 자신이 어느 상태에서 수행을 하는지 알 수 있습니다. 그러므로 희열은 또 다른 의미에서 수행자의 수행상태를 측정할 수 있는 하나의 과정이기도 합니다.

이미 희열의 과정을 거쳤음에도 뒤에 다시 희열이 나타나면 수행이 뒷걸음질을 친 것입니다. 그러나 이것은 잘못된 것이 아닙니다. 오히려 수행이란 항상 높은 수준의 정신적 상태에 있지 않다는 것을 알 수 있는 기회입니다. 왜냐하면 마음은 나의 마음이 아니고 조건에 의해서 일어나고 사라지는 마음이기 때문에 상황에 따라서 지혜도 더 높은 지혜에 있다가 떨어질 수가 있습니다.

수행자가 희열이 나타는 현상을 열반으로 오해하는 경우도 있습니다. 위빠사나 수행의 지혜의 과정에서 유사열반이라는 것이 다섯 가지가 있습니다. 희열도 그중의 하나입니다. 이것은 매우 위험한 생각입니다. 수행자가 수행을 할 때 절대로 열반을 생각하면 수행을 할 수 없습니다. 정신세계에서는 열반을 입에 올리는 것을 금기로 삼습니다. 정신세계의 열반은 결코 자격증이 아닙니다. 그러므로 열반을 성취한 진실한 수행자는 이런 것을 절대 입에 올리지 않습니다. 그래서 이러한 것을 입에 올릴 때는 천박한 번뇌를 입에 올리는 것이라고 말합니다.

수행자가 처음에는 열반이 무엇인지를 알 수 없으며, 설령 열반을 체험했다고 해도 자신이 확신할 수 없습니다. 그러므로 열반은 오직 열반을 경험한 스승에 의해서 지도를 받아야 합니다. 아무리 열반에 대해서 말한다 해도 직접 경험한 수행자가 아니면 열반의 실재를 알 수 없습니다. 이것이 열반의 특성입니다. 왜냐하면 이 순간 의식할 수 없기 때문입니다. 그러므로 열반은 단계적 지혜의 발전과정에 의해서 판단될 수 있습니다.

한 인간이 살아온 과거와 살고 있는 현재와 앞으로 올 미래를 통틀어서 어느 때나 인격체로 보지 말고 단지 원인과 결과로 보아야 합니다. 과거에 내가 살았던 것이 아니고 그 순간의 정신과 물질이 산 것입니다. 현재에도 내가 살고 있는 것이 아니고 과거의 원인으로부터 전해진 과보의 결과로 정신과 물질이 살고 있는 것입니다. 지금 이후의 미래나 다음 생에도 내가 옮겨가는 것이 아니고 현재의 원인이 미래의 결과로 갑니다.

여기에 나라고 하는 것은 없고 단지 정신과 물질이 원인과 결과로 일어나고 사라지면서 지속되는 현상만 있습니다. 이처럼 모든 것이 원인이 있어 생긴 결과라면 원인이 없을 때는 결과가 없는 것도 분명한 진실입니다.

희열로 인해 몸과 마음에서 생기는 현상은 다섯 가지가 있습니다.

첫째, 약한 희열이 있습니다. 처음에는 몸에 닭살이 돋는 느낌이 일어납니다. 그리고 몸에 털이 일어서기도 합니다. 때로는 소름이 끼치거나 머리카락이 쭈뼛쭈뼛 섭니다. 이런 때는 놀라거나 두려워하지 말고 나타난 현상을 그대로 알아차려야 합니다. 희열로 인해 나타나는 여러 가지의 느낌은 수행의 과정에서 생기는 하나의 현상에 불과합니다.

둘째, 순간적인 희열이 있습니다. 마치 전기에 감전된 것처럼 몸에서 찌릿찌릿한 느낌이 일어납니다. 번갯불이 번쩍하는 것처럼 빠르게 일어나서 사라집니다. 이런 현상이 나타날 때는 기분이 좋고 시원하게 느껴집니다. 그러나 이런 느낌을 즐겨서는 안 됩니다.

셋째, 파도와 같은 희열이 있습니다. 파도를 타는 것같이 공간을 둥둥 떠다니는 느낌이 일어납니다. 이와 같은 느낌이 몸에서 나타날 때는 계속해서 파도가 밀려오듯이 나타납니다. 이것도 알아차릴 대상입니다.

넷째, 들어 올리는 희열이 있습니다. 몸이 공중에 뜨는 것 같은 느낌이 일어납니다. 실제로 몸이 공중으로 부상하거나 순간적으로 장소를 이동할 수도 있습니다. 이렇게 움직일 때는 자세의 흔들림이 없이 공중으로 뜨거나 몸이 순식간에 자신이 원하는 장소로 옮겨집니다.

다섯째, 퍼지는 희열이 있습니다. 온몸에 느낌이 스며들면서 퍼집니다. 솜에 기름이 스며들듯이 전신에 느낌이 퍼지면서 충만한 마음이 일어납니다.

수행자는 위빠사나 수행을 할 때 희열의 깨달음의 요소가 있을 때는 희열의 깨달음의 요소가 있다고 알아차려야 합니다. 만약 희열의 깨달음의 요소가 없을 때는 희열의 깨달음의 요소가 없다고 알아차려야 합니다. 그래서 항상 희열의 깨달음의 요소가 생기도록 잊지 않고 노력해야 합니다.

희열의 깨달음의 요소가 확립될 수 있도록 하기 위해서는 다음과 같은 열한 가지 방법들이 있습니다. 하나, 부처님의 공덕을 생각합니다. 둘, 법의 공덕을 생각합니다. 셋, 승가의 공덕을 생각합니다. 넷, 자신의 계행을 생각합니다. 다섯, 자신의 너그러움을 생각합니다. 여섯, 천인들을 생각합니다. 일곱, 고요함을 생각합니다. 여덟, 거친 사람을 멀리합니다. 아홉, 믿음을 가진 인자한 사람을 사귑니다. 열, 신심을 일으키는 경전을 생각합니다. 열하나, 희열에 마음을 기울입니다.

다섯 번째, 평안의 깨달음의 요소[輕安覺支]입니다. 희열의 깨달음의 요소가 나타났을 때 계속해서 알아차리는 수행을 하면 다음 단계인 평안함의 깨달음의 요소가 나타납니다. 이 상태는 집중력이 생겨 몸과 마음이 고요해지고 안정된 상태입니다. 이때는 피로하지 않고 매우 편안합니다. 그리고 특별하게 노력하지 않아도 괴로운 느낌이 일어나지 않습니다. 고요하고 편안함으로 인해 몸과 마음이 아무런 동요도 없이 잔잔한 호수의 물처럼 평화롭습니다. 일반적으로 이 상태를 열반으로 잘못 생각할 수도 있습니다.

평안함의 깨달음의 요소도 수행 과정의 하나입니다. 평안함을 즐기는 마음이 일어나면 게으름으로 빠질 위험이 있습니다. 이 상태에 이르면 평안함을 즐기려고 합니다. 그러면 수행이 퇴보합니다. 수행자는 아직 가야 할 길이 많이 남아 있습니다. 그러므로 평안함에 머물러서는 안 됩니다. 평안함의 특성은 고요함으로 인해 마음과 마음의 작용에서 불안함을 가라앉게 하는, 즉 불안함을 없애는 기능을 합니다. 평안함은 수행자들에게 침착함으로 나타납니다. 수행자는 평안함이 나타났을 때는 평안함의 깨달음의 요소가 있다고 알아차리고, 평안함이 없을 때는 평안함의 깨달음의 요소가 없다고 알아차려야 합니다. 그래서 항상 평안함의 깨달음의 요소가 일어나도록 노력해야 합니다.

평안함의 깨달음의 요소가 확립될 수 있도록 하기 위해서는 다음과 같은 일곱 가지 방법들이 있습니다. 하나, 건강에 좋은 음식을 섭취해야 합니다. 둘, 안락한 기후를 선택해야 합니다. 셋, 편안한 자세를 취하는 것이 좋습니다. 넷, 자신이 업의 주인임을 알아야 합니다. 다섯, 거친 사람을 피해야 합니다. 여섯, 침착한 사람과 사귑니다. 일곱, 평안함에 마음을 기울입니다.

여섯 번째, 마음집중의 깨달음의 요소[定覺支]입니다. 집중은 고요한 마음의 집중을 의미합니다. 집중을 삼매三昧 또는 정定이라고 합니다. 마음이 대상을 떠나지 않고 머물러 있으면 고요함이 생기는데 이 상태가 집중입니다. 이처럼 집중은 알아차림이 지속될 때의 현상으로 마음이 대상과 밀착되어 있을 때 나타납니다.

마음이 대상에 머물도록 하기 위해서 노력이 필요합니다. 그리고 대상에 흥미를 잃지 않아야 합니다. 그러기 위해서는 매 순간 변하는 대상의 성품을 볼 수 있어야 합니다. 알아차리는 대상이 항상 같은 것이라고 생각하면 흥미를 잃지만 대상을 지켜보는 느낌이 같은 것이 아니고 매 순간 다르다는 것을 알면 재미를 느껴 대상에 집중할 수 있습니다.

집중의 특성은 방황하지 않고 심란하지 않습니다. 그리고 평화와 평온으로 나타납니다. 이러한 평화는 행복한 느낌을 통해서 일어납니다. 그래서 수행을 하면서 행복을 체험하게 되면 자연스럽게 집중이 따르게 됩니다.

팔정도를 계정혜라고 하는데, 계는 알아차림이 있는 행위입니다. 이렇게 알아차림을 통해서 청정하게 계를 지키면 다음 단계로 정定의 상태가 옵니다. 이 정이 집중입니다. 바로 이 정의 상태로 인해 혜慧가 계발됩니다. 그러므로 수행의 알아차림으로 계율을 지키게 되며, 이러한 알아차림의 지속으로 집중이 되고. 이러한 집중에 의해 지혜가 계발됩니다. 그러므로 집중이 없이는 지혜가 계발되지 않습니다.

사마타 수행은 정의 상태에서 머뭅니다. 그러나 위빠사나 수행은 정에 머물지 않고 찰나집중을 해서 지혜를 계발합니다. 집중은 수행의 성공을 결정하는 매우 중요한 요소입니다. 그러므로 수행자가 수행을 시작할 때 일차적 목표는 알아차림을 확립하는 것입니다. 다음으로 알아차림을 지속하여 집중을 하는 것입니다. 이러한 과정에 의해 마지막에 지혜가 계발됩니다.

사실 불교의 팔만사천법문이 모두 알아차림과 집중을 위한 방편입니다. 부처님과 제자들의 모든 가르침은 바로 알아차림으로, 이것은 집중을 하게 하기 위한 것입니다. 수행자들의 근기가 저마다 다르기 때문에 수행자의 근기에 맞춰 다양하게 설법하여 알아차림과 집중을 유도한 것이 바로 팔만사천법문인 것입니다.

위빠사나 수행을 할 때는 사마타 수행과 달리 지나치게 집중을 하려고 해서는 안 됩니다. 자연스럽게 알아차림을 지속시켜서 집중력을 키워야 합니다. 그렇지 않고 집중을 하기 위해서 지나치게 노력을 하면 사마타 수행이 되어 버립니다. 그래서 위빠사나 수행을 할 때는 바라는 것 없이 알아차려야 하고, 없애려고 하지 않고 알아차려야 합니다. 이런 상태에서만이 바른 찰나집중력이 생깁니다.

집중에는 세 가지가 있습니다. 근접집중과 근본집중과 찰나집중입니다. 근접집중과 근본집중은 사마타 수행의 집중입니다. 그리고 찰나집중은 위빠사나 수행의 집중입니다. 사마타 수행과 위빠사나 수행의 차이는 알아차리는 대상과 집중의 차이로 구별합니다.

사마타 수행은 고유한 특성이 없는 관념을 대상으로 합니다. 그래서 처음에는 대상에 가까이 가는 근접집중을 한 뒤에 대상과 하나가 되는 근본집중을 해서 고요함을 얻습니다. 이것이 색계 선정과 무색계 선정입니다. 사마타 수행은 지혜가 계발되지 않기 때문에 윤회에서 벗어날 수 없습니다. 그러므로 사마타 수행을 할 경우에는 스승의 가르침에 따라서 적당한 시기에 위빠사나 수행으로 전환해서 지혜를 계발해야 비로소 도과를 성취할 수 있습니다.

찰나집중은 고유한 특성이 있는 것을 대상으로 알아차리는 위빠사나 수행의 집중입니다. 위빠사나 수행은 몸과 마음에 있는 느낌을 알아차리는 수행입니다. 느낌은 모두 고유한 특성이 있으며, 실재하는 현상입니다. 느낌은 항상 변하기 때문에 대상과 하나가 될 수 없습니다. 그래서 느낌을 보는 마음도 항상 변합니다. 여기서 찰나집중이 되어 대상의 성품인 무상, 고, 무아를 알 수 있는 것입니다. 찰나집중은 대상과 하나가 되지 않고 대상을 객관적으로 알아차리는 수행이기 때문에 매 순간 일어나고 사라지는 대상의 성품을 볼 수 있습니다.

부처님께서는 색계, 무색계 선정을 모두 끝내시고 6년 동안이나 수행을 하신 뒤에 스스로 찰나집중을 통해서 위빠사나 수행을 하시고 깨달음을 얻으셨습니다. 부처님께서 자신의 몸과 마음에 있는 느낌을 통찰하시고 찰나집중을 통하여 법의 성품을 보시기 전까지는 이 세상에 무엇인가를 바라고 대상과 하나가 되는 근본집중밖에 없었습니다. 그러나 부처님께서는 죽음에 이르러 자신의 몸과 마음을 알아차리신 뒤에 느낌을 발견하셨고, 이 느낌을 통하여 최고의 지혜인 무상, 고, 무아를 알아 해탈에 이르신 것입니다. 이것이 위빠사나 수행의 찰나집중입니다.

수행을 해서 집중력이 생기면 마음이 고요해지고 일어나고 사라지는 것을 아는 지혜가 생깁니다. 그런 뒤에 사라짐만 있는 것을 아는 과정이 있습니다. 이때 몸이 사라졌다고 해서 사라진 것이 아닙니다. 실재하는 몸은 있지만 다만 집중에 의해 감각이 사라진 것입니다. 몸이 사라졌다고 해서 두려움을 가져서는 안 됩니다. 이때의 몸을 나의 몸이라고 생각해서도 안 됩니다. 그러면 즉시 유신견이 생겨 지혜가 떨어집니다. 그러므로 단지 일어나고 사라지는 과정에서 일어나고 사라지는 대상이 사라진 것이라고 알아야 합니다.

사실은 이때 몸이 사라짐으로 인해 유신견이 사라진 것입니다. 이것이 나의 몸이라고 할 만한 것이 없기 때문에 몸을 집착하지 않습니다. 그러므로 수행자는 사라진 몸을 찾으려고 해서는 안 됩니다. 위빠사나 수행자는 이미 소멸한 것을 다시 찾아서는 안 됩니다. 왜냐하면 이미 소멸했다면 그만큼의 지혜가 향상된 것이기 때문입니다. 만약 소멸한 것을 찾는다면 다시 원래로 되돌아갑니다.

위빠사나 수행에서 중요한 것 중의 하나가 사라진 것은 찾지 않는 것입니다. 왜냐하면 위빠사나 수행이 번뇌를 소멸하는 수행이기 때문입니다. 사라졌다는 것은 번뇌의 대상이 사라졌다는 것입니다. 열반이란 탐욕, 성냄, 어리석음이 사라진 것인데 일차적으로는 몸의 소멸로 나타납니다. 그런 뒤에 마음까지 소멸하는 것이 열반이므로 어떤 소멸이 있거나 두려워하지 말고 그냥 나타난 상태를 그대로 지켜보아야 합니다.

수행자는 마음집중이 되었을 때는 마음집중의 깨달음의 요소가 있다고 알아차리고, 마음집중이 되지 않았을 때는 마음집중의 깨달음의 요소가 없다고 알아차려야 합니다. 그래서 항상 마음집중의 깨달음의 요소가 일어나도록 노력해야 합니다.

마음집중의 깨달음의 요소가 확립될 수 있도록 하기 위해서는 다음과 같은 열한 가지 방법들이 있습니다. 하나, 알아차림으로 몸과 마음을 청정하게 해야 합니다. 둘, 오근의 기능이 균형을 이루도록 합니다. 셋, 사마타 수행을 할 때는 표상에 익숙하도록 합니다. 넷, 마음을 분발하기 위해서 법에 대한 고찰, 정진, 희열의 깨달음의 요소를 일으켜야 합니다. 다섯, 노력이 지나쳐 마음이 들떠 있을 때 알아차림으로 마음을 가라 앉게 해야 합니다. 여섯, 낙심할 때 부처님의 공덕을 숙고하여 마음을 기쁘게 해야 합니다. 일곱, 집중이란 말을 모는 마부처럼 평등심을 가지고 마음을 억제하거나 기쁘게 해서는 안 됩니다. 여덟, 산만하고 집중력이 약한 사람을 피해야 합니다. 아홉, 집중력이 있는 사람과 친하게 사귀어야 합니다. 열, 항상 집중을 위해 마음을 기울여야 합니다. 열하나, 선정에 들기를 숙고해야 합니다.

이상 여러 가지 마음집중의 깨달음의 요소를 계발하면 수행자는 아라한 도과를 성취할 수 있습니다.

　모든 번뇌의 원인은 자신의 어리석음과 탐욕에 있습니다. 그러므로 자신의 문제는 오직 자신의 마음가짐에 원인이 있습니다. 타인이나 가족, 사회, 국가 때문이라는 생각은 잘못입니다. 좋지 않은 조건이라도 그것은 외부의 현상일 뿐이며, 자신의 마음가짐에 따라 결과가 달라집니다. 자신의 허물은 보지 않고 잘못의 원인을 밖으로 돌리는 것은 무책임한 일입니다.

　그러나 자신의 마음도 내가 있어서 허물을 만드는 것이 아닙니다. 지금까지 해온 행위에 대한 과보가 그렇게 조건을 성숙시키고 있는 것입니다. 그래서 무엇이나 내 마음대로 되지 않습니다. 내 마음대로 되지 않는 것을 아는 것이 무아를 아는 수행이고, 이렇게 무아를 알아야 어리석음과 탐욕이 일어나지 않습니다.

　지난 시간에 마음집중의 중요성에 대해서 말씀드렸습니다. 집중은 모든 수행자가 일차적으로 지향해야 할 대상입니다. 그래서 수행의 모든 방편은 집중을 위한 것입니다. 그렇다고 해서 이 집중을 위해서 지나치게 집중을 하면 오히려 마음이 집중이 되지 않고 들뜰 뿐만 아니라 졸음에 빠지기도 합니다. 그래서 집중은 항상 균형을 이루어야 합니다.

　일곱 번째, 평등의 깨달음의 요소[捨覺支]입니다. 수행자가 정신과 물질을 지속적으로 알아차리면 존재하는 것들의 특성이 모두 일어나고 사라지는 것이라고 압니다. 원래 이것이 법의 성품이라고 알면 일어나고 사라지는 것이 자연스러운 현상이라고 알기 때문에 좋아하거나 싫어하는 마음이 일어나지 않습니다. 이렇게 되었을 때 마음이 평온해지고, 평등심의 깨달음의 요소가 계발됩니다.

평등을 평정, 중립 또는 한문으로 사捨라고 합니다. 빨리어로는 우뻭카upekkha라고 합니다. 평정이라는 뜻으로 쓰이는 우뻭카는 빨리어 경전에서 열 가지 종류로 사용됩니다. 그중에 아홉 가지는 모두 평등이라는 뜻으로 쓰이나 한 가지는 무관심이라는 뜻이 있습니다. 이것을 다른 말로는 덤덤한 느낌으로 해석하기도 합니다. 이때의 덤덤한 느낌은 알아차림이 없는 무관심한 느낌을 말하는 것으로 무지라는 의미가 있습니다.

그러므로 평정이라고 할 때의 우뻭카와 덤덤한 느낌이라고 할 때의 우뻭카는 서로 다릅니다. 우리가 일상을 살면서 애써 관심이 없는 척하는 경우가 있습니다. 이때는 관심이 없다기보다 관심을 갖지 않으려고 하는 마음이 있습니다. 그래서 아예 무관심하거나 또는 무관심한 척할 수 있습니다. 이것은 선한 마음으로 볼 수 없습니다. 그러나 이때 덤덤한 느낌이 있을 때도 덤덤한 느낌을 알아차리면 평등심의 중립적인 느낌이 됩니다. 그러므로 덤덤한 느낌은 알아차림이 없는 느낌입니다.

평등으로 사용되는 열 가지는 다음과 같습니다. 아라한의 육문六門에 나타나는 평등함, 높고 고상하게 지내서 양쪽으로 치우치지 않는 평등함, 깨달음의 요소에 의한 평등함, 노력에 치우치지 않는 평등함, 행에 대한 평등함, 덤덤한 느낌, 일어나고 사라짐에 대한 평등함, 중도의 평등함, 선정에 치우치지 않는 평등함, 알아차림이 청정한 평등함 등이 있습니다.

평등의 특징은 마음과 마음의 작용을 균형이 있게 합니다. 마음이 중립적인 상태에서 흔들림이 없이 균형을 유지하기 때문에 더불어 마음의 작용인 수, 상, 행도 중립적인 상태가 됩니다. 또 마음의 작용이 중립적인 상태가 되면 자연스럽게 마음도 평정을 얻습니다. 그렇게 되면 몸도 가볍고 편안한 상태가 됩니다. 그래서 오온이 평등한 상태가 됩니다.

이처럼 평등의 깨달음의 요소가 확립되면 부족함이나 지나침을 방지하는 기능이 작용합니다. 그래서 마음과 마음의 작용이 너무 느슨하지도 않고, 그렇다고 너무 팽팽하지도 않고 중립적인 상태로 균형을 이루게 됩니다. 이러한 상태를 현악기의 줄에 비유합니다. 현악기의 줄이 너무 느슨하면 소리가 나지 않으며, 너무 조여도 줄이 끊어지기 때문에 알맞은 조율이 필요합니다.

수행자가 평등의 상태가 되었을 때는 평등의 깨달음의 요소가 있다고 알아차리고, 평등의 상태가 되지 않았을 때는 평등의 깨달음의 요소가 없다고 알아차려야 합니다. 그래서 항상 평등의 깨달음의 요소가 일어나도록 노력해야 합니다.

평등의 깨달음의 요소가 확립될 수 있도록 하기 위해서는 다음과 같은 방법들이 있습니다. 살아 있는 모든 생명들에 대하여 평등심을 가져야 합니다. 생명이나 사람에 대해서 갈애를 일으켜 지나치게 좋아하면 평등심을 가질 수 없습니다. 뿐더러 살아 있는 모든 생명들에 대해서 미움을 가져서도 안 됩니다. 좋아하거나 싫어하면 평등심을 가질 수 없습니다.

그러기 위해서는 모든 생명이 자신의 행위로 인해 받는 것이라는 중립적 마음가짐이 필요합니다. 그래서 지나치게 무엇을 애잔히 여기거나 또는 지나치게 미워해서는 안 됩니다. 모든 생명들이 저마다 자기가 스스로 선택한 업에 의해서 살고 있기 때문에 이런 업자성정견業自性正見을 가져야 평등심이 생깁니다.

평등심을 갖기 위해서는 다음과 같이 생각해야 합니다. '나는 과거에 쌓은 업 때문에 여기에 태어났으며, 나 자신의 업 때문에 여기를 떠날 것이다. 그러면 내가 갈애를 일으키는 존재는 누구인가?' 이렇게 알아차리면 평등심을 갖기가 쉽습니다.

사실 모든 생명은 그 순간의 몸과 마음이 자기가 지은 업에 의해 일어나고 사라지는 것입니다. 이때 행위와 행위에 따른 과보만 있지 나라고 하는 실체는 없습니다. 그렇다고 한다면 자신에 대해서나 다른 생명에 대해서도 평등심을 유지할 수 있습니다. 재산이나 물질에 대하여 갈애가 일어났을 때는 이 재산은 내가 소유하는 것이 아니고 잠시 사용하는 것이라는 알아차림이 필요합니다. 누가 가진 것이든 재산이나 물질은 영원한 것이 아닙니다. 이것들도 때가 되면 나의 의지와 상관없이 사라집니다. 그리고 죽을 때 가지고 갈 수도 없습니다. 그러므로 '이 재산은 때가되면 언젠가는 사라질 것이다'라고 알아야 합니다. '이 물건은 언젠가 부서질 것이고 사라질 것이다'라고 알아차려야 합니다.

다른 생명들에 대하여 평등심을 갖지 않고 이기적인 사람을 피해야 합니다. 이기적인 사람과 함께 있으면 그 파장으로 인해 평등심을 갖기가 어렵습니다. 그러므로 그런 사람을 만나지 않는 것이 좋습니다. 이기적인 사람은 이기적인 것을 포기하려고 하지 않습니다. 또한 지혜가 있는 사람은 진리를 포기하려고 하지 않습니다. 그렇다면 서로 만나지 않는 것이 상책입니다. 특히 자식들이나 가까운 지연관계가 있는 사람들에 대해서 바르지 못한 갈애를 갖는 것은 위험합니다. 자식은 나의 소유가 아닙니다. 이러한 편애가 오히려 자식의 앞날을 어둡게 합니다.

다른 사람에 대해서 이기적인 사람뿐만 아니라 물건에 대해서 이기적인 사람도 피해야 합니다. 사람의 마음은 알 수가 없지만 물건이나 재산에 관한 것에서는 마음이 드러납니다. 그러므로 자기 물건에 대해서 인색한 사람은 마음이 인색한 사람이므로 피해야 합니다. 이런 사람과 가까이 하면 평등심을 갖기가 어렵습니다.

모든 일에 대하여 평등심을 갖도록 마음을 기울여야 합니다. 평등심은 저절로 되는 것이 아닙니다. 알아차림과 법의 고찰과 희열과 평안과 마음집중의 과정을 거쳐서 평등의 깨달음의 요소에 이르지만 이 단계도 내가 얻은 것이 아닙니다. 다만 이 상태의 마음을 가졌을 뿐입니다. 그러므로 이 상태가 계속되는 것이 아닙니다. 계속해서 수행을 하면 다음 단계의 도과를 성취할 수가 있고, 아니면 수행의 지혜가 바닥으로 떨어질 수도 있습니다. 그러므로 항상 현재의 상태를 있는 그대로 알아차려야 합니다.

이상 깨달음의 일곱 가지 요소는 단지 깨달음으로 가는 과정의 단계적 지혜이지 이것 자체가 깨달음은 아닙니다. 이러한 일곱 가지 깨달음의 요소가 있을 때는 있는 것을 알아차리고, 없을 때는 없는 것을 알아차려야 마지막 지혜의 과정에 이릅니다.

그래서 평등의 지혜 뒤에 적응의 지혜와 성숙의 지혜를 거쳐 도의 지혜와 과의 지혜에 이릅니다. 그리고 열반에서 깨어나서 회광반조의 지혜를 얻습니다. 이렇게 해서 이른 것이 바로 수다원의 도과입니다.

수다원의 도과에서 계속해서 수행을 하다가 다시 사다함의 도과를 성취하기 위해서 똑같은 수행을 새로 시작해야 합니다. 이렇게 해서 마지막에는 아라한의 도과에 이릅니다. 부처님께서는 이상 일곱 가지 깨달음의 요소를 모두 갖추게 되면 비구나 비구니나 남녀 재가나 누구나 아라한의 도과를 성취할 수 있다고 말씀하셨습니다. 그래서 괴로움 뿐인 윤회에서 벗어나 지고의 행복을 얻을 수 있다고 하셨습니다.

여기에 어떤 특정인이나 특정한 종교는 필요하지 않습니다. 왜냐하면 이 법은 부처님께서 만드신 법이 아니기 때문입니다. 부처님께서는 이 법을 찾아내시고 몸소 체험하신 뒤에 우리들에게 이 길로 오라고 말씀하셨습니다. 그러므로 몸과 마음을 알아차리는 실재하는 법은 부처 이전부터 자연현상계가 가지고 있는 가장 수승한 법으로 전해져 온 것입니다.

부처님께서 찾아내신 이 법을 아무리 말해도 자신이 선택하지 않으면 아무 쓸모가 없습니다. 그래서 가장 위대한 법이 있어도 이것을 필요로 하는 사람에게 법이지 그렇지 않으면 일고의 가치도 없는 것입니다. 이것이 법의 진실입니다. 부처님께서 이 법을 가르쳐주셨지만 이 법은 얻는 사람의 것입니다. 그래서 수행자들의 스스로의 노력만이 법을 알게 할 것입니다.

이와 같이 수행자는 안으로는 자기 자신의 일곱 가지 깨달음의 구성요소를 알아차려서 이것들을 이루도록 해야 합니다. 그리고 밖으로는 다른 사람의 일곱 가지 깨달음의 구성요소를 알아차려서 이것들을 이루도록 해야 합니다.

위빠사나 수행이 완전하기 위해서는 자신의 문제만으로는 완성될 수 없습니다. 항상 나와 남이 함께 있어야 합니다. 만약 나만 안다면 그것은 완전한 것이 아닙니다. 보다 완벽한 지혜를 얻기 위해서는 항상 자신의 문제와 함께 상대의 문제도 배려해야 합니다.

그래서 먼저 자신의 문제가 해결되면 자연스럽게 상대의 문제도 받아들여서 수용하는 지혜가 나야 비로소 열반에 이를 수 있습니다. 반쪽으로는 결코 열반에 이를 수 없습니다. 나와 남이 모두 해결되었을 때 완전한 열반에 이를 수 있는 것입니다.

다른 사람과의 문제가 해결되지 않았다면 결코 자신의 문제도 완전하게 해결된 것이 아닙니다. 그래서 부처님께서 매 장마다 안과 밖과 안팎을 알아차릴 것을 말씀하셨습니다. 일곱 가지 깨달음의 구성요소를 알아차린다는 것은 이들 깨달음의 요소들과 함께하면서 지내는 것을 말합니다. 이렇게 할 때만이 아라한의 길로 나아갈 수 있습니다.

우리는 지금까지 일곱 가지 깨달음의 요소를 공부했습니다. 우리는 이 일곱 가지 깨달음의 요소를 단계적으로 공부해서 마지막에 평등심의 깨달음의 요소에 이른 뒤에 더 지혜를 발전시켜서 도과를 얻는 열반을 성취해야 합니다.

수행자 여러분! 흔들림 없는 노력으로 이상 일곱 가지 깨달음의 요소를 알아차려서 모든 수행자들이 도과를 성취하기를 삼가 기원하는 바입니다.

법을 알아차림[法念處]
−네 가지 성스러운 진리[四聖諦]를 알아차림

　선과 악이 함께 있으며 성공과 실패, 평등과 불평등, 사랑과 증오, 질서와 혼란, 강함과 부드러움, 노력과 게으름이 함께 있습니다. 이 세상의 모든 것들은 양면의 모습을 가지고 있습니다. 이것이 자연의 이치입니다.

　수행을 한다는 것은 먼저 선한 것, 가치 있는 것을 선택하는 것입니다. 이때의 선택은 선하지 않은 것을 배척하는 선택이 아닙니다. 단지 있는 것을 알아차리는 것을 통해서 비작용적으로 하는 선택입니다.

　그러나 깨달음은 선한 것에서조차도 벗어나서 치우침이 없고, 원인과 결과가 없는 작용만 하는 마음을 갖는 것입니다. 우리가 위빠사나 수행을 해서 얻는 지혜는 치우침이 없이 단지 작용만 하는 마음을 갖기 위해서 하는 것입니다.

◈◈◈◈◈

　이제부터 법을 알아차리는 수행의 다섯 번째인 '네 가지 성스러운 진리[四聖諦]를 알아차림'에 대하여 말씀드리겠습니다.

　다섯째, 네 가지 성스러운 진리를 알아차림'입니다. 네 가지 성스러운 진리를 사성제四聖諦라고 합니다. 사성제의 첫 번째 뜻은 성자들만이 알 수 있는 진리라는 의미를 가지고 있습니다. 그래서 사성제를 성스러운 진리 또는 고귀한 진리라고 합니다. 여기서 성인이란 수다원, 사다함, 아나함, 아라한의 도과를 성취한 사람을 말합니다. 성자들이란 위빠사나 수행을 해서 칠청정과 열여섯 단계의 지혜의 과정을 거쳐서 열반에 이른 수행자를 일컫습니다.

사성제의 두 번째 뜻은 고귀한 분에 의해 발견되었기 때문에 사성제라고 합니다. 여기서 고귀한 분이란 부처님을 말합니다. 부처님께서 누구도 모르는 진리를 스스로 발견하시고 법을 펴셨습니다. 원래 네 가지 성스러운 진리는 부처님과 상관이 없이 있는 것입니다. 그러나 누구도 이 진리를 발견하지 못하고 오직 역대의 부처님들만이 이 진리를 발견하시고, 인류에게 드러내 보이신 것입니다.

사성제라는 진리는 깨달음으로 가는 단 하나의 길입니다. 부처님은 이 진리를 스스로 발견하시어 부처가 되셨습니다. 그리고 이 법은 부처님의 정법이 계승되는 시기까지 존속되다가 다시 사라집니다. 그러다 새로운 부처가 출현하시면 같은 법을 다시 찾아내시어 부처가 되십니다. 그러므로 사성제라는 법은 겁을 통하여 출현하는 가장 고귀한 진리입니다.

사성제의 세 번째 뜻은 사성제가 고귀한 진리로 불리는 것은 이것을 통찰한 수행자가 고귀한 사람이 되기 때문입니다. 위빠사나 수행의 통찰지혜로 사성제를 꿰뚫어보면 번뇌로부터 완전하게 자유로운 성자가 됩니다. 이것을 해탈이라고 합니다. 그러므로 이 진리를 통찰한 사람은 성자라는 고귀한 정신세계에 이릅니다.

사성제의 네 번째 뜻은 사성제라는 진리가 그것 자체로 가장 성스럽고 고귀한 것이라서 사성제라고 합니다. 여기서 성스럽다는 것은 이것이 믿을 수 없는 것이 아니고, 믿을 수 있는 실재하는 진실이라는 뜻이 담겨져 있습니다. 그러므로 사성제는 오온의 실재를 알아차려서 성스러운 진리를 깨닫는 것입니다. 그리고 이것은 믿을 수 있는 것입니다.

괴로움이 있다는 것이 성스러운 진리라는 것은 이것이 실재하는 것이기 때문에 진리입니다. 실재하는 것은 가장 진실한 것입니다. 그것이 선이거나 불선이거나 실재하는 것이라면 그것은 어떤 원인으로 인해서 생긴 결과이기 때문에 하나의 질서입니다. 여기서 실재라는 것은 선과 불선의 문제를 뛰어넘는 본질적인 의미를 갖습니다. 좋은 것만 실재고 나쁜 것은 실재가 아닌 것이 아닙니다. 그래서 괴로움이 있다는 것은 진리입니다.

부처님께서 깨달음을 얻으신 뒤에 다섯 비구들에게 『초전법륜경』을 설하실 때에 이것이 괴로움의 진리라고 말씀하시고, 이런 것을 전에 들어보았느냐고 묻습니다. 그러자 다섯 비구는 괴로움이 있다는 말을 처음 듣는다고 답변했습니다. 그러자 부처님께서는 괴로움이 있다는 진리는 나에 의해서 처음 설해지는 것이라고 말씀하셨습니다.

불교는 괴로움뿐인 염세를 말하지 않습니다. 괴로움이 있다는 것을 인정하면 그 순간부터 괴로움은 힘을 잃습니다. 괴롭지 않으려고 해서 괴로운 것이지 원래 괴로운 것이라면 견딜 만한 것입니다. 그래야 괴롭지 않은 것이 무엇인지를 아는 지혜를 성숙시킬 수 있습니다. 그러므로 괴로움이 있다는 것을 받아들이는 것은 괴로움을 해결할 수 있는 조건을 성숙시키는 것입니다. 그러므로 괴로움, 괴로움이라고 해서 염세를 말하고 있는 것이 결코 아닙니다.

불교의 사성제는 세속의 윤회가 있는 고성제와 집성제가 있고, 출세간의 윤회가 끝나는 멸성제와 도성제가 함께 있습니다. 그러므로 괴로움이 있는 것으로 출발하면 궁극에는 괴로움을 해결하는 방안을 찾아 번뇌로부터 자유로울 수 있습니다. 고성제와 집성제는 괴로움이 일어나는 진리이고, 멸성제와 도성제는 괴로움을 소멸시키는 진리입니다. 이것을 세간과 출세간의 진리라고 말합니다.

불교의 괴로움은 모든 생명이 가지고 있는 실재하는 진실을 자각하는 것입니다. 이것을 자각하는 것이 괴로움으로부터 탈출하는 것입니다. 그래서 불교는 괴로움만 있는 것이 아니고 괴로움에서 벗어나는 해탈을 함께 가지고 있습니다. 이것이 사성제에 고스란히 담겨 있습니다. 그러므로 불교는 사성제로 시작해서 사성제로 끝납니다.

사성제의 진리는 다음과 같습니다. 하나, 괴로움의 성스러운 진리입니다. 둘, 괴로움의 원인의 성스러운 진리입니다. 셋, 괴로움의 소멸의 성스러운 진리입니다. 넷, 괴로움의 소멸에 이르는 길의 성스러운 진리입니다.

하나, 괴로움의 성스러운 진리를 고성제苦聖諦라고 합니다. 고성제의 특성은 괴로움이 있다는 것입니다. 이 괴로움은 생명이 있는 한 피할 수 없는 진실입니다. 괴로움은 화를 내게 하고 사람을 비참하게 만듭니다. 빨리어로 괴로움을 둑카dukkha라고 합니다. 이는 하찮은 것이라는 뜻의 두du와 비어 있다는 뜻의 카kha의 합성어입니다. 그래서 뜻으로 보면 하찮고 실체가 없는 것이라는 말입니다. 그러나 우리는 이렇게 별 볼일 없는 것을 대단하게 키워서 큰 것으로 생각하고 고통을 겪습니다. 이것을 한문으로는 고苦라고 하지만, 좀 더 정확한 뜻은 불만족입니다. 만족할 수 없기 때문에 괴로움이라고 말하는 것입니다.

둘, 괴로움의 원인이란 성스러운 진리는 갈애입니다. 이것을 집성제集聖諦라고 합니다. 갈애는 탐욕으로 집착을 해서 업을 생성합니다. 탐욕은 항상 멈추지 않고 일어나는 특성을 가지고 있습니다. 그러므로 어떤 중단도 허락하지 않고 끝없이 계속됩니다. 그래서 갈애는 장애입니다. 괴로움의 원인은 다른 것들과 결합하여 일어납니다. 갈애와 집착과 업의 생성이 서로 결합하여 괴로움의 원인을 일으킵니다. 이것들은 과거의 어리석음으로 인해서 현재까지 상속되었습니다. 그리고 현재 새로 업을 생성해서 미래의 태어남을 만듭니다.

셋, 괴로움의 소멸의 진리를 멸성제滅聖諦라고 합니다. 멸성제는 괴로움이 소멸하여 평화와 평온함을 뜻합니다. 이때의 평온함이란 탐욕, 성냄, 어리석음이라는 번뇌가 불탄 것을 말합니다. 그래서 멸성제는 열반을 의미합니다. 열반은 윤회계에서 벗어나는 유일한 출구입니다. 이 출구에 이르는 길은 느낌에서 갈애를 일으키지 않는 것입니다. 위빠사나 수행을 해서 몸과 마음의 느낌이 소멸하면 번뇌가 불타서 열반에 이르게 됩니다.

괴로움의 소멸의 진리는 탐욕, 성냄, 어리석음으로부터 벗어났기 때문에 감옥에서 해방된 것입니다. 그래서 윤회로부터 해방된 것입니다. 열반은 오직 가장 위대한 깨달음을 얻으신 부처님에 의해서 발견되었으며, 이 열반을 통하여 업이 소멸합니다. 그래서 열반은 최고의 깨달음을 얻은 결과이며, 이것은 오직 불교의 가르침에만 있습니다.

넷, 괴로움의 소멸에 이르는 길을 도성제道聖諦라고 합니다. 괴로움의 소멸에 이르는 길은 팔정도입니다. 여덟 가지 바른 방법으로 계율을 지키고 고요함을 얻어 지혜를 계발하는 것이 열반에 이르는 길입니다. 이것을 실천하는 팔정도를 중도라고 하며, 위빠사나 수행이라고도 합니다.

그러면 『대념처경』의 '네 가지 성스러운 진리[四聖諦]를 알아차림'을 살펴보겠습니다. 먼저 사성제 중에서 고성제에 관해서 말씀드리겠습니다.

네 가지 성스러운 진리를 알아차림에 대하여 부처님께서 이렇게 말씀하셨습니다.

"다시 비구들이여, 비구는 네 가지 성스러운 진리라는 법에서 법을 알아차리는 수행을 하면서 지낸다. 비구들이여, 어떻게 비구가 네 가지 성스러운 진리라는 법에서 법을 알아차리는 수행을 하면서 지내는가? 비구들이여, 여기 비구는 이것은 괴로움이라고 있는 그대로 안다. 이것은 괴로움의 일어남이라고 있는 그대로 안다. 이것은 괴로움의 소멸이라고 있는 그대로 안다. 이것은 괴로움의 소멸에 이르는 길이라고 있는 그대로 안다."

그리고 고성제에 대해 계속 말씀하셨습니다.

"비구들이여, 괴로움의 성스러운 진리란 무엇인가? 태어남은 괴로움이다. 늙음은 괴로움이다. 죽음은 괴로움이다. 슬픔, 비탄, 육체적 고통, 정신적 고통, 절망은 괴로움이다. 싫어하는 것과 만나는 것은 괴로움이다[怨憎會苦]. 좋아하는 것과 헤어지는 것은 괴로움이다[愛別離苦]. 원하는 것을 얻지 못하는 것은 괴로움이다[求不得苦]. 요약하면 다섯 가지 집착의 무더기[五取蘊]가 괴로움이다.

비구들이여, 그러면 태어남은 무엇인가? 이런저런 생명의 무리 가운데서, 이런저런 생명들의 태어남, 출생, 도래함, 생김, 그것들의 수태, 그것들이 존재로 들어옴, 다섯 가지 무더기의 나타남, 감각장소의 획득, 이것을 일러 태어남이라고 한다.

비구들이여, 그러면 어떤 것이 늙음인가? 이런저런 생명의 무리가운데서, 이런저런 생명들의 늙음, 노쇠함, 부서진 이빨, 희어진 머리카락, 주름진 피부, 활력의 감소, 감각기능의 쇠약, 이것을 일러 늙음이라고 한다.

비구들이여, 그러면 어떤 것이 죽음인가? 이런저런 생명의 무리 가운데서, 이런저런 생명의 종말, 제거됨, 부서짐, 사라짐, 사망, 죽음, 서거, 오온의 해체, 몸을 버림, 생명기능의 파괴, 이것을 일러 죽음이라고 한다.

비구들이여, 그러면 어떤 것이 슬픔인가? 이런저런 손실로 괴롭고, 이런저런 고통스런 일로 상처받은 사람의 슬픔, 슬퍼하는 것, 마음의 슬픈 상태, 내면의 근심, 내면의 깊은 슬픔, 이것을 일러 슬픔이라고 한다.

비구들이여 그러면 비탄이란 무엇인가? 이런저런 손실로 괴롭고, 이런저런 고통스런 느낌으로 상처를 받은 사람의 울부짖음, 한탄, 비탄, 울부짖고 비탄하는 상태, 이것을 일러 비탄이라고 한다.

비구들이여, 육체적 고통이란 무엇인가? 몸의 아픔과 몸의 불편함, 몸의 접촉으로 일어나는 고통스럽고 불쾌한 느낌, 이것을 일러 육체적 고통이라고 한다.

비구들이여, 정신적 고통이란 무엇인가? 마음의 아픔과 마음의 불쾌함, 마음의 접촉으로 일어나는 고통스럽고 불쾌한 느낌, 이것을 일러 정신적 고통이라고 한다. 비구들이여, 절망이란 무엇인가? 이런저런 손실로 괴롭고, 이런저런 불행으로 상처받은 사람의 실망, 절망, 절망의 상태, 심한 절망의 상태, 이것을 일러 절망이라고 한다.

비구들이여, 싫어하는 것과 만나는 괴로움이란 무엇인가? 여기서 만나면 바람직하지 않고, 싫고, 불쾌한 대상이 있다. 또 나의 손실, 손상, 불안을 원하고, 굴레에서 해방되지 않기를 원하는 사람이 있다. 그런 대상들과 그런 사람들과 함께 있는 것, 그들과 함께 오는 것, 그들과 사귀는 것, 그들과 함께 섞이는 것, 이것을 일러 싫어하는 것들과 만나는 괴로움이라고 한다.

비구들이여, 좋아하는 것과 헤어지는 괴로움이란 무엇인가? 여기에 만나면 바람직하고, 기분이 좋고, 유쾌한 대상이 있다. 또 나의 행복, 이익, 안락을 원하고, 굴레에서 해방되기를 원하는 사람, 어머니, 아버지, 형제들, 자매들, 친구들, 동료들, 친척들, 혈족들이 있다. 그런 대상들과 그런 사람들과 함께 있지 못하고, 그들과 함께 오지 못하고, 그들과 사귀지 못하고, 그들과 함께 섞여있지 못하는 것, 이것을 일러 좋아하는 것과 헤어지는 괴로움이라고 한다.

비구들이여, 원하는 것을 얻지 못하는 괴로움이란 무엇인가? 태어나기 마련인 중생에게 이런 소원이 일어난다. 아! 우리가 태어남을 겪지 않게 되었으면, 하고 바란다. 아! 우리에게 태어남이 일어나지 않았으면, 하고 바란다. 그러나 이것은 원한다고 해서 얻어지지 않는다. 이것이 원하는 것을 얻지 못하는 괴로움이다.

늙기 마련인 중생에게 이런 소원이 일어난다. 아! 우리가 늙음을 겪지 않게 되었으면, 하고 바란다. 아! 우리에게 늙음이 일어나지 않았으면, 하고 바란다. 그러나 이것은 원한다고 해서 얻어지지 않는다. 이것이 원하는 것을 얻지 못하는 괴로움이다. 병들기 마련인 중생에게 이런 소원이 일어난다. 아! 우리가 병을 겪지 않게 되었으면, 하고 바란다. 아! 우리에게 병이 일어나지 않았으면, 하고 바란다. 그러나 이것은 원한다고 해서 얻어지지 않는다. 이것이 원하는 것을 얻지 못하는 괴로움이다.

죽기 마련인 중생에게 이런 소원이 일어난다. 아! 우리가 죽음을 겪지 않게 되었으면, 하고 바란다. 아! 우리에게 죽음이 일어나지 않았으면, 하고 바란다. 그러나 이것은 원한다고 해서 얻어지지 않는다. 이것이 원하는 것을 얻지 못하는 괴로움이다. 슬픔, 비탄, 육체적 고통, 정신적 고통, 절망을 겪기 마련인 중생에게 이런 소원이 일어난다. 아! 우리에게 슬픔, 비탄, 육체적 고통, 정신적 고통, 절망을 겪지 않게 되었으면, 하고 바란다. 아! 우리에게 슬픔, 비탄, 육체적 고통, 정신적 고통, 절망이 일어나지 않았으면, 하고 바란다. 그러나 이것은 원한다고 해서 얻어지지 않는다. 이것이 원하는 것을 얻지 못하는 괴로움이다.

비구들이여, 요약하자면, 다섯 가지 집착의 무더기의 괴로움이란 무엇인가? 그것은 물질에 대한 집착의 무더기[色取蘊], 느낌에 대한 집착의 무더기[受取蘊], 인식에 대한 집착의 무더기[想取蘊], 마음의 형성에 대한 집착의 무더기[行取蘊], 의식에 대한 집착의 무더기[識取蘊], 이것을 요약하면 다섯 가지 집착의 무더기의 괴로움이라고 한다.

비구들이여, 이것을 괴로움의 성스러운 진리[苦聖諦]라고 한다."

인간으로 태어났으면 무엇을 목표로 살아야 하는지 뜻을 세우고 어떻게 살아야 하는지를 숙고해야 합니다. 오늘 하루도 필요한 일을 선택하고, 그 일을 하는 것을 잊지 않고 그 일을 하기 위해서 노력을 해야 합니다. 가장 인간답게 사는 것은 아무것도 바라지 않는 마음으로 하고 있는 일을 알아차리는 것입니다. 이것이 수행입니다.

수행은 특별한 것이 아닙니다. 하고 있는 일을 알아차리는 것입니다. 살면서 불필요한 일에 자신의 힘을 사용하지 말아야 합니다. 자신과 무관한 일은 단지 호기심일 뿐입니다. 모든 강물을 전부 짜게 할 수는 없습니다. 하지만 한 잔의 물은 짜게 할 수 있습니다. 모든 사람을 전부 구제할 수는 없습니다. 우선 자신의 문제부터 해결하는 것이 자신을 돕고 남을 돕는 것입니다.

◆◆◆◆◆

지난 시간에 『대념처경』의 고성제에 대한 부처님 말씀을 들려드렸습니다.

수행자 여러분! 수행자는 괴로움이 있을 때는 괴로움이 있다고 있는 그대로 알아차려야 합니다. 그리고 괴로움이 일어났을 때는 괴로움이 일어났다고 있는 그대로 알아차려야 합니다. 그리고 괴로움이 소멸되었을 때는 소멸된 것을 있는 그대로 알아차려야 합니다. 그리고 괴로움의 소멸에 이르는 길인 팔정도 위빠사나 수행을 할 때는 이것이 팔정도 위빠사나 수행이라고 있는 그대로 알아차려야 합니다.

수행자는 시작부터 끝까지 대상에 개입하지 않고 나타나는 모든 대상을 있는 그대로 알아차려야 합니다. 이렇게 나타난 대상을 분리해서 있는 그대로 알아차리는 것이 위빠 사나 수행입니다. 이것만이 괴로움이 있다는 진리를 깨닫게 합니다.

우리가 탐욕, 성냄, 어리석음을 가지고 사는 한 괴로움은 있기 마련입니다. 이처럼 있기 마련인 것을 다른 방법으로 해결하려고 해서는 안 됩니다. 단지 이것이 있는 것을 알아차리는 순간 이 번뇌는 사라집니다. 그리고 이렇게 알아차리는 것이 가장 합리적인 대처방법입니다.

부처님께서는 괴로움의 원인을 다음과 같이 설명하셨습니다. 태어남, 늙음, 죽음, 슬픔, 비탄, 육체적 고통, 정신적 고통, 절망, 싫어하는 것과 만나는 것, 좋아하는 것과 헤어지는 것, 원하는 것을 얻지 못하는 것, 다섯 가지 집착의 무더기[五取蘊]가 괴로움이 라고 하셨습니다. 그러므로 우리가 몸과 마음을 가지고 있는 한 괴로움의 굴레에서 벗어나기 어렵습니다.

부처님께서는 괴로움만 있는 것을 말씀하지 않으셨습니다. 괴로움의 원인이 갈애인 것을 밝히고, 괴로움의 소멸은 가능한 것이고, 이 괴로움을 소멸하기 위해서 팔정도 위빠사나의 길로 갈 것을 밝히셨습니다.

태어남은 윤회의 여정이 새로 시작되는 전환점입니다. 그래서 온갖 생존경쟁에 시달 리면서 살아야 합니다. 때로는 즐거움도 있지만 이 즐거움이 괴로움이 되어서 돌아옵니 다. 그러므로 태어남은 괴로움의 시작입니다. 괴로움을 즐거움으로 알고 있는 것이 무명입니다. 무명은 쓴 것을 달콤한 것으로 알게 하여 사람들을 미혹하게 합니다.

늙음도 괴로움입니다. 누구도 이 세월을 멈출 수는 없습니다. 매 순간 늙어가고 있다 는 것은 결코 유쾌한 일이 아닙니다. 죽음은 더욱 두려운 것입니다. 살아 있는 모든 생명은 태어났으면 죽어야 하지만 누구도 죽음을 즐겁게 받아들이기 어렵습니다. 그래 서 죽음보다 더한 두려움과 고통은 없습니다. 태어나면 늙어야 하고 죽어야 하는데 누구도 이것을 동의하기가 어렵습니다. 그래서 사는 것이 괴로움입니다.

슬픔, 비탄, 육체적 고통, 정신적 고통, 절망은 우리의 일상의 일입니다. 생존의 실재를 자각하면 이토록 괴로움뿐입니다. 누가 슬픔으로부터 자유로울 수 있으며, 육체적·정신적 고통으로부터 자유로울 수 있습니까? 괴로워서 울부짖는다고 해서 해결될 수 있는 문제도 아닙니다. 그래서 그냥 이러한 괴로움에 당할 수밖에 없는 삶을 살아야 합니다.

우리는 살면서 좋은 것만 만날 수는 없습니다. 싫어하는 것과 마주치지 않을 수 없습니다. 자기 의지대로 산다고 해도 이 세상은 온통 자신과 다른 것들로 포위되어 있기 때문에 자신에게 선택권이 그리 많지 않습니다. 뿐더러 항상 좋아하는 것과 이별하면서 살아야 합니다. 내가 좋아한다고 해서 그것을 영원히 소유할 수 없습니다. 그래서 만남도 고통이고 헤어짐도 고통입니다.

이러한 모든 것들이 오온을 통해서 이루어지기 때문에 오온 자체가 괴로움의 온상입니다. 그럼에도 불구하고 우리는 오온을 집착합니다. 그래서 괴로움이 영속됩니다. 이것을 아는 것이 수행이고, 이러한 수행을 통해서만이 괴로움을 극복할 수 있습니다.

괴로움은 와서 보라고 나타난 현상이지 이것이 우리를 괴롭히기 위해서 나타난 현상이 아닙니다. 그러나 와서 보라고 나타난 현상에 오히려 괴로움을 가중시키는 것이 모든 생명들의 삶입니다. 하지만 수행자는 와서 보라고 나타난 대상을 있는 그대로 보고 그 괴로움의 굴레에서 벗어납니다. 이것이 수행을 하는 것과 하지 않는 것의 차이입니다.

다음은 『대념처경』의 사성제 중에서 두 번째 집성제에 관하여 말씀드리겠습니다.

"다시 비구들이여, 괴로움의 일어남의 성스러운 진리란 무엇인가? 그것은 새롭게 태어남을 일으키는 갈애이다. 쾌락과 탐욕을 동반하고, 항상 새로운 기쁨을 지금 여기저기서 찾으니, 이른바 감각적 욕망에 대한 갈애[慾愛], 존재에 대한 갈애[有愛] 그리고 비존재에 대한 갈애[無有愛]이다.
다시 비구들이여, 이런 갈애는 어디서 일어나서 어디서 자리 잡는가? 세상에서 즐겁고 기분 좋은 것이 있으면, 여기서 이 갈애가 일어나서 여기서 자리 잡는다. 그러면 세상에서 어떤 것이 즐겁고 기분 좋은 것인가?

눈은 세상에서 즐겁고 기분 좋은 것이다. 여기서 이 갈애가 일어나서 여기서 자리 잡는다. 귀는 세상에서 즐겁고 기분 좋은 것이다. 여기서 이 갈애가 일어나서 여기서 자리 잡는다. 코는 세상에서 즐겁고 기분 좋은 것이다. 여기서 이 갈애가 일어나서 여기서 자리 잡는다. 혀는 세상에서 즐겁고 기분 좋은 것이다. 여기서 이 갈애가 일어나서 여기서 자리 잡는다. 몸은 세상에서 즐겁고 기분 좋은 것이다. 여기서 이 갈애가 일어나서 여기서 자리 잡는다. 마음은 세상에서 즐겁고 기분 좋은 것이다. 여기서 이 갈애가 일어나서 여기서 자리 잡는다.

보이는 형상은 세상에서 즐겁고 기분 좋은 것이다. 여기서 이 갈애가 일어나서 여기서 자리 잡는다. 소리는 세상에서 즐겁고 기분 좋은 것이다. 여기서 이 갈애가 일어나서 여기서 자리 잡는다. 냄새는 세상에서 즐겁고 기분 좋은 것이다. 여기서 이 갈애가 일어나서 여기서 자리 잡는다. 맛은 세상에서 즐겁고 기분 좋은 것이다. 여기서 이 갈애가 일어나서 여기서 자리 잡는다. 감촉은 세상에서 즐겁고 기분 좋은 것이다. 여기서 이 갈애가 일어나서 여기서 자리 잡는다. 법은 세상에서 즐겁고 기분 좋은 것이다. 여기서 이 갈애가 일어나서 여기서 자리 잡는다.

안식은 세상에서 즐겁고 기분 좋은 것이다. 여기서 이 갈애가 일어나서 여기서 자리 잡는다. 이식은 세상에서 즐겁고 기분 좋은 것이다. 여기서 이 갈애가 일어나서 여기서 자리 잡는다. 비식은 세상에서 즐겁고 기분 좋은 것이다. 여기서 이 갈애가 일어나서 여기서 자리 잡는다. 설식은 세상에서 즐겁고 기분 좋은 것이다. 여기서 이 갈애가 일어나서 여기서 자리 잡는다. 신식은 세상에서 즐겁고 기분 좋은 것이다. 여기서 이 갈애가 일어나서 여기서 자리 잡는다. 의식은 세상에서 즐겁고 기분 좋은 것이다. 여기서 이 갈애가 일어나서 여기서 자리 잡는다.

눈의 감각접촉은 세상에서 즐겁고 기분 좋은 것이다. 여기서 이 갈애가 일어나서 여기서 자리 잡는다. 귀의 감각접촉은 세상에서 즐겁고 기분 좋은 것이다. 여기서 이 갈애가 일어나서 여기서 자리 잡는다. 코의 감각접촉은 세상에서 즐겁고 기분 좋은 것이다. 여기서 이 갈애가 일어나서 여기서 자리 잡는다. 혀의 감각접촉은 세상에서 즐겁고 기분 좋은 것이다. 여기서 이 갈애가 일어나서 여기서 자리 잡는다. 몸의 감각접촉은 세상에서 즐겁고 기분 좋은 것이다. 여기서 이 갈애가 일어나서 여기서 자리 잡는

다. 마음의 감각접촉은 세상에서 즐겁고 기분 좋은 것이다. 여기서 이 갈애가 일어나서
여기서 자리 잡는다.

눈의 감각접촉에서 생긴 느낌은 세상에서 즐겁고 기분 좋은 것이다. 여기서 이 갈애가
일어나서 여기서 자리 잡는다. 귀의 감각접촉에서 생긴 느낌은 세상에서 즐겁고 기분
좋은 것이다. 여기서 이 갈애가 일어나서 여기서 자리 잡는다. 코의 감각접촉에서 생긴
느낌은 세상에서 즐겁고 기분 좋은 것이다. 여기서 이 갈애가 일어나서 여기서 자리
잡는다. 혀의 감각접촉에서 생긴 느낌은 세상에서 즐겁고 기분 좋은 것이다. 여기서
이 갈애가 일어나서 여기서 자리 잡는다. 몸의 감각접촉에서 생긴 느낌은 세상에서
즐겁고 기분 좋은 것이다. 여기서 이 갈애가 일어나서 여기서 자리 잡는다. 마음의
감각접촉에서 생긴 느낌은 세상에서 즐겁고 기분 좋은 것이다. 여기서 이 갈애가 일어나
서 여기서 자리 잡는다.

보이는 형상의 인식은 세상에서 즐겁고 기분 좋은 것이다. 여기서 이 갈애가 일어나서
여기서 자리 잡는다. 소리의 인식은 세상에서 즐겁고 기분 좋은 것이다. 여기서 이
갈애가 일어나서 여기서 자리 잡는다. 냄새의 인식은 세상에서 즐겁고 기분 좋은 것이다.
여기서 이 갈애가 일어나서 여기서 자리 잡는다.

접촉의 인식은 세상에서 즐겁고 기분 좋은 것이다. 여기서 이 갈애가 일어나서 여기서
자리 잡는다. 법의 인식은 세상에서 즐겁고 기분 좋은 것이다. 여기서 이 갈애가 일어나
서 여기서 자리 잡는다.

보이는 형상에 관한 의지작용은 세상에서 즐겁고 기분 좋은 것이다. 여기서 이 갈애가
일어나서 여기서 자리 잡는다. 소리에 관한 의지작용은 세상에서 즐겁고 기분 좋은
것이다. 여기서 이 갈애가 일어나서 여기서 자리 잡는다. 냄새에 관한 의지작용은 세상
에서 즐겁고 기분 좋은 것이다. 여기서 이 갈애가 일어나서 여기서 자리 잡는다. 맛에
관한 의지작용은 세상에서 즐겁고 기분 좋은 것이다. 여기서 이 갈애가 일어나서 여기서
자리 잡는다. 접촉에 관한 의지작용은 세상에서 즐겁고 기분 좋은 것이다. 여기서 이
갈애가 일어나서 여기서 자리 잡는다. 법에 관한 의지작용은 세상에서 즐겁고 기분
좋은 것이다. 여기서 이 갈애가 일어나서 여기서 자리 잡는다.

보이는 형상에 대한 갈애는 세상에서 즐겁고 기분 좋은 것이다. 여기서 이 갈애가
일어나서 여기서 자리 잡는다. 소리에 대한 갈애는 세상에서 즐겁고 기분 좋은 것이다.
여기서 이 갈애가 일어나서 여기서 자리 잡는다. 냄새에 대한 갈애는 세상에서 즐겁고

기분 좋은 것이다. 여기서 이 갈애가 일어나서 여기서 자리 잡는다. 맛에 대한 갈애는 세상에서 즐겁고 기분 좋은 것이다. 여기서 이 갈애가 일어나서 여기서 자리 잡는다. 접촉에 대한 갈애는 세상에서 즐겁고 기분 좋은 것이다. 여기서 이 갈애가 일어나서 여기서 자리 잡는다. 법에 대한 갈애는 세상에서 즐겁고 기분 좋은 것이다. 여기서 이 갈애가 일어나서 여기서 자리 잡는다.

보이는 형상에 대한 일으킨 생각은 세상에서 즐겁고 기분 좋은 것이다. 여기서 이 갈애가 일어나서 여기서 자리 잡는다. 소리에 대한 일으킨 생각은 세상에서 즐겁고 기분 좋은 것이다. 여기서 이 갈애가 일어나서 여기서 자리 잡는다. 냄새에 대한 일으킨 생각은 세상에서 즐겁고 기분 좋은 것이다. 여기서 이 갈애가 일어나서 여기서 자리 잡는다. 맛에 대한 일으킨 생각은 세상에서 즐겁고 기분 좋은 것이다. 여기서 이 갈애가 일어나서 여기서 자리 잡는다. 접촉에 대한 일으킨 생각은 세상에서 즐겁고 기분 좋은 것이다. 여기서 이 갈애가 일어나서 여기서 자리 잡는다. 법에 대한 일으킨 생각은 세상에서 즐겁고 기분 좋은 것이다. 여기서 이 갈애가 일어나서 여기서 자리 잡는다.

보이는 형상에 대한 지속적 고찰은 세상에서 즐겁고 기분 좋은 것이다. 여기서 이 갈애가 일어나서 여기서 자리 잡는다. 소리에 대한 지속적 고찰은 세상에서 즐겁고 기분 좋은 것이다. 여기서 이 갈애가 일어나서 여기서 자리 잡는다. 냄새에 대한 지속적 고찰은 세상에서 즐겁고 기분 좋은 것이다. 여기서 이 갈애가 일어나서 여기서 자리 잡는다. 맛에 대한 지속적 고찰은 세상에서 즐겁고 기분 좋은 것이다. 여기서 이 갈애가 일어나서 여기서 자리 잡는다. 접촉에 대한 지속적 고찰은 세상에서 즐겁고 기분 좋은 것이다. 여기서 이 갈애가 일어나서 여기서 자리 잡는다. 법에 대한 지속적 고찰은 세상에서 즐겁고 기분 좋은 것이다. 여기서 이 갈애가 일어나서 여기서 자리 잡는다.

비구들이여, 이를 일러 괴로움의 일어남의 성스러운 진리[集聖諦]라고 한다.”

　수행자가 그럴 수 있냐고 비난하지 마십시오. 수행자는 아직 수행이 무엇인지 모릅니다. 그러므로 바르게 살아가려는 선한 싹을 잘라서는 안 됩니다. 수행은 과정입니다. 수행자가 가야 할 길은 멀고 험합니다. 수행자는 방황하고 있는 괴로운 사람입니다. 괴롭지 않으면 수행을 하지 않습니다. 수행자는 완성된 사람이 아니고 괴로움을 해결하려고 노력하는 사람입니다.

　그래서 때로는 다른 사람보다도 더 문제가 많을 수가 있습니다. 위빠사나 수행은 지혜가 계발되는 과정을 거치면서 조금씩 성숙합니다. 이러한 수행자 입장을 모르면 수행 자체를 완성으로 오해할 수 있습니다. 수행자를 평가하지 않고 그냥 지켜보는 것이 바른 수행입니다.

◆◆◆◆◆

　지난 시간에 『대념처경』에 있는 집성제에 관한 부처님 말씀을 들려드렸습니다. 오늘은 이에 대해 자세히 살펴보겠습니다.

　괴로움의 원인은 다른 곳에 있지 않습니다. 오직 자신이 한 행위에 따른 과보가 괴로움의 원인입니다. 여기에 어떤 타인이 개입될 여지가 없습니다. 물론 업業을 행할 때 타인과의 관계가 있지만 이것은 전적으로 자신의 선택으로 하는 것입니다. 그러므로 이러한 괴로움의 원인은 과거로부터 내려온 것도 있지만 현재에도 스스로 선택해서 일으키는 것도 있습니다. 과거로부터 내려온 것은 업의 형성으로 인해 과보를 받는 것입니다. 현재 일으키는 것은 업의 생성으로 인해 새로 받는 것입니다.

괴로움을 일으키는 원인은 느낌으로부터 시작해서 갈애를 일으키는 것입니다. 느낌은 반드시 더 좋은 느낌을 원하여 갈애를 일으킵니다. 이러한 갈애가 집착이 되어 고통뿐인 태어남을 가져옵니다. 갈애는 온갖 종류의 바라는 마음입니다. 갈애는 그냥 갈애로 있지 않고 집착을 해서 행위를 하게 하기 때문에 업을 만듭니다. 그래서 괴로움이 끊어지지 않게 합니다.

이러한 갈애는 느낌에서 일어나는데 느낌은 여섯 가지 감각기관에서 일어납니다. 그러므로 위빠사나 수행을 해서 자신의 몸과 마음을 알아차리지 못하면 느낌에서 갈애로 넘어가기 마련입니다. 어쩌면 인류의 역사는 더 좋은 갈애를, 더 많이, 더 빨리 얻기 위해서 노력하고 있는지 모릅니다.

감각기관을 통해서 들어오는 갈애만 있는 것이 아닙니다. 더 잘살고 싶고, 괴로워서 죽고 싶은 갈애도 있습니다. 갈애는 좋은 뜻으로는 희망이지만 우리의 갈애는 희망으로 멈추지 않기 때문에 항상 문제를 야기합니다. 갈애는 탐욕을 동반하기 때문에 멈추지 않는 욕망의 기차와도 같습니다. 그래서 끝없고 위험한 질주를 계속합니다. 그러므로 인간은 이러한 욕망의 기차에 실려서 몸을 맡기고 사는 것입니다. 과연 누군가가 자기 스스로의 삶을 선택해서 살고 있다고 말할 수 있습니까? 그저 습관적으로 과거의 업에 의해서 떠밀려가면서 살고 있는 것입니다.

감각적 욕망의 갈애는 감각적 쾌락을 추구하는 것입니다. 존재에 대한 갈애는 항상하고 영원한 것이라는 상견으로 잘못된 견해입니다. 비존재에 대한 갈애는 이 생으로 끝이라고 하는 허무주의와 단견에 속하는 잘못된 견해입니다.

그렇다면 이와 같은 갈애가 아닌 것은 무엇일까요? 무엇도 바라지 않고 그냥 필요해서 하는 것입니다. 그러면 바라는 것이 없기 때문에 괴로울 일이 없습니다. 이것이 깨달음으로 가는 지름길입니다. 여기에는 있는 그대로 알아차리는 행위가 따라야 합니다. 이것이 손해인 것 같아도 가장 큰 이익입니다.

수행자는 남과 비교해서는 안 됩니다. 나만 바라지 않는다면 나만 손해가 난다고 생각해서는 안 됩니다. 이때 이러한 나는 없습니다. 그냥 몸과 마음일 뿐입니다. 이것을 소유하는 자아는 없습니다. 그러니 단지 필요한 일이라서 해야 합니다. 일하고 먹고 생활하는 것이 단지 필요한 일이라서 하면 최고의 지혜가 나서 모든 번뇌를 불태울 수 있습니다.

눈이 형상과 마주칠 때 눈이라는 감각기관에서 마음으로 알아차리면 형상을 통해서 들어오는 갈애가 일어나지 않습니다. 그러면 괴로움의 원인이 제거됩니다. 귀로 소리를 들을 때 귀라는 감각기관에서 마음으로 알아차리면 소리를 통해서 들어오는 갈애가 일어나지 않습니다. 마찬가지로 코가 냄새를 맡을 때 코라는 감각기관에서 마음으로 알아차리면 냄새를 통해서 들어오는 갈애가 일어나지 않습니다. 맛을 느끼는 것과 신체의 접촉도 이와 마찬가지입니다. 이처럼 감각기관에 대상을 알아차리는 것이 바로 위빠사나 수행입니다.

감각기관을 통해서 일어나는 갈애는 즐거운 것이기 때문에 일어납니다. 그리고 일어난 곳에서 자리 잡습니다. 일어남은 새로 생기는 것이고, 자리 잡는 것은 일어난 것이 다시 되풀이되어서 일어나는 것을 말합니다. 그러므로 일어난 것은 수면 아래로 잠재해 있다가 필요할 때 다시 나타납니다. 그러므로 일어난 갈애는 한 번으로 그치지 않습니다.

갈애는 일어나는 단계가 있고, 잠복하는 단계가 있고, 때가 되면 다시 나타나는 단계가 있습니다. 그래서 현재는 갈애에 이끌려서 사는 것입니다. 그러므로 누구나 현재 욕심을 부리지 않지만 조건이 성숙되면 욕심을 부리고 조건이 성숙되면 화를 냅니다. 그래서 갈애가 있을 때도 알아차려야 하고, 갈애가 없을 때도 똑같이 알아차려야 합니다. 그래야 잠복한 갈애가 다시 일어나지 않습니다.

갈애는 일어난 곳에서 다시 저장됩니다. 그러므로 우리들의 모든 감각기관은 모두 갈애를 일으키는 곳이고, 그 감각기관에 모든 갈애가 저장됩니다. 그래서 때가 되면 성숙해서 다시 일어납니다. 이러한 갈애를 알아차려서 단지 느낌으로 머물 때 위빠사나 수행자는 도과를 성취할 수 있습니다.

인간은 과거에는 모르기 때문에 무명에 이끌려 업을 행해서 현재의 삶을 살고 있습니다. 그리고 현재는 갈애에 이끌려 살고 있기 때문에 탐욕의 늪에서 헤어나지 못하고 윤회를 하면서 삽니다. 그래서 무명은 우두머리이고, 갈애는 동반자입니다. 이 무명과 갈애는 모든 괴로움의 근본원인입니다. 누구나 몰라서 괴로움뿐인 갈애를 일으킵니다. 그러므로 현재의 느낌을 알아차려서 갈애가 일어나지 않으면 자연스럽게 무명이 함께 소멸합니다. 무명과 갈애는 한 몸으로 연결되어 있기 때문입니다.

갈애는 사소한 것을 바라는 마음으로부터 시작합니다. 그러나 이 사소한 것을 바라는 마음이 더 큰 것, 더 많은 것을 원하기 때문에 반드시 집착을 일으킵니다. 이때의 집착은 떨어지지 않는 특성을 가지고 있습니다. 더 강력하게 대상에 침투합니다. 그래서 반드시 행위를 일으키도록 합니다. 이 행위가 바로 업의 생성입니다.

이때 업의 생성은 의도가 있는 행위라서 과보가 생깁니다. 그래서 업의 생성으로 인해서 행한 대로 미래에 다시 그 과보를 그대로 받습니다. 우리가 업이라고 할 때는 과거의 형성된 업이 있고, 현재 생성하는 업이 있습니다. 과거의 형성된 업으로 우리는 오온을 받았습니다. 그러나 지금은 새로 생성하는 업으로 미래에 태어남이라는 결과와 지금 이후에 과보를 받습니다.

업의 생성은 업의 힘입니다. 행위는 일어난 순간에 사라집니다. 그러나 행위를 한 힘은 과보로 남겨져서 다음에 상속됩니다. 그래서 우리는 업의 굴레를 벗어날 수가 없습니다. 이 업의 굴레가 다시 번뇌의 굴레를 일으키고, 번뇌의 굴레가 다시 괴로움을 일으킵니다. 이런 연속적인 과정 속에서 우리는 한 치도 벗어날 수 없는 운명을 살아야 합니다.

집착은 사소한 것으로부터 시작합니다. 이것을 사소한 것이라고 생각해서는 결코 안 됩니다. 어떤 경우나 작은 것에서부터 더 큰 것으로 발전한다는 것을 알고 항상 대상이 나타날 때마다 알아차려야 합니다.

그 갈애라는 바이러스는 여섯 가지 감각기관의 문을 통해서 들어오고, 여섯 가지 감각대상에 묻어서 들어옵니다. 그러므로 우리는 여섯 가지 감각기관의 문을 지켜야 하고, 여섯 가지 감각대상에 대해서 알아차려야 하고, 또 그것을 받아들이는 여섯 가지 아는 마음을 면밀하게 알아차려야 합니다.

그래서 감각기관과 감각대상과 그것을 아는 여섯 가지 마음을 다 알아차릴 때 비로소 갈애로부터 자유로울 수 있습니다. 이 갈애로부터 자유로울 때 우리는 도과를 성취하여 지고의 행복을 얻을 것입니다.

괴로움의 실체는 불만족입니다. 태어나서 늙고 병들어 죽는 것이 모두 괴로움 속에서 진행됩니다. 사는 동안 영원한 것은 아무것도 없으며, 모두 변하기 때문에 괴롭습니다. 몸과 마음을 가지고 산다는 것이 간단치 않은 일이라서 어느 누구도 불만족으로부터 해방되기가 어렵습니다. 그러나 이런 괴로움도 매 순간 변하는 것이어서 완전한 것이 아닙니다. 다만 그것을 기억하여 가지고 가기 때문에 괴로움이 지속되는 것입니다.

괴로움에서 벗어나는 유일한 길은 원래 괴로움이 있는 것이라고 알아차리는 것입니다. 괴로움을 알아차리는 마음이 분명하면 괴로움은 한낱 대상에 불과한 것입니다. 괴로움은 일시적이고 불완전한 것이지 결코 견고한 것이 아닙니다.

◆◆◆◆◆

『대념처경』의 사성제 중에서 멸성제에 관하여 경전 내용을 말씀드리겠습니다.

"다시 비구들이여, 그러면 무엇이 괴로움의 소멸의 성스러운 진리인가? 그것은 갈애가 남김없이 소멸함, 버림, 놓아버림, 벗어남, 집착 없음이다. 비구들이여, 이를 일러 괴로움의 소멸의 성스러운 진리라고 한다.
다시 비구들이여, 그럼 이 갈애는 어디서 없어지고 어디서 소멸하는가? 세상에서 즐겁고 기분 좋은 것이 있으면 여기서 이 갈애가 없어지고 여기서 소멸한다. 그러면 세상에서 어떤 것이 즐겁고 기분 좋은 것인가?
눈은 세상에서 즐겁고 기분 좋은 것이다. 여기서 이 갈애가 없어지고 여기서 소멸한다. 귀는 세상에서 즐겁고 기분 좋은 것이다. 여기서 이 갈애가 없어지고 여기서 소멸한다. 코는 세상에서 즐겁고 기분 좋은 것이다. 여기서 이 갈애가 없어지고 여기서 소멸한다. 혀는 세상에서 즐겁고 기분 좋은 것이다. 여기서 이 갈애가 없어지고 여기서 소멸한다. 몸은 세상에서 즐겁고 기분 좋은 것이다. 여기서 이 갈애가 없어지고 여기서 소멸한다. 마음은 세상에서 즐겁고 기분 좋은 것이다. 여기서 이 갈애가 없어지고 여기서 소멸한다.

보이는 형상은 세상에서 즐겁고 기분 좋은 것이다. 여기서 이 갈애가 없어지고 여기서 소멸한다. 소리는 세상에서 즐겁고 기분 좋은 것이다. 여기서 이 갈애가 없어지고 여기서 소멸한다. 냄새는 세상에서 즐겁고 기분 좋은 것이다. 여기서 이 갈애가 없어지고 여기서 소멸한다. 맛은 세상에서 즐겁고 기분 좋은 것이다. 여기서 이 갈애가 없어지고 여기서 소멸한다. 감촉은 세상에서 즐겁고 기분 좋은 것이다. 여기서 이 갈애가 없어지고 여기서 소멸한다. 법은 세상에서 즐겁고 기분 좋은 것이다. 여기서 이 갈애가 없어지고 여기서 소멸한다.

안식은 세상에서 즐겁고 기분 좋은 것이다. 여기서 이 갈애가 없어지고 여기서 소멸한다. 이식은 세상에서 즐겁고 기분 좋은 것이다. 여기서 이 갈애가 없어지고 여기서 소멸한다. 비식은 세상에서 즐겁고 기분 좋은 것이다. 여기서 이 갈애가 없어지고 여기서 소멸한다. 설식은 세상에서 즐겁고 기분 좋은 것이다. 여기서 이 갈애가 없어지고 여기서 소멸한다. 신식은 세상에서 즐겁고 기분 좋은 것이다. 여기서 이 갈애가 없어지고 여기서 소멸한다. 의식은 세상에서 즐겁고 기분 좋은 것이다. 여기서 이 갈애가 없어지고 여기서 소멸한다.

눈의 감각접촉은 세상에서 즐겁고 기분 좋은 것이다. 여기서 이 갈애가 없어지고 여기서 소멸한다. 귀의 감각접촉은 세상에서 즐겁고 기분 좋은 것이다. 여기서 이 갈애가 없어지고 여기서 소멸한다. 코의 감각접촉은 세상에서 즐겁고 기분 좋은 것이다. 여기서 이 갈애가 없어지고 여기서 소멸한다. 혀의 감각접촉은 세상에서 즐겁고 기분 좋은 것이다. 여기서 이 갈애가 없어지고 여기서 소멸한다. 몸의 감각접촉은 세상에서 즐겁고 기분 좋은 것이다. 여기서 이 갈애가 없어지고 여기서 소멸한다. 마음의 감각접촉은 세상에서 즐겁고 기분 좋은 것이다. 여기서 이 갈애가 없어지고 여기서 소멸한다.

눈의 감각접촉에서 생긴 느낌은 세상에서 즐겁고 기분 좋은 것이다. 여기서 이 갈애가 없어지고 여기서 소멸한다. 귀의 감각접촉에서 생긴 느낌은 세상에서 즐겁고 기분 좋은 것이다. 여기서 이 갈애가 없어지고, 여기서 소멸한다. 코의 감각접촉에서 생긴 느낌은 세상에서 즐겁고 기분 좋은 것이다. 여기서 이 갈애가 없어지고 여기서 소멸한다. 혀의 감각접촉에서 생긴 느낌은 세상에서 즐겁고 기분 좋은 것이다. 여기서 이 갈애가 없어지고 여기서 소멸한다. 몸의 감각접촉에서 생긴 느낌은 세상에서 즐겁고 기분 좋은 것이다. 여기서 이 갈애가 없어지고 여기서 소멸한다. 마음의 감각접촉에서 생긴 느낌은 세상에서 즐겁고 기분 좋은 것이다. 여기서 이 갈애가 없어지고 여기서 소멸한다.

눈의 인식은 세상에서 즐겁고 기분 좋은 것이다. 여기서 이 갈애가 없어지고 여기서 소멸한다. 귀의 인식은 세상에서 즐겁고 기분 좋은 것이다. 여기서 이 갈애가 없어지고 여기서 소멸한다. 코의 인식은 세상에서 즐겁고 기분 좋은 것이다. 여기서 이 갈애가 없어지고 여기서 소멸한다. 혀의 인식은 세상에서 즐겁고 기분 좋은 것이다. 여기서 이 갈애가 없어지고 여기서 소멸한다. 몸의 인식은 세상에서 즐겁고 기분 좋은 것이다. 여기서 이 갈애가 없어지고 여기서 소멸한다. 마음의 인식은 세상에서 즐겁고 기분 좋은 것이다. 여기서 이 갈애가 없어지고 여기서 소멸한다.

보이는 형상에 관한 의지작용은 세상에서 즐겁고 기분 좋은 것이다. 여기서 이 갈애가 없어지고 여기서 소멸한다. 소리에 관한 의지작용은 세상에서 즐겁고 기분 좋은 것이다. 여기서 이 갈애가 없어지고 여기서 소멸한다. 냄새에 관한 의지작용은 세상에서 즐겁고 기분 좋은 것이다. 여기서 이 갈애가 없어지고 여기서 소멸한다. 맛에 관한 의지작용은 세상에서 즐겁고 기분 좋은 것이다. 여기서 이 갈애가 없어지고 여기서 소멸한다. 접촉에 관한 의지작용은 세상에서 즐겁고 기분 좋은 것이다. 여기서 이 갈애가 없어지고 여기서 소멸한다. 법에 관한 의지작용은 세상에서 즐겁고 기분 좋은 것이다. 여기서 이 갈애가 없어지고 여기서 소멸한다.

보이는 형상에 대한 갈애는 세상에서 즐겁고 기분 좋은 것이다. 여기서 이 갈애가 없어지고 여기서 소멸한다. 소리에 대한 갈애는 세상에서 즐겁고 기분 좋은 것이다. 여기서 이 갈애가 없어지고 여기서 소멸한다. 냄새에 대한 갈애는 세상에서 즐겁고 기분 좋은 것이다. 여기서 이 갈애가 없어지고 여기서 소멸한다. 맛에 대한 갈애는 세상에서 즐겁고 기분 좋은 것이다. 여기서 이 갈애가 없어지고 여기서 소멸한다. 접촉에 대한 갈애는 세상에서 즐겁고 기분 좋은 것이다. 여기서 이 갈애가 없어지고 여기서 소멸한다. 법에 대한 갈애는 세상에서 즐겁고 기분 좋은 것이다. 여기서 이 갈애가 없어지고 여기서 소멸한다.

보이는 형상에 대한 일으킨 생각은 세상에서 즐겁고 기분 좋은 것이다. 여기서 이 갈애가 없어지고 여기서 소멸한다. 소리에 대한 일으킨 생각은 세상에서 즐겁고 기분 좋은 것이다. 여기서 이 갈애가 없어지고 여기서 소멸한다. 냄새에 대한 일으킨 생각은 세상에서 즐겁고 기분 좋은 것이다. 여기서 이 갈애가 없어지고 여기서 소멸한다. 맛에 대한 일으킨 생각은 세상에서 즐겁고 기분 좋은 것이다. 여기서 이 갈애가 없어지고 여기서 소멸한다. 접촉에 대한 일으킨 생각은 세상에서 즐겁고 기분 좋은 것이다. 여기서 이 갈애가 없어지고 여기서 소멸한다. 법에 대한 일으킨 생각은 세상에서 즐겁고 기분 좋은 것이다. 여기서 이 갈애가 없어지고 여기서 소멸한다.

보이는 형상에 대한 지속적 고찰은 세상에서 즐겁고 기분 좋은 것이다. 여기서 이 갈애가 없어지고 여기서 소멸한다. 소리에 대한 지속적 고찰은 세상에서 즐겁고 기분 좋은 것이다. 여기서 이 갈애가 없어지고 여기서 소멸한다. 냄새에 대한 지속적 고찰은 세상에서 즐겁고 기분 좋은 것이다. 여기서 이 갈애가 없어지고 여기서 소멸한다. 맛에 대한 지속적 고찰은 세상에서 즐겁고 기분 좋은 것이다. 여기서 이 갈애가 없어지고 여기서 소멸한다. 접촉에 대한 지속적 고찰은 세상에서 즐겁고 기분 좋은 것이다. 여기서 이 갈애가 없어지고 여기서 소멸한다. 법에 대한 지속적 고찰은 세상에서 즐겁고 기분 좋은 것이다. 여기서 이 갈애가 없어지고 여기서 소멸한다.

비구들이여, 이를 일러 괴로움의 소멸의 성스러운 진리[滅聖諦]라고 한다."

고성제와 집성제는 괴로움이 일어나는 진리이고, 멸성제와 도성제는 괴로움이 소멸하는 진리입니다. 그래서 고성제와 집성제는 세속의 진리이고, 멸성제와 도성제는 출세간의 진리입니다.

무엇이나 조건에 의해서 일어난 것은 조건에 의해서 사라집니다. 그러므로 괴로움도 일어날 조건이 소멸하면 일어나지 않습니다. 사라진다는 것은 일어나지 않아서 사라진다는 것을 말합니다. 마찬가지로 죽지 않는다는 것도 태어나지 않기 때문에 죽지 않는다는 뜻입니다.

멸성제는 갈애가 소멸하여 얻는 열반을 의미합니다. 고성제와 집성제의 소멸이 멸성제인데, 이것은 갈애가 소멸한 것입니다. 갈애는 바라는 마음으로 욕망입니다. 세 가지 갈애인 감각적 욕망에 대한 갈애, 존재에 대한 갈애, 비존재에 대한 갈애가 완전하게 소멸되어야 비로소 갈애가 소멸되었다고 말할 수 있습니다. 갈애가 소멸하는 것을 경전에서는 '갈애가 남김없이 소멸함, 버림, 놓아버림, 벗어남, 집착 없음이다'고 합니다.

이렇게 여러 가지의 방법으로 갈애가 소멸되지만 오직 지혜로서만이 갈애를 소멸시킬 수 있습니다. 그렇지 않고 다른 물리적 방법으로는 갈애를 결코 소멸시킬 수 없습니다. 갈애를 지혜로 소멸시키지만 유신견을 가진 사람은 제외됩니다. 유신견을 가지면 자아가 있다고 생각하여 지혜가 나지 않기 때문입니다. 그러므로 불교에서 가장 큰 무지를 유신견으로 봅니다.

갈애의 완전한 소멸은 무상, 고, 무아의 지혜가 나서 가장 순수한 정신적 상태가 유지될 때 열반에 이릅니다. 바로 이 상태에서 갈애가 소멸됩니다. 수행자가 이러한 진리를 깨달을 때 도의 의식이 일어납니다. 갈애의 소멸은 바로 이러한 도의 의식에 의해서 제거됩니다. 이때의 도의 의식이란 지혜가 있는 의식을 말합니다.

갈애의 소멸은 과거의 갈애와 미래의 갈애와 현재의 갈애를 모두 소멸시킨 것입니다. 이때 도의 의식이 인위적으로 과거의 갈애를 뿌리 뽑는 것이 아닙니다. 도의 의식이 있는 순간에는 어떤 번뇌도 침투하지 못하기 때문에 갈애가 붙을 자리가 없어서 뿌리 뽑히는 것입니다. 미래의 갈애도 마찬가지입니다. 도의 의식이 있는 순간에는 번뇌가 침투하지 못해서 갈애를 뿌리 뽑는 것입니다. 현재의 갈애도 마찬가지입니다. 도의 의식이 있는 순간에는 번뇌가 침투하지 못해서 갈애가 뿌리 뽑히는 것입니다.

이렇게 도의 의식으로 갈애를 뿌리 뽑기 위해서는 도의 의식이 지속되어야 합니다. 도의 의식이 지속되어서 이것이 새로운 습관이 될 때라야 갈애가 완전하게 뿌리 뽑힙니다. 그렇지 않고 적당히 알아차리다 말면 있던 욕망이 수그러들지 않아서 완전하게 뿌리 뽑히지 않습니다. 그래서 위빠사나 수행이란 대상을 지속적으로 알아차리는 것이라고 말하는 것입니다.

마음은 한순간에 하나밖에 없습니다. 한순간에 성스러운 마음을 가지면 성스러움을 얻어서 이익이 있고, 이 순간에 번뇌가 침투하지 않아서 이익이 있습니다. 그러므로 도의 의식이 번뇌를 뿌리 뽑는 것이 아닙니다. 지혜가 수반된 도의 의식이 있는 순간에는 하나의 마음밖에 없기 때문에 갈애가 소멸한 것입니다.

그래서 위빠사나 수행이 바라거나 없애려고 하지 않는 수행이라고 말하는 것입니다. 오직 대상과 아는 마음만 있을 때 최고의 지혜인 무상, 고, 무아를 아는 도의 의식이 생기면 번뇌가 자랄 수 있는 토양이 없어집니다. 이러한 토양이 없어지는 것은 욕계, 색계, 무색계라는 곳에서 오온이라는 생명이 살 수 있는 기본적인 조건이 소멸하는 것입니다. 그래서 생명이 살 수 있는 토양이 있다는 것은 아직 완전한 지혜가 나지 않아서 갈애가 남아 있다는 것입니다. 우리가 완벽하게 대상을 알아차리고 알아차림을 지속할 때 갈애가 붙지 않습니다.

산다는 것은 시련이 끊이지 않는다는 것입니다. 시련은 자신의 어리석음으로부터 오며, 타인의 어리석음과 부딪혔을 때 더 크게 옵니다. 자신의 어리석음이란 바로 내가 최고라고 하는 우월감을 갖는 것입니다. 누구나 자존심을 세우고 모든 일이 자신의 마음대로 되기를 원합니다.

그러나 세상은 나의 뜻대로 되지 않습니다. 그래서 고통을 겪을 수밖에 없는 것입니다. 이러한 나의 유신견으로 인해 괴로움을 겪지만 타인의 유신견과 부딪히면 더 큰 괴로움이 됩니다. 그래서 수행자는 일을 벌이지 않습니다. 일이란 유신견으로 시작하기 때문입니다. 수행을 해서 내가 있다고 하는 자아가 소멸될 때만이 상대의 유신견을 수용할 수 있어서 괴로움과 시련이 사라집니다.

◆◆◆◆◆

지난 시간에 이어서 멸성제에 대하여 계속 말씀드리겠습니다.

일반적으로는 대상과 아는 마음만 있다가 대상을 알아차리지 못하면 다시 번뇌가 일어납니다. 이때는 아직 번뇌가 자랄 수 있는 토양이 있기 때문입니다. 그래서 이런 경우에는 번뇌가 완전하게 소멸한 것이 아니고 순간적으로 소멸한 것입니다. 이렇게 번뇌가 자랄 수 있는 토양이 남아 있다는 것은 아직 잠재의식에 갈애가 남아 있는 것을 말합니다. 아직도 왜 이런 갈애가 남아 있는가 하면 무상, 고, 무아의 지혜를 완전하게 통찰하지 못했기 때문입니다.

404

누구나 번뇌가 완전하게 소멸하기 전까지는 잠재적인 번뇌를 가지고 있습니다. 지금 선한 마음을 가지고 있지만 다른 조건이 생기면 금방 선하지 못한 마음으로 바뀝니다. 다시 지금 선하지 못한 마음을 가졌지만 다른 조건이 생기면 금방 선한 마음으로 바뀝니다. 그러므로 지금 욕심을 부리고 화를 내지 않지만 욕심을 부리고 화를 낼 만한 조건이 성숙되면 금방 욕심을 부리고 화를 냅니다. 이것이 원인과 결과의 지배를 받는 것입니다. 이때 갈애가 완전하게 소멸되지 않았기 때문입니다. 이 상태에서는 다시 태어나는 토양을 가지고 있습니다. 그래서 윤회를 합니다.

무상, 고, 무아의 지혜가 완전해지면 모든 것이 무상하고, 불만족이고, 나라고 할 것이 없고, 나의 소유라고 할 것이 없다는 깨달음이 일어납니다. 그러면 이 순간에 모든 집착에서 벗어납니다. 이때 원인과 결과가 사라지고 단지 작용만 하는 마음을 갖습니다. 이 상태에서만 다시 태어나는 토양이 소멸됩니다. 그래서 윤회를 하지 않습니다.

통찰지혜로 갈애가 완전하게 소멸하면 집착이 끊어지는 이때의 마음이 도의 의식입니다. 이런 결과로 자연스럽게 열반에 이르게 됩니다. 그러므로 열반은 지혜의 결과이지 열반 그 자체가 지혜는 아닙니다. 열반을 지고의 행복이라고 하는 것은 열반을 얻기 전에 이미 완전한 갈애의 소멸로 평화와 자유를 얻었기 때문입니다. 그리고 열반에서 깨어나서 역시 똑같은 평화와 자유를 얻기 때문에 열반을 지고의 행복이라고 합니다.

열반의 상태에서는 의식이 있지만 의식을 자각하지 못하기 때문에 행복을 자각하지 못합니다. 자각하지 못하지만 이 순간에 모든 번뇌가 불타버려서 열반을 지고의 행복이라고 합니다. 열반은 출세간의 진리를 성취하는 것입니다. 그래서 세간의 이해로는 그 완전한 뜻을 알기가 어렵습니다. 단지 모든 갈애가 완전하게 불타버린 것이라는 것으로 이해해야 합니다. 그러므로 열반은 갈애가 소멸된 끝에 있는 정신적 상태입니다.

열반에 대해서 마하시 사야도께서는 이렇게 말씀하셨습니다.

"물질은 먼지에 오염될 수 있습니다. 마음과 마음의 작용들과 같은 정신적인 특성은 탐욕, 증오 등과 관련되어 오염될 수 있습니다. 선한 정신적 상태들조차도 탐욕, 증오

등이 나타날 때 오염될 수 있습니다. 그러나 열반은 매우 순수하기 때문에 어떤 오염도 접촉하지 않습니다. 이것을 주석서에서는 '열반은 모든 점에서 빛난다'라는 의미로 설명한 것입니다.

어떤 사람은 주석서의 설명에 의존하여 열반은 매우 밝은 빛이라고 합니다. 그러나 빛은 물질입니다. 열반 그 자체가 물질이 아니므로 그들의 말은 부처님의 가르침에 어긋납니다. 생겨나지 않음 또는 소멸만이 모든 점에서 빛이 납니다. 그것은 조건 지어진 것들의 오염으로부터 완전히 자유롭기 때문입니다. 이러한 해석이 적합한 것입니다."

부처님께서는 『디가니까야Dīgha Nikāya』에서 열반에 대해서 다음과 같이 말씀하셨습니다.

"열반은 육안으로 볼 수 없고 그것은 일어남, 사라짐, 정지됨에 제한이 없으며, 모든 점에서 빛난다. 여기에 땅의 요소도, 물의 요소도, 불의 요소도, 바람의 요소도 발을 붙이지 못한다. 여기에 긴 것도, 짧은 것도, 작은 것도, 거대한 것도, 아름다움도, 추함도 발을 붙이지 못한다. 여기에 마음과 물질이 완전하게 사라진다. 의식의 소멸과 함께 정신과 물질의 모든 것이 소멸한다."

위빠사나 수행자가 청정과 지혜의 과정을 마치면 수다원의 도과를 성취합니다. 이때의 도과가 바로 열반입니다. 그리고 다시 사다함의 도과와 아나함의 도과와 아라한의 도과를 얻습니다. 도道는 지향하는 것이고, 과果는 열매입니다. 그래서 도는 열반을 지향하는 것이고, 과는 열반을 완성하여 열반에서 나오는 상태입니다.

열반은 유여의열반有餘依涅槃과 무여의열반無餘依涅槃이 있습니다. 유여의열반은 열반에 들고도 오온이 남아 있는 상태입니다. 그래서 살아 있으면서 열반의 상태를 계속 경험합니다. 처음에 열반을 체험하면 수다원이 되는데 수다원에서 더 높은 도과를 얻기 위해서는 수다원의 상태에서 계속해서 열반을 체험합니다.

이때 오온은 있지만 탐욕, 성냄, 어리석음이 소멸된 상태로 열반을 체험합니다. 이런 상태에서 다시 사다함의 도과를 얻기 위해서 위빠사나 수행을 시작하여 열반에 이르면 이때는 사다함의 도과를 성취합니다. 이렇게 해서 아나함과 아라한의 도과를 성취하고, 오온을 가진 채로 계속해서 열반을 체험하는 것이 유여의열반입니다. 이러한 열반을 빨리어로 사 우빠디세나 닙바나sa upadisena nibbāna라고 합니다.

이 열반은 번뇌가 모두 불타버렸다고 해서 낄레사 빠리닙바나kilesa parinibbāna라고도 합니다. 무여의열반은 오온이 완전하게 소멸한 상태를 말합니다. 그러므로 죽음을 맞이한 열반을 의미합니다. 부처님이나 아라한이 죽으면 모든 번뇌가 불타버려서 다시 태어날 갈애가 소멸하여 재생을 하지 않습니다. 이 정신세계의 죽음을 무여의열반이라고 합니다. 이러한 열반을 빨리어로 아누빠디세나 닙바나anupadisesa nibbāna라고 합니다. 이 열반은 정신과 물질의 무더기인 오온이 모두 불타버렸다고 해서 칸타 빠리닙바나khandha parinibbāna라고도 합니다. 그리고 이 열반을 한문으로는 반열반般涅槃이라고 합니다.

열반은 있어도 열반에 들어가는 자는 없습니다. 열반의 상태는 몸과 마음을 대상으로 알아차리다가 몸과 마음이란 대상이 사라진 상태이기 때문에 인식할 수 없는 상황입니다. 이때 의식은 있어도 의식이 오온을 대상으로 하지 않고 열반을 대상으로 하기 때문에 의식이 있는 것을 자각하지 못합니다. 다만 열반에 들기 전의 상태와 열반에 들고 나서의 상태를 인식할 수 있습니다. 그러나 열반의 상태에서는 원인과 결과도 끊어지고, 조건이 소멸되고, 인식이 끊어진 상태입니다. 그래서 얼반은 있어도 열반에 들어가는 자가 없다고 말합니다.

열반은 있어도 열반을 얻은 자는 없습니다. 아라한은 있어도 아라한은 얻은 자는 없습니다. 수다원, 사다함, 아나함, 아라한은 자아가 없는 무아를 자각하여 통찰지혜가 난 상태이기 때문에 열반을 소유하는 자가 없습니다. 이러한 성자의 단계는 깨달음이란 정신적 상태이지, 이것을 소유하는 자는 없습니다. 도과를 성취하는 것은 의식이 고양된 정신적 상태이지, 이것을 자격증처럼 소지하는 자가 있는 것이 아닙니다.

그렇다고 열반이 무無의 상태는 아닙니다. 열반은 실재하는 정신적 현상이지만 다만 자각하기 못하기 때문에 단지 지혜의 수준에 머물러 있는 상태입니다. 그러므로 내가 수다원이라거나 내가 아라한이라고 말한다는 그는 수다원이나 아라한의 자격이 없는 자입니다. 도과 자체가 무아를 알아야 이를 수 있기 때문에 이런 점에서 내가 누구라고 말한다면 그것은 바른 지혜를 얻은 것이 아닙니다. 만약 그런 수행자가 있다면 그는 열반을 체험한 것이 아니고 유사열반을 체험했을 가능성이 있습니다.

부처님께서는 갈애가 소멸하는 멸성제에 대하여 다음과 같이 말씀하셨습니다. "다시 비구들이여, 그럼 이 갈애는 어디서 없어지고 어디서 소멸하는가? 세상에서 즐겁고 기분 좋은 것이 있으면 여기서 이 갈애가 없어지고 여기서 소멸한다. 그러면 세상에서 어떤 것이 즐겁고 기분 좋은 것인가?" 부처님께서는 이렇게 물으시면서 어디서 갈애가 소멸하는지를 구체적으로 밝히셨습니다. 갈애가 일어났으면 일어난 곳에서 갈애가 소멸할 수 있습니다. 경전에서는 갈애가 소멸하는 곳을 열 가지로 나누어서 상세하게 설명하셨습니다.

여섯 가지 감각기관에서 갈애가 소멸합니다. 여섯 가지 감각대상에서 갈애가 소멸합니다. 여섯 가지 아는 마음에서 갈애가 소멸합니다. 여섯 가지 감각기관과 감각대상이 접촉할 때 갈애가 소멸합니다. 여섯 가지 감각기관과 감각대상이 접촉해서 느낌이 일어날 때 갈애가 소멸합니다. 여섯 가지 감각기관의 인식에서 갈애가 소멸합니다. 여섯 가지 감각기관의 의지작용에서 갈애가 소멸합니다. 여섯 가지 감각대상에 대한 갈애에서 갈애가 소멸합니다. 여섯 가지 감각대상에 대한 일으킨 생각에서 갈애가 소멸합니다. 여섯 가지 감각대상에 대한 지속적 고찰에서 갈애가 소멸합니다.

이렇게 여섯 가지 감각기관을 토대로 다양한 경로를 통해서 갈애가 소멸합니다. 이러한 경로를 모두 합치면 60곳이 됩니다. 그러므로 여섯 가지 감각기관에 대상과 부딪쳐서 생기는 모든 상황에서 모두 갈애가 소멸될 수 있습니다. 그러므로 수행자는 어느 때나 일어난 곳에서 일어난 시간에 알아차려서 갈애를 소멸시킬 수 있습니다. 이를 일러 괴로움의 성스러운 진리의 소멸이라고 말합니다.

감각기관에 부딪치는 것은 무엇이나 즐겁고 기분 좋은 것이면 반드시 갈애가 일어납니다. 이것은 특별한 시간과 특별한 장소에서만 일어나는 것이 아니고 생활 그 자체가 모두 갈애를 일으키는 요소들입니다. 어느 때, 어느 곳에서나 대상을 있는 그대로 알아차리면 즐겁고 기분이 좋은 느낌이 소멸합니다. 그러면 그 순간 갈애가 사라집니다. 이때 무상, 고, 무아를 아는 지혜가 성숙하면 갈애가 완전하게 갈애가 소멸합니다. 그러나 아직 무상, 고, 무아의 지혜가 성숙되지 않았다면 성숙되지 않은 만큼 갈애가 소멸합니다. 그래서 다른 조건이 성숙되면 잠시 사라져 있던 갈애가 다시 나오는 것입니다. 그러므로 궁극적으로 지향해야 할 것은 무상, 고, 무아의 지혜를 얼마나 통찰하느냐 하는 것에 있습니다. 존재하는 것들의 속성인 이 세 가지 지혜가 완전히 통찰되면 그 순간 갈애가 완전히 소멸하여 다시 태어날 토양도 함께 소멸하는 것입니다.

갈애가 사라지면 느낌이 사라집니다. 느낌이 사라진 자리에 열반이 있습니다. 열반은 괴로움뿐인 태어남을 종식시키기 때문에 해탈의 자유이며, 해방이고, 평화입니다. 이것을 일러 지고의 행복이라고 합니다. 이제 모든 수행자들이 열심히 정진하여 부디 도과를 성취하기 바랍니다.

우리는 고성제와 집성제만 있다면 괴로움뿐인 세상에서 살아야 하지만 부처님께서 발견하시고 부처님께서 가신 팔정도 위빠사나 수행을 통해서 가면 그 끝에 멸성제라는 열반이 기다리고 있습니다. 그래서 그 열반을 체험하면 수다원이 되어서 일곱 생 이내에 윤회가 끊어지는 최고의 정신적 지혜를 누릴 수 있습니다.

이것은 막연한 길이 아니고 구체적으로 밝혀진 길이고, 부처님께서 가신 길입니다. 이제 우리도 마음을 하나로 모아서 모두 이 길로 가야 하겠습니다.

사는 것이 괴로움이라고 알면 지혜가 난 것입니다. 그러나 이런 지혜가 나고서도 내가 괴롭다고 알기 때문에 고통으로부터 벗어나지 못합니다. 그래서 무아의 지혜가 나지 않는 한 완전한 지혜가 아닙니다. 자신의 몸과 마음이 괴로움이라는 것을 모르는 것은 어리석음이 눈을 가렸기 때문입니다. 몸과 마음이 나의 소유가 아니고, 단지 조건에 의해서 일어나고 사라지는 것이라는 것을 모르는 것도 어리석음이 눈을 가렸기 때문입니다.

몸과 마음이 괴로움이라는 것을 알고 이것이 내가 아니라고 알면 다시 태어나는 업을 만들지 않습니다. 그러나 이것이 좋은 것이라고 집착해서 다시 태어나고 싶어 합니다. 이것이 바로 어리석음입니다.

◆◆◆◆◆

『대념처경』의 사성제 중 네 번째로 도성제에 관하여 경전 내용을 말씀드리겠습니다.

"다시 비구들이여, 그러면 무엇이 괴로움의 소멸에 이르는 길의 성스러운 진리인가? 그것은 바로 여덟 가지 성스러운 도道이니, 즉 정견正見, 정사유正思惟, 정어正語, 정업正業, 정명正命, 정정진正精進, 정념正念, 정정正定이다.
비구들이여, 그러면 무엇이 정견인가? 괴로움에 대한 지혜, 괴로움의 일어남에 대한 지혜, 괴로움의 소멸에 대한 지혜, 괴로움의 소멸에 이르는 길에 대한 지혜, 비구들이여, 이것을 정견이라고 한다.

비구들이여, 그러면 무엇이 정사유인가? 출리出離에 대한 사유, 악의 없음에 대한 사유, 해코지 않음에 대한 사유, 비구들이여, 이것을 정사유라고 한다.

비구들이여, 그러면 무엇이 정어인가? 거짓말을 삼가고, 이간질을 삼가고, 욕설을 삼가고, 쓸데없는 말을 삼가는 것이다. 비구들이여, 이것을 정어라고 한다.

비구들이여, 그러면 무엇이 정업인가? 살생을 삼가고, 주지 않는 것을 갖는 것을 삼가고, 삿된 음행을 삼가는 것이다. 비구들이여, 이것을 정업이라고 한다.

비구들이여, 그러면 무엇이 정명인가? 성스러운 제자는 그릇된 생계를 버리고, 바른 생계로 살아간다. 비구들이여, 이것을 정명이라고 한다.

비구들이여, 그러면 무엇이 정정진인가? 비구들이여, 여기 비구는 아직 일어나지 않은 사악하고 해로운 법들이 일어나지 못하도록 의지를 일으키고, 정진하고, 힘을 내고, 마음을 다잡고 노력한다. 이미 일어난 사악하고 해로운 법들을 제거하기 위하여 의지를 일으키고, 정진하고, 힘을 내고, 마음을 다잡고 노력한다. 아직 일어나지 않은 유익한 법들이 일어나도록 의지를 일으키고, 정진하고, 힘을 내고, 마음을 다잡고 노력한다. 이미 일어난 유익한 법들을 지속시키고, 사라지지 않게 하고, 증장시키고, 충만하게 하고, 계발하기 위해서 의지를 일으키고, 정진하고, 힘을 내고, 마음을 다잡고 노력한다. 비구들이여, 이것을 정정진이라고 한다.

비구들이여, 그러면 무엇이 정념인가? 여기 비구는 몸에서 몸을 알아차리는 수행을 하면서 지낸다. 열심히, 분명한 앎을 하고, 알아차려서, 세상에 대한 욕망과 싫어하는 마음을 제어하면서 지낸다. 느낌에서 느낌을 알아차리는 수행을 하면서 지낸다. 열심히, 분명한 앎을 하고, 알아차려서, 세상에 대한 욕망과 싫어하는 마음을 제어하면서 지낸다. 마음에서 마음을 알아차리는 수행을 하면서 지낸다. 열심히, 분명한 앎을 하고, 알아차려서, 세상에 대한 욕망과 싫어하는 마음을 제어하면서 지낸다. 법에서 법을 알아차리는 수행을 하면서 지낸다. 열심히, 분명한 앎을 하고, 알아차려서, 세상에 대한 욕망과 싫어하는 마음을 제어하면서 지낸다.

비구들이여, 그러면 무엇이 정정인가? 비구들이여, 여기 비구는 감각적 욕망을 완전히 떨쳐버리고, 해로운 법들을 떨쳐버린 뒤, 일으킨 생각, 지속적 고찰이 있고, 떨쳐버림으로써 생긴 희열과 행복이 있는 첫 번째 선정을 얻는다. 다시 일으킨 생각과 지속적 고찰을 가라앉히고, 내적으로 확신이 있으며, 마음이 단일한 상태로 지낸다. 일으킨 생각과 지속적인 고찰이 더 이상 없으며, 마음집중에서 생긴 희열과 행복이 있는 두 번째 선정을 얻는다. 다시 일으킨 생각과 지속적 고찰뿐만 아니라, 희열까지 사라져 평온하게 머물며, 알아차림과 분명한 앎으로 몸과 마음에서 행복을 경험하며 지낸다. 성자들이 평온하게 알아차리며, 행복하게 머문다고 묘사하는 세 번째 선정을 얻는다. 다시 행복도 버리고, 괴로움도 버리고, 아울러 그전에 이미 기쁨과 슬픔도 없었기 때문에 괴롭지도 즐겁지도 않으며, 평온으로 인해 알아차림이 청정한 네 번째 선정을 얻는다.

비구들이여, 이를 일러 괴로움의 소멸에 이르는 길의 성스러운 진리라고 한다.

이와 같이 비구는 법에서 법을 안으로 알아차리는 수행을 하면서 지낸다. 혹은 법에서 법을 밖으로 알아차리는 수행을 하면서 지낸다. 혹은 법에서 법을 안팎으로 알아차리는 수행을 하면서 지낸다.

그는 법이 일어나는 현상을 알아차리는 수행을 하면서 지낸다. 혹은 법이 사라지는 현상을 알아차리는 수행을 하면서 지낸다. 혹은 법이 일어나고 사라지는 현상을 알아차리는 수행을 하면서 지낸다.

비구는 단지 법이 있다는 알아차림을 확립할 때까지 몸의 현상들에 대한 분명한 앎과 알아차림을 확립하고 유지한다. 그는 갈애와 잘못된 견해에 의지하지 않고 지낸다. 그는 세상에서 아무것도 집착하지 않는다. 비구들이여, 이와 같이 비구는 법에서 법을 알아차리는 수행을 하면서 지낸다. 비구들이여, 이를 일러 도 닦음의 성스러운 진리[道聖諦]라고 한다."

도성제는 열반에 이르는 도의 길인 팔정도八正道입니다. 팔정도는 여덟 가지 바른 길로 계정혜戒定慧를 의미합니다. 팔정도를 중도라고 하며, 위빠사나 수행이라고도 합니다.

여덟 가지의 성스러운 길은 두 가지 극단을 배제한 균형이 갖추어진 길입니다. 그래서 자신의 지성을 나약하게 하는 극단적 고행과 자신의 도덕적 품성을 퇴보시키는 감각적 욕망을 추구하지 않도록 해야 합니다. 그래서 팔정도는 모든 인간이 어떻게 살아가야 하는가를 보여주는 가장 모범적인 길입니다.

그러므로 우리는 팔정도에 입각해서 살아가야 합니다. 특히 부처님의 이름으로, 불교도로서 극단적 고행을 하거나 감각적 쾌락을 추구해서는 안 됩니다. 어떤 행태든지 바라는 마음을 가지고 극단적 고행을 한다면 본인의 품성을 손상시킬 뿐만 아니라

남까지도 괴롭힙니다. 우리는 수행자의 입장으로 돌아가서 어떤 일이 있더라도 결코 극단적 고행을 해서는 안 됩니다. 더불어 감각적 쾌락을 추구해서도 안 됩니다.

팔정도의 여덟 가지 바른 길은 지혜가 발전해 나가듯이 하나하나 단계적으로 이루어야 하는 과정이 아닙니다. 팔정도는 여덟 가닥의 실을 모아서 하나로 줄로 엮는 것과 같은 기능을 합니다. 그러므로 계戒와 정定과 혜慧가 항상 함께 작용하는 것입니다.

팔정도의 순서는 계정혜이기 때문에 계에 속하는 정어, 정업, 정명부터 시작되어야 합니다. 그러나 팔정도 중에서 가장 으뜸이 되는 것이 정견입니다. 수행자의 궁극의 목표가 지혜이기 때문입니다. 그래서 수행의 이상을 삼기 위해서 바른 지혜를 제일 앞에 배열하였습니다.

팔정도는 바른 견해로 시작하고, 바른 견해로 계속하고, 바른 견해로 끝을 맺어야 합니다. 그래서 정견이 나머지 팔정도를 모두 이끌어야 하기 때문에 팔정도의 시작은 정견으로부터 시작합니다.

정견은 바른 견해로 고집멸도苦集滅道 사성제를 명확히 아는 것을 말합니다. 바른 견해는 최고의 수승한 지혜입니다. 이 지혜는 자신의 몸과 마음을 있는 그대로 지켜보고, 괴로움이 있다는 것과 괴로움의 원인은 집착이라는 것과 괴로움이 소멸한다는 것과 괴로움의 소멸에 이르는 길이 팔정도라는 것을 아는 지혜입니다.

정견은 사성제를 통찰하는 것 외에도 행위를 한 자가 행위에 대한 과보를 받는 다는 것을 아는 것입니다. 경전에서는 이에 대하여 다음과 같이 말합니다.

"모든 존재는 자기가 지은 업의 주인이자 자기 업의 상속자다. 그들 각자는 자기 업으로부터 솟아나는 것이며, 자기 업에 매여 있고, 자기 업으로 지탱한다. 선이나 악이나 간에 어떤 업이든 그들은 그 업의 상속자가 될 것이다."

바른 견해는 존재하는 것들의 특성인 무상, 고, 무아를 아는 것입니다. 이것을 존재하는 것들의 보편적 특성이라고 하고, 일반적 특성이라고도 합니다. 이러한 바른 견해를 가질 때라야 비로소 갈애가 소멸될 수 있습니다.

정사유는 바른 의도입니다. 그리고 생각, 목적, 계획이라는 뜻으로도 쓰입니다. 정사유는 세 가지인데, 욕심으로부터 벗어난 사유입니다. 세속적인 즐거움을 포기하고, 집착과 이기심과 자기 소유와 반대되는 이타심을 갖는 것입니다. 성냄이 없는 사유는 미움, 악의, 혐오를 갖기 않고, 이것과 반대가 되는 자애, 선의, 상냥함을 갖는 것입니다. 해치지 않으려는 사유는 잔인하지 않고 무자비하지 않으며, 해를 끼치지 않고 동정심을 갖는 것입니다.

『청정도론』에서는 정사유를 "열반을 향해 마음을 기울이는 것"이라고 말합니다. 수행을 하려면 대상과 아는 마음만 있는데 이때 마음을 대상에 기울이는 것이 정사유입니다. 이것을 1선정에서는 일으킨 생각이라고도 합니다. 정사유로 대상에 마음을 기울이면 대상이 가지고 있는 성품을 알 수 있어서 지혜가 납니다. 그러므로 대상에 마음을 기울인다는 것은 수행을 시작하는 것이고, 이러한 과정에 의해 지혜가 성숙합니다. 우리가 수행을 할 때 대상에 마음을 기울이는 그 자체가 하나의 지혜에 속합니다. 이상 정견과 정사유가 지혜에 속하는 팔정도입니다.

정어는 바른 말입니다. 정어는 네 가지를 삼가는 것입니다. 거짓말, 이간질, 욕설, 쓸데없는 말을 삼가는 것입니다. 이기적인 사람은 자신의 목적을 위해서 거짓말을 합니다. 그리고 남을 비방합니다. 그리고 잘못된 말을 해서 사람들을 갈라서게 합니다. 그리고 거친 말로 욕설을 퍼붓기도 합니다. 때로는 유익하지 않은 해로운 말을 합니다. 이런 말을 삼가는 것이 정어입니다.

정업은 바른 행위입니다. 정업은 세 가지를 삼가는 것입니다. 살생, 도둑질, 삿된 음행을 삼가는 것입니다. 이상의 행위는 탐욕과 성냄과 어리석음으로 인해 생기는 행위입니다. 그래서 이것은 불선업이며, 번뇌의 시작입니다.

다른 생명을 해치면 자신도 그 과보를 받아서 병에 걸리거나 수명이 짧거나 사랑하는 사람과 헤어집니다. 도둑질은 주지 않는 물건을 갖지 않는 것입니다. 단순하게 남의 물건을 훔치는 것에 그치지 않고 주지 않는 물건을 취하는 것도 도둑질입니다. 그리고 주어야 할 것을 주지 않는 것도 도둑질에 속합니다.

삿된 음행은 자신의 감각적 욕망을 위해서 다른 사람의 계율과 행복을 빼앗는 행위입니다. 이러한 행위도 자신이 저지른 과보를 받아서 괴로움을 겪습니다.

정명은 바른 직업을 갖는 것입니다. 바른 직업은 무기거래, 생명체 거래, 도살업, 독약거래, 술이나 마약거래를 하지 않는 것입니다. 그리고 부정직하게 획득하는 것, 사기, 배신, 점술, 속임수, 고리대금업은 바르지 못한 생계수단입니다. 이외에도 출가수행자들의 위선적 행위도 잘못된 생활에 속합니다.

이상 세 가지인 정어, 정업, 정명을 계율에 속하는 팔정도입니다. 이때의 계율은 세 가지의 절제를 의미합니다. 절제란 삼가는 것입니다.

절제는 세 가지가 있습니다. 첫째, 때때로 절제하는 것, 둘째, 계율에 의해 절제하는 것, 셋째, 완전한 소멸에 의해 절제하는 것입니다. 때때로 하는 절제는 특별하게 계율을 지키지는 않았지만 어떤 상황에 부딪치면 자신의 처지나 경험을 살려 자신이 이런 일을 해서는 안 되겠다고 판단하고 절제를 하는 것입니다. 이것이 때때로 절제하는 것입니다.

계율에 의해서 절제하는 것은 비구나 비구니는 수계를 받을 때 계율을 지키고자 서원을 세웠기 때문에 절제하는 것입니다. 재가수행자는 오계를 받았을 때 계를 받은 것을 생각하고 절제를 합니다. 사원에서 수행을 할 때는 8계를 받고 하기 때문에 절제를 합니다. 이렇게 절제하는 것을 계율에 의한 절제라고 합니다.

완전한 소멸에 의한 절제는 도과를 성취한 성자가 모든 번뇌를 여의었기 때문에 계율을 어기지 않습니다. 그래서 번뇌가 완전하게 소멸하였기 때문에 스스로 절제하는 것을 완전한 소멸에 의한 절제라고 합니다.

정정진은 바른 노력입니다. 깨달음을 돕는 37가지 법 중에서 사정근四正勤이 바른 노력입니다. 아직 생겨나지 않은 선하지 못한 법이 생겨나지 않도록 노력하고, 이미 생겨난 선하지 못한 법을 없애려고 노력하고, 아직 생겨나지 않은 선한 법은 생겨나도록 노력하고, 이미 생겨난 선한 법은 더욱 생겨나도록 노력합니다.

팔정도에서 중요하지 않은 것이 하나도 없지만 그중에서 바른 노력은 매우 중요한 역할을 합니다. 위빠사나 수행을 해서 지혜를 얻고 도과를 성취하는 것은 어떤 특정한 대상에게 의지해서 얻는 것이 아닙니다. 오직 자신의 스스로의 노력으로 지고의 행복을 얻기 때문에 처음부터 끝까지 노력이 필요합니다. 그러므로 노력이 없으면 수행의 발전을 기대하기 어렵습니다.

정념은 바른 알아차림입니다. 바른 알아차림은 신, 수, 심, 법의 사념처를 알아차리는 것입니다. 몸에서 몸을 알아차리고, 느낌에서 느낌을 알아차리고, 마음에서 마음을 알아차리고, 법에서 법을 알아차립니다. 몸에서 몸을 알아차리는 것은 몸을 알아차릴 때 오직 몸만을 알아차리는 것을 말합니다. 나머지 느낌이나 마음이나 법을 알아차릴 때도 오직 알아차리는 대상에 집중을 해서 알아차려야 합니다.

정정은 바른 집중입니다. 사마타 수행을 할 때는 색계 사선정과 무색계 사선정 수행을 단계적으로 합니다. 선정의 집중은 근접집중으로 인해 근본집중을 합니다. 위빠사나 수행을 할 때는 몸과 마음을 대상으로 찰나집중을 합니다. 그래서 무상, 고, 무아를 통찰하여 도과를 성취합니다.

집중이란 대상을 알아차리고 그 대상을 알아차리는 것을 지속하는 것을 말합니다. 그러기 위해서는 대상에 마음을 머물게 하는 노력이 필요합니다. 그래서 노력과 알아차림과 집중이 함께 가야 바른 집중이 유지될 수 있습니다. 이상 정정진과 정념과 정정은 정定에 속하는 팔정도입니다.

법을 알아차림[法念處]
—깨달음의 보증

나를 지켜줄 것은 오직 자신밖에 없습니다. 자신의 일은 자신의 마음이 결정하기 때문입니다. 그러므로 항상 자기 자신을 의지처로 삼아야 합니다. 외부의 어떤 힘도 자신의 마음을 결정할 수 없습니다.

나를 지켜줄 것은 오직 진리밖에 없습니다. 모든 일은 진리에 귀의하기 때문입니다. 그러므로 항상 진리를 의지처로 삼아야 합니다. 진리는 변한다는 것과 괴로움이 있다는 것과 자아가 없다는 것입니다.

그래서 자신의 몸과 마음이 변한다는 것을 기본으로 삼아야 하며, 자신의 몸과 마음이 괴로움이라는 것을 기본으로 삼아야 하며, 자신의 몸과 마음이 내가 아니라는 것을 기본으로 삼아야 합니다. 이 길에만 행복이 있습니다.

자신에게 자신이 가진 것 이상을 요구하지 마십시오. 이것이 탐욕입니다. 열심히 노력하는 것과 없는 힘을 바라는 것은 다릅니다. 남에게 그가 가진 것 이상을 요구하지 마십시오. 이것이 탐욕입니다. 열심히 노력하는 것과 없는 힘을 바라는 것은 다른 것입니다. 이런 탐욕 때문에 성냄이 일어나며, 슬픔과 고통이 따릅니다. 이런 탐욕과 성냄을 일어나게 하는 것이 바로 어리석음입니다.

자신이나 남이 어리석지 않기를 바라지 마십시오. 이것이 탐욕입니다. 어리석지 않기를 바라다가 어리석을 수밖에 없으면 또 다른 성냄이 일어나고, 또 다른 어리석음이 일어납니다. 탐욕과 성냄과 어리석음이 있을 때 이것이 없기를 바라지 말고, 단지 이것이 있는 것을 있는 그대로 알아차리십시오.

◆◆◆◆◆

수행자 여러분! 오늘 말씀드리는 것으로 『대념처경』의 본문이 모두 끝납니다. 오늘은 마지막으로 『대념처경』의 사성제 중에서 깨달음의 보증에 관하여 말씀드리겠습니다.

"다시 비구들이여, 누구든지 이들 네 가지 알아차림을 확립[四念處]하는 수행을 7년 동안, 이와 같은 방법으로 닦으면 두 가지 결과 중 하나를 기대할 수 있다. 지금 여기서 최고의 지혜를 기대할 수 있고, 혹은 아직도 미세한 집착이 남아 있다면 다시 돌아오지 않는 경지[不還果]의 지혜를 기대할 수 있다.

비구들이여, 7년까지는 아니더라도 누구든지 이들 네 가지 알아차림을 확립하는 수행을 6년, 5년, 4년, 3년, 2년, 1년 동안 이와 같은 방법으로 닦으면 두 가지 결과 중 하나를 기대할 수 있다. 지금 여기서 최고의 지혜를 기대할 수 있고, 혹은 아직도 미세한 집착이 남아 있다면 다시 돌아오지 않는 경지의 지혜를 기대할 수 있다.

비구들이여, 1년까지는 아니더라도 누구든지 이들 네 가지 알아차림을 확립하는 수행을 7개월, 6개월, 5개월, 4개월, 3개월, 2개월, 1개월, 보름 동안 이와 같은 방법으로 닦으면 두 가지 결과 중 하나를 기대할 수 있다. 지금 여기서 최고의 지혜를 기대할 수 있고, 혹은 아직도 미세한 집착이 남아 있다면 다시 돌아오지 않는 경지의 지혜를 기대할 수 있다.

비구들이여, 보름까지는 아니더라도 누구든지 이들 네 가지 알아차림을 확립하는 수행을 7일 동안 이와 같은 방법으로 닦으면 두 가지 결과 중 하나를 기대할 수 있다. 지금 여기서 최고의 지혜를 기대할 수 있고, 혹은 아직도 미세한 집착이 남아 있다면 다시 돌아오지 않는 경지의 지혜를 기대할 수 있다.

이러한 연유로 다음과 같이 말한 것이다.

'비구들이여, 이 도道는 유일한 길이다. 중생을 정화하고, 슬픔과 비탄을 극복하게 하고, 육체적 고통과 정신적 고통을 사라지게 하고, 올바른 길에 도달하게 하고, 열반을 실현하기 위한 길이다. 그것은 바로 네 가지 알아차림의 확립이다.'

세존께서 이와 같이 말씀하시자, 비구들은 마음이 흡족하여 세존의 말씀을 크게 기뻐하였다."

이상이 『대념처경』의 사성제 중에서 법념처의 깨달음의 보장입니다.

수행자 여러분! 지금까지 신, 수, 심, 법이라는 네 가지 염처를 공부했습니다. 사념처를 줄이면 몸과 마음입니다. 그러나 몸과 마음을 느낌으로 알아차리기 때문에 느낌이 별도로 포함되며 몸, 느낌, 마음이 모두 알아차릴 대상이기 때문에 이것이 법입니다. 그래서 사념처는 위빠사나 수행의 필수조건입니다.

지금까지 말씀드린 사념처 수행방법은 매우 많습니다. 그러나 여기에 있는 모든 수행 방법을 전부 다 해야 하는 것은 아닙니다. 수행자들이 근기가 다르기 때문에 부처님께서 다양한 방법을 제시하여 이로움을 드리고자 한 것입니다. 그러므로 기본적인 수행방법 외에 다른 방법을 선택하고자 한다면 반드시 지도자의 도움을 받아서 수행을 하기 바랍니다.

사념처 수행에서 몇 가지는 사마타 수행에 속하지만 나머지 모두는 위빠사나 수행에 대한 방법들입니다. 이와 같은 사념처는 수행을 하기 위해서 필요한 조건이지만 수행자에 따라서 염처별로 집중을 해서 수행을 하는 방법도 있습니다.

수행자의 근기가 감성적이고 무딘 사람이면 몸을 알아차리는 수행이 효과적입니다. 그리고 감성적이고 영민한 사람은 느낌을 알아차리는 수행이 효과적입니다. 이성적인 사람 중에서 무딘 사람은 마음을 알아차리는 수행이 효과적입니다. 특히 유신견이 강한 사람은 마음이 쉽게 바뀌기 어려우므로 마음을 알아차리는 수행을 해야 바람직한 결과를 얻을 수 있습니다. 그리고 이성적인 사람 중에서 영민한 사람은 법을 알아차리는 수행을 하면 효과가 있습니다.

그래서 하나의 염처念處만 가지고 수행을 할 수는 없습니다. 그러므로 다른 염처와 함께 수행을 하되 좀 더 자신에게 맞는 방법을 택해서 수행을 하는 것이 좋습니다. 몸이 아닌 느낌이나 마음이나 법을 알아차리는 수행을 할 때는 이 수행을 경험한 지도자의 가르침을 받아야 합니다. 그러나 일반적으로 이런 지도자를 만나기 어렵기 때문에 수행방법을 선택하는 것이 쉽지 않습니다. 그러므로 어느 지도자를 만나거나 위빠사나 수행이라면 방법에 구애받지 말고 열심히 정진을 하기 바랍니다.

열반은 신수심법 네 개의 문 중 어느 하나의 문으로 들어가도 다다를 수 있습니다. 이 세상에 많은 가르침과 수행이 있지만 우리는 어느 것이 진실인지 판단하기 어렵습니다. 모든 수행을 나름대로 가치가 있는 것들이지만 해탈로 가는 길은 오직 하나밖에 없습니다. 그러나 이 길이 있다고 해도 처음에는 확신을 가질 수가 없습니다. 그래서 부처님께서 자신이 직접 체험한 방법에 대하여 보증을 하셨습니다. 이것은 부처님의 한량없는 자애와 지혜로부터 비롯된 보증입니다.

여기서 최대 7년이라고 말씀하신 것은 아라한의 도과를 말합니다. 아라한은 탐욕, 성냄, 어리석음이 불타버린 것이 부처님과 똑같습니다. 다만 위없는 깨달음을 얻지 못하여 스승에게 배워야 깨달을 수 있습니다. 부처님께서는 되기 어려운 부처가 되려고 하지 말고, 자신과 동등한 아라한이 될 것을 권유하셨습니다. 이것은 매우 현실적인 지혜입니다.

경전에 보면 매우 짧은 순간에 도과를 성취한 사람들이 많습니다. 그러나 이런 수행자 는 이미 오래전부터 준비된 사람들입니다. 부처님과 동시대에 태어나 부처님의 가르침 을 직접 받을 수 있는 기회는 그렇게 흔한 것이 아닙니다. 우리도 현재 부처님의 정법이 살아 있는 시기에 살고 있습니다. 그러므로 열심히 노력하여 스스로 준비해야 합니다. 그러면 어느 때 합당한 조건이 성숙되어 도과를 얻을 수 있습니다. 지금 출발하지 않으 면 영원히 출발하지 못할 수도 있습니다. 언젠가 가야 할 길이라면 지금 즉시 떠나야 합니다.

위빠사나 수행은 결과를 기대하지 말고 해야 합니다. 결과는 조건에 따라서 오는 것입니다. 그러므로 현재 열심히 새로운 원인을 만드는 것으로 그쳐야 합니다. 그렇지 않고 결과를 기대하면 도과를 성취하는 시기가 늦어집니다. 수행은 거북이와 토끼의 경주와 같습니다. 그러므로 자기가 수행할 때 절대 남의 수행과 비교하지 마십시오.

수행자는 오직 자기 자신의 길을 가야 합니다. 우리는 혼자 태어나서 혼자 살다가 혼자 죽습니다. 그러므로 깨달음도 혼자밖에 할 수가 없는 것입니다.

세월이 흐르면 흐를수록 감각적 쾌락을 추구하는 것이 많아집니다. 그렇다면 도과를 얻을 수 있는 기회가 그만큼 줄어듭니다. 이렇게 줄어들다가 언젠가는 정법이 소멸하는 시대가 올 것입니다. 그러면 오랫동안 암흑에서 살면서 다시 부처가 출현할 때만을 기다려야 합니다. 그러므로 우리는 기회가 왔을 때 선택해야 합니다. 우리는 고성제와 집성제에서 멸성제와 도성제라는 것을 알았습니다. 그래서 고통에서부터 벗어나는 길을 알았습니다. 만약 우리가 부처님 시대에 부처님의 정법이 없었다면 출구가 없는 암흑 속에서 영원히 헤매야 합니다. 그러므로 누구나 부처님 가르침이 있는 이시대의 이 가르침을 소중하게 여겨야 합니다.

부처님께서는 『대념처경』을 다음과 같이 설하셨는데, 시작할 때도 끝날 때도 똑같이 처음에 하신 말씀으로 끝을 맺으셨습니다.

"비구들이여, 이 도道는 유일한 길이다. 중생을 정화하고, 슬픔과 비탄을 극복하고, 육체적 고통과 정신적 고통을 사라지게 하고, 올바른 길에 도달하게 하고, 열반을 실현하기 위한 길이다. 그것은 바로 네 가지 알아차림의 확립이다."

수행자 여러분! 아무쪼록 많은 수행자들이 열심히 정진하여 도과를 성취하기를 삼가 기원합니다. 그간 오랜 시간 동안 경청해 주어 대단히 감사합니다. 이것으로 『대념처경』의 모든 법문을 마치겠습니다.

<끝>

상좌불교 한국 명상원은 위빠사나 수행을 원하는 모든 분들을 위해
언제든지 문을 활짝 열어놓고 있습니다.

♠ ♠ ♠

주소| 서울 강남구 논현동 98-12번지 청호불교문화원 나동 306호
전화| 02-512-5258 http://cafe.daum.net/vipassanacenter

BBS 불교방송 불교강좌

대념처경 주석서❸

2011년 1월 15일 1판 1쇄 인쇄
2011년 1월 20일 1판 1쇄 발행

지은이   묘원
펴낸이   곽준

펴낸곳   (주)도서출판 행복한 숲
출판등록   2004년 2월 10일 제16-3243호
주소   서울시 강남구 논현동 98-12 청호불교문화원 나동 3층 306호
전화   (02)512-5255, 512-5258   팩스   (02)512-5856
E-mail   sukha5255@hanmail.net
http://cafe.daum.net/vipassanacenter

ISBN   978-89-93613-14-8 (04220)   3권
ISBN   978-89-93613-15-5 (전3권)
값 15,000원

* 잘못된 책은 바꾸어 드립니다.